KB199835

濟南 김보현 유고집

전환시대를 이끈 행정가

나남
nanam

濟南 김보현 유고집

전환시대를 이끈 행정가

2013년 1월 31일 발행
2013년 1월 31일 1쇄

저자 • 金甫炫
발행자 • 趙相浩
발행처 • (주)나남
주소 • 413-120 경기도 파주시 회동길 193
전화 • (031)955-4601(代)
FAX • (031)955-4555
등록 • 제1-71호(1979.5.12)
홈페이지 • http://www.nanam.net
전자우편 • post@nanam.net

ISBN 978-89-300-2096-1
ISBN 978-89-300-2064-0(세트)
책값은 뒤표지에 있습니다.

濟南 金甫炫(1997)

청조근정훈장(1971 .12. 28)

미국 연수여행. 컬럼비아대학 도서관 앞에서(1956. 1. 20)

미국 워싱턴에서 栗崗 박일경 씨와 함께

미국 연수여행 (1956)

미국 컬럼비아대학 연수과정 종료식(1956. 4. 26). 뒤에서 두 번째 줄의 가운데가 저자

미국 연수여행.
미시건주 칼라마주시에서
(1956)

유럽 연수여행. 괴테하우스에서(1956)

파키스탄 시찰(1960. 2)

일본 자마에서 인사관리관회의(PME) 참석(1963. 5. 3)

전남도지사 시절
제18회 권농일 모심기
(1966. 6. 10)

추곡출하 공판장 시찰 (1966)

한해극복활동(1968)

한해극복현장 시찰(1968)

한해극복활동 (1968)

체신부 장관 시절(1970)

국제전신전화국 한일 간 국제전화 반자동 개통. 국제전화국 교환실(1970. 3. 21)

영등포전화국 오류분국 자동전화 개통(1970. 3. 12)

농림부 장관 시절 통일벼 보고(1971)

한독목장 시찰(1971)

국립종축장 시찰(1972. 1)

濟南 金甫炫 연보

1924년	**7월 2일** 전남 광양시 태인동 185
	(행정구역 개편 전 광양군 골약면 태인리 862-2)에서
	부친 김상찬(金相瓚)과 모친 조남이(趙南伊) 님의 장남으로 출생
1944년	광주사범학교 심상과 졸업 (1940.4.1~1944.3.30)
1944년	순천국민학교 교사 (1944.3.31~1945.9.30)
1945년	광주사범학교 교사 (1945.9.30~1947.12.31)
1947년	문교부 정신측정연구소 연구사 (1947.12.31~1949.8.31)
1949년	서울대학교 법과대학 법률학과 입학
1952년	제2회 고등고시 행정과 합격 (1952.1.22)
1952년	국무원 사무처(내무부 지방국 지도과) 수습행정관
	(1952.9.8~1954.1.7)
1954년	내무부 지방국 행정과 지방행정 사무관 (1954.1.7~1960.5.21)
1954년	내무부 지방국 행정계장
1955년	서울대학교 법과대학 법률학과 졸업 (1949.9.1~1955.3.30)
1956년	미국 연수여행, 유럽경유 귀국 (1956.1.13~1956.7.26)
1960년	강원도 내무국장 서기관 (1960.5.21~1960.10.21)
1960년	내무부 지방국 재정과장 재경서기관 (1960.10.21~1961.8.11)
	파키스탄, 인도 시찰 (1960.2.3~1960.3.29)
1961년	내무부 지방국 행정과장 (1961.8.11~1963.5.27)
1963년	국가재건최고회의 내무위원장 및 무임소장관 보좌관
	(1963.5.27~1964.1.11)
1964년	내무부 기획조정실장 직무대리 (1964.1.11~1964.10.6)
1964년	내무부 지방국장 (1964.10.6~1966.1.28)
1965년	네덜란드 IULA 참석, 유럽 시찰 (1965.9.3~1965.9.25)

1966년	전라남도 지사 (1966.1.29~1969.10.21)
1969년	대만 시찰
1969년	체신부 장관 (1969.10.21~1970.12.20)
1970년	농림부 장관 (1970.12.21~1971.1.11)
1971년	농림부 장관 (1971.6.4~1973.8.8)
1976년	동신화학공업주식회사 사장 (1976.1.6~1977)
1976년	UN 식량농업기구 산하 사단법인 FAO 한국협회 회장 (1976.2~1982.2)
1978년	한국농촌경제연구원 원장 (1978.4.1~1984.3.15)
1985년	한국지방행정연구원 연구자문위원 (1985.8.7~1996.11.10)
1986년	한국지방행정연구원 비상임연구위원 (1986.11.20~1990.6.11)
1990년	백제문화연구원 원장 (1990.7.6~1998.9.21)
2006년	1월 31일 작고

상훈

1962년 8월 15일	홍조소성훈장
1968년 4월 12일	대통령 표창 (한해극복 유공)
1971년 12월 28일	청조근정훈장
1976년 11월 30일	대통령 표창 (제13회 수출의 날)
1990년 12월 31일	국민훈장 모란장 (평화통일 기반조성에 기여)

나의 멘토 金甫炫

高 建
前 국무총리 · 前 서울시장

전환시대의 행정가, 金甫炫은 나의 멘토였다.

우리나라는 1960년대에 행정주도적 국가발전을 지향하는 계획적 전환기에 돌입하였다. 이 역사적 전환시대에 나라의 근대화, 산업화를 이룩하기 위하여 국민들의 노력을 계획적으로 조직화하는 행정가들의 열정과 헌신이 있었는데 우리나라의 경제성장과 국가발전을 이끌어온 전환시대 행정가로서 金甫炫은 빼놓을 수 없는 존재다.

金甫炫은 전남도지사, 체신부 장관, 농림부 장관으로서 전환기 나라 정책의 혁신에 많은 역할을 하였다. 나는 1960년대 초, 金甫炫이 내무부 지방국 행정과장으로 일할 때 수습사무관으로 공직을 시작한 이래 행정인으로서의 시각과 사고방식, 그리고 행정의 명(名)과 실(實)에 이르기까지 많은 것을 그에게 배울 수 있었다. 이것은 행정인인 나에게 커다란 행운이었고, 특히 '모든 행정에는 사각지대가 있고 모든 정책에는 부작용이 있다'라는 그의 명제는 내가 공직을 수행할 때마다 한 번도 잊은 적이 없다.

우리나라의 근대화, 산업화 과정에서 주도적 역할을 한 엘리트집단은 테크노크라트(*technocrat*: 전문기술인)였다. 1960~1970년대 역사적 전환기에 金甫炫은 테크

노크라트의 대명사였다. 주말이면 가끔 그는 나를 외서(外書) 전문서점으로 이끌었고, 우리는 외국의 행정 흐름에 대한 호프집 토론을 빠뜨리지 않았다. 그는 전환시대에 일일신(日日新)하는 행정가였고 한 세대에 걸쳐 나의 멘토였다.

이제 문명사적 대전환의 시대를 맞이하여 전환시대의 행정가, 金甫炫의 이야기는 많은 행정인들에게 적지 않은 참고가 될 것으로 믿는다.

2012년 12월

내가 모신 金甫炫 장관님

孫守益
前 교통부 장관

내가 金甫炫 장관님을 처음 뵌 것은 1950년대 말 자유당 정권 때였으니 金 장관님과 연을 맺은 것이 어언 50년이 넘었다. 그것은 내가 수습행정관으로 발령을 받아 내무부 행정계에서 당시 행정계장인 金 장관님 밑에서 내무공무원으로 일을 배우게 되면서다.

그 후 우리는 과장과 계장으로, 군수와 국장으로, 전남지사와 전북부지사로 만났고, 장관님이 농림부 장관 때에는 필자가 경기지사로 있다가 농림부 산림청장이 되어 金 장관님을 모시기도 했으니 하여간 우리는 같은 내무공무원으로 시작해 농림부에서까지 상하관계로 공무원 생활을 한 셈이므로 비록 필자는 金 장관님을 많이 배우고 따르지는 못했지만 다른 어느 누구보다도 金 장관님의 영향을 많이 받은 사람이라고 자부한다.

먼저 개인적으로 내가 아는 金 장관님은 취미가 다양하고 엄청난 수집벽을 가진 분이셨다. 붕어낚시에 관한 한 어느 누구의 추종을 불허했고, 동영상을 포함한 사진 찍기에도 남다른 일가견이 있으셨을 뿐만 아니라 폭넓은 독서를 생활화하셨다. 책에 대한 욕심과 주기적인 서점 순례에서 기인한 것일 수도 있지만 타고난 글재주로 그간에 바쁘신 중에도 틈틈이 주옥같은 수필이나 산문들을 남기셨다는 점은 기록할 만하다.

21

전인교육을 하는 사범학교를 거쳐 법과대학에 오시기 전에 초등 교사를 경험하셔서인지 정말 다재다능하신 분이었으며 원래 섬세하고 정이 많은 성격이기도 하겠지만 장관님 댁의 응접실을 메운 외국 여행길에 수집하신 인형과 데커레이션을 통해 그분의 면모를 볼 수 있다.

공적으로 전남지사, 체신부 장관과 농림부 장관을 거치면서 남기신 업적과 국가에 공헌하신 점은 여기에 기술할 바가 아니라 다른 곳으로 미루지만 지방행정가로서의 진면목을 보여준 사례인 1960년대 말 전남지사 재직 시 미증유의 한해(旱害)를 극복한 행정력과 그분이 우리나라 지방행정사에 큰 족적을 남기셨다는 것을 기록하고자 한다.

옛 지방행정의 총본산이었던 내무지방국에서 행정계장, 행정과장, 지방국장 등을 거치시면서 지방행정에 관한 이론과 실제를 섭렵하며 제시하신 지방행정에 관한 비전, 지방행정의 당면한 과제와 나아갈 방향 등은 지금 다시 음미하여 보아도 지방행정에 종사하는 사람들이 새겨들어야만 할 금과옥조며, 더욱이 그분의 수려한 문장력과 정곡을 찌르던 필력, 상대방을 설득하는 풍부한 실제적 이론은 지금 읽어봐도 지방행정에 몸담은 사람들의 교본으로서 손색이 없다고 생각돼 다시금 돌아가신 金 장관님이 그리워지기만 한다.

이제 유명을 달리하신 金 장관님의 명복을 빌면서 이 유고집이 金 장관님의 생전에 상재되지 못한 점이 후학들의 불찰이라 자책한다. 그러나 이 한 권의 유고집이 우리나라 모든 행정의 발원지요, 결실장인 지방행정 수행의 지침서가 되는 데 손색이 없으리라 믿는다.

끝으로 이 책이 나오기까지 몸소 애쓰신 金 장관 사모님의 훌륭하신 내조와 이 한 권의 책이 햇빛을 보도록 해주신 나남출판의 조상호 사장님과 편집을 맡으신 분들께 못난 후학을 자책하면서 감사드린다.

2012년 12월

濟南 김보현 유고집

전환시대를 이끈 행정가

차 례

제 8 부 **내무부 그 영욕의 50년**

부 록

28

제 1 부

행정과 수습시절

종이 노끈 꼬는 것부터

내가 수습행정관이 되어 내무부 지방국에 들어가게 된 것은 1952년이다. 세월이 유수와 같다는 말을 실감하지 않을 수 없다. 당시 내무부는 임시 수도 부산에 있는 경상남도 도청 청사 2층에 있었다. 지방국 전 직원이라야 약 30명 정도의 단출한 기구였고 행정과(行政課), 재정과(財政課) 그리고 지도과(指導課)의 3과로 나누어져 있었다. 도청 2층 남쪽의 경상남도 지방과 자리에 과장실조차 따로 없이 모두 한 사무실에 모여 있었다. 아직 전란중의 피란살이라 책상이나 의자할 것 없이 모두가 변변치 못했다.

처음 배치받은 곳이 지도과였다. 그때 지도과는 선거사무와 병사사무 그리고 공무원 교육훈련, 기부금품 단속사무가 주된 업무였다. 지도과는 직원이 10명도 채 되지 못했다. 과장은 신용우(申庸雨) 씨이며 일본 고문출신으로서 고향의 면장부터 시작해 군수를 거쳐 정통 지방행정 코스를 걸어온 분이다. 큰 몸집에 비해 매우 온화한 성품이었고 매사에 신중했다. 특히 국장이나 장차관 등 상사를 깍듯이 대했으며 직원들 개인사까지 보살펴 주는 자상한 데가 있었다.

6·25 당시 강원도 산업국장으로 있다가 서울로 돌아오는 길에 인민군에 붙잡혀 죽을 고비를 넘긴 일도 있었다 하고 행정과장과 지방국장, 서울특별시 부시장, 전라북도 지사, 전라남도 지사를 역임하신 분이다. 한참 뒤인 1966년 초 필자가 바로 그 뒤를 이어 전라남도 지사를 맡게 된 인연도 있다.

선거 때가 되면 지도과는 눈코 뜰 새 없이 바쁘다. 당시는 중앙선거 관리위원회가 헌법기구로 독립되기 이전이어서 지도과가 그 사무처격이었다. 중앙선거위원으로서는 노진설, 최두선, 유진오, 신태익, 백한성, 박종화, 윤호병, 조동식, 박현숙 등 당대를 대표하는 저명인사들의 회의가 열리게 되면 토론과정 등을 지켜볼 만했다.

수습행정관이라는 제도 자체가 처음인 까닭에 어떤 규정이나 관행이 따로 있는 것은 아니었다. 과장과 과(課)에서 시키는 일을 닥치는 대로 거들 뿐이지 일정한 업무를 맡고 있는 것도 아니었다. 과(課)에는 평생을 관료로 늙은 베테랑들이 수두룩했다. 나날의 생활을 함께 함으로써 나도 모르게 관료로 길들여지는 것이 아닌가 싶었다. 심지어 한지를 오려서 노끈 꼬는 것부터 배워야 했다. 그것으로 서류를 묶는 때였다. 지금은 호치키스(스테이플러)를 써서 단번에 묶지만 그때는 송곳으로 구멍을 뚫고 거기에 종이노끈을 넣어 가지런히 묶었다. 그러고 나면 일을 마쳤다는 여유를 맛볼 수 있는 효험도 있었다. 요즘은 쓰지 않지만 등사판 글씨를 쓰면서 뻘뻘 땀을 흘리기도 했다.

처음 얼마간은 수습관이라는 나에 대하여 직원들의 시선이 결코 우호적인 것만은 아니었다. 나는 항상 겸손해야겠다고 마음먹고 아무 일이나 일을 찾아서 배울 수밖에 없었다. 그렇지 않으면 일정한 소관 업무가 없는 만큼 책상만 지키는 꼴이 된다. 맨 처음 책상을 맞대고 일하던 김승우(金乘祐) 씨와는 유독 가까웠으며, 우연히 집마저 이웃인 관계로 아침저녁으로 항상 출퇴근을 함께하였다. 필동 집에서 사무실까지는 걸어서 30분 정도 소요되는 거리였다. 그는 나의 내무부 생활의 길잡이가 되어 준 셈이다. 그때의 교분이 40년이 지난 지금까지도 변함없이 유지되고 있다. 김승우 씨는 뛰어난 사무능력으로 선거위원회의 실무자로서 명성을 날렸으며 선거위원들 간에도 단연 인기였다. 지도과에서 오랫동안 선거사무에 종사하다가 뒤에 강원도의 군수와 국장을 지내고 정년을 맞았고, 지금은 사업에 종사하고 있다.

필자가 지방행정에 발을 들여놓게 된 1952년은 한국 지방행정사(地方行政史)에 기록될 만한 참으로 복잡다단한 한 해였다. 물론 전쟁중이었으며 그 전해부터 시작된 휴전회담이 지지부진했고 그해 이른 봄부터 여름에 걸쳐 150마일 전선에서는 휴전회담을 유리하게 진전시키고자 고지 쟁탈전이 치열했다. 아직도 우리의 기억에 생생한 백마고지, 철의 삼각지 전투가 바로 그것이다. 이에 못지않게 피란수도 부산에서는 이른바 정치파동이라고 불린 또 하나의 치열한 정쟁(政爭)이 벌어지고 있었다. 이는 전란중에, 또 정부수립 후에도 가장 격심했던 정쟁으로서 이승만(李承晩) 대통령과 이를 반대하는 야당과의 정권다툼이라 할 수 있다.

이(李) 대통령은 1948년 7월에 임기 4년으로 제헌국회에서 간접선거로 선출되었기 때문에 1952년 7월이면 임기가 끝나게 되어 있었다. 따라서 다시 집권하기 위해서는 국회에서 선출되어야 하나 당시 국회 세력분포로서는 재선될 가능성이 극히 희박한 상황이었다.

이 대통령은 일생을 독립운동에 바친 노애국자(老愛國者)임에는 틀림없었으나 4년간 집권하는 동안에 전쟁발발, 국민방위군 사건 또는 거창 양민 학살사건 등 큼직큼직한 실정을 거듭해 그에 대한 카리스마에도 흠이 가고 정부 여당도 야당의 공격에 몰려 정부와 국회는 사사건건 대립하게 되었다.

이 대통령은 처음에는 정당을 정치패거리들의 집단이라 하여 탐탁찮게 생각했으나 1951년 말에 여당으로서 자유당(自由黨)을 창설했다. 그러나 그것도 원내와 원외로 나누어져 원내자유당은 야당 못지않게 이 대통령을 반대하는 입장이었다. 정부와 여당은 이 대통령의 집권연장을 위해 국회에 의한 간접선거제를 폐지하고 국민이 직접 선출하는 직접선거제와 상하 양원제를 골자로 하는 개헌안을 제출했다.

1952년 1월 28일 표결에 부쳤으나 찬성 19, 반대 143이라는 절대다수로 부결되고 말았다.

이 안이 부결되자 부산의 거리에는 백골단 땃벌대 민족자결단의 이름으로 '민의(民意)를 반대하는 국회의원을 소환하라'는 벽보가 여기저기 나붙었고 국회의사당 앞에는 국회를 해산하라는 데모가 연일 벌어졌다. 또 원내 자유당을 중심으로 123명의 의원 연서로 내각제 개헌안이 국회에 제출되었으며 정국은 점점 긴장을 더해갔다. 이 소용돌이 속에서 2월 20일 이 대통령은 '정부가 제출한 개헌안이 국회에서 부결되었으나 과연 민의가 어떠한지 진정한 민의를 물어보겠다'는 특별담화를 발표하고 그날 자로 시·읍·면의회 의원은 4월 25일, 도의회 의원은 5월 10일에 선거를 실시하겠다고 공표하였다.

원래 정부에서는 1949년에 지방자치법을 제정 공표했으나 6·25전란과 치안의 불안으로 실시를 미루어 오다가 직선제 개헌안이 부결되자 갑자기 실시가 결정된 것이다. 1949년에는 지방자치법뿐 아니라 교육법과 농지개혁법 등 중요 법안이 제정되어 모두 실시를 보았으나 다만 지방자치법만이 실시가 연기되고 있었던 것이다. 갑작스러운 결정에 지방자치와 선거사무의 주무부서인 지방국은 당황할 수밖에 없었다. 이때의 정국불안은 내무부 장관의 빈번한 교체로서도 알 수 있었다. 1952년 한 해 동안에 다섯 분의 장관이 내무부에 들어섰으니 장관수명이 20일, 30일 또는 두 달 정도로 자주 바뀐 것이다. 5월에는 공비소탕을 이유로 부산, 경남, 전남북 일원에 계엄령이 선포되었다. 국회의원 통근버스가 헌병대의 견인차로 끌려간 것도 이때였고, 국제공산당 사건이 터져서 10명의 국회의원이 체포되고 많은 야당의원들이 피신하기도 했다.

필자 고향의 출신의원은 엄상섭(嚴詳燮) 씨였다. 엄 의원은 일제 때 고향 초등학교 교사로 있으면서 일본 고문(高文) 시험에 합격하여 법관으로 입신, 국회의원으로 당선되었다. 고향의 젊은 후진들의 우상이기도 하였다. 이 무렵 우연히 엄 의원을 만난 일이 있었다.

그는 "자네 내가 어디에 숨었는지 아는가?"라고 하시며 부산 앞바다에 떠 있는 외국배에 피신했다고 말했다. "자넬랑 절대 정치할 생각 말게"하며 정치란 마치 중국사람 속옷처럼 더럽고 지저분한 것이라는 표현을 썼다. 그것은 마치 비단 수건을 걸레로 만드는 것과 같다며 정부의 탄압을 못마땅하게 공격하는 것을 들었다.

엄 의원은 국민방위군 사건 조사위원장을 맡기도 한 야당의 맹장(猛將)이었으며 4·19 후 자유당이 무너지고 내각제 개헌 기초위원장을 맡아 동분서주하다가 고혈압으로 갑자기 세상을 떠났다. 우리 고향의 별 하나가 떨어진 셈이다.

이해의 6월에는 반공포로 2만 7천 명을 석방해 세계를 깜짝 놀라게 하였다. 이 대통령의 일대 정치적 결단이었다. 당황한 것은 미국이었지만 이 대통령은 휴전회담 자체를 반대했음은 물론이다. 미국에서 이 대통령을 설득하기 위해 특사들이 여러 차례 왔지만 빈번이 실패하고 돌아갔다.

행정과 수습시절

지도과에 이어서 재정과의 수습을 마치고 행정과로 왔을 때는 해도 바뀌어 1953년이 되었다. 행정과는 지방국의 주무과로서 서무계, 행정계, 기획계로 다른 과에 비해 다소 인원이 많은 편이었지만 그래도 한 계(係)가 4~5명에 불과했다. 서무계는 지방국 전체의 서무사무, 행정계는 지방청 3급 이상 공무원 인사사무, 일반적 행정감독과 지방의회 운영사무, 기획계는 지방청의 기구, 정원, 법령의 개폐가 주 업무였다. 한참 뒤에 감사계가 신설되었다. 당시 과장은 장병인(張炳寅) 씨로 장택상 총리의 집안이고 직원들에게 매우 관대하였다. 일체의 업무는 전적으로 계장들에 일임하고 거의 간섭하는 일이 없었다. 전혀 관료의 티를 느낄 수 없는 그런 분이었고 직원을 꾸짖는 일을 본 일이 없다.

대체로 일제 때부터의 관료 출신은 부하들을 호되게 다루는 습성이 있었다. 따라서 직원들은 과장실이나 국장실에 결재를 받으러 가는 것을 꺼려했다. 심한 상사는 서류를 내던지기도 하였다. 한 직원은 국장실에서 결재를 받는데 곁에서 여직원이 세어 보니 꼭 열두 번 절을 하더라는 것이다. 훗날 필자가 일본 자치성(自治省)을 방문했을 때 일본 관청풍경을 눈여겨보고 그게 일본의 유습임을 능히 짐작할 수 있었다. 일본 관료들이 상사에게 굽실거리는 모습은 거의 역겨움을 느낄 지경이었다.

당시의 지방국장은 한희석(韓熙錫) 씨였다. 일제 때 조선총독부 속관, 창녕과 동래 군수를 지낸 일본 고문 출신이다. 평남 지방과장 시에 광복을 맞이해 우리 정부수립과 함께 초대 행정과장이며 초대 이해익 지방국장(뒤에 농림부 장관)을 이어 지방행정의 총수(總帥)가 되었다. 항상 지방국 직원의 자부심을 일깨워 주던, 어딘지 모르게 당당한 태도를 지니고 있었다. 각 시·도지사들에게 권위가 있었음은 말할 것도 없다. 다만 국장 재임 시에 외국 지방제도 시찰여행 중 장관이 국장서리〔권대일(權大一) 국장〕를 임명하게 되어 귀국 후 결국은 상공부 공영국장으로 전출되는 불운을 겪었다.

　그러나 4개월 뒤 내무부 차관으로 복귀, 1954년 제3대 총선거에 고향인 천안에서 입후보 당선됨으로써 국회에 진출했다. 국회에서도 내무위원장, 그리고 재선된 뒤에는 국회부의장이 되었을 뿐 아니라 자유당의 실권자로서 활약하다가 3·15 부정선거 책임자로 구속되어 옥고를 치르기도 했다. 한희석 지방국장은 선진제국의 지방행정을 소개한 《운상 10만 리》라는 여행기도 남겼다.

행정계장 한자리에 7년

1953년 6월에서 7월에 걸쳐 정부는 부산 피란살이를 청산하고 서울로 돌아왔다. 내무부의 을지로 청사시대가 시작된 것이다. 그때까지 혼자 청사를 지키던 무료함은 끝났으나 그해가 다 가도록 나의 수습 딱지는 떨어지지 않았다. 그러다 이듬해 1954년 1월 초에야 행정과 행정계장(行政係長)으로 임명되었다.

사실 행정계장이라는 직명이 있는 것은 아니다. 어디까지나 행정과 사무관인데 무슨무슨 계장으로 통용되는 것이다. 당시는 대법관을 지내고 중앙선거위원이기도 했던 백한성(白漢成) 장관 때이고 차관은 한희석(韓熙錫) 씨였다. 나는 그로부터 1960년 5월 강원도 내무국장으로 나갈 때까지 7년 가까이 이 자리를 지켰다. 그간에 내무부 장관이 열 분이나 지나가고, 이 대통령 3선을 위한 이른바 사사오입 개헌을 비롯해 대통령선거, 총선거, 지방자치법의 개정, 4·19 그리고 자유당 정부의 붕괴 등 격동의 세월을 겪었다.

행정계에서 실무적으로 잊을 수 없는 것에 국민반(國民班)의 조직과 운영이 있다. 이 제도 초기에는 일제 식민지 정책의 잔재 또는 정부가 여당의 선거기반으로 활동하려는 의도라 하여 많은 저항에 부딪쳤다. 그러기에 국정감사 때가 되면 이것이 내무부에 대한 공격목표가 되었다. 그러나 이는 정부의 시책을 주민에게 알리고 주민의 요망사항을 정부가 흡수하는 통로라는 것이 우리의 논리였다. 가장 기초적인 주민조직으로 육성하려는 의도였다.

매달 실천사항과 주지사항을 지방청에 시달하고 주민의 요망사항을 종합 정리하여 제때에 답변 또는 처리해 나가는 것은 여간 복잡한 일이 아니었다. 주민 요망사항은 정부 각 부처에 걸쳐 있고 비단 행정부뿐 아니라 사법부 소관까지 있어서 이의 조치 결과를 신속하게 처리하는 것은 막대한 사무량이 된다.

도(道)에 따라서는 반상회(班常會) 때 일일이 공무원이 참석한 보고서를 시·군을 거쳐 도지사까지 열람한 뒤 다시 그것을 반으로 되돌려주는 곳도 있었다. 내무부에서도 그 치밀한 방식에 혀를 내두를 정도였다. 행정의 일선 침투를 위해 말단 행정의 강화가 강조되던 때인 만큼 국민반의 역할은 여기에 안성맞춤이었건만 야당의 정치적 시각으로는 아주 못마땅한 모양이었다. 심지어 국민을 감시하기 위한 조직이 아니냐고까지 했다. 그러나 행정계에서는 그러한 비판은 아랑곳하지 않고 꾸준히 밀고 나갔다. 오늘날까지도 이 조직은 명맥을 유지하고 있는 것을 보면 그런 대로 존재가치를 인정받고 있는 것이 아닌가 싶다. 물론 유명무실해진 것이 대부분이지만 지역에 따라서는 나름대로 기능하고 있는 반이 많다. 특히 도시의 아파트 지대는 방범에, 일부 농촌지대는 농사정보 등 인보상조(隣保相助)하는 역할을 맡고 있다. 그것은 주민의 필요에 따라 열리는 반상회이므로 생명력이 있는 것으로 생각된다.

그 무렵 지방행정협회의 주관이기는 하나 행정계가 주동이 되어 해마다 한 번씩 지방행정사무연구회를 가졌다. 각 도를 순회하면서 열었으며 각 시·도의 대표가 연구과제를 발표하고 토론하며 아울러 현지시찰도 했다. 대체로 한 과제를 2개 도(道)가 연구하게 된다. 때로는 저명한 인사들의 특별강연도 있었다. 이때 자주 등장한 과제가 바로 국민반 운용이었다. 내무부로서 당시 가장 중요한 정책과제의 하나였기 때문이다.

그 밖에 지방의회 운영, 지방재정 개선, 말단행정 강화, 주민복지

증진, 지방행정기구 개편 등이 있었으나 해마다 연구과제는 바뀌는 것이 상례이다.

발표가 끝나면 지방국장(地方局長)이 연구발표에 대한 총평을 하게 된다. 이것도 행정계가 준비해야 할 업무였으나 한 도(道)가 총력을 기울여 만든 논문을 비판한다는 것은 그리 쉬운 일이 아니다. 아직 공무원 연수제도가 체계화되기 이전인 그때로서는 이 사무연구회는 행정의 질을 높이고 담당자의 식견을 넓히는 데 일조가 되었음은 말할 것도 없다.

행정계(行政係)의 기본임무의 하나는 전국지방청 3급 이상 공무원의 인사(人事) 사무이다. 전보 또는 승진의 원안은 각 시도지사가 결정하지만 대통령 재가가 필요하기 때문에 행정계에서 일단 사전검토해서 국장 장·차관의 결재를 받게 된다. 전보안(轉補案)은 내무부 장관 선에서 끝나지만 승진이나 2급 이상은 총무처(總務處)를 거쳐 대통령 재가가 있어야 했다.

모든 일은 사람이 하는 만큼 인사(人事)처럼 중요한 것이 없다. 인사가 곧 행정의 근간이 된다. 그러나 공정한 인사란 결코 쉽지 않고 특히 시·도 국장급은 전국적인 차원에서 시·도 간 교류를 하는 까닭에 그 조정이 난항에 부딪힐 때가 허다했다.

또 인사는 발표되기까지는 기밀을 유지해야 하나 이따금 신문에 미리 보도되어 윗분으로부터 호된 꾸중을 듣는 일이 한두 번이 아니다. 타이프 치는 여직원이 출입기자와 내통하는 경우도 있었다.

1954년 10월에 공무원 근무실적 심사규정이라는 것을 내무부령(內務部令)으로 입안하여 실시하게 되었다. 그것은 정실주의 인사를 배제하고 성과주의 인사를 제도적으로 확립하려는 첫 시도였다. 이는 우리나라 최초의 시도이기 때문에 입안을 담당했던 나는 혼신의 힘을 쏟았다. 이는 집무태도, 책임감, 창의계획 업적, 통솔능력, 세평 등

16개 항목을 선택하여 한 항목의 평점을 5단계로 나누는 도식법에 의거했다. 그리하여 보다 객관적이고 합리적인 능력평가를 숫자로 표시하게 한 것이다. 행정계에서 처리하는 것은 전국의 3급 이상 공무원에 한했지만 이것은 적지 않은 사무량이 되었다.

관료사회에서 두각을 나타내기 위해서는 운(運), 둔(鈍), 근(根)이 있어야 하며 우리에게는 여기에 플러스알파인 줄(線)이 추가되어야 한다는 말까지 있다. 즉, 혈연(血緣), 학연(學緣), 지연(地緣) 등이 본인의 능력보다 크게 작용한다는 조소적인 표현일 것이다.

사실 별 능력도 없이 남의 힘에 의하여 영전이나 승진이 이루어지는 것처럼 우리에게 좌절감을 주는 일은 없다. 적어도 이런 것만은 막아보려는 것이 이 제도를 실시하게 된 정신이었다.

그러나 이 무렵 행정과(行政課)의 가장 큰 현안은 지방자치제(地方自治制) 운영상의 문제점이었다. 자치제도 자체가 선진국 제도를 그대로 도입하였을 뿐 아니라 자치제 실시의 사전준비도 거의 없이 갑자기 시작한 까닭에 많은 문제점을 드러냈다.

가장 큰 문제점은 시·읍·면장의 지위가 불안정해서 행정을 능률적으로 추진할 수 없다는 점이다. 왜냐하면 최초의 자치제(自治制)는 의회주의 형태여서 자치단체장을 의회에서 뽑는 간접선거제였다. 따라서 자치단체장에 대한 불신임 의결권과 장(長)에 의한 의회해산권이 인정되어 있었다. 그래서 심한 경우에는 1년에 3번이나 장이 교체되고 반대로 장에 의한 의회해산도 자주 있었다. 뿐만 아니라 의원들의 의견차이로 장기간 자치단체장을 선출하지 못해 행정이 공백상태인 자치단체도 나타났다.

일례를 들면 전북 임실군 모면의 경우 1952년 5월에서 1956년 11월까지 4년 5개월간 4명의 면장이 경질되어 재임기간이 2개월에서 1년 8개월, 평균하면 9개월밖에 되지 않았다. 이로 인하여 면사무소는 파벌 간의 대결장을 방불케 하였다. 장의 지위가 의회에 의하여 좌우되므로 장은 일단 당선된 후에도 의원들의 환심을 사지 않으면 안 되었다. 의원들의 청탁에 의한 정실주의 인사, 부당한 이권개입이 허다했으며, 충북 중원군의 어느 면장은 의원의 청탁으로 호적 등을 위조 작성해 준 사실도 있었다.

1954년 대구시의 경우에는 시장선거 시에 시의원을 금품으로 매수하려던 것이 적발되어 2개월이나 시장선거를 실시하지 못했다.

이러한 폐단을 없애는 것은 장을 주민이 직접 선거하는 길밖에 없다고 인식되었다. 또 회기(會期)의 제한이 없어서 대부분의 의회는 1년 내내 회의를 열려는 풍조가 만연되어 있었다. 집행부가 의회에 시달려 업무추진에 지장을 받는 경우도 허다했다.

이리하여 단체장의 직선제, 불신임권과 의회해산권의 폐지, 의원정수의 감축, 회기제한 등을 골자로 한 지방자치법 개정안이 구상되었다. 그뿐 아니라 자치법 개정안에서는 보다 본질적인 문제로 의견이 분분했다. 당시의 법에는 지방자치와 관계가 없는 군(郡), 구(區), 경찰서, 소방서 등이 포함되고 있어서 이를 분리시키고, 자치법을 전면적으로 개정하자는 주장이 있었다. 그러나 법 개정을 용이하게 추진하기 위해서 부분개정의 방식을 택하기로 했다.

물론 법 개정의 주무는 기획계(企劃係)였으나 자주 국장, 과장들과 토의하였으며 때로는 서울 법대 한태연 교수와 황산덕(뒤에 법무부 장관) 교수의 자문을 받기도 했다. 이 두 교수는 나의 법과대학 은사이기도 했다. 교수들과의 검토는 자하문 밖에 있는 소림사라는 조그마한 절을 자주 이용했다. 황산덕 교수는 불교에 대한 조예가 깊어서 불교 공부도 함께한 셈이다.

그때의 개정안에 대해서 언론이나 정계에서는 매우 비판적이었다. 그중에도 전국 지방의회 의장들은 서울에 모여 자치단체장 불신임권

삭제, 회기 제한, 의원정수 감축을 극력 반대하고 특별시장, 도지사의 선거제를 강력히 주장했다. 따라서 내무부의 개정안은 민주주의에 역행하고 중앙집권체제를 강화하는 입법이라고 크게 반발하였다. 그러나 여당 의원수가 압도적인 까닭에 무난히 국회를 통과할 수 있었다.

당시 지방국장은 신용우 씨이고 행정과장은 이계순 씨였다. 이 과장은 경상남도 지방과장에서 지방국 지도과장과 재정과장을 차례로 거쳐 행정과장이 되었다. 그 뒤 지방국장, 내무부차관 그리고 경상남도 지사로 있다가 농림부 장관으로 발탁된 분이다. 특히 경남지사 때는 보리배증(倍增) 운동으로 명성을 날렸다. 보리배증은 보리를 한 차례 이식함으로써 증수(增收)를 하는 경작법이다. 그만큼 품이 많이 드는 방식이다. 아무튼 보리배증으로 식량부족이 극심했던 당시에 화제를 모았다.

나는 행정계장 7년 동안에 여러 과장을 상사로 모셨지만 제일 가까이 지내던 분이다. 그러나 업무추진에는 매서울 정도로 완벽주의였다. 오랜 관료생활에도 불구하고 술, 담배를 입에 대지 않고 매우 고지식한 분이었다. 직원들은 과장결재 받는 것이 큰 고역이었다. 그만큼 매사에 엄격했다. 기안할 때 미심쩍은 것은 과장한테 여지없이 지적된다. 기안서류 하나를 과장이 자꾸 수정하다 보니 세 번째 고친 것은 원안과 비슷해지고 말았다. 기안한 직원은 속이 상한 나머지 과장이 맨 처음 고친 부분을 슬그머니 그 서류에 끼워서 다시 결재를 맡으려다 벼락이 난 일이 있다. 그때 과장은 계장인 나를 불러 직원교육을 똑똑히 시키라는 호통을 쳤다. 그 직원은 실은 나의 법대 선배였다.

미국 연수여행

1956년 1월 초 여의도 공항에서 CAT를 타고 동경을 경유, 미국으로 지방행정 연수(研修) 길에 올랐다. 그것은 미 국무성 초청계획으로 법원과 검찰의 판사, 검사 몇 분과 함께였다. 행정 쪽에서는 박일경 (朴一慶) 법제처 제1국장(뒤에 문교부 장관), 신두영(申斗泳) 총무처 상훈과장(뒤에 감사원장) 등이었다.

난생처음으로 타보는 태평양 항로였다. 하와이와 샌프란시스코에서 1박을 하고 사흘 만에 목적지 뉴욕에 도착했다. 고층빌딩이 숲을 이룬 세계 최대의 번화가 뉴욕은 나를 초라한 시골뜨기로 만들었다. 더구나 그 당시 서울에서 유행이던 중절모자까지 쓰고 갔으니 말이다.

넘쳐흐르는 자동차의 물결, 굉음을 내며 질주하는 지하철, 뉴욕은 문자 그대로 약동하는 도시였다. 우리는 하모니 호텔에 여장을 풀고 이튿날부터 컬럼비아대학 법과대에서 5월말까지 미국 역사, 정부제도, 법원제도, 지방자치 미국경제 등의 강의를 받게 되었다.

당시의 미국사(美國史) 교수는 미국인의 특징을 실용주의와 낙천주의라고 요약했다. 또한 미국 사람들은 가만히 앉아 있지를 못하고 무엇이든 애써서 세워보고 또 애써서 헐어버려야 직성이 풀릴 만큼 활동적인 국민성을 가졌다고 하였다. 이러한 생각과 성품이 추진력이 되어 마침내 대륙횡단 철도가 산을 뚫고 사막을 건너 인간의 힘이 아니라 귀신의 힘을 빌린 듯이 놓였고, 황무지에 도시가 일어서고 원시의 삼림(森林)이 재목이 되어 강을 타고 운반되며 철과 석유가 마치 백만 산신의 힘을 빌린 듯이 채굴되어 오늘의 부(富)와 번영을 쌓아 올린 것이다. 연수 강의는 1주 동안 닷새뿐이므로 주말이 되면 카메라를 메고 시가지 지도를 들고 이곳저곳 열심히 찾아다녔다.

그 무렵에 읽은 프랑스 작가 장 콕토가 쓴 〈뉴욕의 인상〉이란 기행문에는 다음과 같은 구절이 있었다.

> 뉴욕은 앉아 있는 도시가 아니다. 또 잠자고 있는 도시도 아니다. 뉴욕은 서 있는 도시이다. 어떤 도시가 서 있다고 하는 것은 만약 앉아 있으면 휴식하고 생각하고, 잠자고 있으면 꿈을 꾸어 보는 것이지만, 서 있는 도시인 까닭에 꿈을 그리는 바람이 없이 한 유방에서 술이 또 한 유방에서는 우유가 흐르는 어머니의 두 유방 사이에 서서 양쪽을 다 가지려 하는 것이다. 뉴욕은 비밀을 지극히 싫어하면서 남의 비밀을 알고자 한다. 뉴욕은 열어 놓은 도시, 개방된 도시이다. 허리, 얼굴, 마음, 가로며 창문이며 모두 개방되어 있다. 그러므로 방문자에게 일종의 행복감을 주는 것이나 사상은 익지 않고 고엽(枯葉)처럼 떨어지리라. 나무라는 것은 꿈을 꾸는 것처럼 야릇한 풍정이 있다. 그러기에 뉴욕에는 나무가 없다.

뉴욕 시가지 전체로 보면 수목이 적을지 모르지만 맨해튼 한복판에 자리 잡은 센트럴파크에 들어서면 숲이 심산유곡과 다를 바 없다. 아름드리나무, 잔디, 꽃밭, 식물원, 동물원, 호수, 경기장, 미술관, 박물관들이 즐비하다. 나는 113번가에 있는 숙소에서 전차를 타지 않고 걸어서 이 공원과 그 옆에 붙은 메트로폴리탄 미술관에 자주 드나들었다. 세계 제일간다는 파리의 루브르에 조금도 손색이 없는 규모이다.

특히 2층에 진열되어 있는 중·근세의 렘브란트, 마네, 드가는 물론 현대의 피카소, 마티스 등 대가들의 그림을 직접 대할 수 있었다. 이러한 작품들은 대개가 개인의 기증에 의한 것이며 특히 유명한 미술수집가인 멜론과 크레스의 수집품은 진열실을 따로 두고 있다. 또 기증품에는 일일이 그 이름을 새겨 놓았다. 뿐만 아니라 이 미술관 자체도 독지가들의 모금으로 1871년에 건립된 것이라 한다.

한 진열실에는 한국의 고려자기, 이조백자들이 있고, 중국의 고대 비석과 불상들로 가득 메워져 있다.

한때 유럽에서는 일찍이 보지 못하던 광경을 볼 수 있었다 한다. 그것은 미국의 백만장자들이 주머니에 돈을 가득 넣고 시가를 피우며 그림과 조각을 부르는 값대로 사들이는 장면이었다. 그렇게 수집된 것이 뉴욕의 미술세계가 아닌가 싶다. 뉴욕의 이색지대는 그리니치 빌리지이다. 지하철로 워싱턴 스퀘어에서 내리면 이 예술가촌이 시작된다. 질서정연한 업타운과는 달리 이곳은 길마다 꾸불꾸불하고 집들도 허름하다. 대부분이 술집, 식당들이다. 낡은 가스등불로 야릇한 분위기를 연출하고 있다. 그곳에 서성대는 사람들 역시 장발에 창백한 얼굴들이다. 왕년의 문호 오 헨리의 《마지막 잎새》 무대가 바로 이곳이 아닌가 싶다. 그가 문인으로서 명성을 얻기 전에는 이 자유촌(自由村)에서 방황했을 것이 분명하다.

다음으로 자주 찾던 곳이 뉴욕 시청이다. 자유촌에서 그렇게 멀지 않다. 1811년에 완성된 르네상스풍의 건물이다. 이제는 수용능력이 부족해서 바로 옆에다 높은 빌딩을 증축했다. 한때는 미국 대통령이 썼기 때문에 시장실에는 초대에서 3대까지의 대통령 초상화가 걸려 있다. 뿐만 아니라 대통령이 쓰던 책상이 그대로 보존되어 있다.

시청 주변은 조그마한 공원이 조성되어 있다. 뉴욕은 남북의 애비뉴와 동서의 스트리트가 마치 바둑판처럼 질서정연한 도시이다. 그 중에도 32가에서 59가까지 5번가는 세계적인 명품점이 집중되어 있는 번화가 중의 번화가인데 이 거리는 언제나 행인으로 붐빈다. 이 행인의 물결에 끼면 젊은 활력 같은 것을 강렬하게 느끼게 된다.

나는 그 뒤 뉴욕에 올 때마다 이 거리를 꼭 한 번 걸어본다. 그래야 뉴욕에 왔다는 것을 실감할 수 있는 것이다. 그러나 1990년대의 뉴욕은 50년대 뉴욕과 비교가 안 될 만큼 지저분해졌다. 꿈을 잃은 도시가 되어 버렸다. 치안관계로 백주에도 센트럴 파크를 마음 놓고 걸을 수도 없고 밤에는 타임 스퀘어조차 나가기가 불안해졌다. 지하철은 온통 낙서투성이로 옛날의 정서를 느낄 수가 없게 되었으니 안타깝기 짝이 없다.

내가 잠시 머물던 그때는 뉴욕에 한국 교포가 그렇게 많지 않았다. 피아니스트 한동일(韓東一) 군이 카네기 홀에서 처음 데뷔하던 날 우리는 갈채하는 청중에 끼어 감격의 눈시울을 붉히기도 했다. 나의 옛 일기장에는 이날이 1956년 4월 28일로 적혀 있다. 한 군은 당시 14세의 소년이었다. 그가 연주한 곡은 차이코프스키 피아노협주곡 제1번이었다. 얼마나 자랑스러운 일인가. 한 군은 당시 뉴욕에 와 있던 김자경(성악가) 씨 집에 있었다. 우리 일행은 한 군을 위해 조촐한 축하연을 가지기도 했다.

당시 뉴욕에는 컬럼비아대학에 이한기(李漢基) 교수(뒤에 국무총리)가 교환교수로 와 있었다. 귀국 시에 그분이 쓰시던 영어책들을 물려주어서 나는 그 책으로 영어공부를 계속했다. 또 시카고대학의 엄민영(嚴敏永) 교수(뒤에 내무부 장관), 예일대학의 유기천(劉基天) 교수(뒤에 서울대 총장) 들이 자주 뉴욕에 모였다. 모두 나의 법대 은사들이시며 상당한 연배이면서도 변함없는 학구열(學究熱)을 가진 머리가 수그러지는 분들이셨다.

뉴욕에 있는 동안 나는 신두영 과장과 한방에서 지냈다. 그분의 다재다능함에는 오직 감탄할 뿐이었다. 심지어 우리는 사진현상도 직접 했다. 카메라 필름을 DP집에 맡기는 일 없이 부품을 사다가 조립한 현상기구로 저녁마다 둘이서 현상작업에 열중했다. 그것은 내 재주가 아니고 전적으로 신 과장의 솜씨였다. 나는 조수에 불과했다. 현상도 현상이지만 확대까지 해냈다. 이때의 인연은 그 뒤 나의 공직 생활이 끝날 때까지 이어졌다.

신두영 감사원장은 원래 충청남도 서무과장 시에 내무부 장관이 된 진헌식 지사를 따라 내무부 총무과장으로 오게 되어 나와 알게 되었다. 그 뒤 총무처를 거쳐 감사원장을 지내고 관계(官界)를 떠났다. 고향인 공주에서 꽃농사를 지으며 주경야독(晝耕夜讀), 유유자적의 생활 끝에 타계하였다. 공직에서 물러난 뒤에 고향으로 돌아가서 여생을 보낸다는 것은 결코 아무나 할 수 있는 일이 아니다.

미국의 지방자치

뉴욕생활을 마치고 컬럼비아대학의 세이어 교수의 추천으로 미시건 주의 칼라마주라는 시에 가서 미국 자치행정의 실제를 견습하기로 했다. 칼라마주 시는 당시 인구 7만 정도의 미국의 전형적인 중소도시의 하나였다. 이곳 시청은 시 한가운데 있는 브론슨 공원 근처에 있었다. 공원을 중심으로 시청, 시 공회당, 우체국, 도서관, 박물관 등의 건물이 모여 있다. 이른바 시빅센터이다. 시청은 5층 석조건물로 한층 돋보였다.

2층 시지배인실에서 시지배인 엘리엇 씨를 만나고 이날부터 지배인 비서실 안에 자리를 정하고 6주 동안 시 행정의 실제를 보게 되었다. 시의 행정기구는 시지배인 밑에 조사, 인사, 용도, 재무, 법무과와 공원, 경찰, 소방, 토목, 교통안전, 건축, 문화, 위생부 등이 있다. 이 중 경찰, 소방, 토목부만 인원이 100명이 넘고 나머지 부서는 3명에서 5명 정도였다. 총인원은 620명이고 그중 72명이 여직원이었다.

나는 맨 처음 조사과에서 시 헌장, 주요 조례, 시정연감 등 시정개요부터 알아보기 시작했다. 조사과는 시 행정의 기초자료를 조사 연구하는 것을 임무로 하고 있다. 조사과장 함 씨는 중년직원으로서 칼라마주대학 정치학과 교수를 겸하고 과의 직원은 2명뿐이며 정치학과 학생 5명이 무보수로 조사사무에 협조하고 있었다. 조사과 사무실은 마치 도서실처럼 많은 서적과 자료들이 서가에 가득 꽂혀 있고 벽에는 각종 도표와 사진들이 붙어 있다. 또 이곳에는 미국 각 시의 시

정월보, 연보, 행정자료들이 진열되어 있다. 특히 시 행정의 모든 실적과 계획이 계수로 표시되어 행정의 동태를 이내 파악할 수가 있다. 우리나라로 치면 계획 관리실의 기능을 담당하고 있는 셈이다.

나는 이 시에 체류하는 동안 조사과에서 가장 많은 시간을 보냈다. 다음 인사과, 도시계획과 기능은 우리나라의 그것과 비슷하다. 다만 인사행정에서 기이하게 느낀 것은 대학졸업 인재들이 행정부문에 들어오는 것을 꺼려 시청에서 일부 학생들에게 장학금까지 주고 유치하는 일이었다. 이것은 우수한 인재들이 보수조건이 좋은 민간기업을 선호하기 때문이었다. 당시 우리나라 사정과는 판이한 점이었다.

도시계획 사무는 이곳 시 행정에서 매우 중요시하는 사무였다. 이 사무는 전문적인 지식과 기술을 필요로 하는 사무이다. 인사과가 인사위원회와 불가분의 관계에 있듯이, 도시계획과는 도시계획위원회의 활동과 깊은 관계를 맺고 있다. 9인의 위원으로 구성되며 그중에는 일반시민도 있지만 전문적인 기술자도 끼어 있다. 도시계획위원회는 도시계획에 관한 전반적인 자문에 응한다.

내가 이 시에 있을 때 두 차례 위원회가 열렸으며 의제는 두 번 모두 시 인접지역과의 합병문제에 관한 토의였다. 시 당국이나 대부분의 시민은 대도시로 발전하기 위해 인접지역과 합병하기를 바라지만 인접지역 주민은 반드시 그것을 원하지는 않았다. 시에 합병되면 세 부담이 늘어난다고 하여 병합을 반대하고 있었다. 특히 이 시에서도 구역제가 철저해서 주택구역에는 상점이나 공장이 들어서는 것을 철저히 막고 있었다.

당시 미국의 도시계획의 추세는 한 도시뿐 아니라 도시와 주변 농촌지역을 포함한 대도시계획 또는 지방계획으로 발전하고 있을 때다. 그것은 특히 상하수도, 교통체계, 공장배치 등 광역행정을 위한 대비라 할 수 있다. 그 대표적인 것이 뉴욕과 그 주변, 시카고와 그 주변, 로스앤젤레스와 그 주변도시였으니 지역계획은 대도시 행정의 발전을 위하여 그때 이미 적극적으로 추진되고 있었다.

재무과(財務課)에는 시 헌장(憲章)에 규정되어 있는 회계 검사관, 시 재무관, 과세 평정관이 있다. 회계 검사관은 시 회계 일체를 검사하여 시의회에 보고, 예산집행 상황을 조사하여 시의회에 설명하는 임무를 맡는다. 시 재무관은 각종 세금을 징수하고 시비(市費) 지출을 담당한다. 과세 평정관은 과세 대상자에 대하여 부과액을 결정한다. 시민이 부과된 세액에 이의가 있을 때는 재무과에 따로 있는 공평위원회에 이의신청을 한다. 이 위원회는 3년 임기로 시의회에서 3명의 위원을 위촉하여 이의신청에 대한 심의를 한다.

시세(市稅)는 재산세, 차량세, 영업세, 교통세, 면허세, 취득세 등이 있다. 이러한 세(稅) 중 가장 중요한 것은 재산세이다. 세금의 징수는 징수원이 시민의 가가호호를 찾아다니는 것이 아니고 대개는 수표를 우송하는 자진 납세제가 관행으로 행해진다. 또 시청에서는 시민의 편의를 위해 세금 징수함을 우체통 비슷하게 시내 군데군데 설치해 놓고 있다. 그것은 하얀빛의 세금함(稅金函)이었다.

재무과의 또 하나의 임무는 시 예산을 편성해서 시의회의 심의를 받는 일이다.

토목부는 도로를 건설하고 유지하며 교량을 놓고 쓰레기를 처리하는 시 행정의 핵심을 이루는 부서이다. 따라서 예산과 인원이 가장 많다. 인원수가 133명이나 된다. 우리나라의 건설과에 해당되지만 공원의 관리와 전기, 수도는 따로 기구를 두고 있었다. 도로포장, 청소작업, 쓰레기처리, 하수도사업이 주 임무이다. 옛날 도로는 벽돌로 포장된 것이 많았으나 이것을 아스팔트로 다시 포장하는 것을 자주 목격할 수 있었다.

도로 주변에는 블록마다 철제 쓰레기통이 놓여 있고 스트리트 스위

퍼라는 청소차가 매일같이 도로를 쓸고 있었다.

공기업부는 상수도 사업과 전기의 두 공기업을 경영하고 있다. 그 밖에 가스, 버스, 지하철, 공항, 골프장, 주차장 등을 공기업으로 경영하여 시 재정의 주요 수입원으로 삼는다.

미국의 경찰제도는 매우 복잡하다. 우리나라처럼 단일한 국가경찰 제도가 아니라 각 시마다 시 경찰, 즉 자치경찰(自治警察)이 주이고 그 밖에 연방경찰인 FBI가 전국을 각 관구로 나누어 관할하고 있다. 이 시에도 두 사람이 주재하고 있다. 또 시 인접의 카운티에는 셰리 프라 부르는 경찰이 있고 빌리지에는 콘스타블이라는 마을경찰이 있다. 그 밖에 주 경찰이 따로 있어서 서로 긴밀한 협조하에 경찰업무를 수행하고 있다.

경찰부에는 보안과, 순찰과, 형사과가 있다. 보안과는 교통단속을, 순찰과는 시를 7개 구역으로 나누어 순찰차로 순시하는 것을 임무로 한다. 형사과는 각종 범죄의 수사에 종사하고 유치장에서 24시간이 경과되면 카운티와 합동으로 설치한 유치장으로 이송하게 된다. 경찰부장은 시의회에서 선거하는 수도 있고 시지배인이 임명하는 수도 있으나 이 시는 지배인 임명제였다.

시에는 이미 언급한 인사위원회, 도시계획위원회 외에 공공시설위원회, 공항위원회, 주차장위원회, 골프장운영위원회, 여가선용위원회, 주택위원회, 수도위원회 등이 있고 이러한 위원회의 위원은 3명에서 5명이 보통이며 시의회에서 위촉하고 있다.

시지배인제의 실제

미국의 자치형태는 획일적인 한 가지 형태가 아니고 크게 나누어 4가지 형태로 구분된다. 가장 보편적인 것은 시장(市長) 시회제(市會制)이다. 우리나라 직선제 형태와 유사하다. 다만 시의회와의 관계에 따라 강시장형과 약시장형으로 분류된다. 다음은 위원회제로서 영국자치제 형태가 있다. 이는 시의회가 집행기능까지 겸하는 의회주의를 의미한다. 셋째는 시지배인제이고, 마지막으로 인구가 적은 소 자치단체는 주민총회제를 택하고 있다.

시지배인제는 1808년 버지니아 주의 스타운턴 시에서 시작했다. 그 뒤 1912년 샘터 시, 그리고 1914년에 오하이오 주의 데이턴 시에서 채택하자 각 주에 널리 보급되었다. 데이턴 시는 원래 위원회제를 시행하다가 시정(市政)이 너무나 침체되어 있던 중 홍수를 겪게 되어 시정쇄신(刷新)을 위해 시지배인제로 개혁하게 되었다.

시지배인제는 민간회사의 중역회사 지배인과의 관계를 원용하여 창안한 것으로 알려져 있다. 즉, 하나의 회사라 볼 수 있는 시는 중역회인 시의회를 거쳐 정관이라 할 수 있는 시 헌장에 의거, 연차보고를 주주인 시민에게 하는 것과 같다. 지배인(支配人)이란 명칭이 우리에게는 어색하게 들릴지 모르지만 시를 하나의 회사로 본다면 문제될 것도 없다.

앞서 말한 바와 같이 데이턴 시 이래 1916년까지 38개 시, 1920년에는 162개 시, 그리고 1946년 608개 시, 1956년 당시에는 1,361시로 증가하였다. 특히 인구 3만에서 10만 정도의 중소 도시에서 압도적으로 많다.

시지배인제의 특징은 시 행정의 모든 권한을 시의회에서 임명하는 행정전문가인 시지배인에게 일임한다는 데 있다. 시의회는 오직 정책의 결정, 조례의 제정과 예산의 의결권만 가진다. 이리하여 시장시회제나 위원회제와는 달리 비전문가의 행정을 배제하고 행정에 정통한 전문가에게 시 행정을 운영하게 한다. 따라서 이 제도의 성패는 전적으로 시지배인의 능력 여하에 달리게 된다. 시지배인은 그 도시 시민임을 요하지 않고 전국적으로 유능한 지배인을 초빙하게 된다.

칼라마주 시의 시지배인 엘리엇 씨는 60세를 바라보는 행정전문가이다. 그는 작은 시의 지배인으로 있다가 이 시의 지배인으로 초빙되어 왔고 칼라마주에 온 지도 10년이 넘어가고 있었다.

나는 칼라마주 시에 있는 동안에 시카고 이스트 60가 1,313번지에 있는 미국 시지배인 연합회를 찾은 일이 있다. 이 건물에는 시지배인 연합회뿐 아니라 시 재정연합회, 과세평정관 연합회, 미국 도시연합회, 미국 공기업연합회 등 각종 지방자치 관련기구가 모여 있었다. 미국 지방자치 행정의 총본산과 같은 느낌을 준다. 시지배인 연합회의 웨이포드 씨의 안내로 몇 군데를 찾아보고 시지배인제의 현황에 대한 설명을 들었다. 그는 이 제도가 전후에는 700 정도였던 것이 이제(1956년 당시) 2배로 팽창한 것으로 보아 이 제도야말로 미국의 자치형태에서 가장 성공한 것임을 알 수 있을 것이라 했다. 시지배인제는 비단 미국뿐 아니라 캐나다, 독일 등에도 파급되고 있다면서 그해의 연차대회는 캐나다의 퀘벡 시에서 열린다고 하였다.

시지배인제의 가치는 시장시회제를 택하는 대도시에서도 인정되어 최근에 이르러 뉴욕, 로스앤젤레스와 같은 시에서 시장지배인제로 나타나기 시작했다고 한다. 그것은 민선시장 아래에 행정전문가인 지배인을 두고 시장이 이를 임명하여 전문적인 행정사무를 처리하게

54

하고 시장은 보다 대국적인 정치문제에 집중할 수 있다는 이점을 가진다. 일반적인 시지배인을 시의회에서 임명하는 것과는 달리, 시장지배인의 경우는 시장이 임명하며 그 권한에서도 상당한 차이를 보인다. 각종 통계 중에 시지배인으로서 장기근속자가 10년 이상이 151명, 20년 근속이 12명, 30년 이상 근속이 8명이나 있었다.

시지배인 연합회에서 보여준 시지배인 윤리강령(The City Manager's Code of Ethics)은 다음과 같다.

제1조 시지배인은 지배인 제도의 원리에 대한 깊은 이해와 함께 그 지역 발전에 헌신하겠다는 굳은 신념의 소유자가 아니면 그 자리를 맡을 수 없다.

제2조 시지배인은 정부에 의한 행정서비스의 권위와 가치에 대한 신념이 있으며 도시문제에 대하여 사회적인 책임을 가진 건설적이고 창의적인 정신의 소유자가 아니면 안 된다.

제3조 시지배인은 시정의 집행자로서 그가 맡은 업무에 관하여 영예와 책임을 가져야 하며 한 개인의 이익을 위하여 공익을 그르치는 일이 없어야 한다.

제4조 시지배인은 지역사회의 지도자로서 시의회에 대하여 시정 발전을 위한 정책을 제안하고 시의회에서 결정된 정책을 충실하게 시행해야 한다.

제5조 시지배인은 시의회가 시민의 대표로서 선출되고 시 정책을 결정하는 의결기관임을 인식하여 이를 존중해야 하며 논쟁적인 문제에 관하여 시의회와 공적으로 대립해서는 안 된다. 정책집행의 결과적 책임은 전적으로 시지배인에게 있다.

제6조 시지배인은 그가 맡은 직무를 성실하게 수행하기 위해 자기 자신은 물론 직원의 능력을 꾸준히 향상시켜야 한다.

제 7 조 　 시지배인은 시정(市政) 문제 해결을 위하여 전력을 경주하고 편파적인 이해를 버리고 시민의 공공복지에 관심을 둔다. 그는 지방정부의 주된 기능이 언제나 비정당적인 기초 위에서 모든 시민에게 이익이 가도록 최선을 다해야 한다.

제 8 조 　 시지배인은 행정전문가로서 개개 시 의원의 간섭을 받거나 권한을 침해당함이 없이 개개 의원이 아니라 의원 전체의 의사에 따라 직책을 수행해야 한다.

제 9 조 　 시지배인은 인사를 그 능력에 따라 시 직원의 임명, 급여의 조정, 승진과 징계 등을 공평하게 처리해야 한다.

제 10 조 　 시지배인은 모든 행정사무를 정의와 원칙에 입각하여 공명정대하게 처리해야 한다.

　이 강령은 1924년에 제정되었고 1952년에 개정된 것이었다. 이 강령의 전문에는 효과적이고 민주적인 지방정치를 위해 시지배인제는 시민에 의하여 선출된 정치단체(의회)에 의하여 정책이 결정되고 이 정책의 집행이 정치단체에서 임명한 시지배인에 의하여 추진된다는 내용이 명시되어 있다.
　시지배인 연합체인 시지배인협회는 시지배인의 기능을 증진시키고 시정의 개선이 가능하도록 시지배인의 행동지침을 강령으로서 제정하는 것이다.

시의회의 실제

미국의 지방의회(地方議會)는 초기에는 영국 제도를 모방하여 의결기관이 집행기관을 겸하는 방식이었다. 미국 독립 후는 연방정부와 주정부의 조직과 마찬가지로 의결기관과 집행기관이 분리된다. 종전의 의회주의에서 집행기관 중심으로 바뀌게 되며 그 중추적 지위를 시장이 차지하게 되고 시장은 시의회에서 선출하는 것이 아니라 시민이 직접 선거하는 방식이다. 따라서 시정부도 연방정부나 주정부처럼 양원제도 있었으나 점차 개정하여 지금처럼 단원제로 되었다.

우리나라와 크게 다른 점은 의원수가 매우 적고 유급직이라는 점이다. 다만 유급직이라도 일반적으로 집행기관에 비해 보수의 수준이 낮고 명예직의 성격을 특색으로 하고 있다. 대개 인구 50만 명 미만이면 의원수가 많아야 9명, 7명이나 5명이 보통이다. 또 시에 따라서는 정당 표방을 금하고 있는 데도 많다. 본래 의원수를 적게 한 것도 정당에 의한 파벌싸움을 지방자치단체에서는 배제하려는 취지에서 나온 것이었다.

미국 시의회의 권한은 주 법률에 의거하는 수도 있지만 대체로 시헌장(憲章)에 규정되는 것이 원칙이고 광범위한 권한을 가지고 있다.

첫째로 의결기관으로서 조례를 제정하여 시의 각종 위원회 직원의 보수, 공공사업 등 일체의 정책을 결정한다. 그리하여 시민의 복지향상과 생활안전을 위한 모든 시책을 책정한다.

둘째, 시의회는 시 재정에 관한 광범위한 권한을 행사한다. 어떤 시의회에서는 의회 내의 재정위원회를 통하여 집행기관이 담당하고 있는 예산편성에까지 적극 관여한다. 그 밖에 회계검사관, 공평위원회, 시 재무관을 직접적으로 의회의 감독하에 두고 있다.

셋째, 시의회 내부조직과 각종 위원회의 조직과 운영을 의회의 권한으로 하고 있다.

넷째, 시 공무원 중 간부의 임명에는 시의회가 관여하는 수가 많다. 예컨대 서기장, 재무관, 회계검사관 등을 시의회에서 선출하게 된다. 이는 집행기관의 일에 의결기관이 실질적으로 관여하는 한 예라 할 수 있겠다.

그러나 시정(市政) 형태에 따라 시의회의 권한에 차이가 있음은 물론이다. 위원회제는 사실상 집행기능까지 맡고 있으므로 가장 강하고, 다음에는 시장시회제의 경우에도 강시장형보다 약시장형의 시의회가 보다 권한이 강하다.

시 의원의 임기는 1년에서 6년까지 있으나 1년, 5년, 6년은 극소수이고 대부분은 2년 또는 4년이다. 4년이 전체 시의 46%, 2년이 41%이지만 시장시회제에서는 4년제가 2년제보다 약간 많다. 3년은 대부분이 시민총회제에 있을 뿐이다. 초기에는 시민의 지배력을 강화하기 위해 임기를 가급적 짧게 했으나 그 결과 시 의원이 시정에 익숙하기 전에 자주 바뀔 뿐 아니라 평소에 선거운동에만 몰두하게 되고 선거비의 과중 등으로 점차 임기가 길어지는 추세를 나타냈다.

또 많은 경우 미국 자치행정에서는 직접민주제 방식인 주민투표제, 주민발안제, 소환제 등이 인정되어 있으나 남용되는 경우는 드물다. 의원을 선거할 경우 시 전체를 하나의 선거구로 하는 대선거구제가 전체의 60%, 시를 몇 개의 구역으로 나누는 소선거구제가 24%, 예컨대 필라델피아 시처럼 의원정수 17명 가운데 소선거구로 10명, 나머지 7명은 시 전체를 하나의 선거구로 한 대선거구에서 선출하는 혼합선거제가 16%이다.

칼라마주 시의 시의회 의원정수는 7명이고 임기는 2년, 시 전체를 한 구역으로 하여 선출된다. 이 시 역시 의원을 소환할 수 있는 규정이 있으나 1918년 헌장이 제정된 이래 오늘날까지 한 차례도 소환된 의원은 없었다. 투표는 커다란 캐비닛과 같은 모양의 투표기에서 이루어진다. 그 앞에 있는 커튼을 젖히고 들어서서 후보자별 버튼을 누르면 투표는 끝나고 자동적으로 후보자별 득표수가 나타난다. 따라서 따로 개표절차가 필요치 않다.

투표 때 최고 득표자가 시장이 되는데 이곳 시장인 알렌 씨는 변호사 출신으로서 이미 4선이었다. 선거 시에 차점 당선자는 부시장이 된다. 7명의 의원 중 두 의원만이 초선이고 나머지는 모두 재선 또는 3선 의원이다. 선거 때 입후보자는 대체로 10명에서 12명이라고 하였다. 투표율은 우리나라에 비하면 매우 낮아서 50% 수준을 겨우 넘길 정도이다. 거기다가 만약에 비라도 오는 날이면 시 당국은 시민의 애향심이 이 비에 젖지 않도록 유권자에게 호소하는 수도 있다.

투표기에 의한 투표는 주지사, 주의원, 연방의원, 교육위원 등 각종 선거직을 한꺼번에 하는 것이 보통이다.

시의회는 대체로 매주 월요일 하오 8시에 개회한다. 주간은 의원들이 각자 직업을 갖고 있기 때문에 저녁시간으로 하는 것 같았다. 나는 몇 차례 월요일 밤에 열리는 시의회를 참관했다. 시청 안에 있는 의사당은 정면 한가운데 의장인 시장이 앉고 양쪽에 시지배인과 시 서기장이, 의장 바로 앞에는 속기사, 그리고 의장을 향해 양쪽으로 의원들이 앉고, 맞은편 방청석은 시민들의 자리로 되어 있다. 방청객은 결코 많지 않았다. 의장이 느닷없이 나를 소개하는 바람에 방청석에 있던 나는 어리둥절했다.

방청석에서도 발언이 허용된다지만 발언하는 시민은 없었다. 다만 그날의 회의상황이 이튿날 지방지에 소상하게 보도된다. 이 시에서도 시민이 시 행정에 관하여 적극적인 관심을 나타내지 않는 것을 하나의 문제점으로 들고 있었다. 시장, 즉 시의회 의장은 의회가 열리는 월요일 밤에나 시청에 나올 뿐 평소에는 시청에 나오는 일도 없다. 시청 안에 그의 사무실이 따로 있는 것도 아니다. 행정의 실권은 전적으로 시지배인에게 집중되어 있고 시장은 의례적으로 시를 대표할 뿐이다. 따라서 실권은 없다. 시장시회제의 시장과는 본질적으로 다르다. 명예직에 지나지 않는다. 그러나 메모리얼데이(현충일)의 시가지 행진에서는 시장이 맨 선두에 선다.

시청의 분위기 역시 우리와는 판이하다. 우리의 시청은 민원사무 등으로 창구사무가 복잡하고 시민으로 붐비는 데 비해 이곳은 마치 도서관처럼 조용하다. 시지배인실을 방문하는 시민도 극히 드물고 사무실에 앉아 있으면 승강기의 오르내리는 소리만 들릴 뿐이다. 민원사무는 거의 우편으로 처리된다. 마침 8시에 출근하면 출근부라는 것이 없고 출근시간이 적힌 카드를 뽑아 들고 각자 사무실에서 일을 시작한다. 10시에 10분 정도의 티타임, 12시부터 한 시간 동안의 점심시간, 도시락 지참자는 많지 않다. 하오 3시에 티타임, 5시에 퇴근한다. 만약에 일이 밀려 초과근무를 하면 기록카드에 기입, 퇴근시에 출입구에 넣는다. 월급은 한 달에 두 번 나누어 받는다. 연가를 꼬박꼬박 챙긴다. 항상 농산물이 과잉생산되므로 농민에게 보조금을 주어 농산물 생산을 줄이는 것이 농업정책의 핵심이라 했다. 당시의 나로서는 매우 신기했다.

제 2 부

세상 사람들의 사는 모습

링컨의 고향

칼라마주 시 행정의 견습을 마치고 미 대륙일주 여행길에 올랐다. 맨처음 찾은 곳이 일리노이 주청(州廳)이 있는 스프링필드, 주청에 들어서는 입구에 남루한 차림의 링컨 동상을 대하게 된다. 초라한 링컨의 모습이 너무나 의외였다. 왜 하필이면 이런 모습의 링컨을 후세에게 남기고자 했을까 싶었으나 제일 값싼 1센트 동전에 링컨의 얼굴을 새긴 것과 같은 이유였다. 서민과 불우한 사람을 위하여 일생을 바쳤고 고생으로 생애를 마친 그를 표현하기 위한 것이다.

그러나 일리노이 주 모든 차량 번호판에는 "링컨 스테이트"라 적는데, 이곳이 링컨의 고향임을 사람이 얼마나 자랑스럽게 생각하고 있는가를 알 수 있다. 노상에서 우연히 알게 된 킹 씨가 링컨의 유적을 안내하겠다고 하여 동행하게 되었다. 나는 미국여행 중 이런 분을 여러 명 만나는 행운을 가졌다.

그를 따라 링컨이 살던 집으로 먼저 갔다. 목조 이층집에는 당시의 모든 가구와 책들이 그대로 보존되어 있다. 이 집에서 링컨은 변호사 개업을 하였고 마침내 미국 제16대 대통령에 당선되었다. 2층 밖에는 집 주위 일대가 축하객으로 인산인해를 이룬 장면의 그림이 걸려 있다.

이 집 건너편은 링컨 박물관, 링컨 일대기와 유물이 진열되어 있다. 검은 모자, 단장, 우산 그리고 남북전쟁 당시의 군복과 무기도 볼 수 있었다. 나는 다시 그곳에서 링컨의 묘지를 찾았다. 링컨의 묘지는 높다란 탑으로 되어 있었고 그 입구에 있는 동상은 드나드는 사람들이 우뚝 솟은 링컨의 코를 으레 한 번씩 만져서 검은 동상이 코만 하얗게 번쩍이고 있었다. 킹 씨에 의하면 링컨의 코를 만지면 행운이 온다는 이야기가 있다고 한다.

우리는 다시 스프링필드에서 30마일 떨어진 뉴세름을 찾았다. 뉴세름은 켄터키의 통나무집에서 태어난 링컨이 소년기와 청년기를 보낸 곳이다. 때마침 눈부신 신록에 매미소리가 요란했다. 우체국장을 지내면서 법률공부를 하던 건물이 그대로 남아 있다. 그 집도 통나무로 지은 우리나라에 흔히 볼 수 있는 판잣집과 다를 바 없지만 다만 오랜 세월로 이끼와 넝쿨이 덮여 있다. 지금도 역시 우표를 팔고 있었다.

미시시피 강의 지류가 뉴세름을 지나기 때문에 링컨은 한때 살기가 어려워 배를 부린 일이 있었다. 그때 강을 타고 남부지방을 오르내리면서 흑인 노예의 비참한 장면을 자주 목격했기 때문에 일생을 노예해방에 바치기로 결심하게 된 것이라고 전해지고 있다.

뉴세름은 일리노이 주립공원으로 되어 있고, 이곳에도 허름한 노동복을 입고 한 손에는 책을, 또 한 손에는 괭이를 든 늠름한 링컨의 모습을 볼 수 있다. 링컨은 일생 동안 5년밖에 학교를 다니지 않았지만 그간에도 이리저리 옮겼기에 모두 합쳐서 12개월에 지나지 않는다고 한다. 그러나 굳은 의지의 소유자로서 독학으로 변호사 자격을 얻어 그것이 정계진출의 발판이 되었다. 한 사람에 관하여 링컨처럼 전기가 많은 위인도 없다. 미국 내에서만도 무려 4천 종이나 된다. 그중 짐 비숍의 《링컨이 사살된 날》은 링컨이 흉탄에 쓰러진 1865년 4월 14일 아침 7시에서 그 이튿날 7시까지 24시간의 기록을 304쪽에 걸쳐 서술하고 있다. 이 자료수집만 25년이 걸렸다고 한다.

링컨의 시신은 워싱턴 백악관에서 볼티모어, 해리스버그, 필라델피아, 뉴욕, 클리블랜드, 시카고를 거쳐 무려 2,700㎞의 긴 여정 끝에 소년시절 그를 기른 뉴세름의 뒷산이 보이는 스프링필드의 서북에 영원히 묻히게 되었다.

대통령 선거에 승리하여 고향을 떠날 때 그는 다음과 같이 말했다.

여러분. 나는 지난 4반세기 이상을 여러분과 함께 이곳에서 지냈습니다. 여기서 나는 소년시절부터 이제 노령에 이르기까지 살아왔습니다. 여기서 아이들을 낳았고 한 아이는 이곳에 묻혀 있습니다. 오늘 나는 여러분과 헤어지게 되었습니다. 워싱턴 장군에게 지워졌던 일보다 더 힘든 일을 맡기 위하여 가는 것입니다. 장군을 도와준 하나님이 나를 똑같이 도와주지 않으면 나는 실패할 것입니다. 우리 조상을 돌보아 준 하나님이 이제 우리를 버리지 않도록 같이 기도합시다. 이 말씀을 드리고 나는 떠납니다. 얼마간 있게 될지 알 수 없습니다.

그러나 뜻밖에도 그는 시신이 되어 고향에 돌아왔다. 링컨은 명연설을 많이 남겼다. 그중에도 민주주의와 자유에 관한 연설은 너무나 유명하다. 그것은 게티스버그의 전사자 무덤 앞에서의 연설이다.

우리가 이곳에서 말하는 바를 세상은 별로 들은 척도 않을 것이요, 길이 기억도 않을 것이지만 그들이 이곳에서 행한 바는 결코 잊지 않을 것입니다. 우리가 이곳에 모인 것은 살아 있는 우리 자신을 이곳에서 싸운 그들의 미완성 사업에 바치기 위한 것이요, 전사한 장병 그들이 끝까지 몸을 바친 대의(大義)에 대한 우리의 헌신적 정신을 고조시키고자 하는 바이며, 우리는 이곳에서 그들의 전사가 무의미한 것이 되지 않게 할 것을 결심코자 하는 바이요, 이 나라가 하나님의 보호하에 자유의 세상이 오도록 국민의, 국민을 위한, 국민의 정치가 이 세상에서 불멸할 것을 맹세하고자 이곳에 모인 것입니다.

이는 민주주의의 정의로서 후세에 널리 인용되는 바로 그 연설이었다.

지금으로부터 약 100년 전 링컨이 살았을 때 미국에서 자유라는 말은 간단없는 논란거리였다. 1809년 그가 이 세상에 태어났을 때 미국의 입헌정치는 겨우 20년밖에 안 되었다. 링컨의 생전, 입헌정치의 기초는 바로 오늘날 우리 한국의 현실처럼 과도기요 하나의 시련기에 처했던 시대였다. 링컨은 자유에 대한 유명한 연설을 했다.

자유와 독립의 방패를 이루는 것은 무엇입니까, 그것은 방벽 위의 무시무시한 총알도 아니요, 거친 해변도 아니요, 전투함의 포문도 아니요 또한 훈련되고 용감한 군대도 아닙니다. 우리는 아름다운 우리 강토에 또다시 폭정이 되살아나지 않게 하는 데 있어 그런 것을 믿지 않습니다. 그런 것은 모두가 자유를 등지고 돌아설 수 있는 것으로 우리의 투쟁에 있어 아무런 상관이 없는 것입니다. 우리가 믿는 것은 하나님이 우리의 가슴 속에 간직하게 해준 자유입니다. 우리는 자유를 만인의 유산으로 숭상하는 정신을 수호함으로써 우리를 지킬 수 있습니다.

링컨 대통령이 미국의 역대 대통령 중에서도 가장 높이 평가되고 있는 것은 한때 위기에 놓이게 된 미국의 연방제도를 수호한 것과 초창기의 민주주의를 몸소 확립하였다는 것뿐 아니라, 민주주의가 무엇인가의 진리를 불멸의 명언으로 표현하여 후세에 길이 남기게 했다는 사실이다. 링컨은 비록 켄터키의 통나무집에서 태어났지만 지금은 뉴세룸뿐 아니라 워싱턴의 웅장한 대리석 기념관에 근엄한 표정으로 앉아 만인의 추앙을 받고 있음에 깊은 감동을 느끼지 않을 수 없다.

가도 가도 끝없는 미국일주

링컨의 유적지를 보고 계속 남진하여 멤피스를 거쳐 뉴올리언스에 이르렀다. 뉴올리언스는 당초 프랑스의 식민지였다가 1803년 나폴레옹이 1,500만 달러로 미국에 판 땅이라고 했다. 따라서 뉴올리언스가 있는 루이지애나 주는 미국의 다른 주와는 달리 지방 행정구역 이름도 다르다. 카운티가 아니고 프랑스식으로 패릿쉬라 부른다. 아직도 프랑스풍이 짙게 남아 있는 미국에서는 색다른 도시이다. 특히 도심지의 잭슨 광장을 중심으로 한 프렌치 쿼터는 지금까지 보아온 미국의 거리와는 사뭇 분위기가 다른 매력적인 거리이다.

여기서는 거리의 화가들을 자주 보게 된다. 이곳은 또한 미국 특유의 재즈음악의 본고장일 뿐 아니라 술과 미녀가 넘치는 남부의 이름난 유흥도시의 면모도 갖추고 있다. 또 미국 남부 일대에 펼쳐져 있는 면화(棉花)지대의 집산지인 만큼 면화공장이 많이 모여 있다. 그때까지도 시가지를 누비던 노면전차에서 테네시 윌리엄스가 〈욕망이라는 이름의 전차〉라는 명작을 남긴 무대이기도 하다. 그것은 시대의 변화에 따라 몰락해가는 남부 상류계급을 묘사한 것이었다.

뉴올리언스부터는 산타페라는 이름의 기차로 로스앤젤레스까지 간다. 그간에 댈러스와 그랜드캐니언, 요세미티 공원을 보았다. 웅대한 대자연에 비해 인간은 얼마나 미미한 존재인가를 깨닫게 했다. 샌프란시스코에서 태평양 연안을 따라 시애틀에 이르기까지 계속 북상했다. 중간에 레드우드지대, 수령 3천 년이 넘는다는 세쿼이아의 거목들을 만나게 된다. 깜짝 놀란 것은 한 거목 속을 버스가 빠져나가는 것이다. 도로가 나무를 뚫고 나가게 되어 있다. 얼마나 거대한 나무인가.

시애틀에서 미국 최대의 국립공원인 옐로스톤을 찾기 위해 로키산맥의 고원지대를 지나게 된다. 이 지대부터 소맥과 옥수수밭이 끝없이 이어진다. 하루 종일 가도 가도 보리밭뿐이다. 옐로스톤 역에서는 자동차 편으로 바꾸었는데 곰들이 차창까지 다가온다. 사슴, 버펄로 (들소) 도 수없이 보게 된다. 이 일대에는 부글부글 끓는 온천물 위로 뜨거운 김이 뭉게뭉게 피어오르고 있다. 그 중심지에서 게이사(간헐천) 가 65분마다 100여 피트나 하늘 높이 치솟는다. 그러나 10분도 채 못 되어 다시 땅 속으로 들어가고 만다. 게이사가 솟는 언저리는 마치 염전처럼 하얗게 김이 피어오르고 끓는 물이 계속 부글거리고 있다. 비단 흰색뿐 아니라 파란색, 붉은색, 노란색 등 형형색색이다. 자연의 조화란 참으로 신비스럽다.

이곳에서 솔트레이크 시를 거쳐 버스 편으로 로키산맥을 넘어 덴버로 향했다. 북미 대륙의 지붕이라 할 수 있는 로키산맥 일대는 한없는 대평원이 계속된다. 다만 그것은 푸른 초원이 아니라 누런 갈대 같은 황량한 풍경이다. 또 소들의 방목지로도 쓰이는지 가끔 소떼도 보인다. 버스가 한 산허리에 이르자 운전기사는 차를 세우고 4,390m의 엘버트산을 가리킨다. 로키산맥의 최고봉, 그러나 봉우리는 이내 구름에 가려 보이지 않는다. 흰 눈에 덮인 봉우리들이 하늘 높이 치솟아 있다. 버스가 잠시 멈추고 있는 동안 한 승객은 차 밖으로 나가 무릎을 꿇고 최고봉을 향해 묵념을 하고 있다. 인간의 심성은 동서양의 차이가 없는 것 같다. 방목(放牧) 의 고원지대를 지나면 감자밭 지대로 이어진다.

덴버는 듣던 대로 깨끗하고 조용한 도시이다. 무엇보다도 4천 m급의 로키 연봉이 병풍처럼 아름답게 쳐져 있다. 시내 중심지에 주청

（州廳) 건물이 우뚝 서 있고 지붕 꼭대기는 황금빛으로 찬연하다. 이곳 콜로라도는 금광이 많아서 그것을 상징하는 듯 바로 주청과 시청 사이에는 잔디광장이 보기에도 시원하다. 바로 그날이 덴버 교향악단이 시민을 위해 야외연주회를 하는 날이라는 큼직한 광고가 눈에 띈다.

이제 시카고를 거쳐 보스턴까지만 가면 미주(美洲) 일주 여행은 끝이 난다. 미국 하면 고도로 발달된 도시를 연상하기 쉬우나 보다 우리의 마음을 사로잡는 것은 그 웅장한 대자연이다. 상상을 초월하는 거대한 나라이다. 이미 보아온 바와 같이 서부의 대평원은 기차로 며칠을 달려도 산이 보이지 않는다. 또 미국은 변화가 많은 다양한 나라이다. 뉴욕과 같은 초거대 도시가 있는가 하면 조그마한 촌락이 있고, 연기에 뒤덮인 공업지대가 있는가 하면 고요한 시골이 있고, 번화한 거리가 있는가 하면 명상을 위한 작은 교회가 있다. 호수와 사막, 초원과 산맥, 암석이 많은 해안선과 햇볕에 그을린 끝없는 대평원, 이러한 미국은 우리에게 강렬한 인상을 준다.

미국을 떠나기 전에 마지막 여정을 뉴잉글랜드 지방으로 잡았다. 뉴잉글랜드는 미국 동북부지역으로서 미국 사람들의 정신적 고향이라 불린다. 보스턴이 그 중심도시이다. 보스턴은 역사의 무게를 느끼게 하는 고풍스러움이 있다. 식민지 시대와 독립운동 시대의 유적들도 접할 수 있다. 1773년 급진파 사무엘 아담이 이끄는 자유의 아들들이 차세(茶稅)에 항의하여 영국 배에 실린 차를 바다에 집어던졌다. 이것이 보스턴 티파티사건이며 지금도 그 배의 모형이 보스턴 만 부두에 매달려 있다. 나는 그 배의 크기가 너무나 작아서 실망했다.

이 사건으로 본국과의 대립은 더욱 표면화되어, 이듬해 1774년 각 식민지 대표들이 필라델피아에 모여 마침내 대륙회의를 열었다. 그리하여 보스턴의 근교인 콩코드, 렉싱턴에서 독립전쟁의 전투가 벌

어졌다. 지금도 고전장에는 식민지 군대의 힘겨운 얘기들이 남아 있
다. 적과 일진일퇴하던 나무다리가 그대로 보존되어 있다. 이 콩코드
전투의 영웅으로 역사에 이름을 남긴 것이 폴 리비어(Paul Revere)이
다. 그의 무덤은 파크 스트리트 교회 뒤에 있는 그라나리 묘지에 있
다. 그 낡은 묘비들을 나는 카메라에 담았다.

보스턴에서 바다 쪽으로 두 시간쯤 달리면 플리머드라는 영국에서
102명의 청교도가 타고 온 배의 모조선이 매달려 있다. 바로 그 옆에
는 그들이 최초로 미 대륙에 상륙할 때 첫발을 들여놓은 바위가 있
다. 그 바위에는 1620이라 새겨져 있다. 또 박물관도 있어서 그때의
유품들을 보여주고 있다. 보스턴에는 영국풍의 벽돌집 거리에 아직
도 가스등이 켜 있고 미국 최초의 커먼 공원, 미국에서 가장 먼저 건
설된 지하철이 있다. 문화와 예술의 중심일 뿐 아니라 찰스 강 건너
의 하버드대학은 명문으로 이름이 높다. 하버드대학이 있는 케임브
리지는 보스턴 시가 아니고 별도의 자치단체로 되어 있다. 서울로 치
면 강남이 독립 시로 분리된 셈이다. 보스턴은 WASP(White Anglo-
Saxon Protestant)의 본거지라는 인상을 받는다. 어느 도시나 비슷비
슷하게 보이는 미국에서는 매우 색다른 도시가 보스턴이다.

안개 짙은 런던

귀국길은 유럽 경유로 잡았다. 반년 남짓의 미국생활과 한 달 동안의 미국 이곳저곳을 찾아다니며 보고 듣고 겪은 일들이 주마등처럼 머리를 스쳐 간다. 특히 텍사스에서 기차를 타고 뉴멕시코, 애리조나 지대를 거쳐 캘리포니아에 이르는 사막지대의 단조로움, 그리고 시애틀에서 오리건, 아이다호, 다코타 지대를 지날 때의 가도 가도 끝없는 대평원의 지겹도록 지루하던 기억은 좀체 내 머리에서 사라질 것 같지 않다. 끝없이 넓은 나라이다. 유럽 국가들을 모두 합쳐도 미국 크기에 미치지 못할 만큼 광대한 국토에 무진장의 자원, 거대한 생산력은 미국을 둘러본 사람이면 누구나 공감할 것이다.

그런데 괴테의 다음과 같은 구절이 연상된다.

미국이여! 더 좋을 것이 없나니, 너에게는 무너진 옛 성터도 없고 현무암도 없지 않은가?

이는 역사가 짧다는 얘기일 것이다.

비행기 아래로 내려다보이는 곳이 뉴타운드랜드라는 설명이다. 도무지 인가라고는 보이지 않고 검은 땅과 물웅덩이만 까마득하게 보일 뿐이다. 검붉게 물들인 북극의 구름 속으로 지는 태양을 향해 대서양을 넘는 데 약 13시간이 걸렸다.

입국수속을 마치고 버스로 시내에 있는 에어 터미널까지 달리게 되었다. 길 양쪽에는 나지막한 벽돌집이 이어지고 푸른 생나무 울타리가 쳐져 있다. 길 가는 차들은 검은 빛이 많고 행인들의 옷차림도 검으며 건물들마저 거무스레하고 우중충해 보인다. 길 가는 여성들의 옷도 검소해 보이며 자전거꾼들이 눈에 띈다. 뉴욕에서는 볼 수 없었던 신사가 많다. 그들은 검은 모자에 우산을 들고 다닌다. 거리의 흰 벽이나 기둥들이 대개 회색으로 변해 있고 높은 집 사이로 형편없이 낮은 집이 끼어 있다.

뉴욕이 질서정연한 바둑판처럼 생긴 직선의 도시라고 하면 런던은 꾸불꾸불한 거리에 곧고 넓게 탁 트인 시원한 맛이 없다. 오랜 역사를 통해 자연스럽게 성장한 도시인 까닭에 골목길이 제멋대로 뻗어 있다. 거리에 보이는 철책은 예외 없이 새까맣게 그을려 있다. 거리 전체가 회색빛으로 무겁게 가라앉은 분위기이다. 이런 거리를 붉은 2층버스가 질주하고 있다.

나는 하이드파크에 접해 있는 호텔에 들었다. 이튿날 안개가 자욱하게 낀 런던의 아침이 열렸다. 안개는 런던의 명물이다. 하지만 그것은 좀 짜증스런 명물이다. 11월에서 이듬해 2월까지가 안개의 계절이지만 한여름에도 안개는 변함이 없었다. 안개 짙은 거리에서 성급히 걸을 수는 없는 일이다. 영국 사람들의 급하지 않고 느긋한 성격은 이런 데서 빚어진 것이 아닌가. 그들은 대체로 무표정하고 무뚝뚝해 보인다. 개방적인 미국 사람들과 대조적이다. 우리가 흔히 "안개를 피운다"라고 할 때 이것은 속마음을 드러내지 않음을 의미한다. 색깔로 말하면 선명한 원색이 아니고 중간색, 즉 회색이다. 회색의 하늘, 회색의 거리, 그런 인상이다.

하이드파크의 모퉁이에 마블 아치가 있다. 이 문은 옛날 버킹검 궁전의 정문이었다고 한다. 지금은 이 인근이 자유 연설장으로 이름이 높다. 즉, 스피커즈 코너이다. 내가 갔을 때도 나무그늘 아래 연단에서 연설하는 사람 앞에서 많은 청중들이 팔짱을 끼고 경청하고 있었다. 이곳에서는 누가 무슨 소리를 해도 법에 걸리지 않는다고 한다. 언론의 자유가 완전히 보장된 곳이다. 지하철 요금이나 노동쟁의, 공산주의에 대해 자주 논쟁이 벌어진다.

마블 아치가 바라다 보이는 나무그늘에 줄줄이 놓인 의자에 잠시 쉬었다. 이내 제복의 중년 부인이 다가와서 자리 값을 요구한다. 6펜스의 돈을 물었다. 미국의 공원에도 의자가 있지만 요금을 낸 기억은 없다. 사양(斜陽)의 대국(大國)이 이제는 공원의 자리 값까지 챙기게 되었는가. 6펜스가 미화로 하면 얼마나 되는지 한참 따져 보아야 했다. 그 당시 영국 화폐는 10진법이 아니고 파운드가 10실링, 1실링이 12펜스였기 때문이다. 하이드파크의 풍경은 다채롭기만 하다. 넓은 잔디에 많은 남녀들이 행인의 이목을 두려워하지 않고 쌍쌍이 누워 있기도 하고 자유분방하게 뛰놀기도 한다.

하이드파크에서 템스 강의 웨스트민스터 다리를 향하여 걸으면 엘리자베스 여왕이 살고 있는 버킹검 궁전에 이르게 된다. 궁전 앞에는 검은 털모자에 붉은빛 제복의 위병들이 문을 지키고 있다. 그뿐 아니라 실크 햇에 검은 복장으로 천천히 걷는 신사들을 만나게 되어 별안간 옛날 세상에 찾아온 것 같은 착각이 든다. 위병들의 교대시간에는 더 많은 위병들의 호화찬란한 행진이 있기 때문에 관광객들은 긴 시간을 기다리기도 한다. 가끔 고색이 찬란한 갑옷의 기마대가 지나가는 것이 무슨 영화의 한 장면을 보는 느낌이다.

궁전 정문 앞에는 빅토리아 여왕의 동상이 서 있다. 이 동상과 탑은 런던에서 보기 드문 흰색 탑이다. 여왕 재위 65년이 영국 역사상 최성기라 한다. 동상대에 오르면 버킹검 궁전의 정면이 들여다보인다. 미국에서는 볼 수 없었던 네모진 구식 차들이 계속 드나들고 있다. 궁전에서 세인트 제임스 공원으로 이어지고 그 안에는 꽃들이 아름답게 가꾸어져 있으며 운치 있는 호수에 나무 그림자가 길게 비친다. 많은 행인에도 불구하고 잔디가 곱게 손질되어 있다.

공원을 지나서 웨스트민스터 사원으로 간다. 1065년 건립된 이 건물은 오랜 역사로 인하여 시꺼멓게 바래 있다. 영국 역대 왕의 대관식(戴冠式)이 행해지는 동시에 신과 함께 위대한 영국 시민이 묻혀 있는 곳이다. 이미 영화 등을 통해 본 일이 있지만 실제로 그 안에 들어서니 컴컴하고 음산해서 으스스한 느낌이 든다. 역대 임금의 무덤과 《실낙원》의 밀턴, 찰스 디킨스, 셰익스피어 등의 무덤이 조금씩 거리를 두고 배치되어 있다. 생전의 직업에 따라 위치가 정해진다 한다. 어떤 무덤은 대리석으로 되어 있고, 또 어떤 무덤은 석관 위에 사람 조각을 눕혀 놓기도 했다.

많은 무덤 중에는 셰익스피어의 무덤이 위치로나 조각으로나 돋보였다. 영국 역사의 비극이라 할 수 있는 헨리 5세에 의하여 무참하게 죽음을 당한 어린 두 왕자의 무덤도 셰익스피어의 옆에 있었다. 그 비극은 셰익스피어의 작품인 〈헨리 5세〉로 유명하지만 작가 자신도 왕자들의 무덤과 나란히 묻혀 있는 것이 아닌가.

웨스트민스터 사원의 뒷문으로 나서서 길을 건너면 시계탑인 빅벤이 우뚝 솟아 있는 국회의사당에 이르게 된다. 영국 의회정치의 전당이다. 뾰족뾰족한 고딕식 건물이다. 건물 안에 들어서면 마치 박물관처럼 정치가의 동상과 초상화, 그리고 옛날 왕과 왕, 왕과 의회 간의 싸움의 정경이 벽화로 되어 있는 것이 눈에 띈다. 안내인에 따라 상원, 하원, 위원회 등을 차례로 볼 수 있다. 상원은 좌석이 위엄 있게 만들어져 있으나 하원은 여야가 마주 보고 앉도록 지극히 평범한 의자들이다.

영국 의회에서도 옛날에는 분규가 잦았다. 예컨대 의회의 영수 크롬웰이 찰스 1세의 목을 친 비극도 있었다. 그러한 사건을 계기로 만들어진 관례를 지금도 지킴으로써 후세의 반복을 방지하는 것이라 한

74

다. 의사당 인근에는 위용을 자랑하듯 관청 건물이 밀집해 있다.

그곳을 지나 템스 강변으로 나오면 클레오파트라 니들을 볼 수 있다. 이는 기원전 1,500년경 이집트의 신전에 서 있던 한 쌍의 오벨리스크 중 하나로, 다른 하나는 뉴욕 센트럴 파크에 있다. 높이 21m의 한 개의 돌로 되어 있으며 표면에는 이집트 문자가 새겨져 있다.

이곳에서 유람선을 타면 워털루 다리 밑을 지나 그 유명한 런던탑 다리에 이르게 된다. 영화 〈애수〉에 나오는 안개 자욱한 워털루 브리지는 너무나 낭만적이었으나 실지로 보는 다리는 밋밋하게 생긴 평범한 다리에 지나지 않는다. 런던 탑(塔) 다리는 2개의 높은 탑 사이로 2층으로 된 다리가 놓여 있고, 아래층 다리는 큰 배가 지날 때는 다리가 열리게 되어 있다. 이곳에서 배를 내리면 런던 탑에 들어가게 된다. 한때 많은 사람들이 갇히고 죽고 한 비극의 탑은 보기에도 음침하고 살벌한 느낌을 준다.

문 안에 들어서면 의외로 넓고, 관람객들이 한 탑 앞에 줄지어 서 있다. 그 탑은 피의 탑(塔)이라 했다. 에드워드 5세와 요크 공이 이곳에서 죽음을 당했다. 좁은 계단으로 허리를 굽혀 탑 위로 오르면 옛날의 의자와 촛대들이 침침한 방안에 보존되어 있다.

피의 탑을 내려와서 단두대가 있는 데로 간다. 철판 위에 단두대(斷頭臺)를 놓고 도끼로 목을 쳤다는 얘기이다. 듣기만 해도 끔찍한 일이다. 철판 옆에는 단두대의 이슬로 사라진 명사의 이름이 새겨져 있다. 다음에는 흰 탑이라 불리는 성곽 한가운데쯤 있는 낡은 건물을 보게 된다. 옛날의 무기, 갑옷, 대포, 칼과 창들이 진열되어 있고 사람들의 목을 치던 도끼와 철판들이 놓여 있다. 그리고 죽은 사람의 시체를 런던 시내로 끌고 다니던 쇠틀도 있었다. 그것으로 목은 목대로 시체는 시체대로 매달아 끌고 다녔다 하니 상상만 해도 소름이 끼치는 일이다.

런던 탑에 얽힌 비극은 한두 가지가 아니라 하지만 영국에도 그런 암흑의 역사가 있었음을 우리에게 보여주고 있음이 가장 의미가 깊은 것 같다.

런던에 오면 꼭 보고 싶던 세 군데가 있었다. 대영박물관과 국립미술관 그리고 교외의 옥스퍼드이다. 대영박물관은 외관부터 오랜 풍상으로 거무충충하게 보인다. 우리를 압도하는 것은 이집트, 시리아, 아시리아, 그리스 등의 엄청난 수의 고대 미술품이다. 기원전 2천 년 전 이집트의 미라와 조각품도 있다. 또 인도, 중국 등의 수집품도 놀라운 양이다. 우리나라 도자기도 있다. 그 밖에 세계 각국의 것이 망라되어 있다. 대영제국(大英帝國)이 세계를 제패했던 황금시대에 부와 권력으로 모은 보물들이다. 어떻게 보면 장대한 인류 문명사의 전당이며 대영제국의 영광의 한 상징일 것이다.

박물관 안에는 킹스 라이브러리라는 도서 진열실이 있고, 400명을 한꺼번에 수용할 수 있는 열람실이 돋보이며, 고서·진서들이 유리 상자 안에 전시되어 있다. 아래층에서 2층으로 오르는 폭 넓은 계단이 꺾어지는 지점에서 키가 나지막하고 수염이 많은 늙은이가 한 손으로 턱을 받치고 기대 서 있는 조각과 마주치게 된다. 그가 바로 셰익스피어였다. 모처럼 왔던 길에 이것저것 다 보려다가는 한이 없다. 나는 아테네 파르테논 신전에서 옮겨 왔다는 조각군(群) 앞의 많은 관람객 틈에 끼었다. 이것은 영국의 한 외교관이 거금의 사재(私財)를 들여서 영국으로 운반해 온 것이라 한다.

박물관을 나서서 런던에서 제일간다는 번화가 피커딜리 서커스를 지나면 국립미술관에 이르게 된다. 이 미술관은 나라별, 지역별로 작품을 분류해서 진열했기 때문에 감상하기에 편리하다. 특히 터너, 휘슬러 등 영국 화가들의 작품 앞에는 머리가 하얀 해설자의 설명을 경청하는 관객이 많다. 18세기 엘리자베스 시대 이후 네덜란드, 스페인, 프랑스 등을 차례로 넘어뜨리고 세계를 제패한 영국의 실력이 이런 데도 잘 나타나 있다. 벽에 걸려 있는 렘브란트의 아름다운 전원 풍경을 바라볼 때 우리는 네덜란드 자체를 굴복시킨 영국의 패기(覇氣)를 연상케 한다.

미술관을 나서면 바로 앞이 트라팔가 서커스이다. 그곳으로 가는 길바닥에 그림을 그려 놓고 행인의 동정을 구하는 사람들이 한둘이 아니다. 트라팔가 광장 한가운데는 까마득하게 높이 솟은 탑 위에 넬슨 제독(提督)의 동상이 런던을 지켜보고 있다. 뾰족한 모자만 보일 뿐이다. 그는 스페인 남단의 트라팔가에서 프랑스 함대와 싸워 대승을 거둔 용장이다. 그러나 그는 저격을 받아 "내가 내 의무를 다했음을 신에게 감사한다"는 한마디를 남기고 전사했다. 넬슨은 외눈 외팔의 용장으로 세계 해전사(海戰史)에 이름을 남겼지만 해밀턴 대사 부인과의 뜨거운 사랑 이야기도 함께 남겼다.

넬슨 탑 양쪽으로 분수가 힘차게 치솟고 그 일대는 군중에 끼여 비둘기 떼들이 운집해 있다. 커다란 검은 사자상(獅子像)이 사방을 향해 놓여 있다.

이튿날은 쾌청, 안개만 끼던 런던에도 이런 날이 있다. 옥스퍼드로 가는 기차를 탔다. 미국의 기차에 비해 차 안이 좁고 낮다. 컴파트먼트로 되어 있어서 5, 6명이 한 칸에 탄다. 교외로 나갈수록 전원 풍경이 아름답다. 양떼들도 보이고 젖소들도 보인다. 들에는 밀이 익어가고 나지막한 언덕에는 나무로 울을 친 목장도 보인다. 곱게 깔린 잔디에는 노란 꽃이 만발해 있다.

기차는 이내 강을 따라 질주한다. 배들이 연기를 내뿜으며 강을 타고 올라오고 있으며, 배 위에 앉은 사람들이 기차를 향해 손을 흔들고 있다. 군데군데 골프장이 보이고 축구하는 운동장도 있다. 어디나 녹색 주단을 펴놓은 것 같다.

옥스퍼드 역에서 시가지로 들어섰다. 고딕풍의 삐죽삐죽한 지붕들이 솟아 있는 고색의 도시이다. 쾌청의 날씨임에도 어둡고 무거운 느낌을 받는다. 몇 백 년을 두고 그을렸기 때문에 건물들이 낡을 대로 낡고 돌이 녹아내린 데도 있다. 대학 건물 사이에 민가가 끼어 있을 정도로 대학의 도시이다. 옥스퍼드대학은 1240년 이래 케임브리지대학과 함께 영국을 대표하는 명문대학이다. 30여 개의 칼리지로 구성되어 있고 각 칼리지는 독립하여 오랜 전통을 자랑하고 있다. 칼리지는 전원 기숙사제로 교수를 중심으로 한 개인지도 위주라 한다.

그중에도 펨브로크대학, 퀸스대학, 디비니티대학 등은 명사를 많이 배출한 것으로 유명하다. 각 칼리지마다 박물관과 집회소가 있고 그곳에는 그 칼리지를 빛나게 한 졸업생의 사진들이 걸려 있었다. 특히 과학관에는 뉴턴, 다윈, 갈릴레오 등의 동상이 눈을 끈다. 케임브리지가 자연과학이라면 옥스퍼드는 인문사회과학이라 하지만 이곳 과학관도 놀라운 뿐이다. 옥스퍼드 식물원(植物園)에는 장미가 한창이다. 식물원에서 다시 시가지로 나온다. 거리에는 학생들이 자전거 앞 철사바구니에 책을 담고 분주히 달리고 있다. 보기에도 경쾌하다. 유니버시티 파크의 잔디밭에는 학생들이 햇볕을 즐기고 있다. 어빙의 스케치북에 나오는 일요일의 정적은 런던에서는 사라진 지 오래지만 이곳에는 여태 고스란히 남아 있다. 이러한 풍정 속에서 옥스퍼드 정신은 연마되는 것이리라.

예술의 도시 파리

런던에서 파리로 가는 비행기는 서울에서 부산 가는 정도의 기분이다. 이륙하자 여승무원이 처음에는 영어로, 다음에는 프랑스어로 안내를 시작한다. 그리고 저녁식사가 시작된다. 창 아래로 아득하게 해안선이 내려다보인다. 그것이 도버 해협, 도버를 넘는 데 20분이나 걸렸을까. 이내 착륙신호가 난다. 승객들의 표정이 일시에 달라지는 신호이다. 공항의 분위기가 미국이나 영국과는 사뭇 다르다. 무엇보다도 말이 도무지 귀에 들어오지 않고 사람들 키가 영미사람들보다 다소 작아 보인다. 입국수속이 지극히 간편하다. 가방 안에 무엇이 들었느냐고 묻는 데 그친다. 환전을 했더니 크기가 양면괘지만 한 지폐를 주어서 여러 번 접어서 호주머니에 넣었다.

　뉴욕을 떠날 때 한 친구의 말이 생각난다. 프랑스에 가면 말로 고생할 것이라고. 그만큼 그들은 말에 자존심이 강하고 영어를 알아도 좀체 쓰지 않는다고 하였다. 그래서 이런 말이 있다고 한다. "상인에게는 영어를, 처에게는 스페인어를, 그리고 가축 떼는 독일어를, 다만 하나님께 기도드릴 때는 우리 프랑스어를"이라고.

　콩코르드 광장에서 가까운 데 있는 호텔에 들었다. 이튿날 느직하게 거리에 나섰으나 식당은 문이 닫혀 있다. 흐린 날씨다. 가까스로 한 식당을 찾아 아침을 마치고 콩코르드 광장에 나섰다. 이 광장에 들어서면 누구나 파리의 미관(美觀)에 도취될 것이다. 광장의 한쪽 길이가 259m, 한쪽에 서면 대각선이 까마득해 보인다. 그 안으로 차들이 어지럽게 달리고 있다.

한가운데는 조각으로 된 분수가 있고 광장 네 귀에는 대리석 조각상이 마주 보고 앉아 있다. 그 옆으로 오벨리스크가 서 있고 광장 주위는 수목과 조화를 이룬 건물이 일정한 높이로 배열되어 있다. 광장을 중심으로 샹젤리제의 가로수 끝에 개선문(凱旋門)이 보이고 반대편으로 루브르 박물관에 이르는 화단과 튈르리 공원, 센 강 쪽으로 나폴레옹의 무덤이 있는 앵발리드, 그리고 그 옆으로 에펠 탑이 솟아 있다.

이 광장은 루이 15세가 그의 권세와 공명심을 기울여 만든 것이라 한다. 위대한 거장에 의한 절세의 예술작품이 아닐 수 없다. 그러나 프랑스 혁명 때 바로 이 광장에서 처참한 유혈극이 벌어졌다는 것을 상기하면 그 미관에만 매혹될 수 없다. 마치 슬픈 운명을 지닌 미녀와도 같이, 혁명중에 루이 16세는 이곳에서 단두대의 이슬로 사라졌고, 공포시대에는 2,800명의 대량학살이 자행된 곳이기도 하다. 그래서 혁명광장이라 하였으나 역사는 일전하여 자유, 평등, 박애의 프랑스 혁명을 겪고 나서 콩코르드 광장으로 이름이 바뀌었다. 콩코르드는 협화(協和)라는 프랑스 말이다.

한 나라와 그 수도의 관계에서 프랑스와 파리처럼 깊은 관련도 드물 것이다. 피엘 앨번의 《프랑스의 실상》에는 이런 말이 있다.

베를린을 보지 않더라도 독일은 알 수 있고, 모스크바는 소련의 축도가 아니다. 이탈리아가 인문 역사를 통하여 오랜 전통을 자랑하는 나폴리, 밀라노, 베네치아는 로마와 함께 이탈리아의 중요한 의미를 지닌 도시이다. 그러나 프랑스는 파리가 없이는 프랑스가 아니다.

이와 같이 프랑스의 문화적, 정치적 에너지는 언제나 파리에 집중되어 파리의 역사는 그대로 프랑스의 역사를 의미하게 된다. 파리 시의 휘장은 배[帆船]이다. 2천여 년의 번영을 자랑하여 "흔들려도 가라앉지 않는다"(*Fluctuat nec murgitur*) 라는 라틴어를 배와 함께 써놓고 있다. 이는 어떠한 파도에 부딪쳐도 침몰하지 않는다는 뜻이다. 파리의 역사, 즉 프랑스의 역사는 파리의 상징인 배와 같이 온갖 풍랑을 겪으면서도 가라앉지 않고 빛나는 문화를 자랑하고 번영을 누려 왔다.

1940년 6월, 제2차 세계대전 중에 파리가 나치스의 군화 밑에 짓밟혀 참담한 패배를 당할 때 찬란한 역사를 자랑하는 파리가 일시에 잿더미로 되지 않을까 가슴 졸인 것은 비단 프랑스 사람뿐만이 아니었다. 유럽의 모든 사람의 한결같은 불안이었다는 것은 파리를 한 번이라도 본 사람이면 이내 이해가 갈 것이다. 그러나 그 배는 역시 침몰하지 아니하였다.

서양의 고대가 한때 로마로 집중했듯이 근세의 역사에서는 항상 파리가 유럽 문화의 중심 역할을 해왔다. 프랑스는 1789년의 프랑스 혁명의 자유, 평등, 박애의 3원칙을 오늘에 이르기까지 민주주의의 3대 이념으로 계승하고 있다. 그런데도 중앙집권 체제가 강한 프랑스에서는 파리 시장이 임명시장이고 파리 경찰국장은 임명직인 센 경찰국장이 겸하고, 시장 역시 센 도지사가 겸하고 있는 제도였다(1977년 이후는 선거제로 되었음). 지하철역 오텔 드 빌에서 내리면 바로 시청사(市廳舍) 앞에 서게 된다. 르네상스풍의 궁전과도 같은 아름다운 청사이다. 청사에는 삼색기가 3개 또는 5개씩 묶여 장식되어 있다. 시청 앞 광장은 한때 사형 집행장으로도 쓰였고 지금은 실업자의 집회소처럼 되어 있다.

콩코르드 광장에서 루브르 박물관에 이르는 길녘에는 숲이 우거진 공원과 나무 사이로 미녀들의 조각들이 즐비하다. 튈르리 공원에는 분수와 많은 조각 그리고 캔버스를 세워놓고 그림에 열중하고 있는 화가들을 볼 수 있다.

루브르는 프랑스가 자랑하는 미술관이다. 오랜 역사로 건물은 거무스레하나 건물 위로 삥 둘러 세운 조각은 예술의 대전당임을 과시하기에 족하다. 루브르는 고전파를 비롯해 계단 정면으로 〈사모트라케의 니케〉, 〈날개 달린 승리의 여신상〉이 서 있다. 있는 그림을 다 볼 수는 없는 일이다. 레오나르도 다 빈치의 최고 걸작이라는 〈모나리자〉 앞에는 줄을 쳐놓고 수위가 지키고 있다. 알 듯 모를 듯한 신비의 미소가 화제로 되어 있는 그 유명한 그림은 가슴과 손등이 마치 살아 있는 사람과 흡사하다.

3층으로 가는 길에 전원 작가 밀레의 화실은 따로 마련되어 있었다. 바르비종파라고 불리듯이 밀레는 바르비종 마을에서 많은 작품을 남겼다. 코로, 루소 등 바르비종파는 자연의 모습을 빛과 그림자로 표현해 인상파의 선구가 되었다고 한다.

루브르의 별관으로서 튈르리 공원 한 녘에 인상파 미술관(주 드 폼)이 따로 있다. 2층으로 된 이 건물에는 세잔, 모네, 드가, 고흐, 고갱 등 인상파의 거장들 그림이 진열되어 관람객을 황홀하게 한다. 그 옆으로 오랑주리 미술관이 또 있어서 그곳에는 모네의 수련(睡蓮) 등 대작이 있었다.

이제는 샹젤리제를 걷기로 했다. 이 대로는 콩코르드 광장에서 시작해 개선문을 둘러싸고 있는 에투알 광장(1970년 드골 광장으로 바뀌었음)에서 끝난다. 이곳에서 12개의 대로가 방사상(放射狀)으로 뻗어 에투알(별)이란 이름도 이에 연유한 것이다. 그중에도 샹젤리제에는 항공사, 고급 가게, 레스토랑, 카페, 영화관 등이 모여 있어 걸으면서도 지루함을 느끼지 않는다. 플라타너스의 가로수가 모두 거목이 되어 있고 인도가 넓어서 시원하며 전선(電線)을 모두 지하화했기 때문에 눈을 들면 바로 푸른 하늘이 펼쳐진다. 상점의 간판은 시청의 허가를 요하며 글자 수에 제한이 있고 밤의 네온 빛은 흰빛, 파란빛,

연붉은빛 3색으로 제한되어 있다. 얼마나 도시 미관에 치중하고 있는가를 알 수 있다.

나폴레옹 군대의 승리를 기념하기 위해 세운 이 개선문(凱旋門)은 1806년 나폴레옹에 의하여 착공되고 30년이 걸린 끝에 완성된 것이라 한다. 네 기둥에는 개선, 라 마르세예즈, 저항, 평화를 상징하는 조각이 장식되어 있다. 그중에서도 오른쪽 기둥에 새겨져 있는 마르세예즈 조각은 명성이 높다. 문 한가운데는 무명용사를 위한 불멸의 불꽃과 함께 시민들로부터 바쳐진 꽃다발이 여기저기 놓여 있다.

파리에 온 날부터 계속 보이던 에펠 탑(塔)을 올라 보아야 직성이 풀릴 것만 같다. 에펠 탑은 1900년 만국박람회 기념으로 설계기사 에펠에 의하여 철근으로 만들어진 약 300m 높이의 탑이다. 지금은 파리의 상징이 되었지만 건설 당시에는 파리의 미관을 해친다 하여 비난도 많았다 한다. 탑의 중간까지는 200프랑, 3분의 2까지는 300프랑, 꼭대기까지는 400프랑을 내야 했다. 한꺼번에 70, 80명이 타는 승강기는 사방이 유리이므로 몸만 하늘로 끌려 오르는 기분이다. 눈 아래로 보면 아찔해진다. 승강기를 갈아타는 곳에 휴게소가 있고 기념품들을 팔고 있다.

꼭대기에 오르면 파리 시내는 말할 것도 없고 근교까지 한눈에 들어온다. 청록색이라 할까 고색창연한 지붕과 가로수가 손에 잡힐 듯이 보인다. 철재로만 이루어진 탑이기에 일종의 스릴을 느끼게 한다. 뉴욕의 엠파이어스테이트 빌딩은 높이로 말하면 이보다 월등히 높지만, 그것은 건물이었기 때문에 안정감이 있었지만 에펠 탑은 마치 국기 게양대 위에 서 있는 느낌이다. 만약에 태풍이라도 불면 어떻게 될까 하는 불안을 떨쳐버릴 수가 없다. 이 탑이 건립되었을 때 주변의 집값이 떨어졌다는 말이 실감이 난다. 그래서 에펠은 일주일간이나 탑 위에서 지냈다고 한다.

에펠의 동상은 지금 탑 아래 세워져 있다.

가장 눈에 띄는 것은 파리의 심장을 뚫고 흐르는 센 강이다. 강물이 고기비늘처럼 반짝인다. 센 강에는 32개의 다리가 놓여 있다 한다. 처음 파리에 들어설 때 알렉상드르 3세교의 위용에서 받은 감동을 잊을 수가 없다. 그것만으로도 불후(不朽)의 예술품이다. 서정시에 읊어지는 미라보의 다리는 어디쯤에 있는지, 시인 아폴리네르에 애틋한 시는 여전히 감미로운데 그의 실연의 상대는 여류화가 마리 로랑생이었다. 꿈과 사랑과 희망을 담고 센 강은 여전히 흐르고 있다.

미라보의 다리 아래로 센 강은 흐르고,
우리들의 사랑은 흐른다.
세월은 간다, 저 흐르는 물처럼 사랑은 간다.
인생은 이리도 더디고 희망은 이리도 벅찬데
해는 저물어 종이 울린다.
세월은 가고 나는 남는다. 날이 가고, 달이 가고,
지나간 세월도 가버린 사랑도 돌아오지 않고,
미라보 다리 아래 센 강만 흐른다.

강기슭에는 우뚝 솟은 나폴레옹의 무덤이 있는 앵발리드와 노트르담의 거무스레한 쌍탑(雙塔)이 묵묵히 강을 지켜본다. 눈을 먼 데로 돌리면 몽마르트르 언덕에 솟아 있는 하얀 사크레쾨르 성당이 꿈속의 집처럼 아른거린다.

에펠 탑에서 20분쯤 걸으면 앵발리드에 이른다. 나폴레옹의 무덤을 보기 위해서이다. 지난날 읽은 기억이 있는 나폴레옹 전을 회상하면서 안으로 들어선다. 원형 돔 바로 아래에 관(棺)이 놓여 있다. 관을 둘러싸고 열두 기둥에 대리석 조각으로 된 미녀들이 올리브 잎을 들고

관을 지켜보고 있다. 그것은 나폴레옹의 열두 번에 걸친 전승(戰勝)을 상징하는 것이라 한다. 묘 앞에는 "나는 내가 사랑하는 프랑스 국민 속에서 센 강변에 영원히 묻히기를" 하는 구절이 쓰여 있다.

무덤으로 들어서는 계단에는 나폴레옹 황제가 쓰던 왕관이 얹혀 있다. 이 왕관을 쓰던 날이 1804년 12월 2일 센 강변의 노트르담 사원이었다. 그때 그는 부르봉 왕조의 후계가 아니라는 뜻에서 로마 법왕 피오 7세를 초청하였다. 대관식이 시작되어 법왕이 왕관을 나폴레옹의 머리에 얹으려 하자 나폴레옹이 갑자기 그 왕관을 자기 자신이 직접 머리에 얹고 옆에 있는 조세핀에게 관을 씌웠다는 얘기가 전해지고 있다. 대관식(戴冠式)의 광경은 나폴레옹 시대의 화가 다비드에 의하여 그려진 대작이 루브르에 걸려 있었다. 나폴레옹의 무덤이 있는 위층에는 조세핀의 무덤, 그 건너편에는 조세핀과 이혼한 뒤에 왕비로 맞은 마리 루이제의 무덤이 있다.

45만의 대군을 이끌고 러시아 원정에서 패한 뒤부터는 나폴레옹은 몰락의 길이었다. 라이프치히 대전에서 패한 그는 파리를 빼앗기고 엘바 섬으로 밀려났다가 재기를 시도했으나 운명의 신은 그의 편이 아니었다. 그 뒤 워털루에서 영국군에 패배해 영국 군함에 붙들려 세인트헬레나 섬에 유배된 뒤 그곳에서 파란만장의 생애를 끝마쳤다. 그때 나이 51세, 죽은 지 19년 뒤에 그 유언대로 센 강변 이곳에 묻히게 되었다.

나폴레옹 무덤이 있는 2층에는 그의 유품이 진열되어 있다. 임종 시의 침대, 그 특유의 삼각모, 지휘봉 등. 그는 머리는 컸지만 키는 작은 편이었다. 갸름한 얼굴에 매우 이지적으로 보이는 조세핀의 조각이 나폴레옹과 나란히 놓여 있다. 진중(陣中)에서 《젊은 베르테르의 슬픔》을 여러 차례 탐독했다는 다정다감한 그였기에 조세핀과의 갖가지 일화도 전혀 터무니없는 것만은 아닌 것 같다.

센 강변을 거닐어 보기로 한다. 강기슭은 콘크리트로 완전히 포장되어 흙을 볼 수 없다. 한강에 비하면 강폭이 좁으나 강물은 넘실거린다. 강기슭으로 남녀가 운동복 차림으로 뛰고 있으며 군데군데 낚시꾼이 낚싯대를 드리우고 있으나 고기가 물리는 것 같지도 않다. 허술한 옷차림의 파리지앵들이 누워 있기도 하고, 웬 낙서가 이렇게도 많은지 똑똑히 보면 지저분하다. 강 가운데를 유람선이 계속 오르내리고 있다. 강변 가로수 아래로 담을 치고 그림의 노점상이 즐비하다. 헌책들도 진열해 놓고 있다.

거리의 화가들이 도처에 캔버스를 세워놓고 그리고 있다. 바게트란 긴 프랑스빵을 씹어가며 그리기도 한다. 루브르에서도 명작을 모사(模寫)하는 화가를 보았지만 몽마르트르 언덕에서 사크레쾨르 성당을 그리는 늙은 화가도 인상적이었다. 그곳에는 길에다 그림을 내놓고 팔기도 한다. 이 성당 일대는 파리 화가의 출세작 산지라는 말까지 있다.

화가 얘기로 뜻밖에 몽마르트르까지 뛰어갔지만 지금 나는 노트르담을 향해 센 강 기슭을 걷고 있는 중이다. 노트르담 사원은 파리에서 가장 오래된 퐁뇌프 다리를 건너면 바로 사원 앞에 나서게 된다. 중세 고딕 건축의 대표작, 한가운데 둥근 창이 일품이다. 앞면은 많은 조각으로 장식되어 있고 그중에는 잘린 자기 목을 들고 서 있는 생드니 성인의 석상이 있다. 이 성인은 당시 왕에 의하여 잘린 자기 목을 손에 들고 언덕을 올라 우물물로 얼굴을 씻고 다시 북쪽으로 걸어갔다는 이야기가 전해지고 있다.

9천 명을 수용한다는 이 성당은 로마의 베드로 성당 다음가는 크기라 한다. 문 안에 들어서니 컴컴해서 안이 잘 보이지 않는다. 다만 스테인드글라스의 화려한 채색과 무늬가 눈에 띌 뿐이다. 밖으로 나와 북쪽으로 돌아가면 탑 위로 오를 수 있다. 거기에는 끔찍한 모양의 괴수(怪獸)가 파리를 내려다보고 있다. 영화 〈노트르담의 꼽추〉에서 본 그대로이다. 벽에 새겨진 "아난케"라는 말로 시작된 그 비극은 프랑스의 문호 빅토르 위고의 작품이다. 노트르담에서 오페라 거리를 향하면 먼 데서 오페라 극장의 웅장한 모습이 눈에 띈다. 이는 나폴레옹 3세가 세계 제일가는 극장을 만들기 위해 기술과 자료의 정수(精髓)를 모아 건축한 전당이다. 우선 외관의 조각만 보아도 호화의 극치이다. 바로 이 인근에는 당시의 명시장(名市長)인 오스만의 이름을 딴 거리가 있다. 오늘의 파리를 설계한 시장이다.

이미 100년 전에 지은 오페라극장 앞 지하철 입구에는 노점상들로 붐빈다. 온갖 상인들이 행인들을 붙들려고 별 수작을 다한다. 장사꾼은 어디나 마찬가지다. 한 젊은이가 아래 포켓에서 그림엽서를 내보이며 사라고 조른다. 그것은 보통의 그림엽서가 아니다.

파리에는 길모퉁이마다 다방이나 카페가 많다. 다방이 없던 미국에 비하면 여행자에게 휴식처가 되어 편리하다. 그들은 길에까지 의자를 내놓은 데가 많다. 어떤 다방은 실존주의 거장들이 모이는 데도 있다 한다. 사르트르, 까뮈도 만나볼 수 있다 하지만 말이 통하지 않을 바에야 의미가 없다. 본래 프랑스 혁명의 모의(謀議) 역시 다방에서 이루어졌다고도 한다.

뒷골목에는 카바레나 바가 모여 있다. 물보다 포도주가 더 흔하다는 파리에서 조금도 이상할 것이 없다. 우리나라 다방만큼이나 많다. 자기표현의 시간을 가장 많이 사용하는 파리지앵들은 식사하는 데만 두서너 시간을 소비하는 것을 예사로 알고 있다.

거리는 점차 어둠으로 덮인다. 그럴수록 네온 빛은 밝아오고 파리의 밤은 열리기 시작한다. 시와 사랑과 음악의 시간이 닥쳐오고 있다. 보들레르, 랭보 등의 시혼(詩魂)이 아직도 이 거리를 잊지 못해 어둠을 타고 이 밤에도 내려올 것인가.

괴테의 프랑크푸르트

언제 다시 올 수 있을지 알 수 없는 일이지만 작별할 수밖에 없는 파리이다. 공항으로 떠날 때 거리에는 삼색기의 물결이 휘날리고 원주민 복장을 한 기마대(騎馬隊)의 말굽소리가 요란하다. 파리 제(祭)가 다가와서 일찍부터 축제 분위기이다. 오늘 밤부터는 몽파르나스 광장을 비롯해 시내 도처에서 시민들이 밤을 새워 가며 춤을 춘다고 하지만 구경도 할 수 없는 일이다.

이번에는 루프트한자(독일) 기를 타게 되었다. 비행기가 파리 상공을 치솟는다. 센 강 줄기와 개선문 그리고 에펠 탑, 불로뉴 공원의 숲들이 뚜렷하게 내려다보인다. 비행기 날개가 힘차게 선회(旋回)하자 손바닥만큼 줄어든 파리가 곤두박질치면서 순식간에 시계(視界)에서 사라져버린다. 이제 서너 시간 지나면 독일의 프랑크푸르트에 내리게 된다. 팬암 회사에서 발행한 세계여행 안내서에는 프랑크푸르트는 역사적 고도로서 시성(詩聖) 괴테의 집이 있다는 것을 특기하고 있다. 기상에서 내려다보이는 유럽 대륙은 초록색으로 덮인 평지이고 그것은 네모지게 잘 정리되어 있다. 길이 하얗게 도처로 뻗어 있다. 군데군데 검은 것은 숲이 분명하다.

공항에서 입국수속을 마치고 짐을 찾아 시내로 향한다. 비가 내린 탓인지 노면이 축축하게 젖어 있다. 시내까지는 거의 한 시간이 소요된다. 무엇보다도 탄탄한 도로가 부럽다. 입체 교차로에 도로표지가 큼직큼직하다. 교통신호와 표지가 프랑스와 똑같다. 뿐만 아니라 시간은 런던에서부터 역시 동일하다. 미국 여행에서는 한 나라에서 몇 차례 시간을 바꾸어야 하던 것을 생각하면 유럽은 역시 좁은 감이 든다. 프랑크푸르트는 파리에 비하면 조용한 시골 같기만 하다. 푹 며칠 쉬었으면 하는 마음마저 든다.

커다란 반원형의 지붕으로 된 프랑크푸르트 역 가까이 있는 호텔에 든다. 우선 돈을 바꾸기 위해 역으로 간다. 그때 미화 1달러가 4마르크 정도이다. 아직 해지기 전임에도 불구하고 잔뜩 흐린 날씨에 어둑어둑해진 거리에는 행인도 드물고 노면전차 소리만 요란하다. 도심지를 벗어날수록 더욱 한산하다. 빌딩이 무너진 자리에는 여름풀만 무성하다. 프랑크푸르트는 독일에서 남부에 있는 까닭인지 전쟁 때 폭격이 심했다고 한다.

런던이나 파리에서는 별로 볼 수 없었던 전쟁의 상처가 아직도 생생하게 드러나 있다. 지도를 들고 서성대는 것을 보고 지나가던 한 여인이 유창한 영어로 위치를 대준다. 팔멘 가르텐은 세계적으로 이름난 식물원(植物園)이라 하지만 입구는 눈에 안 띌 만큼 협소하다. 안에 들어서도 관람객이 많지 않다. 널따란 정원에 잔디가 곱게 손질되어 있고 분수가 힘차게 솟아오르고 있다. 그 언저리는 꽃들이 가꾸어져 있다.

정원과 화초를 내려다볼 수 있는 곳에 하얀 의자들이 놓여 있다. 꽃과 술을 함께 즐기라는 것이다. 그 옆으로 규모가 큰 온실이 있다. 온실을 지나면 또 하나의 꽃밭이 보인다. 거기에는 장미가 피어 있었으나 철이 지난 탓인지 꽃송이가 드문드문 흉하게 남아 있을 뿐이다. 이 가르텐은 안으로 들어설수록 넓어진다. 잔잔한 연못이 있고 늘어진 나뭇가지 사이로 백조들이 호수를 가르고 있다.

프랑크푸르트는 괴테의 생가가 있는 곳으로 유명하다. 너무 시간이 일렀기 때문에 아직 문이 열리지 않았다. 그럼에도 문 앞에는 몇 사람이 서성대고 있었다. 이 집은 한 차례 개축한 것이라 하지만 4층의 큰 건물에 지붕이 삼각형으로 되어 있다. 문 안으로 들어서면 2층으로 가는 계단이 있고 계단의 벽에는 눈에 익은 괴테의 초상화가 걸려 있었다.

첫 방은 마치 그림방처럼 꾸며져 미술품들이 전시장처럼 되어 있고 그 가운데는 괴테 자신의 작품도 끼어 있다. 옆방에는 원고, 편지 등이 유리상자 안에 전시되어 있고 이어서 응접실, 서재, 골동품 수집실, 침실들이 있다. 방들마다 놓여 있는 가구, 집기, 의자들이 호화롭고 벽에는 헤아릴 수 없을 만큼 많은 액자가 걸려 있다. 괴테가 쓰던 책상은 창문 앞에 옛날 그대로 놓여 있고 책상에는 책들과 함께 필기도구, 촛대들이 마치 사용중인 것처럼 보인다. 책상 앞 벽에는 그림과 사진들이 걸려 있다. 이 책상에서 그 수많은 명작들을 썼을 것을 상상하니 예사로 보이지 않는다. 뒷문으로 나가는 곳에 서가(書架)가 있고 거기에는 책들이 가득 꽂혀 있다.

괴테는 1749년 8월에 이 집에서 태어났다. 부친은 궁중 고문관이었고 모친은 당시 프랑크푸르트 시장의 딸이었다. 비교적 유복한 상류가정이었음을 알 수 있다. 16세 때 라이프치히에 가기까지 소년시절을 이곳에서 보냈고 변호사 개업도 이 집에서 했다.

33세에 바이마르 국에서 재무장관을 지냈고 그 뒤 재상에까지 올랐다. 괴테는 또 이탈리아, 스위스 등의 여행기도 남겼다. 괴테에게는 로맨스가 많았고 특히 샤롯테와의 관계는 그의 문학의 주요 부분이었다. 그는 노후에 《파우스트》와 같은 대작도 남겼으며 《젊은 베르테르의 슬픔》 같은 낭만에 넘치는 작품도 있다. 말년의 작품 《마리엔바트의 비가》는 노년에도 식지 않은 그의 정열을 엿볼 수 있는 작품이라 한다. 한때 프랑크푸르트가 프랑스군에 점령당했을 때는 괴테의 집이 군 사령관의 숙사이기도 했다.

괴테는 나폴레옹을 세 차례나 만난 적이 있다. 그는 나폴레옹의 자질과 인간성에 매력을 느꼈다고 한다. 특출한 두 거물이 시대를 같이해 혜성처럼 나타난 것이 신기하게 느껴진다. 한 사람은 총칼로, 또한 사람은 펜으로 세계를 압도한 것이다.

괴테의 서재에서 나오면 우리의 키보다 높은 기둥시계가 있고 일시 (日時)와 함께 달의 크기도 가리키는 바늘이 아직도 움직이고 있다. 맨 아래층에는 당시 쓰던 생활도구가 그대로 보관되어 있고 주방을 통해 정원으로 나서면 그렇게 넓지 않으나 화초들이 가꾸어져 있다.

동상의 거리와 하이델베르크

오늘은 일요일, 교회의 종소리가 은은하게 들리는 그런 아침이다. 호텔의 간단한 아침식사를 마치고 마인 강변으로 나갔다. 강변에는 우리나라 풍경을 연상케 하는 버드나무가 늘어서 있다. 라인 강변의 검은 연기가 독일 부흥의 기적을 이루었다고 하지만 마인 강변도 역시 공장지대로 되어 있다. 괴테가 살던 때는 인구 3만이었다고 하나 지금(1956년 기준)은 56만으로 늘었다. 오랫동안 독일제국의 직할 자유시(自由市)였다. 도시 외관에 중세의 전통이 많이 남아 있고 그러한 건물은 요행히 폭격을 면했다.

프랑크푸르트는 옛날 우리 서울처럼 성벽으로 둘러싸였으나 지금은 그 성이 무너지고 성터는 수목이 우거진 공원으로 모습을 바꾸었다. 그러므로 공원이 성곽처럼 둘러싸였다. 그 한가운데 괴테의 동상이 서 있고 거기서 얼마쯤 걸어가면 실러의 동상이 있다. 실러는 괴테의 문우(文友)로서 그와의 서한이 괴테의 집에 남아 있었다. 한 손에 펜을 또 한 손에 책을 들고 괴테와 마주 보고 있다.

그곳에서 또다시 얼마쯤 걸어가면 베토벤의 발가벗은 동상이 두 여성을 뒤로하고 서 있다. 베토벤은 운명에 굴하지 않고 일생을 음악에 바친 악성이다. 음악의 바이블이라 일컬어지는 9개의 심포니와 32개의 피아노 소나타는 너무나 유명하다. 신은 제9교향곡을 듣기 위해 인간을 창조했다는 말까지 있다. 베토벤의 32곡의 소나타는 피아노 음악의 최고봉으로 꼽힌다. 그것은 곧 베토벤의 음(音)으로 엮은 자서전이라고도 한다. 우리는 마지막 부분에서 인생을 달관한 베토벤의 고고한 정신세계를 접할 수 있다. 독일에는 바흐를 비롯해 하이든, 헨델, 모차르트, 슈베르트, 바그너 등 대음악가들이 수없이 많다.

시성(詩聖) 괴테가 있는가 하면 악성(樂聖) 베토벤이 있는 나라가 독일이다. 베토벤의 생가는 본에 있다지만 가보지 못하는 것이 아쉽다. "신은 영국에는 바다를 주었고, 프랑스에는 땅을 주었고, 독일에는 정신세계를 주었다"는 말이 있듯이 문학, 음악, 철학 등 어느 영역에도 그들은 정신의 최고봉을 이루고 있다.

또다시 걸어가면 구텐베르크 동상이 나온다. 그는 오늘날 우리가 쓰고 있는 활자 인쇄기술을 발명한 사람이다. 이러한 위인들은 마치 공원을 장식하는 동상이 되기 위해 나타난 인물들인 것만 같다.

좀더 걸어가면 오페라하우스가 나타난다. 그러나 전화(戰禍)를 입어 파괴된 채 그대로이다. 조각들이 혹은 손이, 혹은 머리가 산산조각이 난 채 방치되어 있다. 다시 걸으면 괴테 동상 앞으로 돌아오게 된다. 이렇게 돌아도 많은 시간이 걸리는 것이 아니다. 동상 인근에는 의자들이 놓여 있고, 많은 사람들이 누워 있기도 하고 신문을 보고 있기도 한다. 또 유리지붕으로 된 맥주집도 있다. 이곳의 맥주잔은 아주 큰 것에 손잡이와 뚜껑이 달린 것이 특색이다.

이튿날 나는 프랑크푸르트 남쪽으로 한 시간쯤 버스를 타고 학원도시로 이름난 고도(古都) 하이델베르크를 찾았다. 라인 강의 지류인 네카 강을 낀 아담한 도시이다. 전쟁 때 폭격을 거의 받지 않았기 때문에 옛 모습을 그대로 간직하고 있으며, 또한 고성(古城)이 산중턱에 옛 모습대로 남아 있다. 수백 년을 거친 거리의 집과 다리들이 꼭 한 폭의 그림과도 같다. 이미 〈황태자의 첫사랑〉이라는 영화로 알려져 있듯이 〈알트 하이델베르크〉의 무대로 이름난 대학도시다.

시가지 한가운데 시청이 있고 그 옆으로 고딕양식의 교회, 좁은 길을 사이에 두고 1592년에 세웠다는 기사(騎士)의 집이 있고 거기서 조금 더 가면 분수, 그 남쪽이 바로 대학이다. 독일에서 가장 오래된 대학으로 1386년 창립되었으며, 대학 동쪽 끝에 명물의 하나인 학생 감옥이 있다. 가지가지의 낙서가 지저분하다. 이는 학교 규칙을 어긴 학생들을 가둔 곳으로 100여 년 동안 사용되었다. 지금은 관광용으로 일반에게 공개되고 있을 뿐이다.

걸어서도 얼마 되지 않는 거리에는 여기저기에 학사주점(學士酒店)이 있다. 영화에 나오는 그 주점은 지금도 성업중이다. 벽에는 학생들이 붙인 낡은 사진들이 걸려 있고 탁자에는 학생들이 장난으로 새겨놓은 그림들이 지저분하게 보인다. 주로 맥주를 마시는 듯 맥주잔을 가득 진열해 놓고 있다.

고성(古城)은 산중턱으로 좁은 길을 통해 올라가야 한다. 들어서는 성문은 웅장한데 안에는 벽만 남은 폐허의 성이 인상적이다. 그 안에 교회도 있고 넓은 강당도 있으며 지하에는 20만 리터나 들어간다는 엄청나게 큰 포도주 술통도 있다. 그것은 싸우는 병사들을 위해 만들어진 것이라 한다. 중세기에 프랑스와 여러 차례 전쟁을 치렀으며 나폴레옹 시대에도 전화(戰禍)를 입었으나 제2차 세계대전 때는 다행히 파괴를 면할 수 있었다.

성의 전망대에 서면 불그스레한 지붕의 하이델베르크 시가지와 네카 강이 한눈에 내려다보인다. 건너편 산언덕에는 철학자들이 사색(思索)을 위해 산책한다는 철학자의 길이 있다고 한다.

우리는 다시 만날 수도 또 영원히 잊을 수도 없다. 우리의 하이델베르크에 대한 그리움은 당신에 대한 그리움, 그러나 이제 당신을 다시 만났으나 케티여 안녕!

이는 〈알트 하이델베르크〉에 나오는 한 구절. 나는 하룻밤을 알트 하이델베르크의 낭만의 거리에서 머물지 못하고 떠나야만 했다.

94

영원의 도시 로마

프랑크푸르트에서 로마로 향했다. 알프스를 넘기 전에 비행기는 뮌헨에서 잠시 멈추었다. 공항 휴게실로 나갔더니 태양빛이 눈부신 한여름의 햇살이다. 프랑스에서 독일까지 내리 흐린 날만 계속되다가 뜨거운 햇살을 보니 장마 끝에 쬐는 햇볕과도 같다.

이제는 알프스를 넘는 순간이다. 층층으로 깔린 구름 아래로 눈에 덮인 정상들이 내려다보인다. 기류 탓인지 몇 번 심한 동요 끝에 남구(南歐)의 첫 공항인 제노아에 또 내린다. 잠시 쉰 후 장화모양의 이탈리아 반도를 남으로 기수를 돌렸다. 하늘에서 보는 이탈리아 반도는 알프스 저편의 유럽 대륙과는 다소 색채가 달라 보인다. 산에 나무가 드물고 농토들이 정연하게 보이지 않는다. 태양이 서쪽 지평으로 기우는 것을 보면서 로마 공항에 내렸다.

로마 시내로 가는 버스는 우람한 소나무 숲을 지나 야자수의 커다란 잎이 이채로웠다. 시내에 들어서기 전에 벽만 남은 폐허가 보인다. 어둠이 완전히 시가지를 감싸버린 뒤에야 에어 터미널에 도착했다. 짐을 찾아 길에 나서려는데 서너 대의 택시가 한꺼번에 몰려들어 내 짐을 서로 차지하려 한다. 나는 택시끼리의 쟁탈전에 정신을 차릴 수가 없어 우두커니 보고만 있었다. 돈 벌기가 힘든 도시임을 직감할 수 있었다. 한참 만에 한 차에 짐을 싣고 호텔로 가는데 한밤중임에도 물줄기를 시원하게 내뿜고 있는 분수(噴水)를 수없이 볼 수 있었다. 로마는 분수의 도시였다.

운전사가 요구하는 택시 삯을 치렀더니 팁을 내라 한다. 한 장의 지폐를 주었더니 받지 않겠다고 한다. 더 큰 지폐를 내주게 되어 나중에 따져보니 택시 팁으로는 최고를 지불한 것이다. 호텔은 비교적 깨끗했으나 엘리베이터는 구식이다. 이리하여 로마의 첫 밤을 지나게 되었다.

아침에 눈을 떴을 때는 강렬한 햇살이 커튼 사이를 뚫고 방 안을 비추고 있었다. 아침을 마치고 관광버스를 타기로 했다. 9시경에 호텔 앞으로 버스가 왔다. 버스에는 이미 관광객들이 타고 있었다. 몇 군데 더 호텔을 돌고 가이드가 영어와 프랑스어를 할 줄 아는 사람을 나누기 시작했다. 나는 영어팀에 끼었다. 버스가 멈출 때마다 그림엽서 등을 팔려는 상인들이 우르르 버스에 모여든다. 유럽의 다른 나라에서는 보지 못한 광경이다.

맨 처음 간 곳이 모세의 조각이 있는 빈콜리 성당이다. 긴 수염이 무릎까지 덮인 모세 상이 성당 오른편에 있다. 손등의 혈관에 이르기까지 섬세하게 표현되어 있다. 르네상스 거장답게 미켈란젤로의 걸작(傑作)은 깊은 감명을 주는 작품이다. 모세는 이집트에서 해방된 이스라엘 민족을 이끌고 40년간이나 광야를 유랑한 영도자이다. "눈에는 눈, 이에는 이를"이라는 율법(律法)을 제창한 사람이다.

이곳에서 콜로세움으로 갔다. 거대한 타원형 경기장이다. 기원전 75년에 기공, 82년에 완성되었다는 것. 그 절반쯤이 남아 항상 로마의 상징이 되고 있다. 이곳은 고대 로마 사람들이 포로, 노예, 죄수들과 유혈의 격투를 벌이게 하고 또 맹수와의 싸움 혹은 초기 기독교인들을 처형하던 곳이다. 그중에도 폭군 네로의 기독교인 박해는 유명하다. 현재 장내에 서 있는 십자가는 그들을 추모하기 위한 것. 4만 5천의 좌석과 8천의 입석, 원형 4층은 방으로 칸칸이 구분되어 있다. 콜로세움은 힘과 환락(歡樂)의 역사를 웅변으로 보여주고 있다. 자그마치 2천 년 동안이다.

이곳에서 아피아 가도에 있는 퀴바디스 성당으로 갔다. 폭군 네로의 박해에 못 견디어 로마를 탈출하려던 베드로가 이곳에서 그리스도를 만나 "주여! 어디로 가시나이까?"라고 물었다는 곳, 로마로 간다는 말에 감동하여 베드로 역시 로마로 가서 순교(殉敎)했다는 그 자리라 한다.

그곳에서 칼리스토라는 카타콤을 찾았다. 이는 박해를 피하기 위해 지하로 미로와 같은 동굴이 파여져 있다. 이곳은 지하의 연장이 20㎞나 된다고 한다. 신앙의 힘이 무서움을 보여주는 곳이다. 검은 모자를 쓴 신부가 우리에게 초 한 자루씩을 나누어 주며 굴은 꾸불꾸불하게 끝없이 계속된다. 그들은 죽게 되면 굴 속에 다시 굴을 파고 시체를 묻었기 때문에 도처에 두개골과 백골이 나뒹굴고 있다. 군데군데 벽에는 물고기와 십자가의 기호가 새겨져 있기도 하다. 이 굴은 오랫동안 비밀로 하였기 때문에 후세에 발견된 것이었다.

우리는 로마 유적지의 중심이라 일컬어지는 포로 로마노에 이르렀다. 팔라티노 언덕에 펼쳐지고 있는 이곳은 그 옛날 로마시대의 정치, 경제, 종교의 중심 무대였다. 벽이 허물어진 신전, 주춧돌만 남은 집터, 목이 없어지고 몸만 남은 조각들이 여기저기 흩어져 있다. 2천 년이라는 긴 세월을 풍우(風雨)에 씻긴 쓸쓸한 폐허(廢墟)이다.

이 폐허 속에는 줄리어스 시저의 화장(火葬)터와 그의 신전(神殿)이 있다. 그는 아라비아에서 영국, 스페인에 이르는 광대한 지역을 정복하고 로마의 지배자로 군림했던 영웅이었지만 브루투스에 의하여 암살된 곳이 바로 이 자리라는 설명이다. 바로 옆에 있는 황제 티투스가 예루살렘을 정복한 기념으로 세운 개선문(凱旋門)을 보면서 흥망성쇠의 무상함을 새삼 느낀다.

다음은 바티칸으로 갔다. 바티칸은 로마 시내에 있는 독립국(獨立國), 비록 면적은 작고 인구도 1천여 명에 불과하지만 세계 각국과 외교사절을 교환하고 세계 5억 5천만에 이른다는 가톨릭 신도의 본거지이다. 담이 국경인지 담 하나를 지나면 경찰관과 위병들의 복장이 달라진다.

중앙의 베드로 성당 위는 미켈란젤로의 걸작이라는 대원개가 솟아 있고 광장을 둘러싼 타원형의 회랑은 4열의 원주(圓柱)가 서 있다. 옥상에는 석상이 온갖 모습으로 서 있으며 어느 것이나 오랜 세월로 시꺼멓게 되어 있다. 성당 안에 들어서는 사람은 피부의 노출을 금하라며 일일이 주의를 준다. 성당 오른쪽에는 미켈란젤로의 피에타 상이 눈길을 끌고 곳곳에 교황들의 관(棺)이 놓여 있다. 화려한 장식이 예술의 극치라고나 할까.

무수한 사람들이 베드로의 발가락에 입맞춤을 해서 닳고 닳아 뭉그러졌다. 모든 벽과 기둥에는 그림과 조각이 장식되어 지상에 천당이 있다고 하면 바로 이곳이 아닐까 싶다. 서양의 문화는 기독교를 빼놓고는 이해할 수 없을 것만 같으며 종교의 힘이 얼마나 크고 위대한가를 베드로 성당을 보고 더욱 절실히 통감했다.

이어서 바티칸 미술관과 박물관에 안내되었다. 종교화(宗敎畵)가 주류를 이르고 있으나 놀라운 수집이다. 특히 시스티나 예배당의 천장화 〈천지창조〉(天地創造) 역시 미켈란젤로의 작품으로 이를 제작하는 데 12년이나 걸렸으며 너무 쳐다보아서 목이 비뚤어져 펴지지 않았다는 일화를 남기기도 했다.

버스는 로마시대를 흐르는 테베레 강을 건너 핀초 산으로 갔다. 이 산은 서울의 남산과 같다. 로마의 전경을 내려다볼 수 있다. 아름드리 소나무들이 숲을 이루고 곳곳에 하얀 의자가 놓여 있다. 바티칸의 높은 지붕과 콜로세움 그리고 포로 로마노의 폐허가 한눈에 내려다보인다. 황갈색의 도시, 그것이 로마의 색채이다. 로마의 집과 벽돌은 모두가 황갈색으로 칠해져 있다.

잠시 쉰 후에 핀초 산을 내려와 시내에 있는 트레비 분수(噴水)로 왔다. 사람과 말의 조각으로 된 분수에 새파란 물이 넘쳐흐르고 있다. 이는 18세기 니콜라 살비의 작품, 로마 시내에 산재하는 수많은 분수 중에서도 가장 유서 깊은 분수라 한다. 이미 〈애천〉이라는 영화에 등장했던 분수이다. 나는 이 분수의 전설에 따라 동전 한 닢을 수중에 던졌다. 그것은 로마를 지나가는 나그네가 이 영원의 도시에 다시 돌아오기를 다짐하는 것이라 한다.

　트레비 분수에서 얼마쯤 가면 백색의 웅장한 건물에 이르게 된다. 에마누엘레 기념관이다. 이탈리아 통일의 영웅이다. 그 지붕에는 양편으로 달리는 네 필의 청동(靑銅) 말 위에 날개 달린 기사가 하늘을 나는 것처럼 남구의 푸른 하늘에 높이 솟아 매우 인상적이다. 그 집은 반원형의 웅대한 건물로서 정면에는 원주기둥이 18개나 늘어서고 그 앞에 에마누엘레 동상, 아래에 대리석 조각이 녹아내려 사람의 형체조차 분명치 않다. 참으로 스케일이 큰 기념관이다. 로마는 어디를 가나 폐허와 조각과 분수투성이다. 로마 자체가 하나의 역사박물관과 다름없다.

　1960년에 열리는 로마올림픽의 경기장도 관광코스에 끼여 있다. 그것은 다시 테베라 강을 건너면 경기장들이 펼쳐진다. 한창 공사중이었으나 주경기장은 거의 완성되어 10만 명을 수용한다는 넓은 경기장 위로 원반을, 혹은 창을 던지는 등 수없이 많은 대리석 조각을 삥 둘러 세운 것이 장관이었다. 체육이 곧 예술임을 느끼게 한다. 이러한 시설은 무솔리니 통치시대에 계획이 선 것이라 한다. 경기장 입구에는 그의 공을 기리듯 커다란 무솔리니의 기념탑이 있었다.

　마지막으로 간 곳은 에우르(EUR)라고 하는 로마의 신도시(新都市)이다. 이는 무솔리니에 의해 계획된 로마 신도시권이다. 무솔리니가 위대한 로마제국의 영광을 다시 한 번 실현코자 옛 로마는 그대로 보존하고 로마 남쪽에다 초현대도시를 건설한 야심작이다.

전후(戰後) 이탈리아 정부는 무솔리니의 계획을 계승하여 이곳에 공공기관을 옮기고 새로운 이상도시를 건설했다. 이곳에 들어서면 우선 널찍널찍한 도로가 시원스럽다. 일몰(日沒)에 쫓기어 버스에서 내리지 못하고 차 안에서 구경한 신도시는 로마의 인상과는 전혀 판이하다. 고층건물이 위로만 치솟고 있다. 대부분이 흰색 빌딩들이다. 거리의 군데군데 세워진 장식물 또한 다른 도시에서는 볼 수 없는 것들이다. 비록 무솔리니는 독재자라 하여 성난 군중에 붙들려 처참한 최후를 마쳤다고 하지만 후세를 위해 큰 업적을 남겼구나 하는 생각이 들었다.

하루 동안에 2천 년에 걸친 로마의 유적을 도저히 다 볼 수는 없는 일이다. "로마는 하루아침에 이루어지지 않았다"는 말이 실감나는 하루였다.

서구에서 아시아로

유럽의 마지막 공항을 떠난 비행기가 아시아의 첫 공항에 도착하게 되면 우리는 서구에서 느끼지 못했던 일종의 독특한 분위기에 젖게 된다. 그것은 말하자면 서구의 번영에 대한 아시아의 빈곤에서 오는 것인지 모르겠다. 공항 휴게실 천장이 몹시 낮고 냉방장치가 시원치 않아서 선풍기 도는 소리가 귀에 거슬리고 모기가 앵앵거리며 귓전을 스쳐 간다. 대기하는 여객들은 대개가 때 묻은 흰옷이고 맨발인 경우가 많다. 의자에 앉지 않고 바닥에 주저앉아 있다. 그것이 그들에게는 도리어 편한 자세인지 모를 일이다.

이것은 카라치 공항에서의 광경이다. 물론 사막지대에 가까운 곳이라 그렇겠지만 서구의 산지와 평야를 뒤덮은 아름다운 초록색에 비하여 너무나 메마른 황토색의 세계이다. 길이 그렇고 건물이 그렇고 지나가는 주민의 피부빛도 그렇다. 이탈리아는 유럽에서 가난한 나라라 하지만 내가 본 로마의 모든 것은 비록 영미나 독·불에는 미치지 못할지 모르지만 아시아와는 비교가 안 될 만큼 영화(榮華)를 자랑하고 있었다. 로마의 기차역이나 에어터미널은 유럽 제일을 과시하고 신도시 에우르에 이르러서는 지난날의 영광을 재현함에 충분하다.

인도 캘커타 공항에 내렸을 때도 메마르고 앙상한 분위기는 다름이 없었고 여기서부터는 동양인들이 기내에 드문드문 자리를 잡고 있었다. 그들은 대개 맨발을 서슴없이 내밀고 있었다. 어떻게 보면 당당한 자세 같기도 하나 불쾌감은 어쩔 수 없었다.

방콕 공항에서 시내로 들어가는 주변에는 우리나라로 치면 원두막

같은 농가가 많다. 그것은 너무나 따분한 장면들이다. 시내 호텔에서 방 안에 도마뱀 같은 곤충이 기어 다니기에 주인에게 손짓을 했더니 웃으며 그것은 모기를 잡아먹으니 그대로 두라는 대답이다. 시민들도 대부분이 맨발이고 시내 한복판에 악취를 풍기는 시궁창물이 썩고 있었다. 발로 밟는 인력거에 요란하게 칠한 버스에는 지붕에까지 승객이 매달려 있었다. 검은 옷을 입은 행상들은 거의 영양실조가 역력했다. 이것은 남의 나라를 헐뜯기 위해서가 아니다. 어찌하여 아시아의 나라들은 이렇게 빈곤 속에 헤매야 했던가. 우리나라도 남의 나라 보듯이 들여다본다면 아시아적 빈곤의 비애는 슬픈 사실이기는 하지만 자인(自認)할 수밖에 없을 것이다.

무릇 정치나 행정이나 교육이라는 것은 우리가 잘살기 위해, 다시 말하면 생활의 향상을 위해 있을 것으로 믿는다. 만약에 그렇지 못하는 정치나 행정이라면 그 자체가 잘못이 아닐 수 없다. 서구의 번영을 보고 아시아에 돌아오는 길에 내가 목격하고 느끼는 아시아의 빈곤에는 여러 가지 원인이 있겠지만 궁극적으로는 지난날의 아시아의 그릇된 정치, 행정 그리고 교육에 책임이 있지 않을까 생각하였다.

나는 귀국 후 1956년, 57년에 걸쳐 내가 보고 느낀 미국과 미국 행정에 대하여 《지방행정》지를 통하여 소상하게 소개하였고, 더러는 지방청의 요청에 따라 강연도 했다. 뿐만 아니라 《미국 인상기》라는 제목의 책도 펴낸 일이 있다.

뉴욕에서 도둑맞고

1950년대의 경우 전쟁과 관료 입문, 그리고 잠시 동안이었지만 미국 연수 등은 나로서는 잊을 수 없는 일들이다. 이 중 미국에서 겪은 일 가운데 한두 가지를 첨언해 두고자 한다.

뉴욕생활을 시작할 무렵 뜻밖에도 도둑을 맞았다. 아침에 분명히 방문을 걸고 나갔는데 저녁에 와보니 문이 반쯤 열려 있지 않은가. 방에 둔 카메라와 소형 라디오 등이 없어졌다. 부리나케 아래층 관리 인에게 달려갔다. 그도 놀란 표정이다. 좀체 없었던 일이라며 나와 함께 방 안을 둘러보고 다른 데도 문이 열렸는지 살폈지만 오직 내 방만 당한 것 같았다. 나는 경찰을 불러달라고 했지만 그는 자기와 함께 경찰서로 가자고 했다. 미국은 우리나라처럼 파출소가 없고 바 로 경찰서로 가야 한다. 경찰서에는 저녁 무렵인데도 많은 시민들로 붐볐다. 도난신고 하는 데를 찾아 도둑맞은 얘기를 했더니 무표정하 게 듣고만 있다가 신고용지를 내밀 뿐이다. 그것을 적어 내고 그 뒤 몇 차례 관리인에게 소식 여부를 물어보았으나 아무 반응이 없었다. 결국은 단념할 수밖에 없었다.

그 무렵 신문에 끔찍한 살인강도 사건이 다반사로 보도되고 있는 것을 보고 사람 사는 곳이란 어디나 마찬가지임을 절실하게 느끼곤 했다. 그러나 1950년대만 해도 미국은 군사, 경제, 정치 할 것 없이 명실 공히 세계의 리더로서 막강했다. 그때만 해도 뉴욕거리에는 일 제자동차가 얼씬도 못했다. 그러던 것이 그 뒤 30여 년, 특히 뉴욕의 변모는 우리를 놀라게 하였다.

범죄와 마약, 이혼율, 인플레 등이 격심해지고, 컬럼비아대학 일대까지 흑인가로 뒤덮게 되어 지난날의 모습을 잃어가고 있다. 몇 차례 뉴욕에 들를 때마다 눈에 띄게 달라져 가는 모습을 보고 바로 이것이 미국쇠퇴의 징후가 아닌가 생각했다.

시(市) 재정이 어려워 청소도 제대로 못해 거리가 지저분하기 짝이 없고, 치안이 나빠 밤거리는 아예 나가기도 어려우며, 시민의 다시없는 안식처로 사랑받던 센트럴공원이 낮에도 마음 놓고 드나들 수도 없게 되었다. 지하철은 온통 낙서투성이고 쓰레기통을 뒤지는 거지들이 부쩍 늘었다. 이런 것은 50년대에는 상상조차 할 수 없는 일이었다.

그때 뉴욕에 있는 동안 나는 국제학생회관 주관의 주말여행에 참가한 일이 있다. 이는 세계 여러 나라 학생들이 모여 버스로 뉴욕 주청(州聽)이 있는 알바니 시에 가는 코스이다. 가는 도중 하이드파크에 있는 루스벨트 전 대통령 기념관에 들렀다. 거기에는 그의 개인 저택이 고스란히 보존되어 있다. 루스벨트는 우표수집이 취미여서 진열장에는 그가 모은 세계 각국의 우표가 전시되어 있었다. 그 가운데는 구한말의 우리나라 우표도 볼 수 있었다.

알바니 시의 한 교회에 도착하자 많은 알바니 시민들이 부부동반으로 우리 일행을 기다리고 있었다. 우리는 그들과 함께 저녁을 먹고 폴카춤을 추었다. 그것은 포크댄스로서 모두가 손에 손을 잡고 원을 그리며 한 사람의 리드에 따라 손뼉을 치며 스텝을 밟는 춤이다. 마치 교회가 떠나가도록 흥겨웠다. 그러고 나서 우리 일행은 한 사람 또는 두 사람씩 알바니 시민가정에 배정받았다.

나는 헐림 씨 집으로 가게 되었다. 그의 집은 시내에서 약간 떨어진 교외의 숲속에 있었다. 1남 1녀를 둔 오붓한 가정의 헐림 씨는 알비니은행에 다니는 샐러리맨이었다. 그는 조부 때 독일에서 건너온

이민 3세이고, 부인은 남부 텍사스 출신이었다.

그들은 자기 집의 차고에서 지붕 아래의 구석진 방까지 일일이 보여주며 살기에 편리한 집안구조를 자랑스럽게 설명했다. 그들은 전형적인 미국 중류사회의 생활모습을 대표한 것이라 할 수 있다.

그 후 컬럼비아대학 주관으로 펜실베이니아 주 청사가 있는 해리스벅에 간 일이 있다. 그곳에서 주지사인 리다 씨를 방문하였다. 그는 보기에도 온화하고 매우 부드러운 인상이었다. 으리으리한 지사실에서 펜실베이니아 주에 관한 소개를 듣고 지사와 함께 기념사진도 찍었다. 이곳에서 많은 주 의회 의원들을 만나게 되었으며 그들은 민주당 공화당으로 나뉘어 서로 소속이 달랐지만, 농담을 하면서 자기 당을 자랑하고 있었다.

주지사는 민주당이었지만 공화당 의원들이 더 으스대고 있었다.

그날 밤 나는 알렉산더 씨를 따라가게 되었다. 그의 차에 동승하여 해리스벅 강물이 내려다보이는 언덕 위의 집으로 갔다. 알렉산더 씨는 제2차 대전 때 문관으로 3년 동안 유럽전선에 있었고, 부인은 독일계 출신으로 미국에 온 지 8년이나 되지만 아직 영어가 능숙하지 못했다.

알렉산더 씨는 40이 넘은 중년이었으나 아이가 없어 부부가 송아지만 한 큰 개를 기르고 있었다. 항상 "마이 보이" 하면서 아이를 다루듯 한다. 미국 사람들이 개를 좋아하는 것은 자주 보는 대로다. 이 집 개는 검은 털에 사나워 보였다. 부인은 나더러 개를 싫어하느냐고 물어 나는 싫지도 않고 좋아하지도 않는다 했다. 부인은 내 말이 납득이 안 가는 양 싶었다. 나는 남의 집에 갔을 때 개가 짖고 뛰어나오면 겁이 난다고 얘기했다. 그 부부는 사람들보다 개가 더 충성스럽다고 얘기한다. 나는 주인이 술이 취해 잠든 사이에 불이 난 것을 본 개가 꼬리에 물을 적셔 불을 끄고 쓰러진 동양의 충견(忠犬) 얘기를 했더니 알렉산더 씨는 "마이 보이"도 그런 개라고 머리를 쓰다듬는다.

저녁을 먹고 집안 구경을 하였다. 어느 한 방은 홈바로 꾸며져 있고, 스탠드에 부인과 나를 앉혀 놓고 그는 장 안에 가득 찬 양주병에서 칵테일을 만든다. 그는 자격증을 가진 바텐더였다. 그는 양주를 모으는 것이 취미라 했다. 또 다른 방에는 오락실로 되어 있고 벽에는 세계 각국의 지폐가 수없이 걸려 있다. 또 동전도 가지각색이다. 그중에는 우리나라 것도 있었다. 한국전쟁 때 출전한 군인들로부터 얻은 것이라 했다.

세제를 연구하는 노인

뉴욕을 떠나 미시간 주 칼라마주 시에 왔을 때 나는 값이 싼 YMCA호텔에 들었다. 그런데 어느 날 중년부부가 찾아와서 같은 값으로 자기 집에 와 있을 것을 제의했다. 나는 그들의 호의를 받아들여 이내 그의 집으로 옮겼다. 주인은 세일즈맨이었고 아들이 셋, 딸 하나의 여섯 식구 가정이었다.

그들은 2층에서 생활하고 나는 아래층 응접실 옆방을 썼다. 그 부인은 찾아오는 이웃들에게 나를 자기 집에 두고 있는 것을 무슨 자랑이나 되듯이 소개했다. 나는 칼라마주를 떠날 때까지 이 집 신세를 졌다. 뉴욕과는 달리 모든 것이 개방적이고 도둑 같은 것은 생각할 수도 없다. 방이고 집이고 열어둔 채 나다닌다.

그들은 처음에는 나를 "미스터 김"으로 깍듯이 부르더니 이내 미스터는 떼버리고 김이라고만 했다. 그러다가 나중에는 "알라게이트"라는 닉네임으로 불렀다. 나는 징그러운 이름이라 상을 찡그렸더니 친할수록 이런 이름이라야 한다고 우긴다. 그들은 알라게이트를 데리고 "드라이브인"이라는 야외극장이며 피크닉이며 한가족과 다름없이 지냈다. 사무실에 다녀오면 방 안까지 치워주어 도리어 내가 부담스러웠다. 나는 기껏해야 정원의 잔디를 깎는 정도였다. 그들과는 귀국 후 오랫동안 교분이 유지되었다.

칼라마주 시청의 내 사무실로 어느 날 미지의 노인으로부터 전화가 걸려 왔다. 그 요지는 나에 관하여는 신문보도로 알게 되었다는 것과, 자기는 미국 세제(稅制) 연구에 일생을 바치고 있어서 만약에 원

한다면 연구결과를 내게 소개할 용의가 있으니 어떠냐는 것이다. 나는 뜻밖의 호의에 감사하고 만나기로 약속했다. 대학교수나 아니면 학자일 것으로 짐작하고 질문할 것 등을 미리 준비하고 있었다.

약속한 날 사무실에 나타난 분은 머리가 반백인데다 후줄근한 작업복을 입은 언뜻 보아 공장직공 같은 노인이었다. 퇴근시간을 기다려 나는 이 스미스 노인을 따라나섰다. 그의 차 안에는 각종 전기기구가 가뜩 실려 있었고, 이것은 노인의 직업과 관련 있는 도구라는 얘기였다. 그의 집은 칼라마주에서도 이름난 주택단지인 필리먼트 빌리지였다. 노인은 나를 현관으로 안내하지 않고 뒷문 앞에 차를 세우고 부엌문을 따고 집 안으로 들어서게 하였다. 도무지 가족이 보이지 않아서 두리번거렸더니 노인은 혼자 사는 독신주의자라 했다.

부엌에서 방으로 들어서서 커튼을 젖혔더니 방 안은 붉은 카펫에 소파 앞에는 여러 가지 잡지들이 널려 있었다. 그 분위기는 혼자 사는 것 같지 않았다. 그 방에 이어서 서재가 있고 서재에는 잎이 무성한 화분들이 여러 그루 놓여 있었다.

책장에는 서적들이 가득 꽂혀 있는데 대부분이 헌책들로, 주로 미국 세제(稅制)와 영업세에 관한 책들이다. 스미스 노인은 부엌에 나를 앉히고 저녁 채비를 한다. 모든 것이 자동으로 되는 장치이다. 저녁을 마치고 다시 서재에서 10년 전에 출판한 자기 저서를 놓고 미국 세제 강의를 시작했다. 그는 내가 알아듣건 말건 두 시간 남짓 계속했다. 스미스 노인은 이미 60고개를 넘은 지 오래지만, 한 열관회사의 직공 일을 보면서 틈틈이 세제연구를 계속하고 있었다. 미국에서는 당시 개를 길러도 세금, 낚시를 하려 해도 세금을 내야 했다. 세금의 그물 속에 살고 있는 셈이다.

이렇게 알게 된 스미스 노인은 주말마다 세제 강의를 계속했고, 그의 요청에 따라 그가 다니는 조그마한 교회에 나가기도 하고 목장과 농가도 구경할 수 있었다. 또 홀란드라는 이름을 가진 마을에 가서 끝없이 펼쳐져 있는 튤립 꽃밭과 목화(木靴)를 신고 민속(民俗) 의상을 한 네덜란드계 시민들의 행진도 구경하였다.

나는 미국에 있는 동안 상하 양원의원을 비롯해 급을 달리하는 공무원들로부터도 여러 가지 인상을 받았지만 평범한 시민에 불과한 헐림, 알렉산더 그리고 내가 신세진 하숙집 주인과 스미스 노인들로부터의 인상을 더욱 잊을 수가 없다.

한번은 시카고대학의 교수 집에 초대를 받은 일이 있다. 저녁식사를 마친 교수는 손수 먹은 접시를 들고 부엌에서 씻는 것이었다. 그러면서 그는 이것을 미국 사람 가정에서의 부부협동이라고 말했다. 부부는 문자 그대로 사회활동의 단위이다. 아침저녁 식사도 함께, 쇼핑을 가도 함께, 영화 구경도 함께, 파티에 가도 함께이다. 아이를 데리고 공원에 나가도 함께이며 여름휴가를 가도 물론 함께한다. 우리나라에서는 흔히 남자들은 남자만의 세계, 여자들에게도 여자의 세계가 따로 있을 수 있으나 미국은 그렇지 않은 것 같다.

제 3 부

지역사회개발 (CD) 사업의 전개

CD사업의 전개

CD는 Community Development, 즉 지역사회 개발사업의 약자이다. 이 사업은 1957년 한미(韓美) 합동경제위원회에서 그 필요성과 가능성이 검토되어 착수된 농촌개발운동으로, 1950년대 후반 인도, 파키스탄, 필리핀 등 개발도상국가들의 농촌개발 모형으로 등장하였다.

우리나라에서는 ICA계획에 따라 미국 측의 권고에 의하여 시작되었다. 우리 정부에서는 당시 부흥부 주관으로 내무·보사·농림·문교부 차관을 위원으로 한 지역사회개발중앙위원회(NACOM)를 발족시켰다. 차관이 위원이고 관계부처에서는 담당국장이 실무를 담당하였으나, 내무부에서는 국장·과장 모두 바빠서 행정계장인 내가 이 실무를 담당하게 되었다.

이 사업의 기본원리는 주민 스스로가 공동이익이 되는 사업을 선정하여 협동적으로 추진함으로써 보다 나은 생활을 추구하는 개발운동이다. 따라서 마을주민 전체의 참여를 유도하고, 가급적 종합적이고 다목적 사업일수록 이상적이다.

또 주민의 능력으로 실현이 가능하며 계속성 있는 사업을 택하되 지역사회의 인적·물적 자원을 최대한 활용하고 정부의 지원은 최소한으로 하도록 한다. 특히 초기단계는 물질적 성과보다는 주민의 정신개혁에 치중하며 지역사회의 지도자를 발굴하여 그들의 사기를 북돋우는 데 역점을 두게 하였다.

1958년 초년도 사업은 충남 연기군, 경남 울산군, 제주 북제주군 등 3개 지역을 시범적으로 실시하여 연차적으로 전국적 규모로 확대하는 방식을 택하고, 정부의 재정지원은 ICA원조와 대충자금으로 충당키로 하였다. 미국 측 실무책임자는 당시 OEC 애덤스 지역사회개발국장이었으며, 우리 측은 부흥부의 차균희 경제계획관(뒤에 농림부 장관) 주도하에 보건사회부 강봉수 국장(뒤에 산림청장), 그리고 나와 셋이었다.

우리는 신분이 NACOM 소속이지만 마을에 상주하며 CD사업을 책임지고 지도하는 마을지도원을 선발, 그들의 교육, 보수를 정하는 것 등을 결정하고 시범지역을 시찰도 했다. CD사업의 특징의 하나는 주민을 지도하는 마을지도원이 마을에 상주하는 데 있다. 이때 마을지도원으로 선발된 요원들은 거의가 대학을 졸업한 고학력 지도원이었다. 이 점을 감안해 보수를 일반 지방공무원보다 약간 높게 책정했다.

원래 CD사업 자체에 대하여 농림부 측에서는 다소 회의를 가지고 있었다. 그것은 농촌지도소의 지도사업과 CD사업이 중복된다는 점이 그 이유였다. 왜냐하면 생활개선이나 농사기술보급 등은 농촌지도소 사업과 하등 차이가 없었기 때문이다. 그러나 우리들 생각에는 미국 원조 내지 대충자금이 그만큼 농촌에 투입됨으로써 농촌의 빈곤을 해결하는 지름길이라는 데 명분을 세웠다.

사실 당시만 해도 농촌 인구가 전 인구의 80%를 차지하고 농촌에 유휴인력과 보릿고개가 상존하던 시대였다. CD사업은 뜻밖에 미국 측, 즉 OEC 관계관들이 더 열성을 보였다. 그들은 자주 시범지역 시찰을 위해 우리에게 안내를 요청했다.

그 무렵 미국은 필리핀·인도·파키스탄에도 명칭은 나라에 따라 다르지만 CD사업을 경제원조의 일환으로 펴고 있었다.

따라서 OEC 애덤스 국장은 어느 나라보다 한국이 모범이 되어야 한다고 합동회의 때마다 역설했다. 심지어 그들의 권고에 따라 1959 년에는 필리핀과 한국 합동으로 지역사회개발대회를 마닐라와 서울에서 계속해서 개최한 일이 있었다. 우리나라에서는 송인상(宋仁相) 부흥부 장관이 기조연설을, 내무부를 대표하여 최응복 지방국장이 "한국의 지방행정조직과 지역사회개발운동"이란 제목으로 연설한 일이 있었다. 1959년도부터는 시범지역이 9개 도(道)로 확대되고 마을 수는 274개, 60년도에는 2,137개, 마을지도원은 887명으로 늘어났다.

뿐만 아니라 지도체계도 도(道) 단위에 지역사회개발 도위원회, 군(郡) 단위에는 지역사회개발 군위원회, 그리고 마을에도 마을개발위원회를 각각 구성하고 CD사업의 선정과 추진계획을 이 위원회가 담당하도록 체계화했다. 마을지도원은 중앙위원회(NACOM) 소속이지만 실제 업무는 군수의 지휘를 받게 하였다. 그러나 지역에 따라서는 일선 지방공무원과의 사이에 불화 또는 알력이 있는 곳도 없지 않았다. 그것은 마을지도원의 교육수준이 높고 따라서 일선공무원보다 보수도 높은 데서 오는 우월감 때문이기도 했으나 많은 지도원은 고된 업무와 농촌생활에 적응하지 못해 이직하는 자도 있었다.

NACOM으로서는 마을지도원 연수훈련에 힘을 기울여 희망자에게 필리핀, 인도 등 CD사업의 현장을 볼 수 있게 했다. 시범지역이 전국적으로 확대된 시점을 택해 미국 측과 합동으로 우리나라에서 지역사회개발 세계대회를 추진하게 됐다. 여기에는 미국의 상원의원을 비롯해 동남아, 그리고 아프리카에서도 많은 대표가 참가해 성황이었다.

고색창연한 창덕궁 인정전을 회의장소로 정해 CD사업의 조직과 기구, 사업의 선정과 조정, 요원의 교육훈련 재정지원과 물자지원, 개발사업의 평가 등 5개의 분과별로 토의가 진행됐다. 이 세계대회에서 아직도 기억에 생생한 것은 현지시찰에 대한 참가자들의 반응이었다.

특히 강원도 명주군 강동면의 두 마을이 소개되었는데, 한 마을은 여름이면 수해상습지로 농사를 제대로 지을 수 없는 곳을 120호 되는 마을주민이 마을지도자를 중심으로 협동하여 1,700m나 되는 둑을 건설해서 버려진 땅을 옥토로 바꾼 경우였다. CD사업이 시작된 지 2년 반 만에 이루어진 사업으로, 정부지원도 별로 없이 오직 마을주민의 노력동원의 성과였다.

다른 하나는 계곡의 물을 이용하여 그 낙차로 소규모 수력발전(水力發電) 사업을 마을주민의 힘으로 건설한 경우였다. 낙차(落差)를 만들기 위해 수로(水路)를 300m 가량 만들고 거기에 터빈을 설치, 30㎾의 전력을 생산하게 되었다. 이것으로 마을 집집마다 전등을 켜게 되고 정미소와 목재 공예품 제작의 동력으로도 이용할 수 있게 되었다. 물론 여기에는 정부보조도 있었으나 사업의 대부분은 마을주민 부담으로 이루어져 더욱 보람을 느낄 수 있었다.

이러한 노고에 대하여 참가자들은 찬사를 아끼지 않았다. 그중에도 아프리카나 동남아 대표들은 자기들 나라에서는 상상조차 할 수 없는 일이라며 부러워했다. 어떻게 보면 우리나라의 농촌이 당시 가난하기는 했지만 그러한 나라들과 같은 수준으로 본다는 것은 유구한 역사와 문화민족임을 자처하는 우리로서는 자존심이 상하는 일일 수밖에 없다. 현지시찰을 통해 그들의 인식은 크게 달라진 것이 분명하다.

많은 외국 참가자들에게 감명을 준 우리의 CD사업은 1961년 5·16 혁명 후 지역사회개발 중앙위원회가 해체되고 건설부와 농림부를 거쳐 농촌진흥청으로 이관되어 시범농촌건설 사업으로 존속하다 마을지도원들이 대거 이 사업에서 떠나고, 사업추진 역시 NACOM 때와는 열이 식어서 시작된 지 3년 만에 용두사미(龍頭蛇尾)로 끝났다.

또 혁명정부가 1961년 6월부터 재건국민운동(再建國民運動)이라는 CD사업의 개념과 비슷한 국민운동을 관 주도로 강력하게 밀었기 때문에 CD사업은 더욱 관심 밖으로 밀릴 수밖에 없었다. 그러나 한 가지 분명한 것은 이 사업이 1970년대 초 박정희 대통령에 의하여 제창된 새마을운동을 위한 밑거름이 되었다는 사실이다.

116

개성·장단 대신 양양·고성이 우리 땅으로

1953년 휴전협정이 성립됨에 따라 남(南)과 북(北)의 경계선에 변동
이 일어났다. 우리 지역이었던 개성·개풍·장단·연백·옹진 등이
북으로 넘어가고, 그 대신 양양·고성·인제·화천·양구·금화·철
원·연천·포천 등이 남한지역으로 편입되었다.

이 지역은 당연히 우리 한국 정부의 행정권한이 미쳐야 함에도 불
구하고 한동안 UN이 군정(軍政)을 실시하다가 휴전협정을 계기로
행정권을 우리 정부에 넘기게 되어 이 업무가 바로 행정과 담당으로
되었다. 물론 실질적인 일선업무는 강원도와 경기도가 맡게 되지만
기본원칙은 내무부가 정할 수밖에 없었다. 이 지역은 오랫동안 공산
치하에 있었고 6·25 때 역시 가장 치열했던 전투지역이었던 까닭에
자연의 훼손은 말할 것도 없고 이곳 주민의 고초 또한 비참하였음은
상상하고도 남음이 있었다. 따라서 다른 지역과는 달리 주민을 위한
특수시책을 펴야 한다는 것이 정부의 생각이었다.

더구나 그간의 군정 시에는 일부 지역을 제외하고는 세금이나 주민
부담이 일체 없었던 반면에 공공기관의 복구를 비롯하여 농사에 필요
한 농기구 등을 무료로 급여 또는 대여하여 주민의 정착사업을 도왔
으며 구호물자 역시 비교적 여유 있게 공급되고 있었다. 이러한 점을
감안, 수복지구(收復地區) 주민을 위한 임시행정조치법을 입안하여
국회에 넘겼으나, 논의 과정에서 많은 논란이 있었다. 그것은 전란으
로 인한 고초는 남한의 전투지역에서도 마찬가지인데 유독 수복지구
에만 차등행정으로 우대할 필요가 있느냐 하는 것이었다.

그러나 내무부로서는 원안대로 밀고 나갔다. 가장 문제가 됐던 것은 행정의 기본이 되는 행정구역(行政區域)의 확정이었다. 이는 38선에 구애됨이 없이 8·15 이전의 구역으로 환원할 것을 원칙으로 했다.

다음은 행정조직 문제였다. 군정(軍政) 하에서는 군단장이 최고 기관이고 민사처장이 실질적 책임을 맡고 있었다. 군(郡)에는 군수와 같은 군 민정관이 있고 그 밑에 내무, 치안, 산업, 세무, 교육의 5과가 있으며 자문기관으로서 군협의회가 있었다. 읍면은 읍면 민정관이 있고 읍면 자문기관으로서 읍면협의회가 있다. 이를 임시행정조치법에서는 이 지역의 특수성을 고려하여 군수와 읍·면장은 두되 일정기간 지방의회 구성을 유보하여 종전의 자문기구를 그대로 유지키로 하였다. 그것은 어디까지나 과도적인 조처였다.

그러나 실제 행정 면에서는 여러 가지 어려운 문제가 제기되었다. 예를 들어 농지(農地) 문제만 하더라도 8·15 이전의 소유자, 공산 치하의 소유자, 그리고 군정하의 소유자가 제각기 다를 경우가 많아서 이의 조절은 결코 쉬운 일이 아니었다. 우리의 법체계를 그대로 적용하는 데 갖가지 난점에 부딪히게 되었다.

이 무렵 내무부에서는 국회 내무위원회 의원의 수복지구 현지시찰 계획이 세워졌다. 내가 그 안내를 맡게 되었지만, 사실상의 안내는 국방부 관계관이었다.

우리 일행은 경찰복으로 여장(旅裝)을 갖추고 지프차에 분승하여 수복지구로 떠났다. 군단사령부에 이르는 도로는 포장도로가 아니지만, 군인들에 의해 평탄하게 닦여져 있었다. 전선에 이를수록 긴장감이 감도는 분위기였다.

일행은 군단사령부에서 수복지구 전반에 관한 설명을 듣고 그날은 군의 막사에서 일박하게 되었다. 이튿날 금화읍을 지나게 되는데 옛 집터에는 풀만 무성해 황량한 폐허로 변해 있었다. 격전지로 알려진 백마고지나 크리스마스고지들이 지호지간(指呼之間)에 있고, 적의 포구(砲口)가 육안으로 보였다. 행정구역으로 포천군 이동면 군평리, 약 2만 5천 평에 배수공사를 하고 군청, 경찰서, 면사무소, 지서, 공회당, 보건소, 우체국, 세무서, 농협창고 등을 배치한 소도시를 구경하였다. 모형도시이다.

이러한 공사는 전문기술자의 힘에 의한 것이 아니고 전적으로 군인들의 노고에 의한 것이다. 비록 설계 면에 미흡한 점이 있을지 모르지만, 적을 목전에 두고 이곳에 살 주민들을 위해 이와 같은 엄청난 건설공사를 해낸 군인들에게 일행은 깊은 감명을 받았다.

비단 공공시설뿐 아니라 민간 입주자들을 위해 화천지방에서는 열 채를 한 단위로 하여 어린이놀이터, 빨래터, 정원에 이르기까지 문화주택단지를 건설해 놓은 것을 볼 수 있었다. 마치 서부개척영화에 나오는 장면을 보는 기분이다. 비록 포화(砲火)는 멈춘 최전방이기는 하지만 새로운 삶의 희망에 부푼 개척지와 다름이 없다. 산골짜기마다 철조망과 군사시설로 철통같은 방어시설 지대여서 민간마을은 극히 제한된 지역에 한해서 산재해 있었다.

일행은 한 마을을 보게 되었다. 집들은 옛날부터의 집이 아니고 흙벽돌로 새로 지은 집이었다. 마을 자체가 군에 의존하듯이, 주민생활역시 군에 전적으로 의지하고 있었다. 하루 한 사람당 3홉의 양곡 배급과 8세대에 농우(農牛) 한 필, 그리고 세대당 약간의 농토를 경작하고 있을 뿐이었다. 입고 있는 옷도 대부분 구제품이며, 이런 생활이기 때문에 세금을 낼 여지도 없었다. 구호배급이 떨어지면 절식(節食)을 하게 된다. 새삼 공산치하의 참혹했던 생활상을 보는 것 같았다. 이틀간의 수복지구 시찰은 국회의원들에게 전폭적인 협조를 얻는 계기가 되어 수복지구 행정대책은 큰 어려움 없이 추진할 수가 있었다.

행정전화와 태풍 '사라호'

1958년 자치법 개정 당시의 지방국장은 최응복 국장이었다. 최 국장은 전남 내무국장에서 승진되어 왔다. 그때 치안국장은 "백두산 호랑이"라고 불리던 김종원 국장이었다. 김 국장이 가끔 지방국장실에 들러 "형님 뭐 도와드릴 일 없습니까?" 하고 깍듯이 최 국장을 위하던 장면을 나는 여러 번 목격했다.

우리는 급하면 치안국 경비전화의 신세를 지고 있었다. 따라서 당시 지방국으로서는 독자적인 행정전화망(行政電話網)을 갖는 것이 하나의 현안사항으로 되어 있었다. 뿐만 아니라 행정전화와 텔레타이프망도 함께 구상하고 있었다. 당시만 해도 일반 체신전화의 통화사정 역시 결코 좋은 편은 아니었다.

그런데 치안국에서는 경찰기능의 특수성에 의한 것이겠지만 전국 방방곡곡으로 통신망이 완비되어 있었다. 그래서 지방국에서 자주 빌려 쓰게 되지만 불편하기로는 일반전화와 다를 바가 없고, 특히 시·군, 읍·면과 같은 일선기관에서는 그것마저 이용의 기회를 얻지 못하는 것이 현실이었다. 이를 해결하기 위해 읍면과 시군, 시군과 시도 간의 통신망(通信網)을 완성시킬 계획을 세웠다.

이 계획에는 치안국(治安局) 통신과(通信課)의 협조가 컸다. 그러나 실제 사업추진에는 큰 난관이 있었다. 그것은 통신업무의 주무부인 체신부의 허가를 얻는 일이다. 먼저 체신부 실무부서에 절충해 보았으나 무조건 불가능하다는 견해이다. 그들은 치안국 경비전화마저 전주(電柱) 사용료나 통신요금을 제때에 내지 않아서 골칫거리인데 지방국까지 행정전화 운운한다는 것은 말도 안 되는 것으로 상대조차 하지 않으려 했다.

그러나 이에 굴할 우리가 아니었다. 끝내는 지방국장을 앞세우고 체신부 장관에게 직접 호소키로 하였다. 당시 곽의영 체신부 장관은 청주 출신 국회의원이기도 하며, 지방군수를 지낸 일이 있어서 지방 행정에 이해가 있는 분이었다. 그러나 곽 장관은 단호했다. 정 그럴 바에야 아예 체신부 간판을 떼어다가 내무부에 함께 걸라고 호통을 치기도 했다. 그래도 최 국장과 나는 끈질기게 체신부 장관실을 드나들었다.

이때 나는 최병환 국장의 끈질긴 뚝심에 놀랐다. 절대 후퇴하지 않고 끝장을 내려는 의지였다. 최 국장은 전임 최응복 국장이 서울특별시 부시장으로 승진된 뒤를 이어 지방국장이 된 사람이다. 원래 경기도 지방과장에서 지방국 재정과장으로 승진되어 인사관행으로서는 행정과장을 거친 뒤에 지방국장이 되는 순서였으나 곧바로 지방국장을 맡게 되었다. 재정과장 때에는 지방재정의 현안이었던 지방재정조정교부금법을 제정하는 데 성공하여 지방국 내에서 주목을 받기도 했다. 그만큼 일에 대한 집념과 강한 추진력의 소유자였다.

결국은 체신부의 허가를 얻어낼 수 있었다. 말하자면 십벌지목(十伐之木)의 효과를 거둔 셈이다. 실지 시설업무는 각 시도가 직접 담당했으나, 전주나 일부 부품은 규격품이 아닌 것을 사용했다 하여 그 뒤 여러 차례 체신부로부터 시정지시를 받기도 했다.

그러나 행정통신은 사무능률에 결정적인 역할을 해낼 수 있었다. 원래 지방행정기관에는 공문서가 지나치게 번잡했다. 감사 등으로 간소화가 강조되었지만, 오랜 세월을 두고 내려온 관행은 하루아침에 고쳐지지 않았다. 지시통첩의 경로를 추적해 보면 일선기관에 갈수록 오직 수신자와 발신자의 이름만 고쳐질 뿐 내용은 그대로 읍면까지 기계적으로 전달되는 것이 수없이 많다. 한때 "프랑스의 군(郡)은 우편함과 같다"고 행정학자들이 비꼰 일이 있다. 그것은 중앙의 지시를 지방으로 전달하는 우편함 기능과 같다는 뜻이다. 우리나라의 군(郡)도 그 점에서는 전혀 다를 바가 없었다. 행정전화는 문서간 소화에 크게 기여할 것을 기대했음은 물론이다.

그에 못지않게 긴요하게 이용된 것은 1959년 9월 17일 동남 해안 일대를 휩쓸었던 태풍 '사라호' 때이다. 이 '사라호'는 일찍이 상상조차 못했던 엄청난 재해(災害)를 몰고 온 태풍으로서 사망·실종·부상 등의 인명피해를 3천 6백여 명이나 내고 이재민 수만도 98만 4천 명으로 집계되었다. '사라호'가 지나간 자리는 마치 6·25 전쟁터와 같이 처참했다. 우리나라 재해사상 최악의 상태를 기록했다.

불이 꺼져야 퇴근

행정계(行政係)는 항상 바빴다. 차분한 시간을 가지고 서류를 들여다 볼 겨를조차 없다. 밤낮으로 일에 쫓기어 나의 잔무는 가방도 아닌 책보에 싸서 집에까지 가지고 가게 된다. 그 책보따리가 뭐냐고 자주 집사람으로부터 핀잔받기가 일쑤다.

대체로 밤 9시가 넘어야 퇴근이 가능했다. 저녁은 으레 을지로 뒷 골목의 대폿집(대구집)에서 먹는다. 대구집 여주인은 경상도 사투리 에 언제나 우리를 반겼다. 결코 외상을 독촉하는 일이 없다. 외상은 월급날에 청산된다. 직원들이 함께하는 수가 많기 때문에 이럴 때는 여비(旅費)를 염출해서 변통하게 된다. 계원 중에는 이런 계산에 능 한 재주꾼이 있었다. 적어도 감사에는 걸리지 않아야 하니까.

왜 그처럼 퇴근이 늦는가. 그것은 과(課)에 켜져 있는 장·차관의 신호등 때문이다. 그 불이 꺼져야 나갈 수 있다. 요즈음은 퇴근시간 이 되면 눈치 볼 것 없이 통근차를 탄다고 들었다. 공직사회도 크게 바뀌고 있는 것 같다. 그때는 통근차도 없었거니와 불이 켜 있는 동 안에는 감히 나갈 수가 없었다.

국회가 열리고 예산심의가 시작되면 토요일, 일요일도 없다. 국회 의원들의 예상되는 질문답변서를 미리 준비해 두어야 한다. 이것이 밖으로 새 나가게 되면 큰 변이 난다. 그러나 이따금 기자들 손에 넘 어가 달갑지 않은 기사가 하나둘씩 터지는 날에는 문자 그대로 안절 부절이다. 연례행사처럼 치르는 일이지만 언제나 허점은 있게 마련 이다. 그러나 가뜩이나 신경이 과민한 과장에게 당할 수밖에 없다.

그런 날에는 으레 대구집에서 대포로 울분을 삭여야 했다.

자주 개최되는 전국지방장관회의 때는 행정계는 눈코 뜰 새 없다. 중앙 각 부처의 지시사항을 종합하고 지방청의 각부에 대한 요망사항을 전달하는 데 전화통에 불이 난다. 이런 일은 직원들끼리 분담하지만, 장관 훈시(만약에 국무총리가 참석하게 되면 총리 훈시까지) 그 초안을 준비해야 한다. 이것을 쓰는 것은 큰 고통이 따르는 작업이다. 훈시나 연설문 쓰는 것은 연말연시가 되면 더 큰 홍역을 치러야 했다. 장관·차관·국장의 송년사·신년사, 한때 차관이 두 분(정무차관 때) 있을 때는 여덟 종류의 글을 만들어 내야 한다. 이 상사들의 개성이 각각 다르고 내용이 조금씩이라도 달라야 하는데 그 어려움이 있다.

1950년대 귀에 못이 박이게 자주 듣는 말은 '관기(官紀) 확립'과 '민심(民心) 수습'이다. '관기확립'은 도시락 지참과 요정출입 단속이다. 그 당시 우리들 신분으로서는 감히 요정을 출입할 수 있는 주제도 못 되지만, 한 지붕 아래 경찰이 있기 때문에 사전에 단속정보를 입수하는 수가 많았다. 다만 지방출장 시에 지방청으로부터 접대받는 것이 문제되는 수가 있다. 따라서 한때는 지방출장 시의 영수증을 복명서에 반드시 첨부하기도 했다. 또 지방청 직원들의 출영(出迎)이 문제되어 중앙고위직 출영 한계를 규정으로 시달한 일조차 있다.

사실 초기에는 행정계장의 출장에도 지방청은 좀 거창했다. 더구나 '계장영감'이라는 칭호에는 어리둥절했다. 나이 젊은 계장을 영감이라 부르니 참으로 낯간지러울 수밖에 없다. 영감(令監)은 봉건적 관존인습이거나 늙은이에 대한 호칭으로 이해하던 나로서는 "제발 그 영감이란 말 집어치웁시다"라고 핀잔을 주기도 했다. 군수영감, 면장영감은 그때는 통상으로 쓰이고 있는 호칭인 성싶었다. 인습이란 좀처럼 사라지지 않는 것임을 알 수 있다.

민심수습은 정부통령 선거나 총선거가 끝나면 반드시 등장하는 제목이다. 선거라는 열풍으로 황폐한 민심을 바로잡자는 의도이다. 민심수습 하나로 전국 지방장관 회의가 소집된 일도 있다. 각 시도의 방안을 들어보면 실은 별것이 아니다. 평소의 시책과 크게 다를 것이 없다.

아직도 기억에 남는 것은 토지소득세 물납세 폐지, 인정과세 폐지, 사친회비 폐지, 무의면(無醫面) 해소, 직권남용 방지, 병사(兵事) 업무의 쇄신, 민원사무 간소화, 관용차 사용(私用) 금지, 정실인사 배격, 공무원 생활보장 등이다. 아마 이런 것들이 당시의 사회상(社會相)으로 보아 꼭 시정되어야 했던 것이 아닌가 싶다.

그것이 곧 민심수습이었다. 그 실천결과를 행정계는 종합하고 시도 간의 우열을 매겨야 한다. 지금은 공직사회에 연가(年暇)나 휴가가 당연한 것으로 되어 있지만, 그때는 병가(病暇) 이외는 바랄 수가 없었다. 아직 그런 문화가 자리 잡기 이전의, 말하자면 과도기였다. 설사 법상으로는 가능하더라도 일에 쫓기다 보면 현실적으로 바랄 수가 없게 된다.

그런 속에서 나는 더 바쁘게 뛰어야 했다. 그것은 당시 성균관대에 있던 이해원(李海元) 교수(뒤에 국회의원, 서울특별시장)의 권고에 따라 행정학과 강사로 강의를 맡게 되었기 때문이다. 과목은 "인사행정"이며 야간과정이었다. 학생들 가운데는 공직자도 몇 사람 있었다. 물론 이것은 나 자신의 공부이기도 했지만, 사무실 일로 항상 초조했다. 어떤 때는 강의를 끝내고 다시 사무실에 들른 일도 있었다. 강의 덕으로 조선조의 관료제도를 내 자신 정리할 수가 있었다.

두 학기를 마치고 나는 포기하고 말았다. 아무리 야간강사라 하더라도 행정계장 업무와는 양립하기가 사실상 불가능한 일이었다. 정치적 대사(大事)가 있게 될 1960년이 가까워지자 행정계에는 또 하나의 일이 추가되었다.

　아마 1959년 하반기로 기억된다. 그것은 전국의 읍·면장 그리고 모범 동·리·반장의 경인지구 시찰계획이다. 시도별로 순차적으로 3일간 일정으로 경무대(청와대), 국회의사당, 대법원, 창경원, 경복궁, 국립중앙의료원, 방송국, 태창방직, 대한중공업, 인천 판유리, 수원 농촌진흥청 등을 대상으로 하였다. 경무대는 맨 끝에 필자가 인솔해서 경무대 본관 앞의 뜰에서 이승만 대통령을 뵙게 된다. 80이 넘은 고령임에도 불구하고 건강한 모습은 일행들을 감격케 했다. 이 대통령은 일선에서 국민을 위해 주야로 수고하는 책임자의 노고를 치하하는 짤막한 인사말뿐이다. 일행을 위해 다과회를 베푸는 것도 아니고 도열해서 다만 노(老) 대통령의 말씀을 잠시 듣는 것이지만, 시골에서 상경한 그들에게는 더할 수 없는 영광이었다. 초기에는 경무대 예방 다음에 서대문에 있는 이기붕 국회의장도 방문했다. 그러나 지팡이에 의지해 간신히 일행을 맞이하는 나약한 모습이어서 이내 중단하고 말았다.

　이 계획이 전국적으로 끝날 때까지는 여러 달이 소요되었으나 대통령 앞에 설 때마다 나는 긴장된 순간을 겪었다. 왜냐하면 그 무렵 서울운동장 행사를 마치고 그 자리에서 떠나는 이 대통령을 사회자가 "방금 대통령께서 경무대로 돌아가셨습니다"라고 알리는 바람에 당국으로부터 여러 차례 곤욕을 치렀다는 말을 그 사회자로부터 직접 듣고 있었기 때문이다.

50년대의 내무부 장관들

1950년대 내무부 장관은 제4대 백성욱 장관부터 시작된다. 그분은 내무관료의 총수로서 이색적인 경력을 가진 분이었다. 불교학교에 다녔고 프랑스에 유학, 독일에서 불교철학으로 학위를 받았다. 얼굴 모습이 둥글넓적하고 이마 한가운데 큰 점이 있어서 꼭 부처상을 닮았다 하여 "중장관"이란 별명을 가지기도 했다.

백 장관은 민족의 비극인 6·25 때의 장관으로서 정부가 서울을 떠날 때 마지막까지 내무부 청사를 지켰다. 그 무렵 야당에서 내각제 개헌안을 국회에 내는 바람에 이를 지지하는 정치장관으로 고심하다가 5개월 만에 물러났다. 물러난 뒤에는 동국대학 총장을 8년간이나 역임하였다.

백 장관 다음에는 미군정(美軍政) 경무부장(警務部長)을 지낸 조병옥(趙炳玉) 박사다. 호탕한 성격으로 6·25 전란중 대구(大邱)를 사수하는 데 공이 컸다. 그 뒤 야당의 거두로 이승만 대통령과 맞서 민주당 대통령 후보로 출마 중 미국 육군병원에서 급서(急逝)했다.

그 뒤 이순용 장관이 8개월 재임한 뒤 제7대 장석윤 장관으로 이어졌다. 장 장관은 강원 횡성 출신으로 미국유학, 제2차 세계대전 시에는 미 OSS 요원으로 활약했고, 6·25 직전에 치안국장, 그 뒤 내무부 차관을 거쳐 장관이 되었다.

제8대가 이범석 장관(2개월), 제9대 김태선 장관(1개월)이며, 그 간에 부산(釜山) 정치파동, 제2대 정부통령 선거 등 정치적으로 어수선한 시기였다.

제 10대 진헌식 장관에 이르러 비로소 장관 재임 1년을 넘길 수 있었다는 것은 이미 언급한 바와 같다.

그다음이 백한성 장관이다. 나는 백 장관의 각도 초도순시에 행정계장으로 수행한 일이 있다. 특히 기억에 남는 것에 강원도 순시가 있다. 춘천에 있는 도청순시를 마치고 그날로 대관령을 넘어 강릉까지 육로(陸路)로 가게 되었다. 한여름의 더위로 열두 구비의 대관령을 몇 번이고 계곡에서 쉬며 넘었다.

이날 명주군청에서 명주군수의 현황보고는 나의 눈에도 일품이었다. 그때는 브리핑 차트에 의한 것도 아닌데 장관 앞에 서서 자세한 계수까지 청산유수로 30분 남짓 외우는 데는 나는 깜짝 놀랐다. 별로 말이 없던 백 장관도 감명을 받았는지 귀청(歸廳) 후 얼마 안 되어 그 군수는 영전되었다.

그날 거의 해가 질 무렵 경포대를 찾았다. 누각에 걸린 한시(漢詩)들을 보시던 백 장관은 나더러 몇 개를 지적하며 적어 달라 하신다. 한문이 짧아 반초서로 쓰인 그 한시들을 옮겨 쓰는 데 애를 먹는 나를 위해 그 군수는 종이를 받아 들고 줄줄이 옮겨준다. 백 장관은 한시에 조예가 깊으며 먹으로 난(蘭)도 치는 풍류를 간직한 분이었다.

백 장관 다음이 차관으로 있다가 승진한 김형근 장관이다. 서울지검장 출신으로 경무대 비서관을 거쳤으며, 중앙선거위원을 지냈다.

검사 출신답게 날카로운 데가 있었다. 김 장관 재임 시에 이미 언급한 바와 같이 간선제 자치단체장을 직선제로, 그리고 불신임권과 의회해산권의 폐지, 회기제한 등의 지방자치법 개정이 이루어졌다.

그러나 무엇보다도 큰 고비는 1956년의 5·15 정·부통령 선거였다. 자유당은 대통령에 이승만, 부통령에 이기붕, 민주당은 대통령에 신익희, 부통령에 장면 후보가 나섰다. 여야의 대결은 팽팽했으며 특히 야당은 "못 살겠다 갈아보자"는 구호 아래 한강 백사장 유세에는

128

청중이 구름떼(신문보도는 30만)처럼 몰려 여당을 몹시 초조하게 만들었다. 그러나 유세 도중 신익희 후보가 전북 이리(지금의 익산)에서 급서(急逝)하는 바람에 대세는 일변하였다.

대통령은 이승만 후보가 확실시되었으나 부통령은 장면 후보가 우세한 가운데 모든 지구의 개표가 끝났음에도 대구(大邱)만은 개표가 중단되었다. 장면 후보가 이기붕을 9만 표 앞서고 있었다. 18만 표가 아직 투표함에 들어 있었는데, 그중 14만 표를 이기붕 후보가 얻어야 승산이 있으나, 이미 개표한 3만 표의 추세로 보아 거의 승산은 없었다. 이것이 이른바 "대구 개표중단 사건"이다.

이 상황을 보고받은 김형근 장관은 사무실에서 졸도하기에 이르렀다. 여야 절충 끝에 개표가 속개된 것은 그 이튿날 새벽이었다. 그날 오후 3시경 아직 개표가 끝나기도 전에 이 대통령은 "부통령 선거는 장면 후보가 당선된 것으로 본다"는 담화를 발표했다. 그때 개표결과는 이기붕 후보 22,300표에 장면 후보는 141,500표로 야당이 유효투표의 81%를 차지했다. 대구가 얼마나 야성이 강한 도시인가를 알 수 있으며 개표 중단은 애당초 잘못된 조치였다.

1956년 5월 21일 개각으로 김형근 장관은 물러나고 경기도 이익흥 지사가 제13대 내무부 장관이 되었다. 이 장관은 일제 때부터 경찰에 투신, 해방 후에도 수도경찰 부청장, 경기경찰청장, 치안국장 등을 지냈으며 한때는 서울 헌병대장도 역임하는 등 다양한 경력을 가졌다.

이 장관은 취임 때부터 요란했다. 전 직원이 청사 앞에 도열하고 경찰악대까지 동원되었다. 이 장관은 다른 장관과는 달리 집무실 앞에 입초(立哨)를 세워 장관실 출입을 통제했다. 이런 일은 처음 있는 일이었다. 내무부 장관이 내세우는 시정지표(施政指標) 역시 통상 서너 가지 정도인 데 비해 7가지나 되었다. 그 가운데는 시간엄수, 기밀엄수, 무언(無言) 실천, 혈맹(血盟) 난결이라는 것도 있었다.

부임한 지 얼마 안 되어 1956년 개정 자치법에 의한 지방자치단체장 선거가 실시되었다. 그때도 여야 간의 정치적 대립이 극심하여 이 장관은 국회에서 야당 탄압의 선봉으로 인식되어 재임기간 중 3번이나 불신임안이 제출되었으나 모두 부결되었다. 그러던 중 내무부 청사 바로 건너편의 명동 시공관에서 열린 민주당 전당대회에서 장면 부통령이 저격(狙擊) 당한 사건이 터졌다. 이 사건으로 한 차례 정치적 돌풍에 휘말리게 되어 결국 8개월 만에 물러나게 되었다. 그 뒤 자유당 공천으로 경기도 연천에서 당선, 제4대 의원을 지냈으나 4·19 후 장 부통령 저격사건의 배후수사가 재개되자 재판에 회부되어 얼마 동안 옥고를 치르는 불운을 겪기도 했다.

이 장관 다음의 장경근 장관은 내무차관, 국방차관 등을 지냈고, 부천출신 민의원도 지냈다. 자유당 브레인의 한 사람으로 지모(智謀)에 특출하다는 세평이었다. 장관실에는 언제나 자유당 중진들의 출입이 잦았다. 그 많은 결재서류를 일일이 읽고 고쳐가며 도장을 눌렀다. 고칠 때는 녹색 펜을 사용하기 때문에 이내 눈에 띄었다. 가끔 입안자나 계장을 불러 확인하는 일도 있어서 나도 자주 장관실에 불려간 기억이 난다. 당시 행정계 업무였던 국민반(國民班)의 조직과 운영에 특별한 관심을 보였다. 동경제대와 일본고문 출신으로 일제때 서울지법 판사의 경력을 가진 매우 꼼꼼한 일면도 있었다.

그는 3·15 부정선거의 책임으로 옥고를 치르는 동안 병보석 중에 일본으로 탈출, 세상을 깜짝 놀라게 하였다. 일본에서는 동창들의 도움을 받았다는 후문이었다. 그 후 미국과 남미 등을 전전하다가 5·16 후 귀국이 허용되어 돌아왔으나 지병인 당뇨병으로 입원 중 별세하였다. 그 무렵 어느 월간지에 외국(外國) 도피기(逃避記)를 실은 것을 읽은 기억이 있다. 암담한 도피생활 중에도 한 나라의 국무위원

130

을 지냈다는 자존심과 긍지를 지키기 위해 고뇌에 찬 회한(悔恨)의 기록은 가슴을 뭉클하게 하였다.

다음으로 이근직, 민병기 장관을 거쳐 김일환 장관이 상공부 장관에서 내무부로 전임되었다. 김 장관은 석공(石公) 총재 시에 석공을 재건시킨 공(功)이 화제가 되기도 했다. 부임하자마자 왜 파출소 표시등이 위험을 표시하는 붉은빛이냐고 하며 그것을 지금과 같은 푸른빛으로 일제히 바꾸게 하였다.

그때만 해도 을지로 입구의 내무부 청사는 보기에도 허름했다. 김 장관은 먼저 담장부터 산뜻하게 개조시켰다. 이런 곳까지 착안한 장관은 그가 처음이었다. 오랜 군인생활 탓인지 행정에도 그때 이미 우리는 브리핑 등을 군대방식으로 바꾸어 케케묵은 종전 내무부 식을 꾸짖어 가며 뜯어고치기에 바빴다. 그래서 행정계장인 나는 자주 장관실에 불려갔고 밤늦게 후암동 자택까지 호출당한 것도 한두 번이 아니었다.

맨 처음 행정과에 떨어진 과제가 전국의 시·군별 발전 3개년 계획의 작성이었다. 이는 시군마다 2차, 3차 사업을 포함한 종행개발계획을 세우는 작업이다. 이것을 2개월 안에 만드는 벅찬 작업이었다. 행정과에서는 각 시도 실무자를 소집하여 작성요령을 시달하고, 완성되면 시·도 단위로 그 내용을 장관께 보고하는 수준이다. 또 그것을 시·군 단위 지도 위에 각종 시설과 도로계획을 표시해야 했다.

직원들은 몇날 며칠을 밤을 새워가며 이에 매달렸다. 작업 도중 농림부나 상공부 등 사업부처에서 항의가 빗발쳤다. 왜 남의 소관을 내무부가 일방적으로 결정할 수 있느냐 하는 것이었다. 다른 부처로서는 당연한 항의였다.

이 계획은 한낱 계획에 그쳤고, 끝내는 행정과 캐비닛에 잠자고 말았다. 김일환 장관은 5개월 만에 교통부 장관으로 전임되고 교통부 장관이었던 최인규 장관이 1950년대 최후의 장관으로 부임했다. 1960년 정·부통령 선거 꼭 1년 전이다.

그 무렵 나는 새벽마다 남산 약수터에 다니고 있었다. 최 장관 댁이 그 인근이었는지 가끔 약수터에서 마주쳤다. 나는 그분이 교통부 장관인 것을 알고 있었지만, 신분을 밝히지 않고 인사만 할 정도였다. 그런데 그분이 바로 내무부 장관으로 온 것이 아니겠는가. 한번은 복도에서 유심히 낯익은 얼굴을 뚫어지게 보신 일이 있었다.

최 장관은 취임사부터 모든 내무부 공무원은 이승만 대통령께 충성할 것을 강조했다. 장관 시정지표에 "이 대통령 각하에게 절대 충성하라"고 명시했다. 평소의 훈시에도 이 대통령은 세계적인 반공지도자로서 그 어른 아니면 북괴를 이겨낼 수 없다는 것이 지론이었다. 최 장관은 미국 뉴욕대학 출신이다. 한때 외자청장으로 있다가 교통부 장관으로 입각, 1960년 정·부통령 선거를 앞두고 내무부 장관이 된 것이 운명의 길을 택하게 된 셈이다. 그는 악명 높은 3·15 부정선거의 모든 책임을 지고 마침내 형장(刑場)의 이슬로 사라진 비극의 장관이 되었다. 그때 그의 나이 45세였다.

132

파키스탄의 지역사회 개발(CD) 운동

1960년 초 나는 지역사회개발(CD) 사업 관계로 동남아 주로 파키스 탄과 인도 지방을 여행할 기회가 있었다. 그러나 그 당시 지방국 분 위기는 3월 대통령 선거가 다가오는 시점에서 감히 해외로 나가겠다 는 말을 꺼낼 수가 없었다. 그러던 중 어느 날 최병환 국장이 나를 불러 해외출장을 승낙해 주었다. 뜻밖의 일이다. 아마 NACOM 본부 에서 특청을 한 모양이다.

그렇게 해서 일행 5명은 서울을 떠나 홍콩을 거쳐 파키스탄의 카라 치에 도착했다. 카라치는 파키스탄 최대의 항구도시로 영국인이 통 치했던 도시풍이 다소 남아 있기는 했으나, 이글거리는 폭염 아래 아 시아의 빈곤만이 득실거리는 황량하고 혼잡한 도시였다.

우리 일행은 파키스탄 정부와 ICA 직원의 안내를 받아 약 한 달 동안 이곳 CD사업의 현장을 둘러보게 되었다.

파키스탄에서는 CD를 VAID(촌락농업개발사업)이라고 부르고 1953 년부터 착수해 이미 1차 5개년 계획을 마치고 때마침 2차 5개년 계획 에 들어선 단계였다. 먼저 파키스탄 정부를 찾아 VAID를 담당하고 있는 차관을 만났다. 그는 "오랫동안 식민통치에 젖은 모든 독소를 씻어내고 미개한 촌락을 개발하여 그들에게 잘살 수 있다는 희망과 용기를 주는 운동"이라고 힘주어 말했다.

그의 사무실 벽에 붙은 파키스탄 지도에는 VAID 사업을 전개하고 있는 마을이 전 국토에 걸쳐 표시되어 있었다. 그것은 연차적으로 확 장해가는 방식이었다. 지방시찰을 떠나기 전 VAID 홍보담당 부서에서 시찰계획과 VAID 소개영화를 보기도 했다. 〈자전거를 타고〉라는 소개영화는 마을지도원이 촌락에 주재하면서 화장실을 만들게 하고 부엌을 고치며 새로운 농사법을 가르치는 장면들이었다.

일행은 ICA에서 주는 침구가 든 커다란 가방 하나씩을 들고 카라치 역에서 고도(古都) 하이드라바드를 향해 떠났다. 지방에는 호텔이 거의 없어서 침구를 지참해서 공무원들을 위해 지어놓은 숙사에 들어야 했다. 기차는 1등에서 4등까지 있고, 1등 객실 역시 먼지가 부옇게 쌓여 있었다. 3등 이하는 의자도 제대로 없고 발 들여놓을 데도 없이 승객들로 혼잡했다.

하이드라바드는 인더스 강 유역에 있었다. 도시라 하지만 낡은 벽돌집과 흙으로 만든 집들뿐이며, 마차와 양떼가 거리를 누비고 먼지와 가축배설물이 넘치는 도시였다.

도심지에서 다소 떨어진 "타도아라야"라는 공무원 숙사에는 높은 천장에 선풍기가 달려 있고 나무 침대가 하나 덜렁하게 놓여 있을 뿐이었다. 이곳에 짐을 두고 주변 마을사람들이 모여 있는 곳에서 함께 티파티를 가졌다. 이슬람교도들은 술과 담배를 안 하기 때문에 홍차를 마시는 습관이 있는 것 같다. "아니, 우리나라에 뭐 볼 게 있어서 이런 데를 찾아오나요?" 하며 자기들이 못사는 것을 자조(自嘲)하는 듯 웃으며 얘기한다.

해가 질 무렵이면 그들은 땅에 엎드려 서쪽을 향해 머리가 땅에 닿도록 수없이 절을 한다. 이슬람교도들의 저녁기도 의식이다. 그것은 성지(聖地) 메카를 향해 기도드리는 것이다. 이슬람교도는 일생의 소원이 메카에 다녀오는 것이며, 그 뒤에는 코밑에 수염을 기를 수 있다. 이슬람 문화권은 우리와는 다른 진기한 풍습들이 있었다.

대부분의 여성들이 얼굴을 "부르카"라 부르는 베일로 가리고 다닌다. 흰 천으로 머리에서 가슴 앞까지 내려 쓰고 있다. 검은 천도 있고 붉은 천도 있다. 그러나 그들끼리 얘기할 때는 서로 베일을 벗고 수군거리다가 남자 기색만 보이면 곧 뒤집어쓰는 것을 자주 목격할 수 있었다.

이슬람사회에서 가장 특이한 것은 일부다처주의(一夫多妻主義)를 인정하고 있다는 사실이다. 이는 이슬람교의 성전인 코란에 따라 정처(正妻)로서 넷을 둘 수 있다고 하지만, 사실은 돈 많은 사람은 더 많은 수의 처를 둘 수도 있다. 따라서 그만큼 여성의 사회적 지위가 낮음을 의미한다.

VAID사업에서도 여자 지도원을 구하는 것이 가장 큰 애로사항이라 했다. 우리가 여행할 때는 마침 이슬람에서 해마다 한 달씩 하는 단식(斷食)의 달이었다. 일출(日出)에서 일몰(日沒)까지 일절 먹지 않는다. 냉수조차 마시지 않는다. 딱한 것은 우리들 차를 모는 운전사였다. 점심때면 우리가 도리어 고통스러웠다. 그러나 일몰시간을 알리는 종소리나 사이렌이 울리면 먹을 것을 찾아 분주히 달린다.

그들의 주식은 빈대떡과 양고기이다. 수저를 쓰는 것이 아니고 손가락으로 먹는다. 돼지고기는 금기로 되어 있다. 또 시골에서 보면 오른손은 식사용이고 왼손은 용변 후에 뒤를 처리하는 것으로 정해 놓고 있다. 그러므로 왼손으로 어린애를 귀엽다고 쓰다듬으면 질색을 한다. 농촌에는 화장실이라는 제도가 아예 없었다. 아무 데서나 처리하고 있었으므로 VAID사업의 중요한 것의 하나가 화장실을 만들자는 운동이었다.

자유당은 무너지고

마을사람들의 생활은 상상 이상으로 가난했다. 그러기에 그들은 마을지도원의 말을 절대 믿고 따랐다. 아직 지방행정조직이 전혀 정비되어 있지 않기 때문에 VAID사업과 지방행정을 동시에 정비해 가는 단계였다.

그때 파키스탄 정부는 기초민주주의(Basic Democracy)라는 제도를 실시하면서 CD운동을 중심사업으로 삼고 있었다. 왜냐하면 파키스탄에서는 지방행정 조직이 없고 오직 사회질서를 유지하는 경찰관서와 주민으로부터 세금을 받기 위한 세무관서만이 있었던 까닭이다. 지역사회개발 사업을 통해서 정부가 주민을 위하여 길을 닦고 다리를 놓으며, 글을 가르치고 병을 고쳐주며, 문명이 무엇인가를 전달하는 방식이었다. 따라서 우리나라 사정과는 전혀 다르다.

우리 일행은 그들의 안내에 따라 옛 무갈 제국의 고도(古都) 라흘을 거쳐 아프가니스탄 국경마을까지 VAID 시범마을과 마을지도원을 양성하는 훈련소를 시찰하였다. 그 후 서(西)파키스탄에서 인도대륙을 가로질러 1,600㎞나 떨어져 있는 동(東)파키스탄까지 보게 되었다. 동파키스탄은 그 뒤 방글라데시로 독립하게 되었으나 1960년경에는 물론 한 나라였다.

동파키스탄의 수도 다카와 그 인근의 마을들은 생활모습이 서파키스탄과 비슷했으나 가난하기는 마찬가지였다. 동파키스탄은 인구가 서파키스탄보다 많으며 인구밀도 역시 세계적으로 조밀한 지대였다. 지구상 최다우(最多雨)지대여서 4월 이후 몬순계절이 되면 국토의 대

136

부분이 물 아래로 잠겨 버린다. 문자 그대로 태고(太古) 이래의 정글 속에서 호랑이, 코끼리와 같은 맹수와 싸우며 오랫동안 문명을 등지고 자연의 학대(虐待) 아래 원시에 가까운 생활을 이어온 셈이다.

언어 역시 통일되지 않고 서부는 우르두어(語), 동부는 벵골어(語)가 널리 통용되고 있으나, 종족마다 말이 다르므로 공용어는 식민지 시대 이래의 영어이다. 따라서 이와 같은 잡다한 주민들로 구성되고 있는 사회를 하나의 공동체로 만드는 데는 오직 이슬람이라는 종교에 의지할 뿐이다.

더위와 식사 등으로 고통스럽기 짝이 없는 지방시찰을 계속하고 있던 어느 날, 영자신문에서 우리나라 마산 앞바다에서 김주열(金朱烈) 군의 시체 발견으로 부정선거(不正選擧)를 규탄하는 학생데모가 격화되고 있다는 기사를 읽게 되었다.

그때부터는 하루라도 속히 귀국하고 싶은 마음뿐이었다. 이 여행을 떠나기 바로 전에 충남 서산경찰서장으로 있던 나의 친구 손석래 총경이 자기는 마산서장으로 영전하게 되었다고 내 사무실을 찾아왔었다. 그는 나와 고시 동기였다. 여행에서 돌아오면 내가 마산을 찾아가기로 약속까지 했었다. 그는 결국 이 사태로 인생의 황금기 대부분을 시련 속에 살아야 했다.

약 한 달 남짓의 시찰코스를 마치고 귀로(歸路)에 홍콩에서도 1박하게 되었다. 구룡반도 쪽에 있는 호텔에 들었는데, 나는 일행인 한국일보의 이광표(李光杓) 기자(뒤에 문공부 장관)와 한방을 쓰게 되었다. 그때만 해도 그곳 수도사정이 몹시 나빴던 것 같다.

잠결에 요란한 소리가 들렸다. 대로변의 호텔인 만큼 자동차소리로만 생각하고 잠에 취해 있다가 손을 내밀어 보니 침대 아래가 물바다가 아닌가. 간밤에 수도꼭지를 잠그지 않았기 때문에 화장실에서 물이 넘쳐 온 방이 발목이 넘도록 물에 잠겨 있었다. 나는 아직 곤한 잠결에 있는 이 기자를 깨웠다.

우리는 난감했다. 먼저 수도꼭지를 잠그고, 자다 말고 방 안 물을 퍼내는 데 꼬박 한 시간 남짓 걸렸다. 밑에 두었던 소지품, 옷 할 것 없이 흥건히 젖어 버렸다. 결국은 잠을 설치고 배수작업을 마치고는 문밖에 "Please don't disturb"라는 푯말을 걸어놓고 한낮까지 다시 자게 되었다. 흔치 않은 이런 경험까지 겪으며 귀국했을 때는 국내의 분위기는 일변해 있었다.

내무부 청사 앞 거리에는 "3·15선거 다시 하라", "이 대통령 물러가라"는 구호를 외치며 연일 데모가 계속되고 비단 서울뿐 아니라 전국 각 도시로 확산되고 있었다. 4·18 고대생(高大生) 데모, 4·19 학생궐기로 이어지는 분노(憤怒)의 도도한 흐름을 지켜보면서 우리들은 전혀 일이 손에 잡히지 않고 마치 역사의 심판대(審判臺)에 선 것 같은 느낌이었다.

마침내 4월 27일 이승만 대통령이 사임하고 그날로 허정(許政) 수석 국무위원이 대통령 권한을 대행, 과도정부가 발족함으로써 이호(李澔) 내무부 장관(전 목우회장)이 취임했다. 그 다음날부터 최인규(崔仁圭) 전 장관, 최병환 지방국장, 이성우 차관, 이강학(李康學) 치안국장 등이 부정선거 관련자로 구속되고, 동시에 한희석, 장경근 등 자유당 중진들도 속속 구속되었다.

이어서 서울특별시장을 비롯해 각 도지사가 일제히 교체되고 각 도의 내무국장, 결찰국장, 그리고 선거담당과장이었던 지방, 지도, 사찰과장과 시장·군수에 이르기까지 모두 사표를 내게 되었다. 비단 사표뿐 아니라 상당수의 지사와 국장들은 부정선거 혐의로 구속되기도 했다.

최초의 지방청 근무

시국이 하루가 다르게 급변하고 있던 어느 날 나는 당시 이동환 차관으로부터 강원도 내무국장으로 전출제의를 받게 되었다. 나는 깊이 생각할 여지도 없이 가겠다고 결심했다. 그때 바로 강원도로 발령받은 심상대 지사가 내 사무실까지 와서 장·차관에게 요청했으니 그리 알고 부임준비를 하라는 것이었다.

심 지사는 강원도 출신으로 각 도의 주요 국장을 두루 거쳤으며, 어느 도로 가나 주위로부터 존경을 받는 분이었다. 매우 원만하고 후덕한 분이다. 그분 밑이라면 일해 볼 만한 의욕이 생겼다.

이리하여 나는 오랫동안 몸담았던 지방국을 떠나 강원도청으로 부임했다. 당시는 부지사제가 없었어서 내무국장이 제 2인자였다. 심 지사는 도정(道政) 실무 일체를 내게 일임했기에 나는 소신껏 일할 수 있었다. 그러나 당시 사회분위기는 새로운 시책을 계획하고 추진할 수가 없었다. 오직 현상을 유지하고 정국(政局)의 추이를 지켜볼 수밖에 없었다.

강원도는 접적(接敵) 지역이어서 전방분계선이 길다. 도내 군데군데에 군이 주둔하고 있으며 따라서 군 장성이 많았다. 도 행정에서 군과의 협조는 절대적이다. 도(道)로서는 자주 군(軍)을 위문하는 것이 상례이며 그럴 때는 으레 술자리가 벌어지곤 했다. 어떻게나 술이 강한지 심할 때는 여자 고무신에 철철 넘치도록 술을 부어 그것을 단숨에 마셔야 하기 때문에 술이 약한 나는 번번이 녹아웃되었다. 나중에는 양주병만 보아도 골이 아플 지경이었다.

그 당시 최대의 정치과제는 개헌(改憲)과 총선거 실시였다. 국회는 마침내 내각책임제와 양원제를 골자로 하는 개헌안을 통과시키고 새 헌법에 따라 총선거를 7월 29일에 실시키로 정했다. 그때 내무국장으로서는 도의회 운영에 관여하는 것이 임무의 하나이며, 도의원 25명(23명이 여당)이 여당 일색이어서 정치적 대립이나 갈등은 없었으나 출신 선거구에 대한 사업추진이 항상 논쟁의 대상이었다.

이는 의원들의 재선(再選) 기반을 위한 일이었다. 의회의 실무는 지방과 의회 계장이 전담하고 지방과장이 도의회(道議會) 간사를 겸직하는 만큼 도의회의 동정은 언제나 소상히 파악할 수 있었다. 심 지사는 우리나라에서 처음 실시되는 참의원 의원선거에 출마하기 위해 재임 2개월 만에 사임하고 후임으로 유기준 지사가 민주당 정부의 임명지사로 왔다. 유 지사는 사업하던 분으로서 행정에는 백지였다. 나는 한층 책임이 무거워졌다. 어떠한 연유로 도지사가 되었는지 알 길이 없었지만, 민주당 정부의 인사정책에 회의를 느끼게 했다.

시국은 여전히 안정을 얻지 못하고 도청 소재지 춘천 시가지에도 연일 데모가 그칠 날이 없었다.

원래 지방근무 경험이 없던 나로서는 강원도 내무국장은 다시없는 소중한 기회였지만 새로운 질서가 형성되기 이전의 혼란기였기 때문에 그 여파는 공직사회에서도 예외일 수는 없었다. 나는 시군(市郡) 실정을 충분히 파악하기 위해 각 시군을 차례로 돌아볼 계획을 세웠으나 도무지 뜻대로 되지 않았다.

곧 7·29 총선이 다가와서 선거업무에만 몰두하게 되었다. 민의원과 참의원의 동시 선거였다.

민주당은 공천만 받으면 막대기를 꽂아 놓아도 당선된다는 말이 있듯이 압승을 거두었다. 다만 민의원 선거에서 한 선거구에서 낙선자가 투표함을 불사르는 일이 있어서 선거당무자들이 당황했다.

선거란 역시 사활이 걸린 경쟁관계인 만큼 정치적 대립과 관계없이 치열한 경쟁임에는 변함이 없었다. 제2공화국이 탄생된 뒤에도 정국은 여전히 어수선했다. 선거에서 압승한 민주당이 구파와 신파로 대립하여 분파싸움에 여념이 없었다. 정국의 혼란을 반영하듯 내무부 장관은 한 달에 한 번꼴로 바뀌는 형편이었다. 따라서 지방행정 역시 뚜렷한 방향감각도 없이 표류(漂流)하고 있는 느낌이었다.

나는 그해 10월에 내무부 재정과장(財政課長)으로 다시 지방국(地方局)에 복귀했다. 꼭 6개월 만이다.

재정과에는 이규효(뒤에 건설부 장관) 계장, 정종택(뒤에 농수산부 장관) 사무관 등이 활약하고 있었다. 나는 비록 짧은 기간이지만 지방근무에서 절실히 느낀 것의 하나가 재정문제여서 이를 개선하는 데 온 힘을 쏟기로 마음먹었다.

당시(1961년)의 지방재정의 실태는 자립도가 형편없이 낮았다. 세입(歲入)구조에서 차지하는 지방세는 17%, 지방재정교부금 20%, 보조금이 46% 등으로 되어 있었다. 지방자치단체의 지방세를 제외한 자체수입은 사용료, 수수료, 재산수입 등이 있으나 이는 너무나 미미해서 사실상 자체수입은 지방세를 의미했다.

자치단체 가운데 도(道)나 면(面)은 자체수입이 14%에서 15%에 불과해서 그 나머지 수입은 교부금, 환부금, 보조금 등의 형식에 의한 국고보조에 의존하고 있었다. 그러므로 지방세제(地方稅制)를 고치는 것이 급선무였다.

한편 세출(歲出)구조는 대부분이 사무비를 비롯한 일반행정비에 충당되고 투자적 경비나 복지적 경비는 극히 적어 명목뿐이었다. 기초자치단체인 면(面)의 경우는 일반행정비가 77.5%, 복지비가 1.7%로 주민이 지방의회를 구성하고 그 장을 선거하는 지방자치는 외형뿐이고 실질적인 재정 면에서 보면 매우 취약하다. 근본적으로 자치단체, 자체수입의 근간을 이뤄야 할 지방세(地方稅)가 워낙 미약한 데 기인한 것이다.

재정과장을 맡고

따라서 당시 재정과로서는 지방세제(地方稅制) 개혁이 가장 큰 과제였다(1964년에 지방세과 신설). 개혁의 목표는 지방세적 성격을 가진세목(稅目)을 국세(國稅)로부터 이양받는 것과 종래 부과세 위주의지방세제를 독립세(獨立稅) 주의로 세목 간소화를 목표로 하여 재무부세제국과 절충에 나섰다. 당시 세제국장은 김동수 국장이며 지방세도 국세와 마찬가지로 이에 관심 있는 교수 전문가로 된 지방세제 개혁위원회를 구성하였다.

이리하여 "국세와 지방세의 조정에 관한 법률"에 따라 종전의 국세였던 농지세·유흥음식세·자동차세·마권세·강구세 등이 지방세로이양되고 지방세 중 인정과세의 폐단이 많았던 호별세를 폐지키로 하였다. 한편 재산세와 소득세 부과세, 법인세 부과세를 신설하고 특별행위세, 어업세, 교통세는 각각 국세에 통합하는 등 오랜 현안이었던국세와 지방세 간의 세원 재배분이 이루어지도록 하는 것이다. 이와같은 지방세제개혁은 종전에 비해 세수(稅收)를 무려 111%나 신장시켰다.

또한 재정자립도에서도 1961년과 1962년을 비교하면, 28%에서54%로 향상되었고, 지방재정에 차지하는 지방세의 비중도 15%에서38%까지 상승할 수 있었다. 따라서 지방재정의 국고의존도는 71%에서 45%로 낮아졌고, 그중에도 농지세가 기초자치단체로 이관됨에따라 자체수입 면에서 지방자치발전의 전기를 가져오게 하였다.

다음은 지방교부세법(地方交付稅法)의 추진이다. 물론 지방재정교

142

부금법으로 자치단체의 부족재정을 조정해 왔지만 재원과 기준재정 수요액의 산정 등에 문제점이 있어서, 일본과 같이 지방교부세법으로서 재원을 법정화하고 특별교부세의 별도 산정, 기준재정수요액 책정의 확립화 등을 주요 내용으로 한 교부세법(交付稅法) 제정을 추진키로 했다.

이는 무엇보다도 국회의원들의 이해와 협조가 선결문제이므로 직원들이 분담하여 지방출신 국회의원을 상대로 열심히 로비를 전개했다. 이때 누구보다도 집념을 가지고 뛴 정종택 사무관의 끈질긴 활동은 지금까지도 기억에 남는다.

이때 재정과장으로서 가장 고통스러운 것은 특별교부금(特別交付金)의 배당이었다. 법상으로는 보통교부세 산정방법으로 포착할 수 없는 특별수요, 재해로 인한 재정수요, 재정수입의 감소와 청사 공공시설의 신설 복구 등 정당한 사유가 있을 때에 교부토록 되어 있다. 그러나 현실은 반드시 그렇지 않았다. 많은 자치단체들이 경쟁적으로 청사 또는 공회당 신축에 열을 올려 이에 대처하는 것이 큰 고역이었다. 나중에는 궁리 끝에 소위원회를 만들어 몇 사람이 협의하여 가부를 결정하는 방법을 썼다.

나는 비록 10개월 정도밖에 재정과장에 있지 못했지만, 그 뒤 지방국장, 전남도지사를 거치는 동안 지방재정(地方財政)을 깊이 알 수 있었다. 그것이 나의 관료생활에 큰 힘이 되어 주었다고 생각한다.

군사혁명과 기구개편

5·16 혁명으로 지방행정 분야에는 커다란 변혁이 왔다. 모든 각료들이 현역 군 장성(軍將星)으로 임명되고 각 도지사 역시 군 장성이 맡게 되었다. 일반직 공무원들은 누구나 할 것 없이 긴장된 나날이었다. 내무부 장관에는 한신(韓信) 장군이 부임했다. 한 장관은 내무부전 직원을 모아놓고 취임사로서 지금까지 구호에만 그쳤던 반공체제를 정비하고 구정권의 부패와 구악(舊惡)을 일소하며 절망과 기아선상(飢餓線上)에서 허덕이는 민생고(民生苦)를 시급히 해결하고 국가자주 경제체제를 완성케 한다는 여섯 항목의 혁명공약(革命公約)을 특별히 강조했다.

이어서 한 장관은 이 혁명공약을 완수하기 위해 기본시책으로서 용공(容共), 친공(親共) 분자의 철저한 숙청, 부정부패의 근절, 인사행정의 공정, 사회도의(社會道義)의 앙양, 직업공무원제를 확립할 것을 제시하고 무엇보다도 부정부패의 일소에 중점을 두겠다고 역설하였다. 바로 그날이 1961년 5월 21일이었다.

전국의 지방의회(地方議會)는 포고령에 의하여 일제히 해산된 뒤였다. 한 장관은 군에서도 강직하고 몸가짐이 엄한 분으로 이름난 분이라 직원들이 한결같이 두려워했다. 장관 비서실도 전원 현역군인들이 보좌역을 맡고 있어서 먼저 이분들과 호흡을 맞추는 것이 큰 고역이었다. 이분들은 행정실무를 알고 있을 까닭이 없기 때문에 이해를 구하기 위해 일일이 설명을 해야 된다. 따라서 장관 결재를 받는 것이 큰 고역이었다.

그러던 차에 장관 고문으로 서울법대 한태연(韓泰淵) 교수가 오게 되었다. 한 고문은 이전부터 지방국과 인연이 있어서 지방자치법 개정 또는 지방행정사무연구회 등으로 지방행정에 조예가 깊으신 분이다. 일제 때 고문출신으로 함경북도청 근무경험도 있지만, 보다 유명해진 것은 자유당 때 사사오입 헌법개정을 비판한 《헌법학》이라는 저서로 화제에 오르면서부터였다. 이 저서는 명저이면서도 한때는 판금(販禁) 조치를 받은 일조차 있다.

우리는 주요 정책과제가 있으면 먼저 한 고문의 자문을 받았다. 지방국으로서는 큰 힘이 아닐 수 없었다. 우리는 매주 토요일이면 과내의 책상, 캐비닛 등 모든 것에 대한 검열을 받아야 했다. 군대방식의 내무검열과 같다.

장관이 직접 각 과를 순시하므로 지적을 받지 않기 위해 토요일은 아침부터 대비를 해야 한다. 우리에게는 일찍이 이런 일이 없었다. 그러나 이는 사무능률 향상에 도움이 되기도 하였다. 혁명정부의 방침에 따라 모든 공무원들은 동국대학교에서 실시되는 간부공무원 교육을 받아야 했다. 교육내용은 혁명의 의의와 새로운 행정관리방식 그리고 기획제도 등이었으나 가장 중점을 두는 것은 공무원의 자세에 대한 정신교육이었다.

군(軍)은 일반 행정기관에 비해 행정관리, 기획제도 등을 일찍 미국으로부터 받아들여 이 분야에서는 행정부보다 앞서 있었던 것이 사실이다. 우리는 이론적으로는 알고 있었지만 실천단계에 이르지 못한 것이 당시의 현실이었다.

이어서 지방국(地方局)에서는 전국의 읍·면장을 서울로 소집하여 순차적으로 중앙에서 실시된 공무원 교육과 비슷한 내용의 교육을 실시하게 되었다. 물론 사무관리의 새로운 기법을 익히기도 했지만 혁명과업을 완수하려는 공무원의 정신자세와 가치관에 대한 교육이 주안점이다.

한 차례 교육이 끝난 뒤에 지방국은 행정기구 개혁에 착수하게 되었다. 그것은 도 단위와 군 단위에 잡다하게 설치되어 있는 중앙부처 소속의 특별행정관서를 도(道)와 시군의 종합행정기관에 통합하는 것을 목표로 했다. 이를 위하여 멀리 각도의 통합안을 제출케 하여 지방국에서 종합한 후 관계부처와 절충하고 그 결과를 국가재건최고회의(國家再建最高會議)에 제출하여 입법기능을 대행하던 최고회의에서 법률로 확정하려는 계획이었다.

그 순서로 지방행정기구 개편을 위한 도지사 회의가 소집되었다. 군인 지사들은 대담한 통합안을 제시하였다. 어떤 도에서는 심지어 검찰기구와 세무관서까지 도지사 산하에 통합해야 한다는 주장도 있었다. 그러나 각 도의 의견은 대체로 거의 비슷했다.

이를 종합해서 내무부에서는 당시 설치되었던 지방행정연구회에 회부하여 심의키로 하였다. 이 연구회는 내무부 간부와 대학교수들이었고, 한태연(韓泰淵), 윤세창(尹世昌), 김운태(金雲泰), 김도창(金道㫤), 이상조(李相助) 교수 등 주로 행정법과 행정학 교수들이 참가했다. 통합대상은 교육위원회, 농사교도소, 농산물검사소, 지방해무관서, 토목관구 등 특별행정기관들이었다. 따라서 이 심의회에서는 문교부와 농림부 관계관이 참석하여 내무부의 통합안에 대한 의견을 발표하게 되었다. 이 자리에서 가장 논란이 컸던 것은 교육구와 교육위원회에 대한 것이었다.

146

구역변경에 얽힌 사연

부산직할시 승격과 함께 행정구역의 도(道) 간 조정이 있었다. 강원도 울진군은 강원도 도청 소재지에서 너무 먼 거리였다. 직원이 현지에 출장가려면 당시의 교통은 충북 제천을 경유해야 했다. 또 군민이 도청에 오려 할 때도 마찬가지였다. 따라서 오래전부터 울진 군민은 거리상 가까운 경상북도로 구역 소속이 바꾸어지기를 바랐다. 그러나 장구한 역사를 통해 유지된 전통은 행정 편의만으로 좀체 바뀌지 못했다. 이것이 지방의회나 국회가 없는 동안만이 실시 가능한 절호의 기회였다.

이와 비슷한 사례는 또 한 군데 더 있었다. 전라북도 금산군과 충청남도와의 관계이다. 금산은 전주보다 대전이 거리상 아주 가까워서 군민은 사실상 대전 생활권에 속해 있었다. 그러나 이 경우도 도민 감정관계로 실현되기 어려운 문제였다. 그것이 혁명기간이었던 까닭에 쉽게 이루어져 금산군을 충청남도로 바꿀 수 있었다.

이러한 구역변경을 단행하고 있을 때 안동, 천안, 속초 등이 시(市)로 승격되었다. 그것은 지방자치법상 인구 5만의 시 자격을 갖추었기 때문이다. 그런데 이 가운데 안동 시민은 명칭문제로 상당기간 진통을 겪게 되었다. 대체로 읍(邑)이 시(市)로 승격되면 그 군명을 시와 다른 이름으로 바꾸는 것이 관행이었다. 이를테면 천안이 천안시가 되면 천안군은 천원군으로 바꾸는 것과 같다.

그러나 안동(安東)의 경우 안동시가 되므로, 안동군은 옛 지명이었던 영가(永嘉)군으로 바꾸도록 되어 있었다. 그런데 안동군민 대표들이 이를 반대하여 안동 군명(郡名)을 사수할 것을 고집하고 안동다운 전통은 안동읍에 있는 것이 아니라 안동군 내에 있다는 점을 역설했다. 성리학의 대가 퇴계 선생의 도산서원도 읍이 아닌 도산면에 있는 것과 같다고 했다. 또 하회마을의 경우도 들었다. 우리나라에서도 보수성이 강하다는 안동인 만큼 그들의 기세는 좀체 수그러들지 않았다.

행정과 사무실은 그들 대표들로 여러 날을 법석댔다. 그들은 내무부뿐 아니라 최고회의 의장실에까지 집요하게 진정하는 바람에 나중에는 최고회의 지시로 안동시와 안동군을 동일한 이름으로 결정지을 수밖에 없었다. 이것은 마침내 하나의 선례가 되어 그 뒤 시 승격에는 간간이 같은 이름의 시 · 군명이 나오게 되었다. 그때 안동군민 대표격으로 고집스럽게 주장을 펴던 김진동 노인은 지금도 잊히지 않는다.

그 무렵 비슷한 구역 문제로 시비가 있었던 곳은 울산시의 경우이다. 울산이 공업단지로 결정되기 전에는 한적한 시골의 읍 소재지였다. 그러던 것이 제1차 경제개발 5개년 계획의 상징적인 공업단지로 지정을 받게 되자 갑자기 시로 승격하게 되었다. 그러나 울산읍의 인구만으로는 시가 되기 어렵기 때문에 울산군에서 울산읍과 방어진읍, 대현면, 하상면, 농소면과 천량면 일부를 떼어내어 울산시가 되고, 나머지는 울주군이 되었다. 그리하여 인구 8만 5천으로 출발하였으나 30년도 채 되기 전에 인구 50만을 넘어서는 대도시로 팽창하였다.

울산읍을 울산시로 변경하기 위해 주무과장인 나는 한태연 고문을 모시고 현지시찰을 한 일이 있다. 한 고문은 바닷가 방어진 등의 절경을 보고 감탄하며 이렇게 아름다운 경승지가 공업화의 연기에 그을리게 될 것이 아깝다고 했다. 그런데 울산시 승격에 울산 출신 한 고위층이 울산시를 부산시와 같은 정부 직할시로 할 것을 주장하기 시작했다. 적어도 직할시가 되어야 한국 근대화의 꿈을 실현시킬 수 있다는 주장이었다. 그러나 이는 행정직으로 도저히 용납될 수 있는 일이 아니다. 한동안 행정과는 시달렸지만 결국은 반대의견을 관철시킬 수 있었다.

제 4 부

서둘지 않고 쉬지 않고

PME에 참가

PME는 미 태평양지구 인사관리관(人事管理官) 회의를 말한다. 이는 미군(美軍)들만의 모임이었다가 일본과 한국 정부요원들을 참가시키게 되었다.

우리나라에서는 총무처와 국방부 인사과장과 내무부 행정과장이 참가하였다. 우리 일행은 미 8군이 인사관리 책임자와 함께 오산 미 공군기지에서 수송기 편으로 동경 근교 다치가와(立川) 공항에 도착했다. 장소는 동경 교외에 있는 캠프 자마(座間)였다. 그곳은 지난날 일본 육군의 지휘관을 양성하는 육군사관학교 자리라 했다. 우리는 구내 숙소에 배치받아 열흘 동안의 일정에 들어갔다. 일본에서 유수한 민간기업체 인사관리 책임자들이 대거 참가했다.

PME는 다음과 같은 것을 전제로 하고 있다. ① 인사관리는 반드시 개선할 수 있다는 것, ② 누구나 직장 분위기를 좌우할 수 있다는 것, ③ 그것은 관리자에 의하여 개선이 가능하다는 것, ④ 관리자는 개선해야 할 책임이 있다는 것, ⑤ 관리에는 고정된 공식이 없다 등의 것들이다. 이리하여 PME는 인사관리의 깊이와 그 폭을 넓히고 인사관리의 기술을 향상시키려는 데 목적이 있다.

말할 것도 없이 유능한 행정가는 여러 가지 능력과 좋은 품성을 필요로 한다. 예컨대 판단력, 통찰력 또는 추진력이라든지 성실성, 책임감 등이 그것이다. 그러나 이러한 능력은 짧은 시일 안에 얻어지는 것이 아니다. 이는 상당기간을 두고 경험과 훈련을 쌓아야 성취되는 것이기 때문에 끊임없는 연구와 노력이 필요하다.

PME에서 가장 인상 깊었던 것은 사례연구(事例研究)와 그룹토의였다. PME는 자기소개로부터 시작되었다. 각자의 경력과 환경, 인생관과 가치관 등을 먼저 얘기했다. 이러한 각자의 배경은 어떠한 사물을 이해하고 판단하는 데 중요한 요소가 된다.

맨 처음 사례는 의사소통(意思疏通)이었다. 이는 인간생활, 특히 조직생활에서 의사소통이 얼마나 중요한 것인가를 보여주는 것이다. 그중에서도 남으로부터 듣는 것이 가장 중요하다고 했다. 우리 생활에서 80%는 남으로부터 무엇인가 듣는 일이다. 대부분의 말썽의 원인은 듣는 것을 소홀히 한 데 있다고 하였다.

PME에서 제시한 것에 의하면 어떠한 사실을 얘기했을 때 아무리 주의 깊게 듣는다 해도 약 절반은 이내 잊어버리게 된다. 한 실험결과에 의하면 사장의 지시가 부사장에 이르러 67%, 부장이 56%, 과장이 40%, 계장이 30%, 계원에게는 그중 20%밖에 이해되지 않고 있음을 보여주었다. 이처럼 의사소통이 어렵다는 것을 강조했다.

그리하여 사례연구로 미국 군장비(軍裝備) 생산공장 20여 개를 가진 대쉬맨 회사의 예를 토의하게 되었다. 요는 문서지시만으로 불충분하다는 것, 중요한 절차의 변경은 사전에 회의를 하든지 아니면 직접 방문해서 납득시켜야 한다는 것, 또 현지 실정을 무시한 일방적인 지시나 요청으로는 실효를 거둘 수 없다는 것들을 토의(討議) 결과 절실히 느꼈다.

그 밖에 많은 사례(事例)를 공부하게 되었다. 사례들은 하버드대학 경영대학원에서 교재로 쓰는 것이었다. 그중 하나가 감독자와 부하의 인간관계를 다룬 것으로 핫과 빙의 얘기이다. 빙은 종업원이고 핫은 그의 상사이다. 그런데 이 두 사람 사이는 항상 감정대립의 깊은 골이 있다. 그들은 한때 같은 처지이고 친구간이기도 했다. 그룹토의에서는 많은 문제점을 제기시켰다. 핫은 핫대로의 견해가 있고 빙은 빙대로의 견해가 있다. 누가 옳고 그르고 간에 두 사람의 불화에는 각자의 지위, 성격의 차이 등으로 어쩔 수 없는 단층(斷層)이 있다.

우리는 이 사례와 함께 한 개의 사과를 보여주는 필름을 본다. 거기에서 동일한 사과이지만 보는 사람에 따라 느낌이 각각 다르다는 것을 깨닫게 한다. 지극히 당연한 이치이지만 인간의 오해는 이 평범한 이치에 근원을 둔다. 왜냐하면 자기가 보고 느낀 그대로 상대방도 보고 느끼리라는 엄청난 착각 때문에 일반적으로 우리는 우리 자아상(自我像)과 남에게 비춰지는 자아상을 혼동한다. 이것이 일치되는 것으로 믿는 데서 허다한 트러블이 있게 된다.

적어도 직장생활, 그중에도 소집단(小集團)에서는 핫과 빙의 경우가 허다하다. 여기에서 일어나는 불화(不和), 적대(敵對), 긴장, 질시(嫉視)들을 우리는 어떠한 방법으로 해소하여 명랑하고 능률적인 조직으로 이끌어 나갈 것인가, 그것이 바로 우리의 과제이다.

원래 소집단은 늘 얼굴을 대하고 있으며 서로 교감(交感)이 있는 반면 서로 개인의 편견(偏見)도 있게 마련이다. 소집단에서는 4가지 입장이 있다. ① 자기 자신의 입장, ② 상대를 완전히 이해하는 입장, ③ 자기와 상대의 공통된 입장, ④ 양자를 초월한 한 차원 높은 입장으로 분류할 수 있다. 핫과 빙의 경우는 첫째 입장에만 집착한 예라 했다. 인간관계는 노력에 따라서 유연한 성격과 교양으로 둘째에서 셋째로, 셋째에서 넷째로 그 입장을 바꿀 수 있게 된다. 그러나 보통의 경우는 비단 핫과 빙뿐만 아니라 누구나 첫째 입장에만 집착하여 그 이상 벗어나지 못하고 있다. 여기서 문제가 해결되지 않으면 그다음 단계로 이동하게 되지만 거기에는 갈등(葛藤)과 알력(軋轢)에 의하는 수가 많다. 입장이 바꾸어진 결과 새로운 경우에 부딪히지만 거기에는 다시 새롭게 첫째의 입장에 대응하는 상대의 입장, 공통된 입장 그리고 그룹의 입장이 등장하게 된다고 설명하였다.

인간관계는 우리나라 공무원 교육에서 그 당시 매우 강조되어 새로운 직장 분위기 조성과 사기앙양을 위한 기술로 중요시되었지만, PME의 허다한 사례와 그룹토의에서도 가장 중요한 테마였다.

　그 밖에 리더십에 관한 토의에도 많은 시간을 보냈다. 리더의 통솔(統率) 방식에 관한 여러 가지 유형이 제시되고 이를 선택하는 요건을 검토했다. 요컨대 훌륭한 통솔기술은 결코 고정된 것이 아니고 갖가지 요소를 감안하여 어느 통솔유형을 택하는가에 달려 있다. 패기 있고 의욕적인 리더가 훌륭한 게 아니라 오히려 어떤 조직체에서 그때 당면하고 있는 과제에 대하여 거기에 가장 적합한 통솔유형을 선택하는 자가 훌륭한 것이다.

　리더는 고정관념을 갖지 않는다. 부하를 어떤 틀에다 넣어보는 것은 잘못이다. 인간은 여러 면을 가지고 있기 때문이다. 부하의 장점을 인정해 주고 리더의 척도(尺度)로 남을 평가하지 않는다. 그리고 피상적으로만 대하지 않고 부하의 개인사정에도 깊은 이해를 갖는 것이 절대적인 요건이라 했다.

　PME는 마지막 단계에서 관리자(管理者)의 기술을 강조했다. 그것은 첫째 단계는 전문적 기술, 둘째 단계는 인간관계의 기술, 셋째 단계는 관리적 기술이다. 특히 관리자의 기술은 한 조직체로 발전시키기 위한 거시적인 안목(眼目)과 판단력(判斷力)을 요구한다. 적어도 그 조직에 제약을 줄 수 있는 모든 여건에 대해 미리 예견을 해야 한다. 이 3가지 기술은 각각 분리할 수 있으나 실제에서는 서로가 밀접하게 연결되어 있다. 마치 우리가 골프를 칠 때 손과 어깨와 다리가 함께 움직이는 것이지만 이를 부분적으로 익히는 것과 같다.

　이러한 3단계 기술은 하급관리층과 중간관리층 그리고 최고관리층에 따라 그 기술의 중요도가 상대적으로 다르다. 하급관리층은 전문적이고 실무적인 기술이 가장 중요한 데 반해, 최고관리층은 전문적이고 실무적인 것보다 조직 전체에 대한 포괄적이고 계획적인 관리기술을 필요로 한다. 그러나 중간관리층은 인간관계의 기술이 가장 중요한 의미를 갖는다. 그는 그 자신 상사 밑에서 일하고 또 여러 사람을 거느리는 조직 속의 인간인 까닭이다.

PME에서 관리자의 기술을 토의할 때도 여러 사례들이 실패한 경우와 성공한 경우의 필름을 함께 보게 되었다. 인간은 선천적으로 관리자, 즉 지도자의 능력을 타고나는 수도 있지만 대체로 교육과 훈련을 통해 계발되는 것임을 우리는 실감 있게 느꼈다.

비록 열흘간의 단기간이었지만 나는 캠프 자마에서 깊은 감명을 받았다. 나의 관료생활에 많은 영향을 주었다는 점에서 몇 가지를 이곳에 소개하였다. 마치 한 권의 책이 인생관을 크게 좌우할 수 있는 것과 같이 PME는 나로서는 잊을 수 없는 추억의 하나이다.

그때 함께 참가했던 일본 참가자들 중에는 일본 육사 출신도 있어서 쉬는 시간을 이용하여 사관학교 생활 등을 우리에게 들려주었다. 비록 전쟁에는 패했지만 자기들의 군대규율이 얼마나 엄격했는가를 예를 들어가며 소개해 주기도 했다.

이 PME에서 다루어진 통솔기술도 실은 그 원리에 있어서 자기들이 과거 바로 이 교실에서 배운 것과 유사한 점이 많다고 했다. 요컨대 그들이 배운 통솔(統率)의 요체(要諦)는 ① 사람을 똑바로 알고, ② 알면 일을 맡기고, ③ 맡기면 간섭치 말라는 것이었다. 우리가 토의한 PME사례와 대비해서 설명하는 참가자도 있었다.

당시 동경에 체류하는 동안 일본의 통일지방선거가 있었다. 도처에 선거벽보가 나붙고 밤늦게까지 선거운동 스피커 소리가 요란하던 때였다. 그 무렵 자치성(自治省)을 방문할 기회가 있어서 알아본 바에 의하면 3,028개의 지방자치단체 선거를 동시에 실시하는 것이라

했다. 그중 20명의 도부현 지사, 1,262명의 시정촌장, 2,685명의 현의회 의원, 44,227명의 시정촌 의회의원을 동시에 선거하는 것이었다. 투표율은 현지사 74%, 시장 80%, 시의회 의원 78%, 정촌장 선거는 90%, 정촌 의회의원 91%라 했다. 도시지역은 낮고 농촌지역이 높게 나타났다.

일본의 지방선거에는 정당의 진출이 두드러졌다. 다만 정촌(町村), 다시 말하면 주민에 가장 가까운 기초자치단체일수록 무소속이 압도적이었다. 그러나 대체적으로 개인 본위보다 정당중심의 정책 본위로 바꾸어지고 있음을 알 수 있었다. 지방자치에도 정당화는 불가피한 추세인 것 같았다. 지방자치에서 정당을 배제하려는 것은 당시에도 미국의 일부 도시, 그리고 일본에서도 한때 주장한 일이 있었으나 민주정치는 의회정치이고 의회정치는 정당정치를 의미하는 까닭에 지방자치의 정당화 역시 불가피한 추세로 보였다.

또한 현직자의 재선이 대단히 많고 특히 현지사(縣知事)를 비롯한 자치단체장의 3선, 4선이 수두룩한 것은 놀라운 일이었다. 또한 선거의 부정부패는 일본의 지방선거에서도 골칫거리라 했다. 포스터 파기(破棄), 연설 방해, 입후보자 사생활 폭로, 향응, 위안여행, 사전 선거운동, 매표·매수 등 선거사범 등이 연일 신문지상을 장식했다.

한편 정부의 공명선거 운동도 방송, TV, 슬라이드, 포스터, 팸플릿, 스포츠 주간지, 신문, 애드벌룬, 현수막, 전광판 뉴스, 광고탑 등을 이용하여 활발하게 전개되고 있었다.

당시 동경 시내는 그 이듬해(1964년) 있을 올림픽을 대비해 도시정비가 한창이었다. 인구 1,020만 명(당시) 거대도시는 붐비는 군중과 자동차의 홍수로 정신이 어지러울 지경이었다. 러시아워의 혼잡은 바로 교통지옥을 연출했다. 나는 그 당시 서울과 대비해 우리가 얼마나 행복한가를 느끼기도 했지만 지금에 와서는 서울도 도시혼잡 면에서 그 당시의 동경과 다를 바 없게 되고 말았다.

그 당시 동경도청은 마루노우치(丸內)에 있었다. 현재는 신주쿠(新宿)에 초고층 쌍둥이 빌딩을 지어 이사했지만 당시에도 직원이 본청만 4만 명, 전체는 20만이었다. 나는 그때의 계획실장의 안내로 도청 안을 구경한 기억이 난다.

이어서 미나토구(港區)에 있는 자치대학교를 찾아보았다. 4층 빌딩에 숙사(塾舍) 설비가 완벽했다. 잔디밭 정원에는 전국 각 지방에서 기증한 나무들이 장관을 이루고 있었다. 이 학교는 지방공무원의 자질향상을 위해 당시는 6개월 기간으로 현직자 교육을 실시중이었다. 교육과정에 따라 3개월, 1개월 과정 등도 있었다. 이때 나는 많은 감명을 받고 우리나라에서도 언젠가는 이러한 연수시설을 가져야 하겠다고 마음먹게 되었다.

그때 함께 PME에 참가했던 총무처 인사과장은 신충선 씨였다. 신 과장도 PME 토론에 남다른 적극성을 보였다. 신 과장은 나에게 늘 관료생활에서 너무 일찍 승진하지 말라고 충고했다. 물론 승진이나 출세가 자기 뜻대로 되는 것은 아니지만 빠른 승진은 단연 거부해야 한다고 말한다. 그는 자기 나이에 따라 주사에서 사무관, 그리고 몇 살 때까지는 서기관, 충분한 나이 끝에 이사관, 이런 식으로 계획을 세워놓고 있었다. 총무처 출신답게 연금까지 계산하고 너무 서둘게 되면 인생계획 자체에 차질을 빚어 노후(老後)가 불안하게 된다고 하였다. 나는 그때까지 감히 생각조차 못한 인생관리였다.

그 후 그는 지방행정 분야에서 일해 보기를 원해 마침 총무처와의 인사교류가 이루어져 한참 뒤에 생긴 내무부 지방행정연수원으로 일단 옮겼다가 인천시장으로 진출했다. 그간에도 우리는 자주 만나 일종의 PME를 가졌다. 그는 무척 술을 좋아했다. 그러나 인천시장 재직 시에 불행히도 인생을 끝마치고 말았다. 아직 이사관도 되기 전이었다.

사무 간소화를 연극으로

서울대학에 행정대학원이 개설된 것은 1959년이었다. 미국에서 새로운 행정학의 수련을 쌓고 돌아온 교수들이 우리나라 행정학계에 새 바람을 일으켰다. 그것은 혁명정부의 행정개혁과 함께 지방행정에도 커다란 영향을 미쳤다. 새로운 행정조사법에 의하여 각종 시책의 시행의 효과를 평가하고 행정기관의 운영개선을 위한 행정진단의 새로운 기법을 활용하기 시작했다.

이와 함께 당시 행정과(行政課)에서 추진한 것에 사무간소화 작업이 있다. 사무간소화는 일선행정기관에서 보고업무, 문서업무 등에 지나치게 시간과 노력을 빼앗겨 일선행정에서 보다 중요한 현지지도 등이 소홀하게 된 데서 비롯되었다.

당시 지방국에서는 행정 간소화반을 따로 설치하여 군에서 제대한 특별요원에게 이 업무를 분담시켰다. 그리하여 중앙과 도(道) 간, 도와 시·군 간 그리고 군(郡)과 면(面) 간의 일체의 행정사무를 분류하여 이 중에 중요치 않은 것을 대폭 없애는 작업에 들어갔다. 그중에도 중점을 읍면 사무간소화에 두었다. 면 사무간소화를 깊이 조사하기 위해 경기도 화성군 태안면을 얼마 동안 매주 한 번씩 찾았다. 태안면은 경기도의 시범면이기도 했다. 이곳에서 문제점을 찾아내어 사무간소화반은 하나의 시나리오를 만들었다.

사무간소화반의 요원과 면직원 등이 합동해서 시나리오대로 연극의 형식을 빌려 복잡한 민원사무가 일반 주민에게 얼마나 불편과 고통을 주고 있는가를 연출해 보였다. 우리는 면사무소 회의실에 무대

장치를 하고 거의 두 달 동안이나 연습한 끝에 건국대학의 대강당에서 전국의 관계공무원을 소집해 이를 실연(實演)해 보였다. 다른 부처의 참관원들은 사무간소화 연극에 다소 놀란 눈치였다.

당시는 박경원 내무부 장관 때였다. 혁명 후 첫 번째로 온 한신 장관은 광복절 경축행사를 마치고 인천의 태풍피해 현장에 가던 중 교통사고로 크게 다쳐 급히 육군병원에서 응급조치를 받았다. 나는 그 급보를 받고 즉시 서대문 밖에 있는 김현철 내각수반 댁으로 직접 가서 보고를 했다. 나는 김 수반을 모시고 병원으로 갔었다. 그 뒤 한신 장관은 여러 달 동안 국립의료원에서 치료를 받았다. 가끔 나는 문병을 갔었는데 거의 으스러지다시피 한 양쪽 다리의 뼈 치료는 엄청난 통증이 따르는 것이었다. 그러나 아픔을 한 번도 입 밖에 낸 일이 없다고 한다. 의사와 간호원들이 이처럼 참을성이 강한 환자는 일찍이 본 일이 없다고들 했다. 참으로 의지가 강한 비범한 분이다.

연극이 끝난 뒤에도 사무간소화반은 전국을 순회하면서 간소화 작업을 점검했다. 사무간소화 작업의 전과 후를 대비할 때, 문서수발건수가 읍면에서는 6,036건이었던 것이 3,632건으로 40% 감소했으며, 군의 경우는 14,893건이 11,204건으로 25% 줄었다. 보고목록은 읍면 분이 237건이 106건으로 55% 줄었고 시·군 분은 517건이 335건으로 35% 감소, 그리고 비치장부는 읍면이 445건에서 115건으로 74% 감소, 시·군 분은 352건에서 270건으로 22% 감소했다.

이 무렵 사무간소화 작업과 함께 추진하던 역점사업 중 시범면(示範面) 육성이 있다. 군(郡)을 자치단체로 바꾼 뒤 지방행정에서는 읍면(邑面)의 문제가 새로운 과제로 부각되었다. 그것은 자치단체로서 주민과 가장 가까운 정부로서 그 나름대로 역할을 해오다가 일시에 그 성격이 바뀌었기 때문이다. 그러나 읍면은 비록 자치단체는 아니지만 주민에 제일 가까운 거리에 있음은 변함이 없다. 따라서 한때는 준 자치단체로 하자는 논의도 있었으나 그 자체가 매우 모호한 개념이어서 그 이상 진전이 없었다.

시범면(示範面)은 각 도의 추천을 받아 전국적으로 19개 면을 지정하였다. 그 대표적인 것이 경기도 화성군의 태안면이다. 태안면은 사무간소화 작업에서 많은 노력을 하게 되어 내무부로서는 면장 전용의 사이드카를 사주었는데 뜻밖에 면장이 이로 인해 부상을 입기도 했다. 또한 교부세로 보건소지소 설치를 지원했다. 이런 것에 힘입어 그 뒤 1966년에 미국 존슨 대통령 방한 시에 현지시찰의 영광을 차지했다.

시범면 사업은 그동안의 시범사업이 주로 마을단위였던 것을 면단위로 확대한 것이 특징이다. 개발계획 역시 적어도 2년 또는 3년 기간을 잡고 종합개발을 추구하게 된다. 혁명 이후 농촌개발이 도(道)간의 경쟁처럼 전개되어 각 도마다 "보고 가는 마을", "잘사는 마을", "빛나는 마을", "새마을", "표준마을" 등의 명칭으로 생산증대와 다각영농, 생활개선, 농민의 정신계발, 마을단위의 환경개선 등 다양하게 전개되고 있었다.

다만 혁명기간 중에 실시된 시범사업은 너무나 전시(展示) 위주로 성과를 서두른 나머지 여러 가지 부작용을 가져온 일도 있었다. 그중에서도 참가하는 주민의 이해와 협조를 얻지 못하고 관이 일방적으로 사업을 강행한 나머지 행정지도(行政指導)가 멈추게 되면 사업이 중단되는 사례가 허다했다. 주민 자신들의 사업이라기보다 남에게 보이기 위한 사업이라는 비판도 받는 경우가 있었다.

이를 지양하기 위해 시범면 사업은 주민 자신의 사업으로 전개시키려는 데 역점을 두었다. 따라서 계획단계부터 시군계획과 연계시키고 사회개발, 생활권 개발을 동시에 병행케 했다. 행정과에서 모델케이스로 자주 찾아갔던 화성군 태안면은 여느 면과는 달리 개개 농가에 대한 실태조사가 완비되어 농가당 경지면적과 자산상태가 완전히 파악되어 있었다. 그해부터 아직 미진했던 경지정리사업이 착수되었으며 아울러 농한기에는 지붕개량 등 주민의 적극적인 자세가 눈에 띄게 활발했다. 또 면장의 노력으로 젖소를 도입하여 낙농(酪農) 주산단지 조성을 계획했다.

태안면과 함께 시범면으로 지정된 충북 중원군 주덕면도 여러 차례 행정과에서 현장을 확인하던 면이다. 주덕면은 농업구조 개선사업과 엽연초(葉煙草) 주산지 조성에 역점을 두고 있었다. 그중에도 황색 엽연초 생산을 위한 건조시설과 저장시설을 크게 확장했다. 원래 충북이 엽연초 생산의 주산지이지만 그 가운데서도 시범적인 시설을 자랑하고 있었다.

제14대 지방국장으로

1963년 5월경 당시 최고회의 내무위원회 조시형 위원장이 무임소장
관으로 입각하게 되자 조 장관은 행정과장인 나를 무임소장관 보좌
관으로 함께 일할 것을 요청해, 나는 내무부를 떠나야 했다. 혁명
후 군정(軍政) 기간 동안 내무부는 내무위원회의 지휘를 받게 되어
자주 접촉 기회가 있었고 함께 지방 출장한 일도 많아 이런 것이 인
연이 됐다. 조 장관은 솔직담백한 성품에 매우 활달한 분이었다. 사
소한 일에는 거의 개의치 않았으나 중요한 일에는 뚜렷하게 방향을
제시해 주었다.

당시 무임소장관실은 전 직원이 10명 정도여서 행정관청 같은 분
위기가 아니었다. 그해(1963년) 1월부터 군정기간 동안 묶였던 정치
활동이 풀리게 되어 정계가 활발하게 움직일 무렵이다. 민주공화당
이 창당되고 야당으로는 민정당 그리고 국민의 당 등이 발족했다. 박
정희 최고회의 의장은 한때 4년간 군정 연장을 제의, 이를 국민투표
에 부치겠다고 선언했다 국내외의 강한 반발에 부딪혔다. 결국은 연
내에 대통령과 국회의원 선거를 실시할 것을 천명하기에 이르렀다.

그 무렵 진기한 일도 있었다. 최고회의 앞마당에서 군정 연장을 요
구하는 현역 장병 약 80명의 데모가 있어 국민들을 어리둥절케 했다.
6월에는 태풍 '셜리' 호가 삼남지방을 강타해 엄청난 피해를 입었다.
전국적으로 77명 사망, 4만 명의 이재민을 냈다. 서울에도 폭우가 내
려 당시 3,500원 하던 쌀값이 이내 4,000원으로 뛰는 바람에 장형순
농림부 장관이 쌀값에 책임을 지고 물러나는 일도 생겼다. 경남 거제

도에 산사태가 나서 100여 명이 생매장된 것도 이때이다.

이때 무임소장관실에서는 조 장관의 지시로 정치인들에 의한 삼남 지방 풍수해(風水害) 시찰계획을 세웠다. 나는 많은 구정치인들을 찾아다니며 이에 참가해 줄 것을 간청했다. 곽상훈(郭尙勳), 백두진(白斗鎭), 김의택(金義澤) 씨 등이 흔쾌히 응해 주었다. 구정치인 중에는 몸이 불편하다는 이유로 거절하는 이도 있었다. 시찰단은 먼저 호남지방을 거쳐 경남, 김해 등을 2박 3일로 돌아보았다. 김해에서는 썩어가는 보리밭 현장을 목격했다. 태풍이 훑고 간 피해지는 처참했다. 우리는 시찰단 일행을 정성을 다해 깍듯이 안내했다.

무임소장관실 업무는 특정한 담당업무가 있는 것이 아니고 이와 같은 정치적 업무가 대부분이었다. 한번은 민정이양(民政移讓)에 관한 자세한 스케줄을 작성하던 중 무심코 자리를 비운 사이에 그것을 몰래 본 기자에 의하여 신문에 대대적으로 보도된 일이 있었다. 아직 고위층에 보고도 하기 전이었기 때문에 나는 눈앞이 캄캄했었다. 그러나 대범한 성격이신 조 장관은 관대히 넘겨주었다. 그때 다른 신문에 보도가 파급되는 것을 막기 위해 나는 필사적으로 각 신문사로 뛰어야 했다. 어떻게나 혼쭐이 났던지 얼마 동안 넋을 잃을 정도였다.

이때에도 최고회의 내무위원회와 함께하는 일이 많았다. 내무위의 감독관으로 김영동(金榮東) 중령이 있었다. 자주 만나다 보니 우리는 가까워졌다. 한때는 제 1무임소장관 보좌관으로도 있다가 민정 이양 후에는 군에 복귀하여 월남전에 참전했다가 사단장을 거쳐 육군소장으로 예편한 분이다. 제대 후는 전문경영인의 길을 걸어 적자(赤子) 회사를 흑자로 바꾼 업적을 내기도 했다. 한번은 《지웠다 다시 쓴 이름》이라는 저서를 보내왔다. 감동적인 투병기(鬪病記)였다. 중병에 걸렸으나 무서운 의지로 이를 극복해 신문지상에도 널리 소개된 일이 있다. 살 수 있다는 가능성 5%에 도전한 눈물겨운 투병기였다. 마음으로부터 존경하는 분의 한 사람이다.

그해 10월 대통령 선거가 있었고 박정희 후보가 윤보선 후보를 15만여 표로 이겨 대통령으로 당선됐다. 11월의 제6대 국회의원 총선거에는 조시형 장관이 부산 중구에서 입후보해 당선의 영광을 차지했다.

나는 다시 내무부로 복귀해 기획관리실장(企劃管理室長) 직을 맡게 됐다. 6개월 만의 복귀였다. 기획관리실 업무는 지방국과는 달리 비교적 한가했다. 그래서 나는 그때까지 《지방행정》지 등에 발표했던 글과 외국 지방행정 시찰기 등을 모아 《한국지방행정론》을 펴냈다.

제3공화국 출발과 함께 각 도에 부지사(副知事)제가 신설되었다. 광역자치단체로서 서울특별시나 부산직할시에는 부시장이 있었지만 도에는 없었다. 최초의 지방자치법에는 도에 부지사를 두게 되어 있었으나 제1차 지방자치법 개정 시에 삭제되었다. 그러다가 5·16 이후 중앙기구에 기획조정관제도가 채택됨에 따라 지방기구에도 기획조정관을 두게 되어 사실상 도지사 다음가는 2인자 역할을 해왔다. 원래는 그것이 계선조직이 아니었다. 어디까지나 참모 기능이었으나 설치된 지 2년 반 가까이 되어 사실상의 부지사였기 때문에 지사를 보좌하는 제2인자로 한 것이다. 이는 장차 지사가 민선(民選)될 경우 행정실무의 최고 책임자가 될 것을 내다보고 한 조치였다.

초대 부지사들에게 임명장을 수여하는 자리에서 당시 엄민영 내무부 장관은 부지사제의 의의를 강조하고 지사는 어디까지나 그 직위가 별정직으로서 정치적 임명인 만큼 부지사는 일반직 공무원의 최상급임을 상기시켜 행정실무 면에서 실질적 책임자란 것을 강조했다.

1964년에 나는 마침내 지방국장(地方局長)으로 임명되었다. 당시 내무부 장관은 양찬우(楊燦宇) 장관이었으며 지방국은 행정과장에 서정화(徐廷和, 뒤에 내무부 장관·국회내무위원장), 기획감사과장에 김수학(金壽鶴, 경북지사·새마을중앙회장), 재정과장 남문희(南文熙), 지방세과장 장형태(張炯泰, 전남지사·해양도시가스회장), 지도과장에 김성배(金聖培, 서울특별시장·건설부 장관) 씨 등이었다. 고건(高建, 뒤에 내무부 장관·국무총리·서울특별시장), 김종호(金宗鎬, 내무부 장관·국회의장) 씨 등이 행정과에 계장직을 맡고 있었다.

일하는 해, 그리고 낚시

우리는 쟁쟁한 멤버로 지방행정(地方行政)을 이끌게 된 것을 자부했다. 지방국장인 나는 행정의 중점을 개발(開發)행정에 둘 것을 역설했다. 다시 말하면 지역개발에 총력을 집중시키려 했다. 그때만 해도 그런 분위기였다. 중농정책(重農政策)이 어느 때보다 강조되었고 농촌의 근대화 없이는 조국의 근대화는 이룰 수 없다는 것이 움직일 수 없는 시대적 명제이기도 했다. 일찍이 UN에서 1960년대를 개발의 연대(development decade)로 선포하였고, 혁명정부 역시 이와 같은 시대적 조류에 고무되어 '증산·수출·건설'의 기치를 높이 들게 되었다. 지방행정에서도 식량증산, 소득증대, 지역개발 등 이른바 생산하는 행정이 강조되었다.

전통적인 권력중심의 행정개념에서 일대 변혁을 의미하는 것이다. 이리하여 시·군 단위로 종합개발계획이 추진되고 이러한 계획은 궁극에 가서는 이동(里洞)에 귀착되므로 이동의 행정, 이를 기반행정(基盤行政)이라 하여 기반행정 육성을 크게 부각시켰다. 사실 모든 행정시책을 결실하는 곳이 바로 이동인 동시에 주민욕구의 출발점이 또한 이동이기도 하다. 따라서 이동(里洞)이야말로 지방행정의 기반이 아닐 수 없다. 문자 그대로 기초적인 지역공동체부터 다져야 비로소 지방행정이 제구실을 할 수 있다고 믿었기 때문이다.

어떻게 보면 이것이야말로 풀뿌리 민주주의를 가꾸는 길이라고도 할 수 있다. 더구나 지역개발은 주민의 호응과 참여 없이는 영속적으로 발전할 수 없는 까닭에 이에 앞장선 마을지도자나 헌신적인 공무원들, 즉 상록수(常綠樹) 공무원의 발굴에도 힘쓰게 되었다. 특히 1965년을 정부는 '일하는 해'로 설정했다. 모든 공직자들의 분발을 촉구했으며 어느 때보다 고조된 분위기였다.

내무부에서는 지방공무원의 기강과 복무자세를 위해 자율적인 행동강령으로서 '근면·검소·단합'을 내용으로 한 10여 개 항목의 지침을 제시하고 지방 실정에 따라 실천방안을 세우도록 하였다. 아울러 일한 실적을 확인하고 평가하기 위해 행정실적 심사요강을 책정했다. 이는 각 자치단체 간의 선의의 경쟁을 통한 행정성과를 서로 비교케 하여 우열을 가리게 하는 방식이다. 심사대상 사업은 각 시도의 공통적인 주요 사업을 관계부처와 협의하여 선정하고 동시에 각 도지사가 선정한 특수사업을 심사대상으로 하여 심사는 예비심사와 확인심사를 병행키로 했다.

이를 위해 심사위원회를 구성, 내무부 차관이 위원장이 되고 농림, 건설, 상공, 보건사회 등의 기획관리실장이 위원으로, 지방국장이 간사장을 맡게 되었다. 또 일하는 현장을 확인하는 하나의 방안으로 실무자단에 의한 도 간 비교시찰을 구상했다. 제1차로 선정된 대상이 경북, 경남도와 부산시였다. 시찰대상은 기반행정 육성상황과 도가 제시하는 특수시책이다.

그 당시 경북은 김인(金仁) 지사에 의하여 경지정리를 어느 도보다 활발하게 전개하고 있었다. 경남은 이계순(李啓純) 지사에 의하여 보리배증 운동으로 지방행정에서 화제가 되었다. 이는 이미 언급한 바와 같이 보리를 한 번 이식하는 경작방식이다. 그만큼 농민들의 호응을 얻고 있었기 때문에 가능한 증산사업이다. 또 아직도 나의 기억에 생생한 것은 충북 음성군에서 전개된 지역개발 사업이다. 이는 당시 유룡기(柳龍紀) 군수의 헌신적인 지도력에 의한 것으로 높이 평가되었다. 그는 개발행정의 이념에 투철하였고 지역실정에 맞는 개발계획을 주민에게 단계적으로 제시하여 주민의 참여를 유도하는 데 성공하였다. 또한 지역 내에 있는 모든 행정기관을 단합시켜 협조체제를 완성시켰다.

한편 마을에 묻혀 있는 독농가(篤農家)와 농촌지도자를 결속시켜 교육과 훈련으로 향토개발에 앞장서게 하였다. 이것은 지역개발의 점화작용을 함에 충분하였다. 따라서 당시 음성군의 농민교육원에서는 1년 내내 독농가 교육이 계속되었다. 1년에 약 1,500명의 마을단위 지도자를 배출시켰다. 이들에게는 새로운 경작법에 의한 시범재배, 사육전시, 영농기술이 전수된 것이다. '일하는 해'라는 구호답게 어느 도에서는 지게를 지는 군수까지 등장해 화제를 모으기도 했다. 그때는 식량증산을 위한 추심경과 객토가 한창 장려되던 무렵이다. 그 군수는 논에 새 흙을 넣는 지게를 져서 공무원 사회에 하나의 자극을 주었다.

그 무렵 우리의 유일한 취미는 낚시였다. 일요일이면 이른 새벽부터 낚시터를 찾았다. 경기도 일원은 말할 것도 없고 멀리 강원도 철원, 충청도의 고삼 저수지 그리고 영인 저수지는 이름난 낚시터여서 자주 찾았다. 낚시는 한겨울을 빼고는 이른 봄부터 시작된다.

어느 해의 3·1절 날에 첫 개시를 경기도 군자에서 했는데 그날 갑자기 눈이 내리고 수로에 담근 낚싯줄이 뻣뻣하게 얼었다. 하는 수 없이 낚시장비를 거두고 가까운 부천군수 관사를 찾았다. 그때는 손수익 군수였다.

손 군수는 지방국에서 행정수습을 마치고 군정 때는 전남 나주 군수를 지내다가 지방국 행정계장으로 복귀, 다시 군수로 일선책임자가 되었다. 그 뒤 경기도지사와 산림청장, 충남지사 그리고 교통부 장관을 역임한 지방행정 출신으로 두각을 나타낸 관료이다.

168

무엇보다도 우리나라의 벌거벗은 산을 짧은 기간 안에 녹화(綠化)하는 데 큰 공을 세웠다. "산산산 나무 나무 나무"를 청사 앞에 내걸고 혼신의 정열을 산에 쏟은 산림청장이었다. 실은 내가 농림부를 맡고 있을 때 박 대통령으로부터 가장 유능한 행정가를 추천하라는 지시를 받고 본인도 모르게 산림청장으로 내신한 인연이 있다. 그때부터 우리나라 산은 한 해가 다르게 푸르러졌다. 손 군수는 파주군으로 옮기게 되어 우리는 파주에도 자주 원정을 갔다.

이처럼 낚시에 몰입하고 있을 무렵 나는 치안국 낚시꾼들과 합친 내무부 낚시회장의 감투를 쓴 일도 있다. 그리하여 춘추의 대회를 가졌다. 한번은 강화도의 내가(內可) 수로에서 대회를 하는데 북괴군의 확성기 소리가 너무나 요란해서 마치 적지(敵地)에 앉아 있는 기분이었다. 그때는 동경에서 구해 온 집어기를 미리 던져놓고 붕어 입질을 기다렸지만 완전히 실패였다. 그것은 낚시꾼들의 심리를 이용한 장사꾼의 사기임이 분명했다.

무임소장관 보좌관 때에는 조시형 장관을 따라 인천에 있는 한국화약 공장 저수지에 자주 갔다. 거기에는 월척(越尺)이 흔했다. 우리는 상공부 낚시꾼들과도 자주 어울렸다. 그들은 안양의 방직공장 저수지가 주어장이다. 월척을 하는 날에는 안방 벽에 있는 못이 마치 찌처럼 가물가물해 보인다. 그 흥분은 족히 일주일은 지속된다.

그날은 'UN의 날'(당시는 휴일)이었다. 일행인 고건, 김성배 씨 등과 함께였다. 새벽에 영인 저수지로 떠났다. 안양육교를 지날 때 분명히 낚시꾼의 차로 보이는 빈 차가 다리 난간에 반쯤 걸려 추락 직전인 현장을 목격했다. 어쩐지 불길한 예감이 스쳤다. 구름 한 점 없는 맑은 가을 하늘이다. 들판에는 황금물결이 넘실거렸다. 해가 뜰 무렵 전후가 붕어 입질이 왕성한 때인데도 전혀 소식이 없었다.

온종일 잔잔한 수면을 응시하고 있을 뿐이다. 그 흔한 피라미조차 구경도 못하고 속이 상해 주막집에 들러 막걸리를 한잔씩 했다. 그때 꼭 한 잔을 운전기사에게 준 것이 큰 실수였다. 우리가 곤한 잠길에서 무엇인가 와장창 하는 소리에 놀랐을 때는 몸이 균형을 잃고 있었다. 엎드려 박살이 난 창문으로 가까스로 빠져나올 수가 있었다. 기사도 깜박하는 사이에 길가에 서 있는 이정표 기둥을 들이받아 차가 길 밑의 논두렁으로 굴러 곤두박질한 것이다. 만약에 차가 반대편으로 굴렀으면 모두 세상을 끝냈을 것이다. 우리는 서로가 살아남은 것을 확인하고 그곳에 차를 버린 채 통행금지가 넘은 시간에 집에 돌아왔다. 참으로 천우신조(天佑神助)였다. 그러나 그 뒤에도 우리의 낚시는 또다시 계속되었다.

간척으로 국토 넓힌 네덜란드

1965년 9월 초에 나는 네덜란드 헤이그에서 열린 IULA(국제지방행정 연합회) 주최 비교지방행정 세미나에 참가하기 위해 서울을 떠났다. 그해 제17차 총회에서 우리나라가 회원국으로 가입되었던 것이다. 이 세미나는 약 2개월 정도 걸리는 비교적 긴 기간의 일정이었으나 양찬우(楊燦宇) 내무부 장관의 특별한 배려로 지방국장인 내가 참가할 수 있었다.

나는 처음으로 북극 경유의 SAS 항공기를 탔다. 그때만 해도 북극점(北極點)을 통과했다는 통과증을 비행기에서 나누어 주기도 했다. 얼음과 눈으로 뒤덮인 북극항로는 지루하기 짝이 없었다. 긴 항로 끝의 이른 새벽에 네덜란드의 스키폴 공항에 내렸다.

네덜란드는 유럽에서 큰 나라는 아니지만 스키폴 공항의 규모는 놀랄 만했다. 그곳에서 헤이그까지는 마중 나온 IULA 본부 직원의 안내를 받았다. 도무지 산이 보이지 않는 평야뿐인 경관이 바로 유럽임을 실감케 했다.

도착한 다음 날부터 각국 지방행정의 현황과 문제점, 특히 신생국가의 지방행정에 대한 소개와 토의가 시작되었다. 16개국에서 21명의 대표가 참가했다. 모두가 지방행정에 오랫동안 종사한 관료들로서 50이 넘은 노장들도 7~8명이 끼었다. 대체로 중견간부이지만 아프리카 대표들은 대부분이 차관급이다. 우리들은 직업의식 탓인지 이내 다정한 친구들이 되었다.

IULA 본부에서 과정을 마치고 먼저 네덜란드의 지방행정 시찰길에 나섰다. 튤립과 나막신 그리고 풍차(風車)의 나라 네덜란드는 우리나라 경남북을 합친 정도의 작은 나라이다. 그러나 인구는 1,280만(1965년)이나 된다. 그만큼 인구밀도가 유럽에서 가장 조밀하다. 더욱 놀라운 것은 거친 바다를 간척(폴더)으로 넓힌 땅이 국토의 4분의 1이나 되어 나라이름을 '낮은 나라'(네덜란드)라 부른다.

이 나라 도처에서 볼 수 있는 풍차는 간척지 물을 배수(排水)하는 데 쓰였다. "신은 바다를 만들고 네덜란드 사람은 육지를 만든다"는 말이 있듯이 바다와의 끝없는 싸움 끝에 오늘과 같은 잘사는 나라로 만들었다. 뿐만 아니라 7대양에 웅비하던 빛나는 역사가 있다. 서양 근대사는 열강들의 제해권과 식민지 쟁탈전의 역사이다. 네덜란드는 결국 영국에 패하고 근대사의 무대에서 밀려나게 되었다.

그러나 그들의 17세기는 황금시대였다. 일찍이 동양 항로를 개척하여 자바, 수마트라, 인도네시아 등의 식민지를 경영하였다. 사실 서양 근대사를 보면 15세기는 포르투갈의 세기요, 16세기는 스페인, 17세기는 네덜란드, 18세기는 프랑스, 19세기는 영국, 그리고 20세기는 분명히 미국의 세기이다. 그래서 네덜란드 사람들은 위대한 17세기라 칭한다.

그들의 전성시대에는 은자(隱者)의 나라였던 우리와도 인연이 있었다. 그것이 하멜 표류기(漂流記)로 남아 있다. 1653년 바타비아를 떠난 네덜란드 배는 대만을 거쳐 일본으로 가던 도중에 폭풍우를 만나 제주도 해변에 표착했다. 지금 그 자리에는 기념비가 서 있다. 64명 선원 중에서 생존자는 겨우 36명. 이들은 제주 관헌의 보호를 받다가 한성으로 이송되어 약 13년 동안 억류생활을 하게 된다. 그동안 16명을 제외한 그들은 모두 죽고 8명이 1666년 작은 배를 타고 탈출에 성공, 일본을 거쳐 본국으로 돌아갔다. 표류기는 그 배의 서기 헨드릭 하멜이 쓴 것이다. 우리나라를 유럽에 소개한 최초의 문헌이라는 데 의미가 있다. 조선조 효종 때의 일이다.

그들 일행이 우리나라에 도착했을 때 뜻밖에도 26년이나 앞서 우리나라에 표착한 네덜란드 사람 박연(朴燕)이라고 알려진 얀 벨테브레가 있었다. 그는 훈련도감에 속한 우리나라 군관이 되어 있었다. 우리나라에 귀화한 최초의 서양사람이 바로 이 네덜란드 사람이 아닌가 싶다.

하멜 표류기에는 조선국기(朝鮮國記)가 붙어 있다. 이는 당시 우리나라 통치형태, 행정기구, 지방관리의 임기, 교육제도, 과거제도, 산업, 기후, 혼례, 장례, 사법, 형벌제도, 신분제도에 이르기까지 거의 모든 분야에 걸쳐서 그가 본 대로 소박하게 묘사하고 있다.

나는 헤이그에 머물고 있는 동안 혹 이 책을 구할 수 있을까 하고 몇 군데 서점에 들러 보았지만 찾지 못했다.

헤이그에는 이준 열사의 묘가 있다. 1907년 헤이그에서 열린 만국평화회의에 치욕의 을사조약이 일본 무력에 의하여 강요된 사실임을 밝혀 이를 무효화하고자 회의에 참석하려 했으나, 외교권(外交權)이 없다는 이유로 거절당하자 분사순국(憤死殉國)하여 이곳 묘지에 묻히게 되었다. 유해는 1968년에 환국했으나 그 묘소 자리는 그대로 남아 있다.

우리는 약 10일 동안의 IULA 본부에서의 과정을 마치고 네덜란드의 몇 자치단체의 방문길에 나섰다. 네덜란드의 국토는 마치 정원 가꾸듯이 알뜰하게 정비되어 있다. 무엇보다 푸른 목초지가 질서정연하게 배치되어 있고 풀 뜯는 젖소들이 그림엽서 그대로이다.

우리는 북부 네덜란드의 트렌트로 가는 길에 조이델제(Zuyderzee)라는 32㎞나 되는 제방 위를 달리게 된다. 바다에서 시작해서 바다로 끝나는 대 간척사업이다. 또한 로테르담 남쪽인 라인델타 지대의 섬들을 제방으로 연결하는 델타 플랜이 있다. 이곳은 관광코스에 포함되어 있다. 이는 25년의 계획으로 바다를 메우는 간척(干拓)사업이다. 네덜란드 사람들의 끈질긴 바다와의 투쟁사를 증명하기에 충분하다.

우리가 찾아간 트렌트는 인구 34만으로 11개 도 중의 하나이다. 도의회 의원은 47명, 도지사가 의회 의장을 겸한다. 트렌트 도에는 35명의 버그매스터가 있다. 버그매스터는 순수한 직업공무원으로서 임기 6년, 지방행정의 실질적 책임자이다. 전국에 980명의 버그매스터가 있다.

우리는 다시 인구 6천의 라이덴이라는 자치단체를 찾았다. 라이덴의 버그매스터는 26년간의 행정경력의 소유자이며, 전 직원과 함께 나와서 우리 일행을 환대해 주었다. 버그매스터 부인도 직원들과 함께 우리를 맞이했다. 그들이 보여준 것은 쓰레기 처리장, 아동공원, 그리고 양로원 시설 등이다. 큰 규모의 자치단체는 아니지만 이러한 시설의 완비는 부러울 뿐이다. 라이덴에는 유럽에서 가장 오랜 역사를 가진 라이덴대학이 있다.

이 일대는 튤립 꽃밭지대로서 꽃철이 되면 온 천지에 눈부신 융단을 깐 것처럼 장관을 이룬다. 그중에도 큐켄호프(Keukenhof)에 있는 28만 정보의 공원 안에 가득 피어 있는 색색의 튤립을 보고 있으면 네덜란드가 바로 꽃의 나라임을 알 수 있다. 또 알스메르에는 유럽 최대의 꽃 도매시장이 있고 유럽 각국에 비행기로 꽃을 수출해 연간 5억 달러(당시)를 벌어들인다.

네덜란드의 지방제도의 특징은 대륙형에 속하기는 하지만 주로 독일제도와 비슷하고 벨기에, 룩셈부르크 등과 함께 베네룩스 형을 이룬다. 즉, 주민에 의하여 공선되는 의회와 의회에서 선출되는 행정위원회, 그리고 국왕 이름으로 임명되는 시읍면장(버그매스터)에 의하여 운영되고 있다. 집행기능은 경찰을 제외하고는 대부분 행정위원회에 집중되어 있다.

영국의 뉴타운 스티브니지

네덜란드를 보고 우리 일행은 영국을 찾게 되었다. 맨 처음 방문한 곳이 런던 시청, 즉 카운티 오브 런던이다. 템스 강변 국회의사당 맞은편에 자리 잡은 몹시 검게 보이는 석조건물이다. 건물 안에 들어서면 역대의 장의 이름이 낭하(廊下)의 벽에 새겨져 있다.

그것은 1832년부터이다. 그날은 부의장이 우리 일행을 맞아 주었다. 먼저 런던의 도시계획과 런던 시의 개요 설명이 있었다. 카운티 오브 런던은 32개의 자치구에 의하여 이루어지고 각 구가 명칭을 시(市)라 하여 각기 시장이 있고 자치단체임이 특징이다.

인구 850만의 런던 카운티는 근자에 이르러 뉴타운 건설운동으로 주변 위성도시에 인구를 분산시킴으로써 런던의 인구팽창을 막는 데 성공했다는 설명이다. 이어서 점심 초대, 의사당의 견학, 그리고 32개 자치구의 하나인 웨스트민스터 시청을 안내받았다. 런던의 심장부인 이 시청은 우리나라로 치면 서울의 종로구나 중구에 해당되겠으나 인구는 27만, 그러나 낮 인구는 60만이라 한다.

시청은 초현대식 고층빌딩이며 그 20층에 시장실이 있고 바로 옆에 응접실이 화려하게 꾸며진 이곳에서는 버킹검 궁전, 웨스트민스터 사원, 국회의사당 등이 한눈에 손에 잡힐 듯이 내려다보인다. 큰 메달(시 휘장)이 달린 금줄 목걸이를 걸고 머리가 하얀 노인이 시장 정장(正裝)을 하고 우리를 일일이 환대했다. 시장 정장만 해도 큰돈이 든다고 했다. 이것은 전적으로 시장 개인돈으로 마련하는 것이 영국의 관례라 한다. 의회 의원은 17인, 6주마다 한 번씩 의회가 열리며 시장은 의회 의장직을 겸하고 행정실무는 시 서기장의 책임인 것은 영국의 다른 시와 같다.

이어서 우리는 이 관내에 있는 웨스트민스터 사원(아베이)을 찾았다. 국왕의 대관식이 행해지고 신(神)과 함께 위대한 시민이 묻히는 곳이다. 이미 저녁노을과 짙은 어둠에 싸여 있었다. 《실락원》의 작가 밀턴, 찰스 디킨스, 셰익스피어, 글래드스턴 등 귀에 익은 이름들이 대리석 조각과 함께 찾아오는 이들에게 깊은 감명을 준다. 모두가 영국 역사를 빛낸 사람들이다. 입구에는 "처칠을 추모함"이라고 쓴 대리석이 바닥에 깔려 있다. 1965년 9월 15일이라 새겨져 있다.

이튿날 우리는 버스로 32마일 거리에 있는 뉴타운의 하나인 스티브니지 시를 찾아갔다. 스티브니지는 1946년 뉴타운으로 인구 7천에서 출발했으나 이제 7만이나 된다. 그 당시 영국에는 이러한 뉴타운이 23개 시가 있었다.

이 시에만 연간 24명의 외국 시찰자가 다녀갔다고 한다. 영국의 뉴타운은 대도시에서 적어도 30마일 이상 떨어져야 하고 입주자는 반드시 뉴타운 안에 직장이 있어야 하며, 뉴타운 개발공사를 설립하여 먼저 공장을 유치하고 그다음에 공장 종업원에게 주택을 제공하며 쇼핑센터, 학교, 병원 등의 시설을 해나가는 순서이다.

먼저 개발공사에서 뉴타운의 입주상황과 앞으로의 건설계획을 듣고 버스에 탄 채 쇼핑센터를 본다. 도시 한복판에 자리 잡은 쇼핑센터는 여유 있게 점포와 휴식공간을 배치하고 주차장도 넓게 잡고 있다. 다음에는 공장지대를 지나는데 항공기부품, 화학공장, 전기부품 공장, 코닥 사진기구 공장들이 가동중이다.

다음에는 주택지구에 들어섰다. 전원도시답게 단독집들이 숲속에 군데군데 자리 잡기도 하고 개발공사 직영이라는, 주 4파운드라는 연립주택도 있다. 아래층에 방 둘, 부엌, 2층에 방 셋 구조의 집이 즐비하게 지어져 있다. 또 계속 짓고 있는 중이다. 꽃밭과 녹지가 일정하게 배치되어 있다. 비록 뉴타운뿐만 아니라 영국 지방자치단체의 최대 과제는 주택건설과 공공시설의 확충이라 했다. 스티브니지 시의 주택구역은 크게 6개 구역으로 나누어지고 구역마다 학교를 두고 있다.

영국에서는 미국과는 달리 교육행정이 일반 시행정 기능으로 되어 있다. 우리는 초등학교 하나와 종합학교를 안내받았다. 영국의 교육제도는 우리와는 다르다. 즉, 퍼블릭스쿨이라는 것은 실은 사립학교를 말하며 돈이 많이 들기 때문에 부유층이 아니면 가지 못한다. 그 가운데 유명한 곳이 이튼과 윈체스터 등이며 학생은 기숙사생활에 회색 제복과 검은 넥타이를 매고 엄격한 학교생활을 하게 된다. 퍼블릭스쿨에 들어가야 옥스퍼드나 케임브리지와 같은 명문대학에 쉽게 들어갈 수 있다.

초등학교를 마치고 11세 때에 이른바 진학 적성시험으로 대학 진학자는 그래머 스쿨, 그렇지 못한 학생은 세컨더리 스쿨로 가게 된다. 따라서 중학교부터 대학진학반과 직업교육반이 분리되는 셈이다. 그런데 뉴타운에서는 새로운 시도인 그래머와 세컨더리를 합친, 다시 말하면 진학반과 취업반이 합쳐진 종합학교라는 것이 있다. 모두 상의의 옷깃을 붉은 천으로 두른 학생복을 입고 있다. 깨끗한 구내, 잔디에 덮인 널따란 운동장, 음악실, 공작실, 체육실, 수영장, 취사실, 화학실험실, 예법교실 등을 둘러보고 우리나라와 비교될 수 없을 만큼 시설이 훌륭함에 놀랐다.

시 직원은 자기들 세금의 절반 이상을 교육에 투입하고 있는 실정을 교사들에게 얘기하고 있었다. 사실 2세를 위한 교육사업을 제쳐놓고 더 중요한 업무가 어디에 있겠는가.

아무튼 뉴타운의 계획은 성공한 아이디어임에는 틀림이 없다. 런던 시는 1951년 인구 850만에서 뉴타운 정책으로 인구집중을 막을 수 있게 되었다. 그리하여 교외에서 직장이 있는 도심지를 향해 집중, 자기 집은 오직 잠만 자는 베드 타운화하는 것을 막고 누구에게나 인간다운 생활을 누릴 수 있게 하는 데 뉴타운이 공헌하고 있다. 한 걸음 더 나아가 공장의 지방분산과 산업도시의 건설을 촉진하게 되었다. 그들은 어디까지나 원대한 구상에 결코 서둘지 않으며 끈기 있게 계획을 밀고 나가고 있음을 알 수 있었다.

지방자치의 모국 영국

우리는 하드포드라는 카운티 카운슬, 즉 우리나라로 치면 도(道)에 해당하는 지방자치단체를 보기 위해 가는 도중에 힛칭이라는 조그마한 루럴 디스트릭트에 들렀다. 영국은 자치단체의 종류가 복잡하고 다양하다. 카운티, 카운티버러, 버러, 루럴 디스트릭트, 어번 디스트릭트, 패리쉬 그리고 시티 오브 런던 등 역사적으로 그때그때 필요에 따라 만들어진 단체들을 그대로 존중하여 유지하는 까닭이다.

힛칭은 인구 2만 5천, 우리의 읍(邑) 정도의 규모이지만 그 실은 자치단체이기 때문에 작은 군(郡)에 해당된다. 그 장을 체어맨이라 부른다. 이곳 체어맨은 눈이 푹 들어가고 코가 날카로운 사람으로 60이 넘어 보인다. 그도 역시 목에 금줄 목걸이를 걸고 부인과 나란히 사무실 입구에서 일일이 우리 일행을 맞아 주었다.

약 한 시간 동안 시청 간부, 시민들과 함께 차를 들면서 환담을 나누었다. 환담 가운데 마을 앞 다리를 하나 놓는데 다리 위치와 설계에 대한 주민들의 합의가 이루어지지 않아 3년째 논의가 계속 진행중이라고 했다. 우리나라 같으면 이내 결말이 날 만한데 그들의 더디고 느린 성품을 알 만하다. 어떻게 보면 그만큼 매사에 신중함을 말해 주는 예인지 모른다.

다음에는 의회 의사당으로 일행을 안내했다. 낡은 의자들이 붉은 카펫 위에 배치되어 있다. 매우 검소한 배치이다. 정면에는 체어맨의 목에 건 메달인 시의 휘장(徽章)을 크게 하여 걸어놓고 사방 벽에는 역대 체어맨의 초상화가 즐비하게 걸려 있다. 회의실 한가운데 체어맨이 앉고 타운 클라크(사무장), 서베이어(토목과장), 트레저(재무과장)가 배석해서 우리의 질문에 응해 주었다.

새삼 설명할 것도 없이, 영국은 의회와 집행부가 따로 분리되어 있지 않고 의회가 법인격을 가진 자치단체로서 모든 권한을 가지고 각 상임위원회에 실무자를 두어 행정사무를 집행하는 방식이다. 따라서 체어맨은 의회 의장인 동시에 자치단체를 대표하는 장이기는 하나 행정실무에 관한 권한은 없고 집행은 의회에서 임명한 사무장에 의하여 전적으로 수행된다.

그러므로 이날 우리 일행 앞에 앉은 세 사람이 실질적으로 힛칭 행정을 움직이는 중추직이다. 의회 의원은 15일, 매월 한 차례 모이고 임기는 3년, 매년 3분의 1이 교체된다. 체어맨의 임기는 1년이지만 대체로 연임으로 여러 해를 하는 것이 관례이다. 힛칭의 직원 수는 30명 정도, 예산의 절반이 레이트라 불리는 재산세이고 나머지 반은 교부세와 보조금으로 충당된다.

이 점 재정자립도 면에서는 우리나라와 크게 다를 것이 없다. 직원들은 대부분이 50에서 60을 바라보는 노장들이고 젊은이가 눈에 띄지 않았다. 그들은 한결같이 30년, 40년을 이 힛칭에서 늙은 분들이 분명하다. 우리나라처럼 여러 자치단체를 옮겨 가며 일하는 인사제도가 아니다. 힛칭 주민의 신망과 지지를 받으며 이를 천직으로 믿고 일생을 자기 고장에 바치는 사람들이다.

그들은 오직 체어맨이 되어서 시청 벽에 초상화로 걸리는 것을 다시없는 영광으로 여기고 있는지 모를 일이다. 지방자치는 마치 이곳 도처에서 볼 수 있는 우람한 거목(巨木)과도 같이 대지 깊숙이 뿌리를 묻고 정정히 버티고 있기 때문에 어떠한 바람에도 흔들리지 않는다. 중앙과 지방이 상하의 관계가 아니라 같은 평면 위에 병립하고 있음을 강조한다.

나는 전날 웨스트민스터 시청의 20층 리셉션에서 만난 옥스퍼드 출신이라는 젊은 직원의 말이 떠올랐다. 그는 진정한 영국과 영국 지방자치를 보기 위해서는 영국의 농촌지방을 보아야 하며, 세계 어느 도시에 못지않게 보수적이고 옛것을 그대로 간직하고 있을 뿐 아니라 역사의 때에 시꺼멓게 그을린 런던의 거리도 영국의 온고(溫故) 정신을 충분히 담고 있지는 못했다고 생각하는 것 같았다.

벤트리라는 그 친구는 한국을 다소 알고 있었다. 학교 때 미스터 리(李)라는 한국친구를 가졌다고 했다. 키가 후리후리하고 이지적으로 생긴 눈의 소유자, 시장 보좌역으로 7년째라 했다. 그가 우리에게 보여주고 싶었던 것이 힛칭의 루럴 디스트릭트였는지 모른다. 그다지 급하지도 않고 높지도 않은 푸른 능선, 거기에 곱게 깔린 아름다운 초원, 군데군데 거무스레한 숲과 고목들, 풀을 뜯는 젖소, 무엇인가 속삭이는 것과도 같은 양떼, 마치 그림 그대로의 전원을 배경으로 띄엄띄엄 흩어진 농토 옆의 농가들, 과연 런던의 거리에서는 상상도 할 수 없는 아름다운 전원(田園)이다.

오랜 역사의 축적 위에 다시 옛것을 소중히 하는 영국 사람들의 성품은 내가 알고자 하는 지방행정 분야에서도 역력하다. 지금 체어맨이 쥐고 있는 의사봉은 맨 앞에 걸려 있는 초상화의 주인공인 초대 체어맨이 쓰던 것이라 했으며, 서베이어가 입고 있는 양복은 보기에 30년도 더 된, 옷깃이 아주 넓은 구식이다. 지금 새로 지어 입는다 해도 아마 그 모양을 바꾸지 않을 것이다. 아버지가 물려준 손가방을 아들에게 다시 물려주고자 아껴 쓰는 그들의 생활철학, 이것이 영국 지방자치의 기본 정신을 이루는 주류일 것만 같다.

영국의 지방자치는 처음부터 일정한 제도에 의하여 형성된 것이 아니고 수백 년을 두고 변천을 거듭하면서 그때그때 필요에 따라 창설되어 온 까닭에 복잡하고 다기함을 특색으로 한다. 이 점이 영국의 헌정사(憲政史)를 민주주의를 향한 표류(漂流)라고 표현한 것처럼 지방자치 역시 아득한 옛날부터 자연발생적으로 퇴적(堆積) 표류해 온 것임을 알 수 있다.

그래서 영국을 전통의 나라라고 부르고, 지방자치의 모국(母國)으로 치고 있다. 1980년 대처 수상 때에 런던시청(GLC)과 6개의 대도시 카운티 의회(MCCS)가 폐지되고 지방재정에도 많은 개혁이 이루어졌다.

복지의 나라 스웨덴

런던 근교의 국제공항에서 SAS기 편으로 스웨덴으로 향했다. 두 시간도 채 못 되어 스톡홀름 근교의 공항에 내렸다. 10월임에도 우리나라 12월의 날씨를 연상시켜 북구(北歐)의 시정(詩情)을 물씬 느끼게 한다. 공항에는 스웨덴 지방자치단체연합회 사무국장과 스웨덴 지방행정연수원장 두 분이 우리를 기다리고 있었다.

버스로 30분 거리의 소읍(小邑) 시구투나에 있는 지방행정연수원의 숙소에 여장을 풀었다. 숙소는 마치 호텔처럼 깨끗하고 편리했다. 이튿날 연수원에 입소하는 절차를 마치고 시구투나 관광에 나섰다. 호수를 낀 스웨덴에서도 유서 깊은 고도(古都)라 했다. 시구투나는 호수를 끼고 자작나무의 원시림에 싸인 유토피아와 같은 인상이다. 이곳 고적의 하나인 중세기의 고성(古城)을 찾았다. 성이라 하지만 돌을 그냥 쌓아올린 탑과 같은 성이다. 그러나 시구투나의 상징이라 자랑했다. 13세기에 지었다는 교회도 본다. 고색이 창연하며 간소한 내부이다. 교회 옆은 비석이 즐비한 묘지이다.

그들은 현세를 교회와 함께 살고 내세도 교회 옆에 영원히 묻히고 있음을 알 수 있다. 다음에는 한 10분만 걸으면 다 볼 수 있는 시구투나의 상가를 지나서 18세기에 지었다는 시구투나 시청에 이르게 되었다. 200년 동안 시청으로 쓰인 목조 2층 건물이다. 이제는 볼품없이 낡았지만 개축하지 않고 전통을 지키는 것을 긍지로 삼고 있다.

스웨덴의 지방행정은 14개 도와 그 밑에 816개의 시읍면으로 구성되는 중층(重層) 구조로 되어 있다. 의결기관인 도의회는 주민이 선거하는 의원 30명에서 70명으로 구성된다. 도는 광역단체로서 병원의 운영, 공공위생을 주요 업무로 하고 의회는 연 2회 개회되며 상임위원회가 행정실무를 담당한다. 그 밖의 주요 기능은 보건, 교육, 주택, 도시계획 등이다.

기초단체인 시읍면(市邑面)은 그 수가 2천이 넘었으나 1952년부터 구역 통폐합을 단행하여 지금처럼 줄었으며, 스웨덴의 행정구역 문제는 아직도 끝난 것이 아니라고 했다. 왜냐하면 오늘날의 행정수요는 재정능력이 미약한 소규모 자치단체로서는 주민에게 충분한 서비스를 제공할 수 없기 때문이다.

시읍면의 최고기관은 주민이 선출하는 의회이며 임기는 4년, 의원 정수는 인구에 따라 15명에서 100명까지 있다. 모두 명예직 무보수이다. 의회 의장이 1년 임기로 지방자치단체를 대표한다. 집행기관은 지방의회에서 5~10명의 의원으로 선출되는 참사위원회에서 담당한다. 주된 업무는 청소년보호, 공공위생, 청소, 주택, 도시계획, 소방 등이다. 이 밖에 공영기업으로서 항만, 공항, 운수, 전기와 가스, 도서관, 시민회관 등을 광범위하게 경영하고 있다.

특히 인상적인 것은 우리 일행이 머물고 있는 스웨덴 지방행정연수원이다. 이는 스웨덴 자치단체연합회와 스웨덴 시정협회가 공동으로 관리하는 지방공무원의 연수기관이다. 1956년에 개원하여 지방행정 종사자와 지방의회 의원의 연수기관이며, 모든 시설이 완비되어 있고 무엇보다도 합숙시설이 부러웠다. 우리가 있는 동안에도 지방청 기술직과 여교사들이 연수를 받고 있다. 강의도 있지만 대부분이 그룹 토의, 워크숍 등이 활발한 것이 특징이다. 교육과정은 1주간의 단기도 있지만 6개월의 장기교육도 있다. 우리나라에도 꼭 이와 같은 시설을 가져야 하겠다고 생각하며 나는 연수회에 관한 여러 가지 자료를 얻을 수 있었다.

이곳 연수원에 있는 동안 수도 스톡홀름 시청과 노벨상 시상식이 행해지는 콘서트 홀 등을 보았다. 멜라렌 호반에 우뚝 솟은 시청 건물은 대표적인 명소이다.

스톡홀름은 15개의 작고 큰 섬으로 이루어지고 울창한 푸른 나무와 호수와 바다로 둘러싸여 있다. 낡은 옛 건물과 초현대적 빌딩이 아름다운 조화를 이룬다. 그때도 도시 재개발이 활발하게 추진되어 고층의 아파트가 군락을 이루고 있다. 전통적인 중립주의(中立主義)임에도 원자전(原子戰)에 대비한 지하 대피시설은 우리를 놀라게 했다. 그것은 거대한 지하도시(地下都市)를 방불케 했다.

사회보장제도가 발달된 나라답게 그중에도 '노인의 집'은 그 수나 시설 면에서 어느 나라도 따를 수 없으리만큼 완벽하다. 한 노인의 집을 찾았더니 자기가 제일 젊은 사람이라고 나서는 이가 이제 겨우 81세라 했다. 그러나 어딘지 모르게 쓸쓸해 보이는 분위기였다. 그들의 기거하는 방 안에는 가족들의 사진이나 훈장과 상장들을 걸어놓고 있는 것이 눈에 띈다.

그 당시 스웨덴의 사회문제는 청소년 문제와 성(性) 개방 문제라고 했다. 극도로 발달한 개인주의, 사회보장 혜택만을 바라고 근로의욕의 저하, 성 개방으로 인한 미혼모 문제 등 마치 지상의 낙원처럼 여겨지는 스웨덴에도 사회적 고민은 있게 마련이다.

가을에서 겨울에 걸쳐 밤이 무척 긴 반면, 반대의 계절에는 밤이 아주 없는 이른바 백야(白夜)도 퇴폐풍조를 부추기는 하나의 요인이라고 했다. 그러나 풍부한 자연자원과 세계적인 공업기술을 바탕으로 정치적으로는 자유 민주주의를 신봉하면서 경제적으로 사회주의 체제를 채택해 철저한 누진과세(累進課稅)로 빈부의 차이를 줄이고 유럽에서도 으뜸가는 복지국가(福祉國家)를 건설하고 있다.

이 세미나에서 귀국하자 이내 지방행정연수원(地方行政研修院) 설치작업에 착수했다. 실로 그해 5월에 지방국은 수유리에 있는 경기도 지방공무원 교육원에 특별반으로 개시한 지방행정간부 양성반을 내무부 연수원으로 독립시키는 법령 제정을 서둘게 되었다.

당시 박태원 경기도지사에게 요청해 교부세로 경기도교육원을 별도로 짓기로 하고 수유리교육원을 내무부 지방행정연수원으로 전용할 수 있는 길을 텄다. 그 후 수원시에 오늘과 같은 방대한 시설을 갖추게 되어 이제는 일본의 자치대학교나 스웨덴의 지방행정연수원에 비교해 시설이나 내용에서 단연 앞선 연수원으로 발전하고 있다.

요즈음도 가끔 연수생 특강을 위해 수원의 지방행정연수원을 찾을 때마다 스웨덴 지방행정연수원과 시구투나 그리고 호수에 비친 우거진 자작나무 숲들이 연상된다. 어느덧 30년이라는 세월이 흘렀지만 아직도 그때의 인상이 사라지지 않고 있다.

통일 이전의 베를린

IULA의 마지막 방문국인 독일의 함부르크에서 베를린으로 향했다. 당시는 베를린이 붉은 바다에 떠 있는 자유의 섬과 같았다. 동독지역의 깊숙한 곳에 있었기 때문이다. 우리 일행을 태운 여객기는 서베를린 시내에 있는 템펠호트 공항에 내렸다. 마중 나온 베를린 시청 직원의 안내로 도심지에 있는 윈저 호텔에 여장을 풀었다.

다음 날부터 독일의 지방제도 소개와 토의 그리고 현지시찰이 시작되었다. 그때의 베를린은 한 시가지가 장벽(障壁)에 의하여 동서(東西)로 양분되어 있었다(이 벽은 1989년 12월에 무너지고 이듬해 동·서독이 통일된다). 그 벽은 내가 묵고 있는 호텔에서 잠시 걸어가면 이내 볼 수 있었다.

베를린의 상징이라 할 수 있는 브란덴부르크 문은 "6월 17일 거리"의 동쪽에 우뚝 서 있으며 프러시아 시대의 개선문(凱旋門)으로 18세기에 세워진 것이라 했다. 이곳에는 동독에서 넘어오는 사람들을 감시하기 위해 무장병이 지키고 있다. 그 옆에는 전망대가 가설되어 많은 관광객들이 계속 오르내리고 있었다. 이곳에 서면 서베를린의 번영과 동베를린의 빈곤이 한눈에 대비된다. 한쪽은 자동차의 홍수임에 비해 다른 한쪽은 잠자는 도시처럼 삭막해 보인다. 벽에는 창문들이 벽돌로 막혀 있고, 젊은 남녀가 자유를 찾아 넘어오다가 총탄에 쓰러진 곳에 십자가가 서고 거기에 꽃다발이 걸려 있다. 자유가 얼마나 소중한가를 보여주는 생생한 현장이다.

베를린의 벽은 길이가 남북으로 45㎞여서 베를린 시는 다른 나라의 수도와는 달리 매우 넓은 면적임을 알 수 있다. 전 면적의 33.2%가 주택지, 21.2%가 농지, 10.9%가 도로, 17%가 산림, 6.7%가 공원, 6.3%가 하천과 호수, 4.7%가 철도·공항으로 되어 있다. 20구(區)로 나누어진 베를린 시는 당시 8개 구가 동베를린이고, 서베를린 12개 구 중 2구는 프랑스, 4구는 영국, 6구는 미국이 관리하고 합동해서 서베를린을 이루어 인구는 220만이라 했다.

이에 비해 동베를린 인구는 110만, 베를린 시의 행정은 1950년에 제정된 베를린 시제(市制)에 의거하고 있다. 베를린 시는 하나의 자치단체인 동시에 서독의 한 주(LAND)의 지위를 가진다. 베를린 시의회는 시민이 선출하는 127명의 의원으로 구성된다. 임기는 4년, 20세 이상의 독일 국민으로서 적어도 6개월 이상 베를린 시에 거주하는 시민이어야 선거권이 있다.

시 행정의 집행기관 참사회(Senat)는 정시장(正市長, Der Regierende Burgermeister)과 시장(市長, Burgermeister) 그리고 16인의 참사회원(Senatoren)으로 구성된다. 참사회원은 시의회에서 선출되고 임기는 4년, 정시장은 베를린 시를 대표하고 참사회의 의장이 된다. 참사회원은 각 집행부를 담당한다.

집행부는 재정·교통·경제·주택·위생·청년체육·노동·사회·문화·법무·통신·총무 등이다. 베를린의 각 구는 구 참사회가 집행기관이고 구장과 8인의 참사회원으로 구성된다. 구장은 구 참사회에서 선출하고 구는 자치구이기는 하나 시 참사회의 감독을 받는다. 원래 하나의 단위로 계획된 베를린이 동서로 나누어졌기 때문에 기이한 현상도 있다.

U반이라 불리는 지하철은 서베를린에서 경영하고 있으나 동베를린에서는 마음대로 내리지 못하고, S반이라 불리는 고가전철은 동베를린에서 경영하고 서베를린 시민은 거의 이용하지 않는 까닭에 비어

다니는 것이 눈에 띈다. 베를린 시청에서 제공한 버스로 우리 일행은 몇 군데 명소를 찾았다.

가장 인상적인 것은 브란덴부르크 문에서 에른스트 로이터 광장에 이르는 거리와 그 중간에 세워진 전승기념탑(戰勝紀念塔)이다. 이 탑은 보불(普佛) 전쟁의 승리를 기념하는 탑이다. 탑 안의 계단을 통해 탑 위에 오르게 된다. 탑 위에는 금색의 날개가 달린 승리의 여신이 넓은 베를린 시가지를 내려다보고 있다. 이 탑도 전쟁의 포화로 아직 상처가 생생하게 남아 있다. 탑 전망대에서는 멀리 동베를린까지 보인다. 그러나 무엇보다도 놀라운 것은 베를린 시내를 넓게 차지하고 있는 광활한 공원과 녹지이다. 공원에 우거진 수목들은 때마침 단풍으로 찬란하다.

전승기념탑 가까이에는 비스마르크 재상의 동상이 있고 거기서 얼마큼 걷게 되면 공원 안의 넓은 지역에 한 자치구라 하여 "내일의 이상도시"라 불리는 건축시범단지가 있다.

이곳은 제2차 세계대전 때 파괴된 자리였으나 세계 저명한 건축가들에게 이상적인 건축을 설계하도록 하여 지어놓은 건축전시장이다. 이는 1957년에 개최된 국제건축박람회 때에 완성된 것이라 했다. 비단 주택용 아파트뿐 아니라 참신한 디자인의 교회, 학교, 우체국, 쇼핑센터 등도 있다. 프랑스의 유명한 건축가 르 코르뷔지에의 설계는 그의 독특한 철학에 의해 건축이 한층 돋보였다.

서베를린의 번화가 중심은 쿠담이다. 본래 베를린의 번화가는 운터 덴 린덴이었으나 그곳이 지금은 동베를린에 위치하기 때문에 새로운 중심가인 쿠담이 생겼다. 운터 덴 린덴은 파리의 샹젤리제와 함께 유럽의 이름난 번화가로 손꼽혔다고 한다. 쿠담에 이르기 전에 "6월 17일 거리"라는 것이 있다. 1953년 6월 17일 동베를린에서 자유를 찾아 동베를린 시민이 대거 운터 덴 린덴에서 서베를린으로 물밀듯이 넘어온 것을 기념한 거리 이름이다.

이제는 쿠담이 명실 공히 베를린의 중심이 되었다. 그 한가운데 카이저 빌헬름 기념교회가 무참한 모습으로 엉성하게 서 있다. 베를린 공방전에서 파괴당한 그대로를 보존하려는 의도인 것 같다. 그 옆에는 새로 지은 스테인드글라스의 초현대적인 새 교회가 있어 대조를 이룬다. 새 교회는 베를린 복구의 상징과도 같다.

이 일대는 시민들이 가장 많이 모이는 곳이다. 에른스트 로이터 광장이란 이름이 남아 있다. 그는 서베를린 시를 오늘과 같이 복구시킨 명시장으로서 그가 죽은 날에는 서베를린 시민이 전등을 끄고 촛불로 그를 추모한다고 한다. 파리 시의 오스만 거리가 파리 시를 개조한 오스만 시장의 이름을 남기고 있는 것과 같다.

서베를린 시의 서쪽에 있는 올림픽스타디움은 1936년 올림픽이 열렸던 곳으로, 히틀러는 독일의 국력을 과시하기 위해 사상최대 규모의 올림픽을 이곳에서 열었다. 원형 그대로의 경기장의 규모나 시설의 현대성은 30년 전에 건설한 것으로 보기 어려울 만큼 우리를 압도했다. 이곳에서 손기정 선수가 마라톤 우승의 월계관을 썼다. 이 운동장에 손 선수가 우승자로 들어섰을 때 얼마나 감동적이었을까를 상상해 본다.

우리 일행은 베를린 시에서 마련한 리셉션에 참가해 많은 시민들을 만났다. 그러나 그들은 베를린올림픽은 기억하고 있었지만 손 선수가 한국인인 것을 모르고 있었다. 그들은 한결같이 베를린 시민임을 자랑으로 여긴다. 사회를 맡은 시 총무국장은 "나는 베를린에서 태어났고, 베를린이 고통받을 때 나도 고통받았고, 베를린이 일어설 때 다시 일자리에 복귀했다. 지금도 베를린을 위해 일하지만 죽어서도 베를린에 묻힐 것이다"라는 취지의 간결한 인사말로 만당의 갈채를 받았다.

독일 사람들은 그때 베를린이 둘로 나눠져 서독은 수도를 본에 두고 있었지만 그들의 수도는 어디까지나 베를린임을 믿고 있었다. 어느 나라를 막론하고 그 나라의 수도는 그 나라의 영고성쇠(榮枯盛衰)와 운명을 같이한다는 점에서 베를린은 너무나 기구한 운명의 주인공이 되고 있었다.

서둘지 않고 쉬지 않고

8일간의 베를린 체재를 마치고 다시 항공편으로 함부르크로 되돌아와 이번에는 버스 편으로 조그마한 신흥도시 노이뮌스터(Neumünster)로 떠났다. 우리 일행을 태운 버스는 아우토반이라 불리는 고속도로(高速道路)를 쾌속으로 질주하기 시작했다. 이 도로는 히틀러 통치시대에 만들어진 것이라 했다. 길도 시원시원하게 넓지만 표지판들이 큼직해서 이내 눈에 띈다. 이것을 만들 때에는 전격전(電擊戰)에 쓸 수 있도록 전략적인 의도가 있었는지 모르지만 오늘에 와서는 독일 번영의 동맥역할을 하고 있다.

내가 이와 같은 고속도로를 몹시 부러워했더니 옆자리에 앉은 미국 친구는 이렇게 잘 만들었기 때문에 패전(敗戰)의 속도도 역시 고속(高速)이었다고 농을 한다. 그 뒤에 안 일이지만 1964년 박정희 대통령 방독 시에 이 고속도로를 보고 경부고속도로를 서둘러 착수하게 된 모델이 되기도 했다고 한다.

고속도로와 함께 특기할 것은 폭스바겐이라는 소형차의 대량 생산이다. 히틀러는 국민차로서 이 차를 모든 국민이 한 대씩 가질 수 있도록 하는 데 목표를 두었다고 한다. 그것이 오늘날에는 세계 곳곳에 없는 곳이 없을 정도로 널리 보급되었다. 함부르크 항구에서 3,500대가 선적(船積)을 기다리고 있는 현장을 목격할 수 있었다.

노이뮌스터는 당시 인구 7만 5천의 소도시다. 그러나 지방주의가 철저한 독일인 만큼 놀라울 정도로 정비된 공공시설은 지방자치가 오랜 전통 속에서 성장했음을 말해 준다. 이 시에서는 현안 문제인 주

택건설의 현장을 보았다. 다른 나라의 경우와 같이 대규모의 아파트
단지가 건설 중이다. 이곳에서 1박 후 뮌스터(Münster)로 향했다.
뮌스터는 인구 20만의 독일에서도 전통 있는 고도(古都)이고 또한 상
공업의 중심도시의 하나라고 했다. 시영(市營)의 병원과 도로개설,
그리고 주택건설의 현장을 보고 유유히 흐르는 라인 강을 따라 서독
의 수도인 본에 이르게 되었다.

　"라인 강의 기적"이라고 널리 소개되는 독일 부흥의 일면을 연상하
면서 하이델베르크로 가는 길이다. 라인 강, 지금 내 눈앞에 보이는
검은 강물은 어디서나 볼 수 있는 그런 강물이다. 이따금씩 큼직한
선박들이 오르내릴 뿐이다. 강변을 둘러보아도 그저 한적할 뿐 요란
한 기계소리나 해머소리도 들리지 않는다. 그럼에도 우리에게는 라
인 강의 기적이란, 전후 급속히 부흥·번영한 서독의 경제를 일컫는
대명사이다.

　경제에 라인 강의 이름이 붙은 것은 이 강이 독일을 관통하는 교통
의 대동맥이며 또 주변 루르지방의 무진장한 에너지 자원을 공급하고
있기 때문이리라. 스위스 알프스에서 시작하여 남쪽에서 북쪽으로
흘러 네덜란드의 로테르담으로 빠지는 길이 1,300㎞, 유럽 최장의
강이다. 독일 사람들은 라인 강을 독일의 어머니라 부른다. 마치 독
일의 젖줄과 같이 뒤스부르크, 에센, 뒤셀도르프, 쾰른, 본, 프랑크
푸르트, 만하임, 하이델베르크 등 주옥 같은 도시들을 알차고 살찌게
기르고 있다.

　라인 강이 마르지 않는 한 독일은 시들지 않을 것이라고 그들은 자
랑한다. 설명에 의하면 이 인근지방의 물자수송의 80%는 라인 강이
담당하고 있다 한다. 괴테의 시 〈서둘지 않고 쉬지 않고〉(Haste not!
Rest not!)의 시정(詩情) 그대로 라인 강을 계속 흐르고 있다. 나는
이 시를 애송하였기 때문에 이곳에 옮겨 두고자 한다.

서둘지 않고 쉬지 않고
이 말을 가슴 깊이 새기고
비바람 속에서도 꽃 피는 길에서도
한결같이 한세상을 살아보라.
서둘지 않고 이 한 말을
마음을 바로잡는 고삐로 삼아
깊은 생각 올바른 판단
한번 결심이 끝난 다음에
기울여 앞으로만 나가라.
먼 훗날에도 뉘우침 없이 걸어가라.
쉬지 않고 세월이 강물처럼 흘러간다.
반짝하는 인생이 덧없이 가기 전에
길이 남을 보람 있는 일을
이 세상에 선물로 남게 놓으리.
서둘지 않고 쉬지 않고
운명의 폭풍우를 참고 견디며
한결같이 의무에만 살고
무엇에도 굽히지 않고 정의에만 살라.
투쟁의 모든 날이 지나간 뒤에는
역사 위에 찬란하게 그대의 영광이 빛나리.

　강을 따라가다 보면 공장지대도 나타나고 또 얼마쯤 가면 계단식 개간(開墾)으로 산꼭대기에 이르는 가파른 경사지에 포도밭이 끝없이 펼쳐져 있다. 하이델베르크에 가까워질수록 양안(兩岸)의 계곡이 좁아지고 심한 경사임에도 불구하고 한 치의 빈터도 없이 포도밭으로 가꾸어져 있다.
　이곳이 바로 모젤 와인의 주산지라 한다. 산을 이처럼 개간하기로 말하면 우리나라에는 노는 산지가 너무 많다. 〈로렐라이의 언덕〉으로 유명한 기암절벽(奇巖絶壁)의 경치는 우리나라 강원도 지방에 가면 아무 데서나 흔히 볼 수 있는 풍경이지만 아마 하이네의 시와 전설로 세계에 널리 알려진 것이 아닌가 싶다.

하이델베르크는 독일에서 가장 역사가 오래된 대학이 있는 것으로 유명하다. 〈황태자의 첫사랑〉에 나오는 낙서투성이의 술집, 그리고 학생감옥으로 쓰였다는 낡은 집과 벽만 앙상하게 남은 고성(古城), 그 안에 있는 엄청나게 큰 포도주 술통을 차례로 구경했다.

이곳 시장(市長)은 대학을 위하여 봉사하고 있다. 시청 앞에는 3색 독일국기가 때마침 단풍에 물든 성곽 일대를 배경으로 가을바람에 힘차게 나부끼고 있다. 흑색은 근면을, 붉은색은 정열을, 황색은 영예를 상징한다는 독일 국기가 새삼 아름답게 보였다.

독일에서 다시 헤이그로 돌아왔더니 나에게 서울로부터 전보가 와 있었다. 그것은 곧 국회가 시작되므로 빨리 귀국하라는 요지였다. 나는 헤이그의 IULA 본부에서 마지막 정리과정을 포기하고 귀국하였다.

나의 지방국장 재임 시에 농림부와 지방인사 관계로 마찰이 있었다. 그것은 당시 차균희(車均禧) 농림부 장관이 시도의 산업국장 등 농림관계 담당직원의 인사권을 내무부로부터 농림부로 이관하려는 것이었다.

어느 날 차 장관으로부터 전화를 받고 장관실을 찾았다. 차 장관은 내가 행정계장 때부터 지역사회 개발(CD)사업 관계로 잘 알고 지내는 사이였다. 차 장관은 나를 장관실 옆에 붙은 별실로 안내한 뒤 한 장의 공문서를 내보였다. 그것은 국무총리와 대통령의 재가를 받은 것이었다. 요지는 각 시도의 산업국장을 비롯한 농림수산 관계직원의 인사권을 내무부에서 농림부로 넘기라는 내용이다.

당시 차 장관은 "식량증산 7개년 계획"을 세워 의욕적으로 업무를 추진하던 때였다. 그런데 이와 같은 증산시책을 수행하는 농림관계 국장들이 농림부의 의사와 관계없이 빈번하게 바뀌는 바람에 일관성 있게 사업을 추진할 수 없다는 것이다. 따라서 "식량증산 7개년 계획"의 성공적 추진을 위해서는 이를 담당하는 국장 등 요원의 인사권을 장악해야겠다는 주장이다.

물론 이유가 없는 것은 아니다. 차 장관은 내무부 지방국장인 나의 협조를 요청하기 위해 부른 것이다. 나는 그 자리에서 답변을 드리기가 어려워 내무부 장관의 지시를 받아야 하겠다고 말하고 물러나왔다. 이 사실을 양찬우 내무부 장관에게 보고했더니 예상한 대로 펄쩍 뛰셨다. 한마디로 어불성설(語不成說)이라 했다.

사실 농림부 이론대로라면 보사국장 인사는 보사부 장관, 건설국장 인사는 건설부 장관으로 넘겨야 한다는 이론이 된다. 이는 지방자치단체의 성격을 잘 이해하지 못한 데서 나온 주장이다. 도(道)의 국장은 어디까지나 지방자치단체장인 도지사의 보조기관이다. 그러므로 자치의 원칙에서 보면 도지사 관장사항일 수밖에 없다. 다만 아직 장을 선거하지 않고 있고 그 신분이 국가공무원인 점에서 내무부 장관이 관장하고 있을 뿐이다. 만약에 농림부 주장대로 실시된다면 혼란만 야기하는 결과밖에 안 된다.

한동안 이 문제로 양부 간에 의견이 대립되었다가, 지방의 농림관계 인사는 사전에 내무부 장관이 농림부 장관과 협의키로 하고 타협을 보았다. 얼마 동안은 이 협의대로 진행되다가, 인사란 기밀을 요하고 때로는 시간에 쫓기어 제대로 안 될 때도 있었다. 그런데 뜻밖에 뒷날 내가 농림부 장관이 되고 나서 차 장관의 심정을 이해할 수 있을 것 같았다. 세상일이란 그런 것이라는 것을 새삼 느꼈다.

제 5 부

변모해가는 농촌

폭파버튼 불발로 끝난 기공식

1966년은 제 1차 경제개발 5개년 계획을 매듭짓는 해였다. 당시 정부는 석탄·전력·시멘트·비료 등 기간산업의 확충에 자신을 갖게 되고 1966년은 '일하는 해'답게 경제성장이 11.6%라는 경이적인 성과를 거두었다. 그리하여 자립의 의욕에 용솟음치고 노력하면 잘살 수 있다는 자신감을 갖게 되는 하나의 전기를 이룬 해다. 그것은 정체(停滯)와 방황(彷徨)과 무위(無爲)의 과거를 청산하고, 창조(創造)와 건설(建設)과 번영(繁榮)에로의 새 희망의 미래를 내다볼 수 있게 된 것이다. 1인당 국민소득 100달러 미만의 빈곤국 대열에서 벗어나 123달러를 기록함으로써 내일의 무한한 가능성에 대하여 장밋빛 꿈을 안게 되었다.

가난에서 벗어나기 위해서 공업입국(工業立國)의 전면작전을 전개하듯이 전남(全南)도 잘살기 위해서는 공업화를 서두르는 길밖에 없다. 당시 전남 도민의 소득수준은 전국적으로 하위권에 머물고 있었다. 이는 도민의 71%가 농업인구인 까닭이었다. 뿐만 아니라 사회간접자본이 빈약하고 공업이 발달하기 위한 입지조건이 너무나 불리했다. 예컨대 원료의 적기 공급, 저렴한 공업용지, 양질의 공업용수, 우수한 노동력, 제품시장을 연결하는 교통·통신망 등이 갖추어지는 것이 선결문제인데 이런 점에서 경인(京仁) 지구나 영남(嶺南), 동부지역에 비해 전남은 상대적으로 낙후되고 있었다.

사실 1950년대까지만 해도 전남(全南)의 공업화는 전무한 상태였다. 60년대에 이르러 수출주도형 경제개발 정책에 따라 비로소 서서

199

히 태동하기 시작한 것에 불과하다. 사실 나주에 있는 호남 비료공장을 제외하고 이렇다 할 공장이 없었던 것이 전남의 현실이었다.

지사로 부임하던 1966년 2월 21일에 경전선이 개통되어 순천-광양 간 12㎞ 철도개통 기념식을 광양역전에서 가졌다. 광양은 나의 고향이다. 박정희 대통령을 비롯해 장기영(張基榮) 부총리, 안경모(安京模) 교통부 장관 등이 참석했다. 박 대통령은 "김 지사는 철도도 없는 데서 태어났군"하시며 웃으셨다.

기념식장에서는 유당공원 고목 너머로 나의 모교인 광양서초등학교가 보였다. 역 동쪽으로 펼쳐진 들에는 때마침 경지정리 사업이 한창이었다. 나는 그때를 기념으로 경전선을 따라 경남 하동으로 넘어가는 양쪽 산등성이에 고향 군민들에게 권해 밤나무 단지를 조성했다. 요즈음도 지나다 보면 수없이 밤나무가 많이 보이지만 밤값을 제대로 받지 못해 밤 따는 것조차 포기한다는 얘기를 듣고 세상이 크게 변했음을 느낀다. 그때는 밤나무가 아주 수익성이 높았다.

전남 공업화의 꿈은 광주·여수·목포, 광주권은 자동차 면직 종합식품, 여수는 정유 나프타분해 PVC, 목포는 특수판유리 타일 염화학 제분 등을 각각 대상으로 하였다.

그중에도 광주 시민의 꿈을 부풀게 한 광주 공업단지와 아시아 자동차공장의 기공식이 1966년도 저물어 가는 12월 16일, 광주시 광천동에 있는 숭문중학교 교정에서 거행되었다. 12월이지만 포근한 날씨였다. 교정에는 많은 시민과 학생들이 운집해 넓은 운동장을 꽉 메웠다. 입추의 여지가 없었다. 당시 광주시장은 노인환(魯麟煥) 시장이었고, 도처에 "박정희 대통령 감사합니다"라는 현수막을 걸고 지저분했던 광주천(光州川)도 깨끗하게 정비하였다. 나는 전날 밤늦게까지 현장점검을 했으며 기공식에 차질이 없도록 몇 번이고 노 시장에게 다짐하였다.

200

박 대통령을 모신 자리에서 나는 식사(式辭)를 통해 그해 농업도인 전남이 쌀과 보리 등 식량생산을 마침내 1천만 석을 돌파했다는 것과 연안의 황금어장에는 어업전진기지 건설로 수산업의 비약적인 발전을 보게 되었으나, 도민의 획기적인 소득증대를 위해서는 무엇보다도 공업화의 촉진이 전남도민의 간절한 염원이라는 것을 역설했다. 그중에도 광주공업단지 내의 아시아 자동차공장은 연산(年産) 1만 대와 2만 명의 고용효과를 통해 소비도시인 광주시가 활기에 넘치는 생산도시로 탈바꿈할 수 있게 될 것이라고 전망했다.

이어서 박 대통령으로부터 치사(致辭)가 있은 뒤에 기공(起工) 발파를 위해 흰 장갑을 끼고 대통령을 중심으로 박충훈 상공부 장관, 장형순 국회부의장, 지사, 시장, 그리고 이문환 아시아자동차 사장 등이 한 줄로 서서 사회자의 신호에 따라 발파버튼을 일제히 눌렀으나 뜻밖에도 그것은 불발이었다.

아찔한 순간이었다. 나는 가까이 서 있던 노 시장에게 먼저 눈길이 갔으나 얼굴이 사색이었다. 나는 아직도 버튼에서 손을 떼지 않고 있는 대통령께 죄송하다는 사과를 드렸으나 아무 표정이 없으셨다. 발파대에 섰던 귀빈들 역시 멍하게 서 있는 어색한 순간이 잠시 흘렀다. 군중들에 의해 밟혀서 선이 끊어진 것이 분명했다. 천려일실(千慮一失)이라고나 할까. 그것까지는 미처 생각이 미치지 못했다. 그 뒤 광주공업단지의 공장입주가 짜증스러울 만큼 지지부진했던 것은 불발로 끝난 기공식 발파 탓이 아닌가 하는 그런 생각에 사로잡히기도 했다.

다음 목포공업단지 등의 기공식에서는 광주 실수를 되풀이하지 않기 위해 발파버튼을 누름과 동시에 식단 옆에서 붉은 기를 흔들면 현장에서 버튼과 관계없이 발파시키는 방법을 썼다.

광주공업단지 기공식에 앞서 여천 공업단지의 호남정유공장 기공식 역시 박 대통령을 모시고 여천군 삼일면 현장에서 성대히 거행했으나 그때는 발파(發破)에는 아무런 신경도 쓰지 않았다. 그곳은 군중과 다소 떨어진 곳에 발파대가 설치되어 버튼과 함께 5색의 찬란한 연기가 하늘 높이 치솟아 감동의 순간을 이루었다. 여천공업단지야말로 당시 전남으로서는 가장 규모가 큰 공단이었기 때문에 도에서도 전폭적으로 지원에 나섰다. 심지어 차관(借款)의 지불보증까지 자치단체인 도가 책임질 정도였다. 이 공장에서 휘발유, 디젤, 증유, 벙커유, 등유, 아스팔트 등을 생산하게 되나 임해공단(臨海工團)으로서 유리한 입지로 인해 당시의 꿈은 세계적으로 이름난 석유콤비나트 건설에 있었다.

이때는 대통령께서 여수에서 1박 하는 일정이어서 숙소 때문에 무척이나 고심하게 되었다. 마침 재일교포 한 분이 여수에 관광호텔을 짓고 있어서 이 준공을 서둘게 하였다. 그렇게 큰 규모는 아니었다. 호텔 주인은 대통령을 모시게 된 것을 일생의 영광이라 하여 연미복(燕尾服)을 입고 접대에 있는 정성을 다했다. 하나의 문제점은 욕조의 더운물이 신설 수도관으로 인해 불그스레하게 나오는 일이었다. 마치 녹슨 물처럼 보였다. 주인이 손수 다른 곳에서 물을 데우는 등 거의 밤을 새우다시피 하는 성의가 그렇게 고마울 수가 없었다. 나중에 대통령이 그것을 아시고 호텔을 떠날 때에는 정원에 기념식수(紀念植樹)까지 하셨다.

여천공업단지가 들어서는 일대는 한려수도 관광지대의 일부로서 경관이 아주 뛰어난 곳이다. 이곳에서 보면 내 고향이 지호지간(指呼之間)에 보인다. 나는 이때 대통령께 백운산 연봉이며 섬진강 하류의 경치, 그리고 김(海苔)과 뱀장어, 백합 등의 명산지라는 것도 설명드린 기억이 난다. 기공식이 끝나고 리셉션 자리에서 호남정유의 합작사인 미국의 칼텍스회사 사람들 역시 이곳의 빼어난 경관에 찬사를 아끼지 않았다. 그들의 정유공장이 세계 도처에 수없이 많지만 이곳 여천처럼 뛰어난 경치는 다른 데서는 볼 수 없다며 노후의 여생을 이곳에서 보내고 싶다고 얘기하는 사람도 있었다.

그 뒤 1980년대에 들어서면서 광양만을 매립하여 제철공장이 건설됨으로써 이 일대는 우리나라에서도 보기 드문 대규모 공업단지로 발전하였다. 그 결과 나의 출신 면은 일약 시(市)로 승격되어 시골 면민이 하루아침에 동광양(東光陽) 시민으로 불리게 되어 도로, 교통, 통신, 상하수도, 아파트 단지 등 벽지가 갑자기 도시형태로 하루가 다르게 바뀌어졌다. 나의 어린 시절에는 감히 상상도 할 수 없던 엄청난 변화였다. 그러나 나의 동심(童心)을 길러준 금잔디는 온데간데 없이 사라지고 말았다.

하늘의 시련 — 두 해에 걸친 가뭄

전남지사(全南知事)로 부임한 이듬해 1967년은 나로서는 도내 모든 공무원과 전남 개발에 전력투구할 것을 다짐하던 해였다. 그것은 도내 전반과 시군에 이르기까지 실정을 거의 파악할 수 있었고 1년의 도정(都政) 경험을 통해 무엇이 문제점인가도 알게 되었기 때문이다. 1년의 경험을 토대로 새해 예산을 도정중심 시책에 맞추어 편성할 수도 있었다.

1967년에는 대통령 선거와 국회의원 선거가 있는 해여서 그런지 정치적 바람이 엉뚱한 데서 불어오기 시작했다. 그것은 바로 "호남 푸대접론"이다. 이는 산업시찰이라는 명목으로 경인지구나 제1차 5개년 경제계획의 대표지구라 할 수 있는 울산지방을 다녀온 사람들의 입으로부터 나오기 시작했다. 또 이따금 지방지(地方紙)를 통해 확산하기 시작했다. 선거를 의식한 정치적 선전의 의도도 전혀 없는 것은 아닌 듯했다. 그때 오르내리던 화제의 대상은 호남선 철도 복선화, 간선도로의 포장 그리고 공장분포 등이었다.

이에 대하여는 이미 언급한 것처럼 기본적으로 농업도(農業道)의 성격이 짙은 전남으로서는 당시로는 어쩔 수 없는 제약이었다. 따라서 도민 소득증대를 위해 공업화를 서둘게 된 것도 따지고 보면 그 의도는 여기에 있었다. 그러나 이러한 바람이 세차게 일어나는 것은 도지사(道知事)로서는 큰 부담이 아닐 수 없다. 이를 해소하기 위해 기회를 포착할 때마다 전남 공업화의 청사진과 정부의 각종 투자계획을 될 수 있는 대로 소상히 도민에게 알리는 데 힘을 기울였으나 그렇게 큰 설득력을 가지는 것 같지는 않았다.

그러나 이에 못지않게 더 큰 위기는 전혀 의식하지 못하는 사이에 다가오고 있었다. 그것은 하늘의 시련(試鍊)이라 할 수 있는 가뭄이었다. 5월 초순부터 시작된 가뭄은 6월 하순과 7월 상순 사이에 내린 비로 해소된 듯했으나 7월 중순부터 10월 말까지 전혀 비가 오지 않았다. 꼭 108일간을 비를 전혀 볼 수 없었다. 따라서 농번기인 5월에서 10월까지 평년에 비하여 약 500㎜나 강수량이 부족했다. 가뭄은 전도(全道)에 걸쳤으나 가장 심했던 곳은 무안, 해남, 강진, 고흥, 완도, 장흥, 영암, 나주, 함평, 영광, 장성, 광산 등이었다.

이 지방의 농작물은 70% 이상이 피해를 입었다. 농작물 총 재배 면적 36만 3천 정보 가운데 23만 7천 정보가 극심한 피해를 입어 감수량이 60만 24톤에 달했다. 한발(旱魃)로 인한 보다 심각한 문제는 식수난이었다. 전 도민의 88%가 당시 우물에 의존하고 있었으니 가뭄이 심한 곳은 거의 바닥이 나서 다른 지방에서 식수를 운반해 와야 했다. 가장 심했던 해남과 무안, 그리고 남해 일대의 도서지방은 심한 고통을 겪게 되었다. 특히 도서(島嶼)지방은 배로 식수를 운반했다. 한편 상수도의 수원지도 저수량이 줄어 광주는 3일 간격, 목포는 더욱 어려워 시간제로 간신히 급수차가 동원되기도 하였다.

이렇게 되니 공업용수에도 영향이 미쳐 나주의 호남 비료공장은 가동이 중단되었고, 전남지방의 유일한 수력발전소인 보성강 수력 역시 발전량의 격감으로 전력공급에까지 위협을 받게 되었다.

그런데 1967년 가뭄은 한 해에 그치지 않고 68년까지 이태나 계속되어 어려움이 두 배로 겹쳤다. 67년은 모를 내고 7월부터 10월까지 비가 오지 않은 이른바 후기 한발임에 비하여, 68년은 전해와는 달리 전기 한발이었다. 도내 21만 정보의 논 가운데 4분의 1에 해당하는 5만 정보는 모내기조차 못했고, 겨우 모를 낸 논도 8월 상순까지 비가 오지 않아 고사하고 말았다. 전남의 연간 강수량은 1,200㎜ 내외인데 1967년은 50㎜, 68년은 400㎜가 부족했다.

구름 한 점 없는 하늘 아래 타는 듯한 뙤약볕에서 한 방울이라도 물을 더 대려고 농민들은 안간힘을 다했다. 학생, 군인, 공무원 할 것 없이 들샘을 파고 저수지의 바닥까지 파헤쳐 물을 찾는 데 혈안이 되었다. 물 푸는 두레박은 말할 것도 없고 1만 대가 넘는 양수기(揚水機)가 물을 품었는데 수십 리에 이르는 먼 거리를 비닐로 물을 대고 산을 넘는 파이프로 강물을 대기도 했다. 전국의 양수기가 거의 전남에 모여졌으며 그때만 해도 고무호스나 양수기의 국내생산이 빈약해서 일본서 수입하는 실정이었다.

온 도민은 혼연일체(渾然一體)가 되어 가뭄 극복에 있는 힘을 다했다. 그러나 두 해의 거듭되는 피해로 약 300만 석의 쌀의 감수(減收)를 비롯해 농산물의 생산에 큰 타격을 입었다. 참으로 엄청난 하늘의 시련이었다. 그러나 이와 같은 흉작(凶作)에도 불구하고 굶주린 사람은 없었다. 옛날 같으면 초근목피(草根木皮)로 아사지경(餓死之境)에 이르렀을 것이다. 이는 정부의 신속한 구호(救護) 덕분이었다. 보릿고개에도 풋보리를 뜯어다 끼니를 넘기는 사람은 나오지 않았다.

이것은 박 대통령이 한해민(旱害民) 구호를 위한 대통령령을 발표해 주었기 때문이다. 뿐만 아니라 한해대책 지침을 대통령 훈령으로 직접 작성해서 보내주기도 했다.

그것은 단계별로 1단계는 당면 긴급대책으로 인력관정(人力管井), 양수작업 등을 구호와 병행해서 실시하고, 2단계는 1년의 기간으로 한해(旱害) 상습지를 수리안전답(水利安全畓)으로 할 것과 전전환으로 작목을 변경할 것으로 분류하며, 3단계는 장기적 항구대책으로 가뭄 없는 전천후(全天候) 농토를 위해 대단위 농업용수개발을 연차적으로 추진하는 내용이었다.

특히 박 대통령은 한해(旱害)극복은 물질적 지원에 못지않게 정신력이 근본요소라 강조하며, 인간의 힘으로 천재(天災)를 극복하겠다는 의지와 지혜, 그리고 노력이 소중하다는 것을 한해지구 주민에게 고취시켜야 한다고 역설했다.

대통령 훈령 외에도 박 대통령은 두 번이나 도지사 앞으로 다음과 같은 격려의 친서를 보내왔었다.

우리 조상들이 천재는 불가항력이요 농사는 하늘이 지어준다는 체념과 무기력으로 요행만을 바라던 부끄러운 유산을 청산할 때가 왔다. 한해(旱害)대책이 이재민의 일시적인 구호대책에 그치지 말고 전천후 농업의 실현과 대국토건설이란 보람찬 과업이라는 긍지를 가져달라, 보릿고개를 몰아내듯 가뭄을 몰아내고 끝내는 가난을 몰아냄으로써 살기 좋은 국토를 후손에 물려주기 위해 오직 희생정신으로 전천후 농토개조에 전력을 다하라.

"도지사 이름 바꾸지"

전남의 한해(旱害) 대책은 주관부인 농림부나 건설부, 보건사회부 등에 전적으로 맡기지 않고 청와대에서 박 대통령이 직접 대통령 훈령을 만들고 친서를 보내오는 것을 보면 박 대통령의 관심이 얼마나 큰 것인가를 알 수 있다. 나는 일요일에도 점퍼 차림으로 한해대책 상황실에 있어야 했다. 대체로 그런 날은 어김없이 대통령으로부터 전화가 걸려 왔으며 항상 광주지방의 날씨부터 묻는다. 서울에 구름이 낀 날은 더욱 안타까워했다. 1967, 68년 이태 동안에 여덟 번이나 한해 현지를 돌아보았다.

대통령이 이처럼 자주 현지를 찾는 바람에 국무총리 이하 각부 장관들도 한 분도 빠짐없이 앞을 다투어 현지시찰을 오게 되어 지사로서는 영접에 영일(寧日)이 없었다. 그 가운데서도 정희섭 보건사회부 장관은 놀라울 정도로 열성적이었다. 정 장관은 거의 매달이었고 도청 소재지보다는 한해 현지를 한 군데도 빠짐없이 샅샅이 돌아보았다. 아예 서울에서 랜드로버 차를 한 대 광주에 대기시켜 놓고 있었다. 지사의 시간을 빼앗지 않기 위해서라며 숫제 알리지 않을 때도 있었다. 군의관(軍醫官) 출신이라 하지만 소탈하고 구수한 인간미를 느끼게 해서 값비싼 숙사에 드는 것조차 싫어했다.

당시 전남 해안 일대에서는 민간계획으로 간척(干拓) 사업을 여러 군데 벌이고 있었다. 이 사업들은 대부분이 보건사회부 소관인 구호양곡 밀가루 사업이었다. 그 가운데는 장흥군 대덕(大德) 간척지처럼 780정보나 되는 규모 큰 것도 있었으며, 고흥군의 해창만(五馬) 간척지는 1,132정보나 되는 사업장이었으나 보사부의 지원을 얻어 완성시킬 수 있었던 것은 참으로 다행한 일이었다. 그러나 도내 260개소가 넘는 다른 사업장은 구호양곡의 지원이 끊기게 되어 완성을 보지 못해 한해(旱害) 시찰과 함께 이러한 간척지를 완성시킬 수 있는 방안을 호소하는 데 최선을 다했다.

특히 이태나 계속된 한해 극복을 위한 정 보사부 장관에 대한 고마움은 당시 도청출입 기자단에 의하여 공적비(功績碑)를 광주 사직공원 안에 세운 것으로도 알 수 있다. 정부수립 후 장관의 공적비가 세워진 것은 처음 있는 일이다.

나는 정 장관과 상의해서 한해(旱害)의 참상을 생생하게 찍은 기록영화를 만들기로 하고 맨 처음 한해가 극심했던 무안군 일로면에 있는 영화농장(이곳도 간척사업으로 논이 된 곳임) 일대의 정황부터 필름에 담기 시작했다. 그것은 거북이 등처럼 갈라진 논, 빈사상태에 있는 벼들에 물을 대는 장면, 아주 물이 없어서 모내기를 못한 모판의 모를 소들이 뜯고 있는 참혹한 장면들이다. 또 하천바닥과 조금이라도 물이 나올 것 같은 곳에서 물을 찾는 농민들의 필사적인 장면들이 수록되었다.

정 장관은 이 필름을 미국에까지 지참해서 구호양곡을 얻어내는 데 쓰기도 했다. 또 이 한해(旱害) 영화는 광주까지만 오고 현지를 보지 못하는 방문객들에게도 깊은 감명을 줄 수 있었다. 많은 방문객 가운데는 당시 야당인 신민당 유진오 당수 일행도 있었다. 우리는 성의를 다해 한해 상황을 설명하고 광산, 나주, 강진, 장흥 등지의 한해지구를 안내했다. 유 당수는 가는 곳마다 의연금과 쌀 10가마를 한해민을 위해 내놓았다. 현지에서 1박 후 다음 날에는 가장 격심한 식수난을 겪고 있는 해남군 문내면 우수영의 우물 굴착작업장을 보고 70년래의 한발이 얼마나 심각한가를 실감하는 것 같았다. 그곳에서도 의연금과 쌀 20가마를 내놓았다. 유 당수 일행이 다녀간 뒤에는 가끔 행정을 꼬집던 야당의 소리도 자취를 감추었다. 자진해서 도의 한해대책 기구에 참가하는 적극성도 보였다. 재해 앞에는 여도 야도 없었다. 오직 뜨거운 동포애가 있을 뿐이다. 자칫 대립하기 쉬운 껄끄러운 관계도 새로운 협조 분위기로 바뀌어졌다. 나는 한해를 계기로 많은 야당 인사들과도 가까워질 수 있었다.

한해지 시찰에는 포터 미국 대사, 그리고 가네야마(金山政夫) 일본 대사도 왔다. 가네야마 대사는 한해민을 위해 무엇인가 돕고 싶다고 하더니 일제 양수기와 고무호스를 보내왔다. 그때는 호스가 부족해서 광목천으로 만들어 쓰는 형편이었다.

한번은 도청에서 한해(旱害) 대책의 현황을 보고받던 자리에서 박 대통령이 느닷없이 나를 향해 "도지사 이름을 바꾸지" 하셨다. 자리에 있던 모든 사람들이 어리둥절했다. 지사 이름에 불 화(火) 자가 있어서 가뭄이 들기 때문에 지사를 경질해 달라는 진정서를 받았다는 것이었다. 대통령을 비롯해 많은 분들이 웃어 넘겼지만 나는 웃을 수가 없었다. 불 화(火) 자란 '炫'자를 두고 하는 말이다.

나는 금시초문이었지만 도민들 가운데는 그런 생각을 가진 이가 많은 것 같았다. 참으로 도백(道伯)이란 어려운 자리임을 뼈저리게 느꼈다. 비가 너무 와서 홍수가 나도 그렇고, 비가 오지 않아 한발(旱魃)이 들어도 그것을 도지사의 책임으로 돌린다. 모두들 웃어 넘겼지만 당사자인 나는 부덕한 소치로 여겨져 죄책감조차 없지 않았다. 그만큼 마음이 무거웠다.

그러면서도 박 대통령은 5천 년 내내 내려오는 기우제(祈雨祭) 식 한해(旱害) 대책은 절대로 해서는 안 된다고 누누이 강조하였다. 그러나 현실은 반드시 그렇지 않았다. 이태 동안이나 연거푸 한해가 드는 바람에 농촌 민심은 흉흉하고 여기저기 기우제를 지내는 일이 있었으나 지사(知事)로서 나는 그것을 차마 말릴 용기가 나지 않았다.

심지어 당시 공화당 전남도 지부에서도 무등산 무제(巫齊) 고개에서 기우제를 지냈으며 그 자리에서 한 시인은 단비를 내려 불타는 대지를 축여 달라는 기우시를 낭독했고, 그래도 비는 오지 않았다. 어느 마을에서는 마을 부인네들이 묘를 파는 일도 있었고, 봉화(烽火)를 올리는 소동이 일어나기도 했다. 그래야 비가 온다고 믿었기 때문이다.

그러나 이러한 행동은 부질없는 일이다. 하나라도 더 우물을 파고 땀으로 물길을 찾는 길밖에 없다. 광산군 동곡면 하산리 농민들은 산을 넘고 들을 건너는 7단계 양수(揚水) 시설을 만들어 논에 물을 대는 데 성공했다. 한 농민은 "묘나 파고 봉화로 기우제를 지낸다고 비가 옵니까?" 하고 삽을 들고 들로 나섰다. 함평군 나산면 덕림리의 10여 가구 농민들은 나산제에서 물을 끌어 백재도로에 가마니를 깔고 그 위에 광목천을 간 뒤 다시 비닐을 깔아 인공수로를 만들어 물을 댔다. 양수기 한 대로는 하루 3두락밖에 물을 대지 못하지만 100두락까지는 까마득해서 비닐수로를 만든 것이다.

수리안전답이 적고 하천유역이 없어 한해 상습지대인 해남군은 가장 격심한 한해를 겪었다. 문내면, 산이면, 황산면은 양수기조차 쓸모가 없게 되었다. 저수지도 거의 바닥이 드러나고 모두가 거북이 등처럼 되었다. 그래도 이곳 농민들은 초인적이다. 이곳 역시 광목과 비닐호스로 3단계 양수작업으로 어린아이들에서 89세 노인에 이르기까지 총동원되어 논에 물을 대는 행렬이 동틀 때까지 계속되었다. 화순군 도암면 용강리 50여 농민은 마을 앞에 "비 안 온다 한탄 말고 지하수로 벼 살리자"는 현수막을 내걸었다. 하천바닥을 파서 고인 물을 남녀노소 할 것 없이 물동이로 마을앞 논에 날랐다. 그리하여 벌겋게 타는 벼를 살려냈다. 참으로 인간승리(人間勝利)의 의지였다.

장성읍 기산리 마을은 400호의 농가가 마을 옆으로 흐르는 필암천의 물을 끌어 농사를 지었으나 한해(旱害)가 들어 개천이 말랐다. 마을 사람들이 하상(河床) 굴착을 해서 바닥에서 물줄기가 솟아나기 시작했다. 5마력짜리 발동기로 밤낮없이 물을 끌어들여 4만여 평의 논에서 평년과 다름없이 농사를 지을 수 있었다. 또 광산군 송정읍 신야촌 마을 사람들은 농토가 대개 모래땅인 데다가 수리(水利) 시설이 없어서 조금만 가물어도 농사를 망쳤는데, 이해는 마을 사람들이 지하수 개발에 눈을 돌려 13개소에 인력관정을 파서 47정보의 모래땅이 옥답으로 바뀌었다.

　　나주군 남평면 남평리의 152세대의 농민들은 채소를 심어오던 중 가뭄으로 벌겋게 타버린 들판과는 달리 배추, 무 등 가을채소가 탐스럽게 자랐다. 7월부터 가뭄이 심해지자 이곳 농민들은 곳곳에 지하수(地下水)를 개발, 펌프 50대를 가동해서 7월부터 비 한 방울 내리지 않았지만 풍요로운 가을을 맞이할 수 있었다. 이처럼 이태나 가물게 되면 지표수는 거의 바닥이 나기 때문에 지하수를 찾는 길밖에 다른 도리가 없었다. 지하수를 찾은 농민만이 농사가 가능했다.

가뭄 없는 낙토의 꿈 — 영산강 종합개발계획

따라서 1968년도 농업용수 개발은 지표수 이용에서 지하수(地下水) 개발로 방향을 바꾸었다. 이는 1967년의 경험을 토대로 비가 오지 않을 때는 지표수 이용이란 한계가 있었기 때문이다.

이때 지하수 개발의 시초는 나주군 영산포읍 삼영리에 지하수 시추기를 꽂기 시작한 때부터이다. 이 지역을 표본으로 하여 농업용수 개발계획도를 만들었다. 그리하여 저수지, 도수로(導水路), 관정(管井) 등의 기호를 고안해 박 대통령이 직접 작성한 예시도를 보내오기도 했다. 그 후 전남뿐 아니라 전국적으로 한해(旱害) 상습지를 대상으로 당시의 조시형 대통령 비서관이 주동이 되어 농업용수 개발계획도가 완성되었다. 그뿐 아니라 지하수 개발을 전담하는 지하수개발공사가 설치되었으나 뒤에 농업진흥공사에 흡수되었다.

사실 인력관정, 기계관정, 집수암거(集水暗渠) 등과 같은 지하수 시설은 우선 일반 농민들에게 생소해서 초기에는 인쇄물과 슬라이드를 통해 교육을 실시했고 전남뿐 아니라 전국적으로 지하수 개발에 관한 세미나가 여러 차례 열렸다. 그럴 때는 으레 전남의 실례가 교재로 등장했음은 물론이다. 이때 전남의 하천(河川) 수계(水系)에 따른 지하수 개발 분포도는 여러 군데서 화제를 모았다. 지하수를 1일 100톤 이하, 300톤, 300톤에서 900톤, 900톤 이상을 색깔별로 표시해서 일목요연하게 관정(管井) 분포도를 만들었더니 이것이 아이디어 면에서 크게 히트한 셈이다. 대통령 지시에 따라 여러 장을 청와대로 보내기도 했다.

1967년도만 해도 한해(旱害) 대책으로 1,940개소의 소류지를 만들어 7,900정보, 1968, 69 양년에 9,450개소의 관정을 비롯해 1만 2천 개소의 집수암거, 양수장, 보, 저수지 등으로 55,700정보의 수리안전답(水利安全畓)을 완성했다. 이렇게 되면 전국에서 수리 안전율이 가장 앞서게 된다. 가뭄 없는 농토의 꿈이 이루어지며 대한발(大旱魃)은 우리에게 전화위복(轉禍爲福)의 계기가 된 셈이다.

이태 동안의 한해(旱害) 대책 기간에 가장 주의를 기울인 것은 한해대책에 관련된 부정행위가 일어나지 않을까 이를 단속하는 일이었다. 혹 밀가루를 한해사업이 아닌 다른 데로 빼돌리지나 않을까 하여 늘 불안했다. 하루 1인당 3.6kg이 기준인데 이것이 더러 시장에 유통되고 있다는 경찰정보는 항상 나를 긴장시켰다. 나는 한해(旱害)에 종사하는 공무원들에게 추호라도 불미스러운 일이 개재되어서는 안 된다고, 그것은 바로 역사의 죄인이 되는 것이라고 기회 있을 때마다 호소했다. 당시 전 공무원들은 휴일도 휴가도 없었다. 헌신적으로 지사(知事)와 똑같은 마음으로 뛰어준 것을 나는 늘 감사하게 생각하고 있다.

전국 방방곡곡에서 눈물겨운 의연금(義捐金)이 답지했다. 코 묻은 아이들 저금통에 든 돈까지 의연금으로 보내왔다. 구두닦이 소년들, 교도소의 재소자들도 구호금을 보내왔다. 그러므로 한 푼이라도 한해민 구호에 긴요하게 쓰기 위해 세심한 주의를 기울였다. 비단 국내뿐 아니라 재일·재미동포는 물론, 월남전선의 용사로부터도 성금이 오게 되어 뜨거운 동포애(同胞愛)에 가슴이 뭉클했다.

한해(旱害) 대책에 투입된 양곡은 무려 239,800톤으로 이를 포대로 환산하면 1천만 포대가 넘으며, 4톤짜리 트럭으로 6만 대분, 목포에서 서울까지 약 천 리 길로 뻗칠 수 있는 수량이다. 그 밖에 240만 석의 양곡과 자재대를 합하면 두 해의 쌀 감수량과 거의 맞먹게 되어

214

극심한 한발에도 굶는 사람이 없었던 까닭은 바로 여기에 있었다. 한해구호(旱害救護)는 이에 그치지 않았다. 한해민의 생계를 돕기 위해 도로공사를 일으켰고 각종 세금을 감면했으며 이미 대출된 영농자금의 회수를 연기하고 한해민 자녀들의 학업중단을 막기 위해 학자금을 지원하는 등 2년간 지원총액이 231억 원에 달했다. 당시 전남도의 1년 예산액이 50억 원 안팎이었음을 상기하면 지원의 규모를 짐작할 수 있을 것이다.

그러나 한해대책의 궁극의 목표는 한해민의 구호에만 있는 것이 아니고 앞으로 어떠한 가뭄이 닥쳐오더라도 농사에 지장이 없도록 하는 농업용수(農業用水)의 개발에 있다는 것은 이미 여러 차례 언급한 바와 같다. 그 점에서 가장 큰 사업은 영산강 종합개발계획이다. 이것이 1967, 68년 한해대책의 하이라이트임은 말할 것도 없다.

1968년 초에 현재의 장성댐 바로 그 자리에서 영산강 개발의 역사적인 기공식을 가졌다. 나는 그 자리에서 영산강 개발이 완성되면 전남의 모습이 바뀔 것이라 했다. 그리하여 한 많은 눈물의 영산강이 기쁨의 영산강으로 노래 불리게 될 것이라고 했다. 영산강은 소백·노령산맥 줄기에서 발원해서 극락강, 황룡강, 지석강 등의 물줄기를 모아 목포 앞바다에서 서해로 흐르는 115㎞의 큰 강이다. 2시 6개 군에 걸쳐 있다. 한강, 금강, 낙동강과 함께 우리나라 4대 강의 하나로서 유역 경작률이 36%로서 가장 높은 강이다. 그러나 비가 조금만 많이 와도 이내 범람하고 가물면 1967, 68년 때처럼 혹심한 피해를 입어왔다. 그러나 워낙 막대한 재정이 수반되기 때문에 그간은 엄두를 내지 못했다.

이 대역사(大役事)는 3단계 사업으로 당초 구상되었다. 제 1단계는 4,800만 달러 차관(借款)과 내자(內資)로 영산강 상류의 장성댐, 담양댐, 대초댐, 동복댐을 건설하여 농업용수, 공업용수, 생활용수를 해결하고 동시에 홍수를 조절하며, 제 2단계는 9,500만 달러 차관과 내자로 목포 앞 영암군과 무안군을 연결하는 하구둑의 건설이다. 이는 1981년에 완성되었다. 제방 길이 4,350m 만수 면적 3,460정보에 저수량 2억 5,300톤의 국내 최대의 인공 담수호(淡水湖)가 탄생된 것이다. 제 3단계 사업은 서남 해안에 산재한 여러 섬을 연결시켜 육지화하는 문자 그대로 우리나라 지도를 바꾸는 원대한 사업이다. 이는 영산호의 풍부한 수원이 있기에 실현 가능한 일이다.

과거 70년간 우리나라 기상재해의 연간 발생통계에 의하면 집중호우 4.1회, 폭풍 3.4회, 태풍 1.2회, 한발 1.8회, 해일 0.5회의 빈도로 발생했다. 이를 지역별로 보면 한해(旱害)는 전남 전북 경남 순이고, 수해(水害)는 경남 경기 전북 순이다. 냉해(冷害)는 강원 경기 전북이고, 종합적으로는 전남북 경남북 순으로 되어 있다. 이처럼 과거의 통계상 전남은 재해의 빈도가 가장 높고 특히 한발이 다른 지방에 비하여 자주 일어나고 있음을 알 수 있다. 이와 같은 자연의 재해를 이기는 길은 대단위 종합개발밖에 없으며, 그런 점에서 영산강 종합개발은 전남의 미래를 좌우하는 대사업이 아닐 수 없다.

두 해의 한해를 극복한 뒤 나는 도민들의 시련을 이겨낸 굳은 의지와 온 국민의 뜨거운 동포애를 영원히 기리기 위해 광주 시가지로 들어서는 돌고개 인근에 한해극복(旱害克服) 기념탑(紀念塔)을 세우고자 터를 물색하고 예산조치를 하던 중에 전남도를 떠나게 되어 이의 실현을 보지 못했다.

그러나 지금 생각하기를 영산강 개발사업이야말로 1967, 68년 가뭄해의 최대의 기념비적 의의를 가지는 것으로 믿고 있다. 그때 가뭄이 아니었더라면 과연 그렇게 착수할 수 있었을까 하는 생각이 들기 때문이다.

216

농특사업

1960년 말기 지방행정에서 역점을 둔 시책의 하나에 농특(農特)사업이 있다. 이는 농어민 소득증대 특별사업을 줄인 말이다. 이것은 원래 1967년경부터 활발해진 주산(主産)단지 조성사업에서 출발할 것이다. 즉, 자연적 경제적 입지조건에 맞추어 적지적산(適地適産)의 원칙에 따라 수요와 수익성이 높은 농작물, 특히 수출전망이 좋거나 혹은 공업원료가 되는 농산물을 집중적으로 증산키 위해 집단 생산지를 조성하는 사업이다.

예컨대 고구마, 양송이, 아스파라거스, 사과, 복숭아, 감귤, 밤, 감, 표고버섯, 젖소, 양돈, 양계 등이 일반적인 품목이다. 주산지를 조성해서 생산하는 품목은 자기소비가 목적이 아니고 어디까지나 상품화하는 데 목적을 두었다. 따라서 주산단지 조성사업은 우리나라 농업에 있어서 전통적인 생계농업에서 근대적인 상업농업(商業農業)으로의 전환을 의미하게 된다. 이 사업이 1968년부터는 농가소득을 크게 향상시킬 수 있는 농어민 소득증대 특별사업으로 발전되었다.

물론 주관은 농림부였지만 박 대통령의 깊은 관심 아래 이 사업이 추진되었기 때문에 지방행정의 중요한 정책과제의 하나였다. 따라서 각 도에서는 경쟁적으로 이를 선정했다. 선정한 사업내용은 박 대통령이 현지에서 직접 확인하는 절차를 밟게 된다.

박 대통령은 1968년 6월 10일 권농일(勸農日) 치사에서 식량이 부족하기 때문에 식량증산에 계속 힘써야 하겠지만 이것 외에 수익성이 높은 경제작목이나 특용작물을 재배하든지 또는 축산업을 통해서 농가소득을 획기적으로 올려야 한다고 강조하였다. 박 대통령은 농촌의 근대화 없이는 조국의 근대화는 있을 수 없다는 굳은 신념을 자주 표명하였고, 농공병진(農工竝進)과 농어민 소득증대가 농촌개발과 농업근대화의 기본전략이라는 것을 기회 있을 때마다 역설하였다. 이리하여 1968년부터 제1차 농어민 소득증대 특별사업이 시작되었다. 이 시책구상의 내용을 요약하면 다음과 같다.

첫째, 주산단지(主産團地) 농업으로의 과감한 전환이다. 과거에는 농작물의 품목별 생산지가 분산되어 있었고 단일품목을 계통적으로 지원하는 데 그쳤다. 이러한 방식을 지양하고 농특사업에서는 적지적작(適地適作) 원칙에 입각하여 지대 구분에 따른 주산단지 중심으로 집단생산과 유통권의 형성을 통한 처리가공시설을 동시에 배치하였다. 이에 따라 지금까지의 품목에 따른 개별 생산지원이 주산단지를 중심으로 지역위주의 종합적 개발방식으로 바뀌는 것이다.

둘째, 급증하는 경제작물의 수요를 충족시키고 수출할 수 있는 품목에 주안점을 두었다. 특히 소득수준의 향상으로 소비수요도 다양하고 고급화됨에 따라 이에 상응하는 품목의 생산에 주력하고 수출을 촉진할 수 있는 품목에 개발의 역점을 두었다.

셋째, 농가의 영농방식을 전통적인 생계(生計) 농업에서 상업영농(商業營農)으로 전환을 시도하는 것이다. 지금까지의 쌀, 보리와 같은 주곡(主穀) 생산 위주의 농업에서 수익성이 높은 농산물을 생산하여 이를 상품화하는 데 목적을 두었다.

이와 같은 농어민 소득증대 특별사업은 우리 농업이 상업적 영농으로 전환하는 계기가 되는 매우 중요한 의미를 갖게 된다. 전국적으로 90개 단지에 43개 품목이 선정되었다. 전남의 경우는 16개 단지로 다른 도(道) 보다는 비교적 단지(團地) 수가 많았다. 이는 한해(旱害)를 입은 보상적 의미도 있지만 무엇보다 당시 조시형(趙始衡) 농림부 장관의 각별한 배려에 의한 것이다.

각도의 농특사업에 대한 선정에 대해서는 박 대통령이 현지에서 직접 확인하는 계획이 발표되어 전남은 광산군 평동면에 있는 도립목장에서 브리핑을 하게 되었다. 박 대통령은 전북을 거쳐 헬기로 이곳에 도착, 전남이 선정한 농특사업을 일일이 확인하였으나 이렇다 할 지적 없이 모두 승인을 받게 되었다. 농특사업은 전국적으로 코드넘버가 부여되며 그중에 전남이 가장 많은 수를 차지할 수 있었다.

브리핑을 마친 뒤 장성군 삼서면 석마리에 있는 특 28 장성지구 잠업(蠶業) 단지를 시찰하였다. 그 당시는 잠업이 농가소득에 유망한 품목으로 정부가 장려에 힘을 기울이던 때이다. 전남은 장성 외에 곡성군에도 대대적인 잠업단지를 농특사업으로 선정하고 이곳에는 잠업기술학교를 세우기도 했다. 이 무렵 강원도에서는 산에 뽕나무를 심는 산지 시범사업이 전개되고 있어서 나는 잠업관계자들과 함께 강원도 원성군의 현지를 시찰하기도 했다.

전남의 경우 함평에서 무안군에 이르는 일대는 양파의 주산단지로 일찍부터 이름이 나 있었다. 자동차로 한참 달려도 계속 양파 밭만 보일 뿐이다. 그러나 저장시설이 없어서 홍수출하(洪水出荷)로 인한 가격폭락으로 농민은 항상 손해를 보아야 했다. 이곳의 농특사업으로 양파보관을 위한 저온(低溫) 창고를 짓는 사업을 시작했다.

승주 광양 일대는 고등채소 양송이 재배로 일찍부터 주산지화가 된 곳이기 때문에 농특사업으로 지정했다. 초봄이 되면 이 일대는 비닐재배로 하얀 바다를 이룬다. 그중에도 광양은 나의 모교 옆으로 양송이 재배사(栽培舍)가 즐비하게 들어섰고 양송이 가공공장도 가동하게 되었다. 그러나 양송이 재배에는 기술이 선결조건이기에 농촌지도소에 의한 기술지원을 시도했지만 참여농가 중에는 기술미숙으로 초창기에는 실패하는 예도 많았다. 이러한 농가는 농협으로부터 받은 융자금을 갚지 못해 양송이를 "망송이"라 빗대어 이를 장려한 도 당국을 원망하는 일도 있었다.

농특사업으로 담양과 장흥의 한우입식(韓牛入植)은 그런대로 증식에는 성공했으나 육류가격의 불안정으로 입식농가가 고초를 겪기도 했으며, 광산군에는 젖소단지가 조성되어 낙농에 힘쓰는 축산농가가 크게 늘었고 도립목장은 이들의 시범목장 역할을 해낼 수 있었다.

농특사업에서 가장 중요한 요건은 판로(販路) 개척이었다. 판로가 보장되지 않은 농산품은 재배를 지속할 수가 없다. 제일 안전한 것은 생산자와 계약 재배하는 방식이지만 이는 그렇게 흔치 않다. 농특사업으로 나주의 인초단지는 같은 면적의 논에 벼보다 3배 이상의 수익을 올릴 수 있었지만, 가장 큰 애로사항은 역시 판로였다. 이를 위해 일본에 수출의 길을 확보했을 때에는 활발했지만 그것이 막히고 국내 소비만으로는 재배농가에 심한 타격을 준 일이 있다.

밤나무단지 조성에서는 밤나무로 성공한 광양군 다합면의 김오천(金午千) 씨를 잊을 수가 없다. 그는 집안이 어려워 일본에 가서 처음에는 탄광 인부로 일하다가 한 농예원에서 묘목 기르는 기술을 10년이나 익혀 해방이 되어 고향에 돌아올 때 밤나무 묘목을 싣고 왔었다. 그리하여 고향인 다합면 도사리 뒷산을 사서 일본에서 하듯이 밤나무를 심었다. 그 산은 결코 좋은 산도 아니고 경사가 30도나 되는 험한 산이었지만 그는 밤나무에 거름을 주면서 길렀다.

내가 이곳을 방문했을 때는 감나무가 200, 매실이 200, 밤나무가 3천 주가량 자라고 있었다. 그해 가을에 밤을 30가마를 거둬들일 수 있었다고 하였고 그때는 밤 한 가마와 쌀 한 가마가 같은 값으로 팔리고 있었다. 그는 1965년에 밤나무 생산으로 대통령 포상을 받았으며 밤나무 산은 50정보로 늘어났고 묘목 생산을 통해 1만 주를 심을 목표를 세웠다.

220

그 뒤 내가 농림부 장관이 되어 1972년에 다시 찾아갔을 때는 산이 106정보로 늘었고 밤나무가 8만 주나 되어 그해는 밤을 400가마 남짓 수확하고 있었다. 물론 밤뿐 아니지만 연간 1천만 원 가까운 수익을 올린다고 하였다. 그때는 밤나무를 10만 주를 심을 것을 목표로 하고 있었다. 김오천 씨의 경우는 보잘것없는 비탈진 산을 가꾸어 큰 부(富)를 이룬 데 놀라지 않을 수 없다. 전남의 농특사업에서 밤나무 단지에 뜻을 두는 사람은 예외 없이 이곳을 보게 하였다.

전남에는 농특사업으로 밤나무, 표고버섯, 양잠, 양송이, 고등채소, 양파, 인초, 다원(茶園), 아주까리, 복숭아, 포도, 감, 육성우, 비육우, 젖소, 백합 양식 등이 지역별로 주산지를 형성할 수 있었다. 이와 같은 큰 의미를 갖게 된 농특사업은 1974년 이후에는 새마을운동으로 추진된 새마을 소득증대 특별사업으로 명칭이 바뀌어져 새마을운동의 일환으로 계속 추진하게 되었다.

대만 농촌을 보고 — "서두르지 말라"

대만(臺灣) 정부로부터 초청을 받고 있었으나 그간 한해(旱害) 대책 등 바쁜 도정(道政)에 쫓기어 떠나지 못하다가 1969년 초 대통령 연두순시를 마치고 나는 엄병건(嚴秉健) 산업국장, 김준홍(金俊洪) 농촌진흥원장과 함께 대만 농촌시찰 길에 올랐다. 김포공항에서 두 시간 남짓 만에 전혀 딴 세상이 그곳에 있었다.

국토가 불과 3만 5천여 ㎢ 밖에 되지 않는 면적에, 3천 m 이상의 높은 산이 62개나 될 만큼 산이 많은 나라이다. 그 산에는 활엽수림, 침엽수림, 죽림 등 상록의 자연림으로 우거지고, 들은 들대로 바둑판처럼 정리되어 인공의 방풍림이 검푸르게 울창하다. 조금 높은 곳에서 내려다보면 전 국토가 온통 거대한 숲과 같다. 우리의 안내는 JCRR(농촌부흥위원회) 소속 사(謝) 씨였다. 나는 무엇보다도 울창한 산과 나무들이 부러웠다. 한국에서는 보지 못한 유달리 잎이 싱싱한 나무가 많아서 물었더니 상사목이라 했다.

대만은 우리와 동일한 유교권(儒敎圈) 내의 비슷한 처지의 개도국이지만 우리보다 건전한 발전을 거듭하고 있다는 것은 널리 알려진 사실이다. 특히 농촌과 농업문제에서 그렇다. 그 당시에도 몇 가지 강점을 자랑하고 있었다. 첫째, 국제수지 균형으로 외채 부담이 없다는 것, 둘째, 소득배분의 균형으로 민생문제가 잘 해결되고 있다는 것, 셋째, 농촌과 도시가 균형을 이루어 농촌이 보다 안정되어 있다는 점 등이다.

우리는 맨 먼저 성(省)정부에서 대만 농촌에 관한 브리핑을 받았

222

다. 그것은 비록 녹음이기는 하지만 유창한 한국말이었다. 그들의 기본 개발전략을 '농업으로 공업을 배양하고 공업으로 농업을 발전시킨다'는 것에 두고 있음이 매우 감동적이었다. 이 점으로 우리는 대만의 농촌과 농업은 국민경제의 한 요소로 안정되어 있고, 또 그들의 공업화에 확고한 기반이 되고 있음을 알 수 있다.

우리는 이어서 도원(桃園)시에 있는 토지개혁 기념관을 보게 된다. 그들은 국부인 손문의 경자기유전(耕者其有田)의 사상에 따라 1949년에서 1953년에 이르는 동안 3단계에 걸쳐 토지개혁을 단행했다. 이 토지개혁이야말로 오늘의 대만 농촌발전의 기반이 되었다. 그리하여 소작농은 자작농이 되고 지주는 공장주인이 되어 1960년대와 70년대의 공업화에 적극적인 기여를 하였다.

당시 대만 농가 호수는 약 88만 호로 호당 경지면적은 1.03ha, 우리나라나 일본과 비슷한 소농(小農) 구조이다. 그러나 그들은 기후혜택으로 1년에 3모작도 가능하기 때문에 우리와는 사정이 아주 다르다. 대만의 북부와 중부는 아열대로 연중 상춘(常春)을 이루고 남부는 열대에 속해 연중 상하(常夏)이다. 따라서 겨울이 없는 나라이기 때문에 짚이나 보릿대가 모두 퇴비로 농토에 환원된다. 또한 의·주 생활이 우리와 비교가 되지 않을 만큼 자연의 혜택을 받고 있는 셈이다. 그러므로 1년에 몇 번이고 농사를 지을 수 있으므로 한 번 농사를 실패해도 끄떡도 하지 않는다. 태풍으로 집이 날아가면 몇 번이고 다시 지어 살아온 그들이다. 좌절과 실망이 없다. 실패를 회복할 기회가 늘 남아 있기 때문이다.

농가(農家)들은 대체로 붉은 벽돌로 지어져 있다. 내가 본 농가는 농토를 끼고 여기저기 분산되어 있어서 우리나라처럼 취락을 이루고 있지 않는 것이 특색이다. 마치 숲과 전원에 싸인 별장과도 같다. 농가구조도 다르다. 현관에 들어서면 조상을 모시는 제단이 보이는 응접실 겸 거실이 있고 대부분 침대생활이다. 부엌과 연결된 식당 등이 본채이고 곡식과 농기구 등을 보관하는 창고와 축사가 따로 붙어 있다. 집 주변에는 오리를 키우거나 고기를 기르는 양어장을 흔히 볼 수 있다.

우리를 놀라게 한 것은 농가에 이르는 길은 모조리 포장이 되어 있었던 점이다. 뿐만 아니라 농로(農路)까지도 포장되어 있다. 그러기에 자전거가 유달리 많고 오토바이가 도처에 요란한 소리를 내며 질주하고 있다. 그것은 농촌의 좁은 길까지 탄탄하게 포장되어 있는 까닭이리라. 우리 농촌이 이 수준에 이르려면 아직도 요원하다.

우리가 찾아간 농가에서는 전자부품을 하청받아 작업이 한창이었다. 이것이 대만의 경우 우리보다 농외소득(農外所得) 비중이 월등 높은 이유이다. 또 농민조직인 농회(農會)가 우리의 경우와 판이하다. 우리나라로 치면 농협(農協)과 농촌지도소가 통합되어 있는 형태이다.

농회(農會)는 구매, 판매, 신용, 보험 등 우리 농협과 같은 사업 외에 기술지도 역시 함께 맡고 있는 것이 특색이다. 또한 우리나라 농협은 이동조합이 기본단위임에 비해 대만은 우리나라 면의 2배에 가까운 향(鄕)[진(鎭)]의 농회를 기본단위로 하고 있어서 그 규모가 크다.

우리나라에서 한때 농촌지도체계의 다원화가 문제점으로 제기된 일도 있지만 대만에서는 농민조직이 농회 하나로 단일화되어 농민은 농회에만 가면 모든 문제를 해결할 수 있는 이점이 있다. 한 농회판매점에서 장례식 때 쓰이는 관을 팔고 있는 것이 의아해 물었더니, 누구나 관만은 값을 부르는 대로 주기 마련이기에 이를 방지하기 위함이라는 대답이었다. 아무튼 대만 농회는 농촌개발의 주역을 담당하고 있다는 강한 인상을 받았다. 특히 그들의 결코 서두르지 않는 느긋한 자세는 중국인 특유의 대륙적 기질에 의한 것이겠지만 농업에서는 2, 3년 안에 해결할 수 있는 문제는 하나도 없다는 농업철학을 가지고 있다.

나는 이때 일생을 대만 농업에 바치고 있는 이연춘 씨를 만나게 되었다. 그는 24년간이나 대만 정부의 양식국장을 지낸 농업전문가이다. 장개석 총통 때부터 이 사람만은 교체하지 않고 오래도록 한자리에 두었다고 한다. 그러므로 그는 대만 농촌을 자기 손바닥 들여다보듯이 샅샅이 도통하고 있었다. 그는 중국음식을 시켜놓고 조급하게 독촉하면 제맛을 맛볼 수 없다는 비유를 들려주며 농업에서는 서둘면 실패하기 쉽다는 것을 강조하였다. 예컨대 품종개량이나 작목개발에서도 충분한 연구와 신중한 사전검토 끝에 확신을 얻은 후에야 비로소 실행에 옮겨야 한다고 주장했다.

나는 농림부 장관이 된 뒤에 이연춘 씨를 초청해서 우리 농촌을 보인 일이 있다. 그때는 양식국장에서 물러났지만 역시 고문직을 맡고 있었다. 그는 한국 농촌시찰 후 나에게 농업용수(農業用水) 개발에 더 많은 투자와 기반조성 사업에 힘쓸 것을 얘기하던 것이 기억난다.

변모해가는 농촌

1970년대의 변화 가운데 빼놓을 수 없는 것이 농촌의 변모이다. 도로교통망의 정비와 TV의 보급은 농촌생활 모습을 근본적으로 바꾸어 놓았다. 이것은 때마침 전국적인 규모로 확산된 새마을운동으로 일대 변혁을 가져왔다. 마을 진입로, 지붕개량, 소하천의 정비, 경지정리, 공동 빨래터, 간이 상수도, 불량주택 개량, 담장개량, 마을회관 설치 등뿐만 아니라 전기 통신시설 역시 점진적으로 가설이 확대되었다. 또한 농가소득 면에서도 정부의 고미가(高米價) 정책과 쌀 증산으로 크게 여유를 얻게 되었다.

1970년 25만 5천 원으로 도시근로자 소득의 53%에 불과했으나 1974년에는 농가소득이 도시근로자 소득을 넘어서게 되었다고 발표하였다. 이것은 농민들이 상업농업(商業農業)에 눈을 뜨게 된 데 이유가 있다. 즉, 상품화가 용이한 고등채소, 과일, 무, 배추 등의 밭작물의 재배 붐이 일어났기 때문이다. 특히 비닐하우스 농법이 개발되면서 계절적 제약요인을 극복하게 되었고 다양한 새로운 작물이 도입됨으로써 농가의 상품화율을 크게 높였다.

이러한 원예작물뿐 아니라 양계, 양돈, 젖소 등 축산업이 농가의 부업으로 부각되면서 이른바 다각영농(多角營農) 시대로 바뀌게 되었다. 따라서 농가소득의 거의 대부분을 차지하던 쌀 생산비중이 60% 수준으로까지 떨어지게 되었다.

또한 농촌의 근대화가 지나치게 강조된 나머지 전통적인 미덕과 고향의 정취를 느끼게 하는 풍물들이 점차 사라져 가는 운명을 겪기도

하였다. 새마을사업으로 추진된 주택개량으로 재래식 전통가옥은 하나둘씩 자취를 감추게 되고 담장에 흰색을 칠하고 알록달록한 지붕 빛깔은 농촌을 외관상으로도 크게 변모시켰다. 겉보기에는 깨끗하고 기능적으로 보이는 개량주택들은 그 속에서 생활하는 농촌사람들의 생활양식과는 거리가 있었으며 어떤 면에서는 순전히 외부인사들의 시각을 의식해서 만들어진 측면이 없지 않았다. 획일적인 모델과 색감으로 지역적인 개성이 없이 어디서나 비슷비슷한 외양을 나타냈다.

주택의 모양뿐 아니라 취사(炊事) 구조도 크게 변해갔다. 1960년대 까지만 해도 난방이나 취사에는 장작이 주로 쓰였다. 그러던 것이 강력한 산림보호 정책과 더불어 장작 대신 연탄과 석유, 가스 등이 사용되기 시작했다. 특히 연탄사용은 우리나라 산을 푸르게 하는 데 결정적인 역할을 한다. 따라서 저녁노을을 배경으로 하얗게 피어오르는 시골의 굴뚝연기가 고향의 향수로 기억되던 시대도 자취를 감추어야 했다.

그뿐 아니었다. 폐쇄적이고 보수적인 농촌이 개방의 물결을 타면서 지방 특유의 전통이나 미풍양속도 사라져 갔다. 특히 TV의 보급으로 오랫동안 농촌사회를 지배했던 가치관이나 도덕관에 중대한 변화가 일어났다. 젊은 남녀의 관계가 자유스러워졌고 소가족 중심의 가족 이기주의가 마을 공동체주의를 앞서게 되었다. 기존의 인간적 유대들이 서서히 허물어져 가고 이해타산적인 인간관계가 두드러지게 나타났다.

내가 자라던 농촌을 보더라도 격변의 양상은 너무나 뚜렷하다. 그 변화의 조짐은 마을 바로 앞에 제철공단이 들어설 때부터이다. 그 인근 마을은 몽땅 딴 곳으로 이주해야 했고 이주한 곳은 도시형태의 신시가지가 형성되었다. 이주 때 받은 보상금을 헤프게 날린 세대들이 대부분이고 많은 사람들은 농사일 대신 제철소의 일용노동자로 바뀌었다. 제철소에는 외지사람들이 대거 취업해서 옛날과 같은 시골인심은 온데간데없고 도시도 아니고 농촌도 아닌 어정쩡한 지대가 되었다. 특히 주거사항도 제철소 종업원을 위한 아파트가 집단적으로 들어서고 그런 데는 도시와 다름없는 아파트 문화가 파급되어 가정생활의 변화, 주부활동, 그리고 여가활동에도 변화를 보이게 되었다.

또한 1960년대부터 시작된 핵가족화(核家族化)는 아파트 생활에 의해 결정적으로 뿌리를 내리게 되었다. 이러한 풍조는 비단 아파트뿐 아니라 전통적인 가족제도에도 점차 영향을 주어 대가족(大家族)제도는 사라지게 되었다. 뿐만 아니라 마을에도 다방이 생겨 지금까지의 사랑방 풍속은 찾아볼 수 없게 되었다. 웬만한 거리는 걸어 다니던 것이 버스나 경운기를 이용하는 등 편의주의(便宜主義)를 찾게 되었다.

어느 시대, 어느 사회를 막론하고 세월의 흐름에 따르는 변화는 어찌할 수 없는 현상이 아닐 수 없다. 예로부터 만물(萬物)은 유전(流轉)한다고 했지만 지난 1970년대처럼 우리 농촌을 크게 바꾼 예는 찾아볼 수 없을 만큼 내용이 다양하고 또한 급속히 진행되었다는 점에서, 이전 시대의 그것과는 확연히 구분되고 그 시대를 거쳐온 모든 사람들에게 커다란 충격으로 기억될 것이다.

또한 그 시대야말로 많은 것들을 상실하고 새로운 선택으로 변화를 촉진한 시기였다. 그 변화의 소용돌이 속에서 많은 것들이 역사 뒤안길로 사라져야 했고 새로운 것들이 무대의 전면에 등장해 이를 지켜보는 이들을 어리둥절케 하였다. 지금 마을 집집마다 TV, 전화, 냉장고 등 가전제품이 도시 가정과 다름이 없고, 소가 논을 갈던 때는 옛날이고 경운기, 그것도 1년에 며칠밖에 사용하지 못하는 콤바인이 있는 농가도 있는가 하면 픽업을 부리는 젊은이도 있다.

그러나 내가 자라던 시절의 농촌은 전혀 달랐다. 1978년 〈농민신문〉에 실린 나의 에세이 "옛날의 금잔디 — 내가 살던 농촌"을 이곳에 옮겨본다.

아주 어릴 때의 기억은 할아버지 등에 업혀 한양 다녀오신 애기를 듣던 일이 아련하게 떠오른다. 구체적인 내용은 전혀 기억에 없다. 할아버지가 거처하는 사랑채에서 천자문을 배운 기억도 난다. 그러다가 마을의 서당에서 마을 아이들과 함께 글을 배웠다.

그때 우리 집 사랑에는 할아버지를 찾아오는 시골 선비들이 끊이지 않았다. 할아버지가 그들에게 손자를 자랑하는 것이 나는 쑥스러워서 곧잘 안채로 숨어 버리곤 했다.

우리 마을에서는 대농(大農)인 까닭에 봄에 보리수확 때에는 집에서 일하는 머슴으로는 일손이 모자라 온 동네 사람들이 며칠씩 도리깨질에 장단을 맞추어 구슬땀을 흘리며 보리타작하던 광경과, 산처럼 쌓인 보릿단 속에서 뛰놀던 기억이 어렴풋이나마 떠오르기도 한다. 모를 낼 때에도 온 동네 사람들이 모였다. 그럴 때에는 동네 앞에 있는 우리 논부터 시작한다. 으레 할아버지가 일꾼들을 지휘하는 것이다. 나는 못줄을 잡아보고 싶었지만 할아버지는 거머리들이 귀여운 손자의 다리에 달라붙을까 봐 한사코 말렸다.

할아버지는 직접 농사일을 하지는 않았지만 언제나 일꾼들을 부렸다. 새벽이면 끝이 날씬하게 생긴 자루가 긴 삽을 들고 논들을 한 바퀴 돌아보고 서당에 들러 글 배우는 우리들을 지켜보기도 하였다. 서당은 할아버지가 주동이 되어 지었다는 영모제(永慕齊)라는 현판이 걸려 있는 제각(祭閣)의 한 방이었다. 영모제에는 할아버지를 비롯한 많은 분들의 한시(漢詩)가 나무판에 새겨져 있다.

제각 뒤는 대나무 숲이 울창하고 참새들의 소굴이었다. 정원에는 큰 은행나무, 유자나무, 그리고 살구, 석류들이 여러 그루 서 있었고 초여름이면 자줏빛과 흰빛의 수국화가 탐스럽게 피었던 것이 기억난다.

가을이면 넓은 들에 누렇게 물결치는 벼이삭을 못살게 구는 참새 떼를 쫓는 것이 큰일이었다. 대체로 논이 내려다보이는 높은 곳에 원두막을 짓고 넷 또는 다섯 방향으로 새끼줄을 기다랗게 매달아 새들이 날아들면 줄을 힘차게 흔들어 줄에 달린 양철통들이 요란하게 울리게 하여 새를 쫓았다. 힘깨나 쓰는 일꾼은 새끼로 줄을 땋아 그 끝에 삼실을 늘어뜨려 머리 위로 몇 바퀴 돌려 후려치면 온 들이 떠나갈 듯이 쩡쩡 울리는 소리에 새들이 기겁을 해 도망친다. 나도 그 흉내를 내보았지만 도무지 소리가 나지 아니해 애를 먹기도 했다.

추수는 온 동네의 잔치였다. 지금처럼 들에서 탈곡기로 하는 것이 아니고 볏단을 모조리 집 마당으로 거두어들여 손으로 훑는 틀을 몇 대씩 세워놓고 두 손으로 일일이 훑기 때문에 며칠씩 걸린다. 볏가마는 마당가에 높다랗게 쌓여지고 그 밑에는 밤과 무들을 가마니째 땅속에 묻어 눈 내리는 추운 겨울을 대비한다.

늦가을 황혼이 짙어지면 나는 머슴을 졸라 추녀 밑의 새집들에 손을 쑤셔 넣어 참새를 잡는 것이 큰 즐거움이었다. 어둑어둑해지면 새들이 집 깊숙이 숨어 자다가 이번에는 사람한테 여지없이 당하는 판이었다.

추수가 끝나고 시월상달이 되면 온 마을의 일가친척들이 조상 묘를 찾아 시제(時祭)를 지낸다. 마을사람들은 거의가 친척들이기 때문에 시젯날에는 모두들 제각에 모여 음식을 준비하고 까다로운 차례에 의견도 분분했지만 할아버지는 문중에서도 어른이었기에 할아버지 결정에 따랐다.

이러한 생활은 오래 지속되지 않았다. 나는 아홉 살이 될 무렵 부모 곁을 떠나 읍내에 있는 학교에 들어가게 되었다. 읍이라고 하지만 농촌지대임에는 변함이 없다. 학교가 있는 뒤나 앞이나 모두가 논들이고 운동장 주변에는 넓은 실습지가 붙어 있어서 감자를 심고 파도 심고 그리고 늦가을이면 보리도 갈았다.

담임선생이 농사일에 열심이어서 방과 후에는 학교 주변 논두렁을 헤매며 풀을 베어 퇴비를 만들었다. 그것은 반끼리 경쟁이기도 하다. 우리는 풀을 베다 말고 메뚜기를 비롯해 실개천에서 붕어나 미꾸라지 잡기에도 여념이 없었다. 학교 서쪽 산 밑으로는 백운산 계곡에서 흘러내리는 맑은 시냇물이 굽이쳤다.

우리는 그곳에서 은어 낚시하던 일을 잊을 수가 없다. 은어는 한 마리만 잡게 되면 그 은어로 다른 은어들을 낚아 올릴 수가 있다. 은어는 우애가 두터운 고기인지 물속에 있는 은어 옆에다 대고 낚아 채면 줄에 달린 은어를 따라 잡히게 마련이다.

학교에선 모내기철이 되면 으레 광양 앞들에 나가서 모를 심었고 가을이면 피를 뽑는 데 전교생들이 동원되기도 하였다. 읍내라지만 거의가 농사를 짓기 때문에 학교가 파하면 소치는 친구들을 따라 뒷산 언덕배기에서 소는 소끼리, 우리는 우리끼리 해지는 줄도 모르고 놀기에 바빴다. 어둑어둑해서 몰고 온 소를 찾았지만 안 보이던 소가 먼저 저 혼자 집에 와 있기도 하였다.

초등학교 2학년 때 30리 거리에 있는 순천에 가서 난생처음으로 기차를 보았다. 그 우렁찬 기적소리와 시커멓게 생긴 우람한 기관차가 내뿜는 연기에 우리는 넋을 잃었다.

고향 광양은 산자수명한 고장이기는 하나 넓고 큰 고을이 아니고 척박한 곳이기에 주민들이 부지런하지 않으면 살아갈 수가 없어서인지 대체로 근면하고 억척스러운 데가 있다. 흔히 "죽은 송장 하나가 살아 있는 순천 사람 셋을 당하는 광양 사람"이라는 말이 있다. 그래서 "개천의 돌도 모가 나 있다"는 말을 듣기도 한다. 그만큼 매사에 적극적이고 다부진 데가 있다.

근년에 이르러서는 토마토, 오이 등의 비닐촉성재배가 광양에서 가장 먼저 시작되었고 어느 곳보다 앞서서 양송이 재배로 이름을 낸 곳도 우리 고장이었다. 이런 것들이 내가 자랄 때 보던 우리 고장 농민들의 자랑거리였다. 그런 고장에 지금은 순천에서 진주로 가는 기차가 달리고, 남해고속도로가 읍내 옆을 관통하게 되어 있고 읍내 입구에는 아파트촌이 숲을 이루고 있다. 내가 자랄 때의 목가적(牧歌的)인 정서는 찾을 길이 없다.

특히 광양만은 여름에는 백합과 장어, 겨울에는 김으로써 오랜 세월을 두고 이곳 주민의 생활의 터전이 되어 왔다. 겨울은 농한기라 하지만 이곳은 치운 겨울에 바다에 나가서 김 양식으로 몹시 바쁘다. 얼어붙는 듯한 겨울 새벽, 아직 동도 트기 전의 어둠 속에서 일을 해야 하니 여간 의지가 필요한 것이 아니다. 그러나 지금은 제철소가 들어서서 김 양식이 불가능하게 되었다. 내가 어렸을 때는 감히 상상도 할 수 없는 변화이다.

지금 고향에는 함께 피 뽑고 은어 잡던 한 친구는 농협조합장, 또한 친구는 읍장 그리고 군수로 있다. 물론 우연한 일이지만 반백이 된 머리에 주름 깊은 얼굴을 대할 때마다 우리들의 세상은 조용히 지나가고 있음을 새삼 느끼게 한다.

가끔 고향을 찾을 때마다 나는 중국 당나라 시인 백낙천(白樂天)의 시를 회상하게 된다.

"어려서 고향을 떠났다가 늙어서 돌아와 보니 고향산천은 옛 모습 그대로인데 나의 수염만이 희어졌구나. 아이들이 내가 누구인 줄 알아보지 못하고 웃으면서 묻기를 손님은 어디서 오신 누구이신가요?"

— 〈농민신문〉 1978. 8. 28

새마을운동의 시동

1970년대에 접어들면서 지방행정의 두드러진 변화는 농촌의 탈바꿈과 도시의 갑작스런 팽창을 들 수 있다. 농촌인구는 1967년을 고비로 그 절대수가 줄기 시작했다. 1970년의 농촌인구는 49%로 마침내 도농(都農) 인구의 역전시대가 시작되었다. 사실 1960년대까지만 해도 지방행정의 비중은 농촌지역의 농업에 대한 지도행정이 주류를 이루었다.

그러나 60년대 후반부터는 지역개발, 도시개발, 보건사회 등의 기능보강을 위한 기구개편이 필요했다. 특히 이 시기는 급증하는 도시인구와 도시재개발 수요에 대처하기 위해 대구, 인천, 광주, 대전 등 대도시에 국(局)제를 실시하고 중도시에 도시과, 수도과, 상공과 등 도시개발기구가 설치되었다. 한편 군(郡)에는 종래 내무 산업 2개 과에서 공보실, 재무, 건설, 식산과 등이 새로 보강되고 읍면에 부읍면장제와 큰 읍에는 과를 두게 되었다.

그것이 1970년대에 이르러 인구의 도시집중은 한층 격화되어 도시행정체제의 정비와, 면에서 읍으로, 읍에서 시로 승격이 늘어 도시화는 어느 때보다 가속되었다. 따라서 70년대의 지방행정은 도시행정이 두드러지게 부각되었다.

이에 못지않게 70년대를 특징한 것은 새마을운동이다. 어떻게 보면 지방행정이 곧 새마을행정이라고 할 만큼 여타 행정을 압도했다. 60년대 중반까지도 우리나라 농촌은 몹시 가난했다. 보릿고개, 초가지붕, 호롱불들이 가난의 상징처럼 엄존하고 있었다. 이런 것들은 너무나 오랜 세월을 두고 다시는 풀릴 수 없는 쇠사슬과도 같이 우리 농촌을 얽어매고 있었다.

그러나 그간 중농정책(重農政策)의 기치 아래 농어촌 고리채(高利債) 정리, 영농자금 방출, 농산물 가격지지 정책, 농촌 부업단지 조성, 농촌 지도체계 개편, 농협 재편성 등 일련의 정책은 차츰 효과를 나타나게 되어, 절대빈곤에서 헤어나지 못했던 우리 농촌도 점차 희망의 싹이 보이게 되었다. 그러다가 1970년대의 개막과 함께 지방행정에는 새마을운동으로 농촌의 빈곤추방과 지역개발에 놀라운 변화를 가져왔다.

사실 새마을운동은 1962년부터 착수된 제1, 2차 경제개발 계획의 결과 성장의 음지에 처진 농촌지역의 낙후상황을 그대로 둘 수 없다는 절박한 판단에 의한 것으로도 생각된다. 새마을운동의 시초는 1970년 4월 22일 전국 지방장관회의에서 박정희 대통령이 "자발적인 의욕이 없는 농민들은 5천 년 내의 빈곤을 운명처럼 체념하고 몇백 년 세월이 흘러도 일어설 수 없으며, 의욕이 없는 게으른 농민을 지원하는 것은 돈의 낭비일 뿐"이라고 지적하고, 농민과 행정기관과 지도자가 서로 협조하여 농촌에 새마을 가꾸기 운동을 전개할 것을 호소한 데서 비롯되었다. 실은 그 회의는 당시 가뭄이 예상되어 이를 극복하기 위한 한해(旱害) 대책회의였다.

그해 내무부는 전국 3만 4천의 마을에 335포대의 시멘트를 나누어 주면서 마을 가꾸기 사업을 시작한 것이다. 10월부터 이듬해인 1971년 6월까지 722만 명의 농민들이 자조적인 노력으로 마을 안길 넓히기, 소(小)교량, 소(小)하천, 간이 급수시설, 공동 빨래터 등 각종 사업을 벌였다.

사업성과는 실제 투입한 것보다 3배를 넘었다. 이 사업에서 특히 유능한 지도자를 중심으로 뭉쳐 일한 마을은 놀라운 성과를 보여, 새마을운동에서 마을지도자의 역할이 얼마나 소중한가를 재인식시켜 주었다. 이 사업은 경제적 개발에 못지않게 정신적 계발(啓發)을 중요시한 만큼, 근면하고 자조(自助)정신이 강한 마을주민들에게 우선적으로 정부지원을 한다는 것을 분명히 하였다. 이것이 종래의 농촌 지도 방식과 다른 점이다.

새마을운동이 본격적으로 불붙게 된 것은 1971년 9월 19일 전국시장·군수·구청장회의에서 박 대통령이 "농촌 근대화의 관건이 우리 농민들의 근면(勤勉)·자조(自助)·협동(協同)의 노력에 달려 있으며 앞으로 새마을운동을 전국적으로 파급시켜야겠다"고 밝힌 데서부터이다. 72년도에는 전년도 새마을 가꾸기 사업을 실시한 전국 3만 4천 개의 마을 중에서 사업실적을 비롯해 농민들의 단합과 의욕, 그리고 마을지도자의 지도력이 뛰어난 11,600개 마을을 골라 시멘트 500포대와 철근 1톤씩을 공급, 환경 개선사업을 중심으로 20개 목표사업을 펴게 하였다. 각 도가 대상마을 선정에 신중을 기한 것은, 게으르고 자조정신이 부족한 농민은 정부가 아무리 도와주어도 자립하지 못하며 오히려 의뢰심만 조장하게 된다는 박 대통령의 뜻을 좇았기 때문이다.

그 무렵 매월 경제기획원에서 박 대통령 임석하에 열리는 월간 경제동향보고회의에서 당시 청와대 정무비서관이던 손수익(孫守益) 비서관이 새마을 가꾸기를 한 마을과 그렇지 않은 마을, 그리고 하기 전의 마을과 한 뒤의 마을들을 대조시킨 슬라이드 브리핑이 있었다. 손 비서관은 헬기로 전국 방방곡곡을 누비며 직접 촬영을 지휘한 것이라고 했다. 그 많은 마을들을 원고도 보지 않고 소상하게 설명하는 뛰어난 기억력에 모두 놀랐다. 주민들이 협동해서 가꾼 마을이 이렇게 다르다는 것을 역력히 보여주는 인상 깊은 브리핑이었다. 이때의 참석자들에게 새마을운동이 우리 농촌을 어떻게 바꾸고 있다는 것을 감명 깊게 보여준 셈이다.

그때만 해도 새마을운동의 태동기(胎動期)여서 아직 일반 국민에게는 인식이 희박하던 때였다. 그때 나는 이미 농림부에 와 있었다. 그 무렵 경기도 광주군 동부면 김용기(金容基) 씨(막사이사이상 수상자)가 경영하는 가나안 농군학교를 보게 되었다. 교육방식이 독특했다. 교육목표는 근로, 봉사, 희생이었고 교육기간이 또 색다르다. 기간은 1년이지만 3단계로 나뉘어져 한 단계에 15일간 합숙교육을 한다. 제1단계는 정신교육과 일반농사와 생활개선이고, 4개월 후의 2단계는 주로 농업기술교육, 3단계는 2단계 수료자로서 4개월 후 시범지도교육을 하는 방식이다.

교사가 김용기 씨의 아들, 며느리 등 가족들로 구성된 것도 흥미롭다. 가정집이 교실과 기숙사가 되고, 농장(약 1만 평)이 실습지가 되어 이론과 실제가 일치하는 산교육이 특징이다. 나는 우리나라 농촌개발을 위해서는 반드시 이와 같은 교육이 필요하다고 믿고 우선 농림부 간부들을 이곳에서 교육받게 하였다. 그 뒤 농협대학의 일부 시설을 빌려 독농가(篤農家) 연수원을 개설했다.

각 군수들의 추천을 받은 농촌의 독농가를 대상으로 가나안 농군학교 방식을 참고하여 연수를 착수했다. 그때 원장을 누구로 정할 것인가 고심하고 있던 차에 우연히 알게 된 것이 김준(金準) 씨였다. 한 음식점에서 저녁을 함께하는 동안 그의 농촌문제에 대한 남다른 정열과 아무 가식이 없는 검소한 옷차림이 매우 인상적이었다. 그러나 원장으로서 초기에는 주위와의 관계에서 마음의 고초가 심해서 한때는 그만두겠다고 해서 직접 설득에 나서기도 했다.

1기 50명씩 2기에 들어갔을 때이다. 하루는 갑자기 청와대에 들어오라는 전화를 받고 그때 날 새면 뛰는 쌀값 관계인 줄 알고 보고자료를 챙겨 부랴부랴 대통령을 뵈었더니, 독농가연수원을 직접 보고 싶다고 하였다. 나는 그곳까지 가는 차 안에서 김준 원장과 1기생 교육결과와 분임토의가 중심이며 성공사례 발표가 반드시 있고, 수료하면 6개월 뒤에 다시 소집하여 교육을 한다는 것까지 설명드렸다. 연수원에 도착한 대통령은 김 원장의 안내로 수업중인 교실, 숙박하고 있는 침실 등을 자세히 보시고 군대 내무반과 다름없이 깨끗이 정돈된 데 흐뭇해하셨다.

그러고 나서 한참 뒤에 대통령께서는 격려금이 든 봉투를 주시면서 김준 원장한테 전하라고 했다. 가끔 뵈면 연수원 상황을 물으시더니 하루는 그 연수원을 새마을연수원으로 바꾸자는 지시와 함께 연수원이 협소하니 다른 데를 찾아보라는 지시를 받아 결국 수원에 있는 농민회관으로 옮기게 되었다. 박 대통령은 옮긴 곳을 다시 보시고 연수원 직원들을 위한 아파트를 짓게 하였다. 이때부터 새마을교육은 크게 확대되고 새마을운동의 활력소가 되어 그 열기를 더해갔다.

왜 농촌 새마을운동은 성공할 수 있었는가

우리나라의 유구한 역사에서 새마을운동과 같은 국민운동이 과거에 전혀 없었던 것은 아니다. 구한말 1884년 갑신정변(甲申政變)은 오랜 정체(停滯)와 미몽(迷夢)에서 깨어나 근대화의 문을 열고자 한 최초의 시도였다. 그러나 개화파의 근대화 운동은 성공하지 못했다. 그 이유는 비조직적이고 이론체계가 없었기 때문이다. 몇몇 선각자만 앞장섰을 뿐 일반 농민과 주민이 방관했었다.

개화사상(開化思想)은 국민들의 공감을 불러일으킬 만한 그 무엇이 없었다. 이에 비해 새마을운동은 잘살기 운동으로 조국근대화를 달성하기 위한 강한 의지와 철학이 있었다. 농민의 자발적 참여와 어떤 보수를 바라는 것도 아니고 오직 그들 자신과 마을을 일으켜 보려는 새마을지도자가 이 운동을 선도했다. 이러한 국민운동으로는 5·16 군사혁명 직후에도 재건국민운동(再建國民運動)이 있었다. 1961년 6월부터 전 국민이 협동단결하고 자조(自助) 자주(自主)정신으로 누적된 부정부패를 일소하고 향토를 개발하며 정신개발과 청신한 기풍을 진작시키는 운동이다. 다만 당시의 정치적 사회적 필요에 따라 관(官)이 주도했으며 이를 국민운동으로 활성화하기 위하여 몇 차례 기구개편이 있었다.

그러다가 1964년 재건국민운동기구는 해체되고 민간 주도의 사단법인 재건국민운동 중앙회로 새 출발하여 민주역량의 함양으로 승공(勝共) 태세 확립, 창의적 자조활동으로 살기 좋은 향토건설, 협동봉사를 활동목표로 하였으나 시일이 흐름에 따라 용두사미로 흐지부지돼 버렸다. 오직 불우 청소년을 위한 재건학교와 마을문고 사업이 그 뒤 새마을문고로 이어졌을 뿐이다.

시기적으로 농촌근대화(農村近代化)와 중농정책(重農政策)을 외치던 시대적 배경에 따라 1965년 당시 내무부 지방국장이던 나는 시범면 육성사업을 전개하였음은 이미 회고한 일이었지만, 이는 새로운 방식을 시도한 지방행정의 정책과제였다. 그것은 각종 개발사업이 시일이 경과함에 따라 대부분 원점에 되돌아가게 되는 것은, 너무 조급하게 외형적인 전시효과에 치중한 나머지 주민 스스로의 사업으로 정착시키지 못한 데 원인이 있었다. 물론 행정력으로 성취시키려 했으나 거기에는 일정한 한계가 불가피했다.

이 한계점을 해결하기 위해 실천목표를 지도이념의 확립과 주민조직의 자율, 종합개발의 추구에 두었다. 이는 그때까지의 각종 시범사업이 평면적이고 획일적이며 그 범위가 마을단위에 그쳤으므로 이를 읍면단위로 광역화하여 생산기반과 소득증대사업에 주안점을 두게한 것이다. 그러나 실제로는 사업선정이 전시적이고 나열적이며 하향적인 계획 책정으로 주민들의 전적인 호응을 얻지 못하여 지속적으로 발전하지 못했다. 그러나 1970년대의 새마을운동은 지방행정조직과 일원화되어 일선행정기관인 시군읍면 행정의 중심과제로 한 것이 성공의 요인의 하나라 할 수 있다.

재건국민운동은 지방행정과 별개의 조직체계를 가졌었다. 새마을운동의 경우는 중앙 도·시·군에 협의회, 읍면에 추진위원회, 특히 새마을사업 추진주체가 되는 마을단위에는 새마을지도자를 의장으로 하여 마을주민들이 선출한 유지로 이동개발위원회를 구성한 것이 특색이다. 따라서 새마을사업은 마을사람들이 총회를 열어 어떤 사업을 할 것인가를 토의하여 선정하고 사업은 마을의 성격과 능력을 감안하여 결정하며, 결정된 사업은 구체적인 실천계획을 세워 모든 주민이 책임의식을 가지게 하고, 이 사업을 앞장서서 추진하는 마을지도자는 마을주민으로부터 신망 있고 헌신적인 사람일수록 사업의 성공률이 높았다. 이와 같은 협의기구뿐 아니라 새마을사업의 행정적 수행을 위해 시도에 새마을지도관, 시에 새마을과, 군에 새마을부군수를 두었다. 1974년 이후 도시새마을, 공장새마을로 확산됨에 따라 일반기업체에도 새마을 전담부서가 설치되었다.

새마을운동 초기에는 확고한 개발목표와 추진전략이 서 있었던 것은 아니다. 추진하는 과정에서 마을을 기초마을, 자조마을, 자립마을로 분류하여 단계적 육성방안을 택했다. 예컨대 기초마을이 자조마을로 되기 위해서는 마을 안길, 농로, 소교량, 소하천 정비, 농업 수리율, 공동 이용시설, 지붕개량, 마을기금, 새마을저축, 농가 소득수준 등이 정해진 기준에 달성되었을 때 비로소 가능하며, 다시 자립마을이 되기 위해서는 보다 높은 수준의 목표를 각각 달성할 때 승급이 이루어지는 방식이다.

1972년에는 자립마을이 전체 마을의 7%에 불과했으나 1977년에는 82%에 달했다. 그것이 1980년에는 모든 마을이 자립마을로 됨에 따라 보다 높은 수준의 자영마을과 복지마을을 추가 설정했다.

1970년대 새마을운동의 확산과정을 보면 앞서 말한 바와 같이 1973년까지는 농촌지역으로 한정되었으나 1974년부터 도시·공장·학교새마을로 확대되었으며, 1976년부터는 새마을 취락구조(聚落構造) 개선사업으로 발전했다. 물론 이 사업은 그간의 새마을 가꾸기 사업이 개별적이고 단편적이었던 만큼 중복투자 등으로 비효율성을 가져오는 경우도 있게 되어, 장기적인 안목에서 추진하기 위한 방법으로 한 마을 전체를 대상으로 주택을 비롯한 생활 기반시설의 입지를 계획적으로 배치하고 적정 생활공간의 확보와 농경지의 이용률을 높이고 작업과 생활의 조화를 이루려는 데 목적이 있었다.

그러나 고속도로, 관광지, 철도변, 국도변의 정책지구가 대부분이고 일반 농촌지역은 사실상 적어서 전시적 사업이라는 평을 면치 못했다. 뿐만 아니라 개별농가의 재력을 고려치 않고 획일적으로 추진하는 바람에 농가에 과다한 부담을 안겨 주었다는 지적도 있었다. 그러나 새마을운동이 농촌 도로, 공동 이용시설, 소득증대 사업, 주거환경, 문화 복지, 전기·통신에 이르기까지 농촌사회에 엄청난 변화를 가져온 것만은 아무도 부인할 수 없을 것이다.

이처럼 새마을운동이 농촌개발에 성공할 수 있었던 것은 첫째, 새마을지도자의 역할을 들 수 있다. 새마을지도자는 주민의 신망이 두터웠고 주민이 뽑은 사람이다. 따라서 마을민이 그의 헌신적이고 봉사적인 지도에 전폭적으로 따르게 되었다. 그렇다고 하여 새마을지도자에게 일정한 보수가 있는 것은 아니다. 이 점이 지도자로서 존경받게 된 이유이다.

둘째, 새마을교육 역시 새마을운동을 지속, 확산시키는 절대적인 요인이 되었다. 새마을교육은 지식인, 정치인, 기업인 할 것 없이 각계각층의 지도급 인사가 농촌지도자와 동일한 복장으로 같은 과정을 이수함으로써 하나의 일체감을 갖게 하였다. 특히 새마을교육에서 감동적인 것은 역경을 이기고 자기 자신은 물론 이웃 모두를 잘살게 만든 새마을지도자의 성공사례(成功事例)라 할 수 있다. 성공적인 새마을지도자가 되기까지의 생생한 경험담은 교육의 효과를 크게 높인 것이 사실이다.

셋째로 보다 중요한 것은 국가 최고지도자인 박 대통령의 깊은 관심과 강한 집념이었다. 1972년 이후 매달 개최된 월간 경제동향 보고회에는 반드시 모범 새마을지도자를 참석시켜 그들을 격려하였을 뿐 아니라, 연간사업을 종합평가하는 전국 새마을지도자대회는 새마을운동의 사회적 인식을 높이는 계기가 될 수 있었다. 물론 70년대 이후의 우리나라 농촌개발이 전적으로 새마을운동만의 소산은 아닐 것이다.

가장 중요한 것은 지방행정기관이 선도했고, 농촌지도기관, 농협, 지방보건소 등 다양한 지방단위 기관들이 저마다 농촌개발과 국민의 삶의 질을 높이는 데 활동했으나, 워낙 새마을운동이 압도하였기 때문에 여타 기관들의 사업이 모두 새마을사업의 일환으로 보인 것이 두드러진 특색이라 할 수 있다.

그러나 새마을운동 역시 지나치게 관(官) 주도였던 까닭에 자생력이 부족했고 이 점이 그 성과를 제약시킨 하나의 원인이 되었다. 또 새마을운동은 당초 농촌 잘살기 운동으로 진원지가 농촌이었던 만큼 도시 새마을운동은 그 열기에 있어서 농촌지역의 그것에 따르지 못했다. 뿐만 아니라 도시의 일부 층과 여론형성에 영향이 큰 엘리트집단이 이 운동에 대해 비판적 시각을 가지고 있었음을 간과할 수 없다. 그러나 오늘날까지도 새마을운동이 끈질기게 생명력을 유지하고 있는 것은 놀라운 일이다.

녹색혁명으로 주곡자급

1970년대의 또 하나의 위업은 오랜 숙원인 식량자급의 달성이다. 이는 곧 녹색혁명의 성공을 의미한다. 녹색혁명이란 미국에서 옥수수 품종을 개량하여 획기적인 증산을 보게 된 데서 비롯되었다.

그 후 멕시코의 국제맥작연구소에서 밀의 다수확 품종을 개발하였고 필리핀의 국제미작연구소(IRRI)가 '기적의 볍씨'를 개발하여 동남아 여러 나라에 보급, 쌀의 증산에 크게 기여할 수 있었다.

농촌진흥청이 다수확품종 연구를 시작한 것은 1965년경부터이다. 육종(育種)단계에서 연간 2회작을 할 수 있는 세대단축 온실이 설치되고, 작물시험연구팀은 1967년에 자포니카 계의 종래 품종에 인디카 계의 외래품종을 교배시켜 새로운 품종인 IR667을 개발하는 데 성공했다. 이 IR667은 대만의 대중재래 1호에 일본의 유카라와의 교배 잡종으로 필리핀에 있는 국제미작연구소가 개발한 IR8을 교배시킨 3원교배의 결과로 얻어진 것이다.

내가 농림행정의 책임을 맡았을 때에는 수원, 밀양, 이리(지금의 익산)의 세 농사시험장에서 시험재배를 마치고 3정보에서 5정보의 시험포장, 1만 개소에 파종하여 지역적응성을 점검하는 단계였다. 1971년에 2,750정보에서 생산된 신품종 1만 2천 톤을 수매했다.

이 양은 30만 정보에 들어갈 수 있는 종자이다. 나는 이를 1972년부터 일반농가에 보급할 계획을 세우고 우선 새 품종 이름을 짓기 위해 일반 농민들에게 명칭을 공모한 결과 "통일벼"라는 이름이 가장 많았다. 우리 국민의 통일염원이 얼마나 간절한지 알 수 있었던 기회이기도 했다.

1972년에 농촌진흥청에서는 30만 정보 보급계획을 주장했으나 농림부에서는 20만 정보로 결정했다. 이는 전체 면적의 5분의 1에 해당하는 것이므로 방대한 면적이다. 그러나 실제 재배면적은 18만 8천 정보였다. 진흥청에서는 이 면적에는 지도요원이 부족하다고 인력보충을 요청해 와 나는 양특자금(糧特資金)에서 지도원 1,870명을 채용토록 지원했다. 또 통일쌀로 밥을 지어 밥 색깔, 차진 정도, 밥맛 등에 대한 시식회를 박 대통령을 모신 경제동향 보고회에서 가졌다. 약 40명이 참가하여 그 결과는 대부분 좋거나 보통으로 집계되었지만 차진 정도와 밥맛에 대해서는 '나쁘다'는 것도 다소 있었다. 박 대통령은 누가 이 밥을 맛이 나쁘다고 하느냐며 쌀이 모자라 매년 외미(外米)를 도입하고 있는 처지에 밥맛 따질 때가 아니라고까지 역설하였다. 대통령 설문지에는 모두 좋고 차진 정도만 보통으로 적혀 있었다.

사실 통일벼는 일반 벼에 비해 20%에서 30%까지 증수(增收) 되지만 밥맛은 일반 벼에 미치지 못했다. 그리고 통일벼는 첫째 탈립성(脫粒性)이 높아서 일반농가는 재배를 기피하는 경향이 있었다. 그러나 설사 이삭 떨어지는 것이 많다 하더라도 일반 벼보다 20~30% 증수가 가능하다고 주장하였다.

둘째는 키가 작아서 볏짚을 이용할 수 없다는 의견이 있었다.

셋째는 통일벼는 일반 벼보다 비료를 20~30% 더 주어야 한다는 것, 넷째로 가장 큰 결함은 맛이 떨어져 상품가치가 적다는 것이 결정적인 약점이었다. 식품전문가에 의하면 통일쌀에는 아미로스 함량이 많아 단백질, 특히 우리 인체에 필수적인 라이신 함량이 많은 반면 밥이 식었을 때 찰기가 부족해 맛이 떨어지는 것은 사실이다. 그러나 당시의 식량사정은 질보다 양을 추구할 수밖에 없었다.

1970년대 중반까지도 쌀이 부족해 해마다 50만 톤에서 70만 톤의 외미를 도입했다. 심한 해는 90만 톤을 들여왔다. 따라서 쌀 소비절약은 농림부의 중요한 정책과제의 하나였다. 그래서 밥에는 반드시 보리를 일정비율(30%) 섞도록 했다. 시중의 음식점에서는 이를 의무화해, 어기면 행정조치로 영업이 정지되는 수도 있었다. 보리혼식(混食)을 위해 학생들의 도시락까지 점검했다. 뿐만 아니라 1주 동안 하루는 무미일(無米日)을 정했고 일체의 쌀 소비를 엄격히 규제했다. 당시 관광협회에서는 생선초밥을 보리혼식으로는 만들 수가 없어서 예외인정을 요청했으나 이에도 불응했다. 다만 경주에서 만드는 법주(法酒)만은 이를 허용했다. 그것은 외국에 수출한다는 조건 때문이었다. 밀가루도 소맥이 수입되지만 값이 쌀보다 싸기 때문에 쌀 소비 절약을 위해 분식(粉食)을 장려했다.

1972년에 18만 8천 정보에 통일벼를 심어놓고 과연 제대로 출수(出穗)될 것인가 근심이 이만저만이 아니었으나, 8월 10일부터 출수하기 시작하여 8월말까지는 대부분 출수하였지만 충북, 경북, 전북 일부 지역에서는 일반 벼보다 출수가 늦어 농민들의 반발을 사고 지도원들의 가슴을 조이게 하였다. 영동군, 월성군, 화순군 등 주로 산간지대와 계곡의 냉수가 흘러드는 논들이 심했다. 통일벼는 고랭지, 냉수유입지 등 저온에 매우 약했다.

지역구의 농민들 정보를 수입한 국회 농수산위원회에서 나를 불러 추궁하게 되어 나는 큰 홍역을 치러야 했다. 9월부터는 각 신문들이 통일벼는 우리나라 풍토에 맞지 않고 충분한 지역시험을 거치지도 않은 졸속품이란 요지의 비판기사가 실리기 시작했다. 나는 참다못해 11월초에 한 신문을 통하여 주곡(主穀) 자급을 위해서는 다수확품종인 통일벼 아니면 불가능하다는 것을 역설했다.

나는 1971년 전국 133개 군에서 재배한 통일벼는 2,750정보의 평균수량이 단보당 500.9kg 최고는 713kg인 데 비하여 일반 벼는 전국

평균 335kg이었음을 감안할 때, 통일벼가 주곡자급을 위해 반드시 보급되어야 한다는 것, 그리고 이해 수확량이 저조한 것은 6~7월의 경기 · 강원 지방의 한해, 7~8월의 3대 강 유역의 수해, 8월의 해안 지대의 풍해(風害), 9월의 전국적인 우박피해 등 기상조건 불순 때문이지 벼 품종 자체의 결함에서 오는 것이 아니라고 해명을 했다. 그 것의 부제는 "녹색혁명은 이룩되고 있다"라고 붙였다.

이 무렵이다. 청와대의 호출을 받고 대통령을 뵈었더니 우리나라를 떠나는 가네야마(金山政英) 일본대사가 인사차 와서 지금 한국에서 벼의 신품종을 대대적으로 보급하고 있으나 한 품종을 이렇게 많이 할 경우 새로운 병충해 등으로 피해를 입을 가능성이 커 극히 위험한 만큼 지역시험을 거쳐 점진적으로 확대해야 한다는 의견을 건의하였다는 것이다.

사실 그때 진흥청에서 30만 정보로 하자는 것을 20만 정보로 줄인 것도 신중을 기하자는 의도에서였다. 일본 농림성의 농업시험소 연구관과 심의관이 통일벼 상황을 시찰했다는 것은 나도 사전에 알고 있었다. 나는 즉시 김인환(우리나라 녹색혁명의 공로자) 농촌진흥청 청장한테 대통령께서 걱정하는 문제에 대한 의견을 물었더니 그는 펄쩍 뛰면서 일본이 남아도는 자기들 쌀을 우리나라에 팔지 못할 것 같아 하는 중상모략이라고 격렬하게 일본 농림성 전문가의 견해를 비난했다. 나는 다시 대통령께 우리 진흥청에서 절대 자신이 있다는 보고를 하였다.

그러나 그 뒤 내가 느낀 것은 그때 가네야마 대사의 말이 옳았다는 것이다. 육종전문가들에 의하면 새 품종에는 또다시 새로운 병충해 생태계가 생긴다. 통일벼도 예외일 수가 없어서 유신, 밀양 23호, 밀양 24호, 노풍 등으로 계속 개량해 나가지 않으면 안 되었다. 원래 통일벼는 도열병과 호엽고병에 대한 내병성은 갖추었다고 했지만 반

246

드시 그렇지는 않았다. 새 품종에는 언제나 예기치 못한 결함이 나타나기 때문에 보다 신중을 기했어야 했다. 그러나 그 당시 우리의 식량사정은 너무나 절박했다.

어느 날 나는 대통령으로부터 식량자급(食糧自給)에 관한 친서(親書)를 받았다. 하얀 괴지에 만년필 글씨로 여섯 장을 가득 메운 친필이었다. 내용은 그간의 농업시책을 일일이 비판하고 식량증산과 양곡정책을 근본적으로 재검토하라는 지시였다.

특히 식량의 자급자족은 농업정책적 측면에서뿐만 아니라 공업입국이나 국가안보적 견지에서 기필코 달성해야 할 국가적 과제라는 것을 강조하고, 부족양곡 때문에 무려 연간 4억 8,500만 달러에 달하는 막대한 외화부담이 따른다는 사실과, 이러한 사정인데도 불구하고 우리 국민들 중에는 아직도 정부미(政府米)는 맛이 없고 통일쌀은 찰기가 없으니 하여 경기미만 찾는 따위의 사고방식에서 탈피하지 못하고 있는 것은 참으로 한심스러운 일이라고 하였다. 나는 친서의 뜻을 각 지방행정 책임자와 농업관계 책임자에게 그대로 전달하고 다 함께 식량증산에 분발할 것을 호소했다.

그리하여 농민들에 대한 신품종 보급교육, 보온(保溫) 못자리와 집단재배단지의 확대, 공동 작업반의 편성, 쌀 증산단지 정비, 혼합곡 방출, 고미가(高米價) 강화, 심지어 쌀농사 150일 작전이라 하여 모내기에서 탈곡까지의 영농작업에 대한 농민지도 방식을 시도했다. 또 단수 600kg을 낸 농가에 무조건 10만 원의 상금을 주는 파격적인 시상제(施賞制)를 제시했다. 10만 원을 탄 농가가 3,768명이나 되어 당초 예상했던 시상금이 모자라 이의 보충에 고심했다. 입상 농가들은 다수확으로 2년, 농사상금으로 1년, 농사 한 해에 3년 농사를 지었다고 기뻐했다.

당시 10만 원은 농가에 큰돈이었다. 최고단수는 10a당 780.8kg,

700kg 이상이 760명이나 있었다. 그중에 재래품종으로 상을 탄 농가는 16명에 불과했다. 1973년에는 진흥청의 주장에도 불구하고 면적을 도리어 줄여 실제 재배는 12만 1천 정보였다. 그 뒤 1974년 18만 정보, 75년 27만 4천 정보, 76년에 53만 3천 정보, 77년에는 66만 정보에 달했다. 통일벼를 가장 많이 보급한 도는 전남이고 다음이 충북, 경북, 전북 순이다. 통일벼 면적의 확대에 따라 쌀 생산량은 1974년에 3천만 석을 돌파했고 1975년 3천 2백만 석, 1976년 3천 6백만 석, 1977년에 4천 1백만 석으로 마침내 주곡자급의 꿈이 달성되었다. 특히 1977년의 10a당 수량은 494kg로서 쌀 생산국에서 그간 최고 수량을 자랑하던 일본의 447kg보다 앞서게 되어 한국이 세계 최고의 다수확 신기록을 갖게 되었다.

새 시대를 여는 농경연 연구기수

1970년대 초반까지만 해도 명목상으로는 중농(重農) 정책이었다. 그 것은 농촌의 근대화 없이는 조국근대화는 없다는 것이 지도층의 기본 인식이었기 때문이다. 따라서 농업은 보호되어야 하고 농산물 수입 은 억제되어야 한다는 논리가 정면으로 도전받지 않았다. 때마침 일 기 시작한 농촌 새마을운동의 열기와 통일벼 개발, 그리고 고미가(高 米價) 정책 등은 농촌에 전에 없던 활기와 농민을 고무시킨 점도 있었 으나 비농업분야의 비약적인 발전으로 이농(離農)이 격화되고 도농 (都農) 간의 소득이 벌어져 농업과 농촌은 점점 어려운 국면을 맞게 되었다.

그러다가 1977년 주곡(主穀) 자급의 염원이 이루어지고 1인당 소득 1천 달러, 수출 100억 달러가 달성되고 나서 일부 비교우위설이 고개 를 들어 그간 꾸준히 지속되어 왔던 농촌에 대한 생산기반 조성, 보 조금정책 등이 점차 후퇴하기에 이르렀다. 이러한 전환기에 농업경 제연구원(農業經濟硏究院)이 창설되었다. 전환기 농업의 효과적인 대처를 위한 체계적이고 종합적인 조사연구가 그 사명이었다.

초대원장을 맡은 나는 농경연 개원의 기대에 어긋나지 않기 위해 연구요원의 확보, 연구분위기 조성에 온 힘을 쏟았다. 그러나 여기에 는 여러 가지 애로가 뒤따랐다. 왜냐하면 일반적으로 연구직보다는 대학교수를 선호하는 까닭에 애써 유치한 두뇌들이 대학으로 빠져나 갔다. 또 학위취득을 위해 가끔은 학교 가는 것을 용인할 수밖에 없 었다.

나는 학위도 중요하지만 한 분야에서 타의 추종을 불허하는 전문가가 되어주기를 더 강조했다. 특히 조사 분석 평가 등 연구작업은 개개인의 자질과 능력이 절대적이기 때문에 그것이 연구의 질을 좌우하게 된다고 기회 있을 때마다 역설했다. 비단 공동연구의 경우일지라도 우수한 연구원일수록 뛰어난 연구를 기대할 수 있다.

초기에는 연구과제 선정에 특별히 신경을 썼다. 대체로 장기농업개발전략, 농산물 유통구조, 농작물재해 보험제도, 영농후계자 육성방안, 농지제도, 식량수급, 농업기계화, 농외소득, 축산, 수산, 산림개발, 농촌 정주권(定住圈) 개발, 해외농업 등 연구요원에 비해 과제가 지나치게 많다는 평도 받았다. 그러나 당시의 연구수요를 충족시키기 위해서는 불가피했다. 이 밖에 시일을 다투는 단기과제도 폭주했다.

초창기에는 연구기법이 미숙했고 연구축적이 없었기 때문에 항상 일반론에 맴도는 경우도 허다했다. 그러나 실제로 필요로 하는 것은 총론이 아니고 각론, 즉 전문적이고 구체적이며 실천 가능한 연구였다. 그러기 위해서는 부단히 현실감각을 가지고 현장에서 해법을 찾는 노력이 절실했다. 정책협의회, 원내 세미나 등도 자주 열었다.

매달 한 번은 국내 저명인사의 특강시간도 가졌다. 특히 기억에 남는 것은 호주 퀸즐랜드대학의 콜린 클라크 교수, 독일 프라이부르크대학의 담스 교수, 미국 미시간대학의 글린 존슨 교수 등 초기 국제 세미나에 적극 협조해 준 해외석학들을 잊을 수가 없다.

그 가운데 1981년에 있었던 농경연과 ESCAP 공동으로 개최한 농촌 중심권 개발세미나는 우리나라 농촌 정주권 개발에 많은 시사를 주는 것으로 인상적이었다.

뿐만 아니라 미국 캔자스대학과의 연구협력과 자매결연은 우리의 연구수준을 높이고 연구원의 연수훈련에도 큰 힘이 되었다. 또한 국

250

제학술회의에도 가능한 한 많은 요원을 참여시켜 그들의 해외식견과 안목을 넓히게 하였다. 전국 방방곡곡에서 일어나는 새로운 정보를 수집하고 그 동향을 알기 위해 동원된 약 2천 명에 달하는 통신원의 활동은 생생한 농촌실정을 적기에 파악하는 데 큰 힘이 되었다.

또한 연구원에서 내는 각종 간행물은 연구원의 머리와 땀에 의해 산출되는 제품인 만큼 연구보고서를 비롯하여 연구총서, 계간 농촌경제, 그리고 영문저널, 농경연 뉴스 등을 시작해 지금까지 꾸준히 계속되고 있다. 다만 대외적으로 발표되는 내용이 정부시책에 거슬릴 때에는 적지 않는 질책과 비판을 각오해야 한다. 여기에 이른바 연구원의 자율성과 자주성을 뼈저리게 느끼게 된다. 그러나 본질적으로 정부출연 연구기관이란 점에서 한계를 느끼지 않을 수 없다. 이 한계를 조절하는 데 원장의 고민이 있게 된다.

그러나 옳다고 믿는 견해는 관철시킬 용기가 필요하다. 한 가지 더 생각나는 것은 연구원 청사의 신축이다. 연구원은 홍릉 연구단지 내에서도 뒤편이 나지막한 산이고 우거진 소나무 숲속으로 꿩들의 나들이를 자주 목격할 수 있듯이 환경은 비교적 양호했으나 본관건물이 너무 헐고 좁아서 본관 옆 터에 신축키로 했다. 나는 평소 잘 아는 공간사 김수근 교수에게 설계를 의뢰해 1980년 12월에 완성되었다. 보는 이의 시각에 따라 다르겠지만 연구기관으로서 품위 있는 건물로 우뚝 서게 되어 나는 남다른 애착을 느꼈다. 그해 우리나라 우수건축물로 입상까지 하였다. 그 앞에 넓게 펼쳐진 잔디는 푸른 미래를 상징한다.

지금은 연구원 개원 당시와는 크게 변했다. 국민의 식품소비 패턴과 농업생산 패턴도 바뀌고 있다. 특히 WTO체제하의 농업은 다른 산업과 마찬가지로 무한경쟁 시대에 들어섰다. 경쟁력을 가진 농업만이 살아남을 수 있다. 보다 과학적이고 치밀한 연구 없이 다가오는

21세기의 치열한 경쟁시대를 헤쳐나갈 수 없다. 연구원의 사명이 한층 더 무거워질 수밖에 없다. 문자 그대로 새 시대의 농업비전을 제시하는 연구기수로서 새로운 분발을 기원한다.

제 6 부

70년대가 의미하는 것

거센 도시화 물결

1970년대는 우리나라에 고속도로(高速道路) 시대를 열었다. 70년 7월에 경부고속도로 전구간이 개통되었다. 이 경부고속도로의 개통은 한국사회의 새로운 자신감과 번영을 약속하는 상징적 의미를 갖는다. 속도사회(速度社會)로의 진입을 향해 일보를 내딛은 커다란 교통혁명이었다. 428㎞의 거리를 2년 5개월에 불과한 짧은 기간 동안 아스팔트로 포장한 이 대역사는 서울에서 부산까지 가는 시간을 4시간 30분으로 단축시켜 전국 1일 생활권에 바짝 다가서게 하였다.

1970년대부터 불어닥친 속도를 향한 도전은 급속한 근대화를 추구하는 과정에서 필연적으로 나타날 수밖에 없었던 불가피한 현상이었다. 당시 정부는 중단 없는 전진과 발전의 모티브를 속도혁명에서 찾았고 이것은 최단시간에 최대한의 효과를 거두자는 행동지향으로 나타났다. 이러한 행동지향에 따른 구체적인 도전 가운데 하나가 바로 경부고속도로를 비롯한 일련의 고속도로 건설로 나타났다. 1973년에는 호남 남해고속도로, 이어서 1975년에는 험준하기 짝이 없는 태백산맥을 뚫고 영동, 동해 고속도로가 유례없는 난공사를 무릅쓰고 단시일 안에 개통이 완료되었고, 1977년에 구마고속도로가 완성되었다. 문자 그대로 국토의 일일생활권 시대를 개막시킨 것이다.

서울을 중심으로 남북 간 동서 간 도로망이 완성되어 그 결과 아침에 서울을 떠나 부산, 광주, 강릉에서 일을 보고도 그날로 서울로 돌아올 수 있을 정도로 국토가 좁아졌다. 특히 남해고속도로는 오랜 숙원이던 영호남을 직결하여 서로 소원했던 동서의 생활공간을 좁힐 수 있게 하였다. 이러한 고속도로는 화물수송을 원활하게 해줄 뿐 아니라 여객수송에서도 새로운 기원을 세우게 된다. 국내 주요 도시는 모두 고속버스로 연결되어 1977년 말에 이미 고속버스 투입 도시가 44개에 달했다.

생활권의 확대는 지역개발에 엄청난 추진효과를 거두게 되고 동시에 농촌인구의 도시집중을 보다 촉진시켜 지역 간의 인구이동을 한층 가속화시키게 된다. 이미 기술한 것처럼 1970년대 초부터 우리 농촌은 새마을운동으로 일찍이 없었던 활기를 찾았지만 그것도 농촌인구를 농촌에 붙들어 놓을 수는 없었다. 70년대 10년간 농촌인구는 360만이 줄었다. 한 해 평균 36만씩 이농(離農)한 셈이다. 그러나 70년대 후반에는 더욱 격화되어 한 해 50만 가까운 인구가 농촌을 버리고 떠났다.

물론 선진국치고 농업인구가 많은 곳은 없다. 대체로 10% 내외이다. 그러나 우리는 그 속도가 너무 급격한 데 문제가 있다. 선진국에서는 장구한 세월을 두고 농촌인구가 감소한 데 비하여 우리는 그렇지가 않다. 이것이 곧 도시의 주택, 교통, 교육, 범죄, 공해 등 이른바 도시문제를 야기한다.

특히 1970년대 수출드라이브 정책은 전국 각처에 공업단지를 만들게 하였으며 이는 도시와 대도시 주변에 인구를 집중시켰다. 이것은 그만큼 농촌인구가 빠져나갔음을 의미한다. 1972년 말에서 73년 말까지, 그리고 79년에 일어난 두 차례의 세계적인 유류(油類) 파동은 우리 경제에도 심대한 영향을 끼쳐 고도성장이 일시에 주춤했으나 울산, 포항, 구미, 여천 등의 인구집중은 조금도 수그러들지 않았다.

1973년 1월 연두기자회견에서 박 대통령은 중화학공업(重化學工業) 선언을 발표했다. 그리하여 철강, 비철금속, 조선, 전자, 화학 등 6대 중화학을 전략산업으로 선정했다. 이를 추진하기 위해 구미의 전자공업단지, 반월의 신공업도시, 창원의 기계공업단지, 여천의 정유, 화력, 비료, 석유화학을 주축으로 여수, 순천, 광양 등을 하나의 권역으로 하는 거점도시권을 형성하고 그 뒤(1980년) 광양제철이 들어섬으로써 호남 남부권의 중심핵을 형성하게 되었다.

이와 같은 공업화정책은 인구의 도시집중을 가속화시켰다. 경제적으로 공업화를 추진하면 공간적으로 도시화가 출현하게 마련이다. 도시는 공업 없이도 발생할 수 있지만 공업은 도시 없이는 불가능하다. 이미 서구에서 경험한 것처럼 공업화(工業化)와 도시화(都市化)는 불가분의 동시병행적인 개념이라 할 수 있다.

도시인구(읍 이상)는 1960년에 37.5%, 1970년에 50.1%, 1970년 말 69.4%, 약 70%에 이르렀다. 다만 1979년에 군청소재지 53개 면이 일시에 일률적으로 읍으로 승격됨으로써 그때까지 농촌인구로 분류되었던 이들 지역의 인구가 도시인구로 분류되어 실제 도시인구는 농촌적 인구와 구분하기 어렵게 되었다. 1970년 센서스에 의하면 서울을 비롯한 부산, 대구, 인천, 광주, 대전의 6개 대도시에서만 인구가 254만 명이 늘었고 전국 시부에서는 312만 명이 늘었으나, 충북, 충남, 전북, 전남, 경남 등 5개 도에서는 인구의 절대수가 감소했고, 140개 군 중 77개 군(70%)에서도 역시 인구의 절대감소를 보였다. 심지어 30개 읍에서도 인구감소 현상이 나타났다.

이와 같은 농촌인구의 감소현상은 1976년에서 80년에 이르는 5년 동안 가장 두드러졌다. 경기도의 인구만은 약 90만이 늘었지만 강원 8만, 충북 10만, 전북 16만, 전남 20만이 감소했다. 이 기간에 연간 50만 가까운 농촌인구가 도시로 이동한 것은 앞서 언급한 바와 같다.

이와 같은 도시화에 대처하기 위해 지방행정에서는 1960년대 후반부터 도시행정 수요를 충족시키기 위한 대응책을 서둘게 되었다. 그리하여 제1회 전국시장회의를 1966년 5월에 대구에서 개최하였다.

당시 전국 시의 수는 32개였다. 이때 처음으로 한국도시행정협회가 창설되었다. 도시협회의 사업으로는 ① 도시문제에 관한 자료수집과 조사분석, ② 도시행정에 관한 중앙과 지방 간의 연락조정, ③ 도시 상호간 또는 외국도시와의 자료교환, ④ 도시문제에 관한 학술강연 간행물 발간, ⑤ 도시문제에 관한 상담지도, ⑥ 도시 경영진단, ⑦ 도시행정요원의 교양훈련 등이 있다.

도시행정협회의 발족과 때를 같이하여 그간의 《지방행정》지에서 도시행정부문을 분리시켜 《도시문제》라는 새로운 잡지를 발간하게 되었다. 그러나 한국도시행정협회는 1973년에 이르러 정부산하기관의 통폐합 방침에 따라 대한지방행정협회로 흡수되었다가 1975년부터는 대한지방행정공제회로 이름이 바뀌었다.

이어서 제2회 전국시장회의가 그해 1966년 8월에 부산시에서 개최되었다. 이때는 도시를 7개 그룹으로 분류했다. 첫째는 대도시 개발로, 서울, 부산, 광주, 대전 등으로 이 중 대구시가 대표하여 도시개발방향을 발표했다. 둘째는 항구도시로 마산, 목포, 군산, 여수, 속초, 제주, 포항, 삼천포 등에서 인천시, 셋째는 군사도시로 원주, 의정부 등에서 춘천시, 넷째 교통요충도시로 천안, 김천, 안동 등에서 순천시, 다섯째 관광도시로 진해, 충무, 강릉 등에서 경주시와 신산업도시로 울산, 충주시, 여섯째 농촌적 교육도시로 청주, 수원, 진주, 이리 등을 대표해 전주시가 각각 연구발표를 맡았다.

이어서 종합토론으로 도시계획상의 문제점, 도시경영의 합리화, 시민의 시정참여방식, 도시재정의 확충 등에 관한 토의가 있었다. 그 후 부산, 울산, 경주, 대구시 등의 도시계획과 개발현장을 비교 시찰했다.

대체로 우리나라 중소도시는 주변의 농촌지역에 대한 경제적 사회적 활동의 중심인 동시에 배후 농촌과 가까운 대도시를 연결하는 가 교역할을 담당한다. 따라서 중소도시는 그를 둘러싸고 있는 주변지역과 대도시가 갖고 있는 기능의 변화에 따라 함께 변화하고 주변지역의 변화를 주도하게 된다. 그러나 우리나라의 경우 각 중소도시들은 지역경제의 핵으로서 지역개발을 위해 담당해야 할 기본적 기능과 역할을 수행하지 못하고 있다. 그것은 산업을 배경으로 발달한 서구도시와는 달리 단순한 인구의 집중으로 형성된 도시인 까닭이다. 서구의 중소도시는 비록 규모는 작으나 경제적 기반이 있고 생산적 활동이 있는 데 반해, 우리나라의 지방도시는 대부분 공업도시도 생산도시도 아니며 지역적·상업적 소비도시에 불과하다. 뿐만 아니라 도시화를 위한 생산적 기반이 허약하여 배후 농촌지역과 대도시와의 중간지역의 역할마저도 제대로 수행하지 못하는 것이 현실이다.

이러한 여건에서 급증하는 행정수요에 대처해야 할 지방도시의 재정부족은 기본수요 충족에도 미달하고 도시정비가 제대로 이루어지지 못하고 있다. 따라서 우리나라 지방도시는 도시화 이전의 거대한 취락의 상태에서 크게 벗어나지 못하는 실정이다. 도시구조나 기능이 도시를 만들고 있는 것이 아니라 일차적인 단순인구의 집중현상이 우리나라 중소도시의 특징이라 할 수 있다. 그러므로 1970년대 이후 우리나라 도시행정의 과제는 서울, 부산과 같은 과대도시의 인구팽창 억제와 함께 지방도시의 개발이라는 도시정책의 양면성을 가지고 있다.

또한 우리나라 도시는 정치적·행정적 이유로 무분별한 광역화(廣域化) 경향을 보여왔다. 이러한 광역도시화는 기대와 문제를 동시에 주는 것으로, 광주나 대전이 직할시가 되기 위해 지나친 구역확장으로 또 하나의 도시화 특성을 보인 것이 그 예이다. 이는 한 도시의 존립을 위해 필요 이상으로 주변 농촌지역을 끌어들임으로써 도시행정과 농촌행정의 이원적 운영을 불가피하게 하고 시설의 집중적 투자를 불가능하게 하며, 도시의 평면적 확산이라는 불합리한 현상을 가져오게 하였다.

1970년대 초반부터 도시의 종합개발계획을 수립하기 시작했다. 이는 종합개발계획의 기본이라 할 수 있는 국토건설종합계획법에 따른 것으로, 다만 내무부와 건설부 간에 구체적인 법적 뒷받침이나 협조체제가 미비해서 지방도시의 종합개발계획은 분립과 혼선을 빚은 예가 많고, 도시계획법에 의한 도시계획도 건설부의 중앙도시계획위원회의 승인을 얻어야 고시가 가능했다. 특히 시의 장기도시계획과 도시재정 사이에 연관이 희박해서 가용재원을 고려하지 않은 이상적인 도시계획이 수립되었거나, 적정한 계획이라도 재정의 뒷받침이 없어서 계획의 휴지화나 수정의 예가 허다했다.

1970년대 이후 격화된 도시화의 추세를 단순한 사회적 추세라고만 생각함으로써 도시개발이라든가 도시경영이라는 도시행정의 본질적인 과제에 대하여 너무나 안이하게 생각해온 느낌이 없지 않다. 보다 창조적이고 적극적인 도시정책이 가해졌더라면 오늘과 같은 결과는 오지 않았을지도 모른다.

특히 지방도시의 경우, 산업화의 기반 없이 주변농촌을 희생물로 하여 단순한 소비도시로서 오직 인구의 집적만을 가져와 대부분 침체 속에 헤매게 된 상황에서 벗어날 수 있는 활로를 찾는 것이 새로운 과제로 등장하게 된 것이다.

무산된 행정수도의 건설

1960년대 후반부터 격화된 도시화의 결과는 1970년에 실시된 센서스에 잘 나타나 있다. 즉, 도시인구가 1,572만으로 총인구 3,144만의 50%를 넘어 도농(都農)의 역전시대가 열리게 되었다는 것은 이미 언급한 바와 같다. 이른바 도시화시대의 개막을 의미한다.

도시화의 진전에 따라 무엇보다도 도시계획상의 여러 가지 문제점이 대두되었다. 예컨대 가로의 정비와 택지수요의 증가를 들 수 있다. 따라서 종전의 도시계획법으로는 이미 한계를 보이게 되어, 1971년에 도시의 과밀화 방지와 도시환경 조성에 필요한 공지(空地)의 확보, 이에 따른 사전의 보전을 보완하기 위해 도시계획법이 전면적으로 개정되었다. 종전에 있었던 지구 이외에 고도지구, 업무지구, 공지지구, 보존지구, 주차장, 정비지구가 추가되었다.

또 구역이라는 제도를 도입하여 특정시설 제한구역, 개발제한구역, 도시개발 예정지구 등이 설정된다. 그중에도 개발제한구역제는 다른 나라에 그 예가 없으며 이는 도시의 끝없는 확장을 방지하고 환경을 보존한다는 목적에서 21개 시, 30개 군, 186개 읍면에 걸쳐 그 면적은 전 국토의 5.5%인 5,397㎢에 달한다.

뿐만 아니라 종전에는 도시계획 입안권이 건설부 장관에 있고 관련 지방의회의 의견을 듣던 제도에서 기초자치단체인 시장, 군수에게도 도시계획 입안권을 인정하게 되었다. 따라서 각 도와 시에도 지방도시계획위원회를 둘 수 있게 하였다.

한편 도시재개발에 대한 규정을 두어 재개발사업의 시행요건과 실시에 따르는 세부사항의 규정을 두게 되었다. 그리고 도시계획의 시행청을 시장 군수 등 행정기관에 한정하던 것을 주택공사, 산업기지개발공사 등의 국영기업체도 시행자가 될 수 있고 민간기업체도 시행자가 될 수 있는 길을 열었다.

다만 도시재개발사업은 계획적인 재개발과 재개발사업의 촉진을 위해 1976년에 도시재개발법을 새로이 제정하였다. 이 법에 의하여 지방자치단체가 재개발사업을 시행할 경우에는 도지사를 경유, 건설부 장관의 인가를 받아야 하며 재개발 구역 내의 토지소유자 5인 이상일 경우에는 조합을 설립하여 재개발사업을 시행할 수 있게 하였다. 이것은 많은 조합들이 재개발을 시행할 수 있는 법적 근거가 되었다. 도시집중에 따라 도심부의 슬럼화, 그리고 변두리의 판잣집 등 불량건축물로 인한 도시미관과 환경문제가 크게 대두됨에 따라 효과적인 사업수행을 위해 법적 조치가 필요하게 된 것이다.

이 법과 함께 도심부 노후건물 재개발과 무허가 불량지구 재개발을 위해 조세감면규제법에 의한 양도소득세의 면제조치가 취해졌다. 이 규정에 의하면 재개발구역 내에 토지를 가진 자가 재개발사업자에게 토지를 양도하는 경우에도 양도소득세가 면제될 뿐 아니라 사업시행자가 취득한 토지건물 위에 새로 건축을 하여 제3자에게 양도하는 경우에는 양도소득세가 면제된 것이다. 그러나 이 규정은 업자에게 지나친 특혜라는 지적이 있어서 그 후 1980년대에 이르러 폐지되었다.

1973년에 경기도의 안양, 성남, 부천이 시(市)로 승격되어 종전 32개 시가 35개 시로 늘어났고, 부천군과 부산에 인접한 동래군은 없어졌다. 이때 경기도 양주군 구리면을 비롯한 전국 33개 면이 읍(邑)으로 승격되었다. 그만큼 도시화의 물결은 거세지고 상대적으로 농촌의 면(面)은 더욱 쇠퇴할 수밖에 없었다.

1973년 도시계획법이 전면적으로 개정되는 것과 때를 같이하여 산업기지개발 촉진법이 제정되었다. 이는 중요 기간산업의 집단적 입지를 위하여 산업기지 개발공사를 설립하고 공업용지 조성을 위한 철거주택에 대한 보상과 이주대책, 그리고 도로, 철도, 용수, 항만, 에너지 등의 공공시설 일체를 종합개발토록 한 것이다. 이 법에 따라 반월공업단지, 여천공업단지, 구미공업단지, 창원공업단지 등을 비롯하여 광양제철공업단지, 울산·옥포·미금의 조선소, 고리·월성의 원자력발전소, 대덕연구단지 등이 연이어 조성되었다.

특히 이 법에는 산업기지 개발사업의 승인만 받으면 도시계획법, 수도법, 하수도법, 공유수면관리법, 항만법, 하천법, 도로법, 산림법, 농지보존 및 이용에 관한 법 등의 저촉사항들이 일제히 허가 및 인가를 승인받은 것으로 간주되는 강력한 법적 뒷받침을 받게 된다. 이는 이미 언급한 1973년 박 대통령 연두기자회견에서 천명한 중화학공업 선언을 실질적으로 뒷받침한 법적 장치라 할 수 있다.

도시의 인구집중에서 가장 두드러진 것은 서울특별시의 이상팽창이다. 전국 인구의 약 4분의 1이 모이게 되어 서울의 인구분산책은 1960년대 후반부터 여러 가지 형태로 시도되었으나 조금도 완화되는 징조가 보이지 않았다. 예컨대 공공기간과 국영기업체의 지방이전, 대학의 지방분교 설치, 공장의 지방이전 등이 추진되었으나 인구집중을 억제하는 데 별다른 효과를 나타내지 못했다.

그러던 중 1977년 2월 서울특별시에 대한 연두순시 석상에서 박 대통령은 서울의 인구억제를 근본적으로 해결하기 위해 새로운 행정수도(行政首都)를 건설하겠다는 구상을 밝혔다. 모두 깜짝 놀랐다. 당시의 대략적인 구상은 남북통일 될 때까지 임시행정수도는 서울에서 전철로 1시간 내지 1시간 반 정도의 거리에 50, 60만 명, 커져도 100만 명 미만의 행정수도를 건설하는 것이었다. 사실 서울은 휴전선에서 너무 가깝고 적 지상포화(地上砲火)의 사정거리(射程距離) 안에 인구 700만(당시)이 넘게 살고 있다는 것은 큰 문제점이 아닐 수 없었다. 휴전선에서 평양까지의 거리만큼 휴전선에서 남쪽으로 내려가면 대강 공주, 청주 등의 지역이 나온다.

그해 1977년 7월에는 임시행정수도 건설을 위한 특별조치법이 제정되어 준비작업에 착수했다. 외국의 예로는 호주가 1927년 멜버른에서 시드니까지의 중간지점인 캔버라에 전형적인 인공도시를 만들어 새 수도로 했다. 또 브라질이 1960년 리우데자네이루에서 브라질리아로 옮긴 일 등이 연구대상이 되기도 했다. 서독은 1949년 본을 임시수도로 정한 일이 있다.

나는 그 무렵 브라질에 간 일이 있었다. 리우에서 1천km나 떨어진 해발 1천m나 되는 고지대에 새 도시를 건설한 것이다. 1960년에 옮겨왔다고 하지만 그때도 미완의 미래도시였다. 도시계획은 건축가 루시오 고스타의 설계이며 건물은 유엔빌딩을 설계한 오스카 니마이어에 의한 것이라 했다. 도시 전체가 비행기 형태로 되어 있는데 기수(旗手) 부분은 공공기관, 동체(胴體)는 상업지구, 양 날개는 주택지구이며, 주변은 동쪽으로 인조호수가 둘러싸고 있다. 폭 150m의 도로는 모두 입체교차로이기 때문에 거의 신호등이 없다.

그러나 계획과는 달리 번화가에는 신호등이 하나둘 보였다. 교회도 초현대적으로 설계되어 미래의 이상도시라는 실감이 난다. 그러나 이는 그곳 시민들의 생활에는 결코 편리하지 않다는 얘기였다. 각 지구마다 학교, 교회, 슈퍼, 스포츠 시설들이 완비돼 있다고 하나 다른 지역으로 가려면 반드시 버스나 차가 아니면 안 된다. 이런 점에서 시민의 거주성(居住性)을 생각지 않는 비인간적 도시라는 평도 없지 않다.

이에 대해 우리의 행정수도 구상은 서울인구 억제와 안보적 차원에서 출발했다. 특별계획반이 후보지 선정을 비롯해 단계별로 준비작업을 추진하던 중 1979년 12월 박 대통령 시대의 종말과 함께 무산됐다.

지방행정에서 체신부로

지방행정에만 종사하던 내가 뜻밖에 체신부(1995년 김영삼 정부 때 정보통신부로 명칭이 바뀜) 장관의 발령을 받은 것은 1969년 10월이었다. 그때 3선 개헌안이 국민투표에 부쳐진 것이 10월 17일이었는데 10월 24일 개각발표에 끼이게 되었다. 전혀 예상치 못했다. 청와대 비서실로부터 입각(入閣) 통보를 받고 그 다음 날 사령장 교부가 있다기에 부랴부랴 상경을 서두르던 중 광주전투비행단장으로부터 김포까지 공군제트기를 내주겠다는 전화를 받게 되었다.

나는 난생처음으로 2인이 타는 제트기에 몸을 실었다. 앞에 앉은 조종사와 리시버로 통화가 가능했다. 호남 하늘에 높이 솟은 제트기가 이내 기수를 북으로 돌렸을 때는 서해바다가 푸르게 보이고 하늘은 시꺼멓게 보일 뿐이다. 계속 치솟다가 이내 하강자세를 취하더니 곧 김포에 내리게 된다는 조종사의 통화다. 한 30분이나 걸렸을까. 전혀 동요도 없이 공항활주로에 미끄럼 타듯 내린다. 한마디로 경쾌한 기분이었다.

박 대통령은 사령장을 주시면서 지사 때의 노고를 치하하고 생소한 분야이지만 열심히 하라는 당부였다. 그때 남덕우 재무장관, 이낙선 상공장관, 백선엽 교통장관 등이 함께였다. 나는 처음으로 태평로에 있는 체신부에 나가서 취임식을 마치고 다시 광주로 가서 약 4년 동안 정들었던 직원들과 작별인사를 했다. 그동안 신세진 여러 기관장과 지방유지들과도 석별(惜別)의 정을 나누었다. 전라남도 지사(知事)에서의 입각은 나의 경우가 처음이라 하여 모두들 진심으로 축하해 주었다. 더한층 책임의 무게를 느꼈다. 광주역전에는 뜻밖의 많은 인파가 몰렸다.

이제부터 새로 시작하는 체신업무는 나로서는 아는 바가 없었다. 마침 나와 고시동기인 진근현 씨가 국장으로 있어서 세세한 데까지 조언을 받을 수 있었다. 체신부는 우편, 전신, 전화, 저금, 보험 등이 주된 업무이다. 당시는 전화통신 업무가 중점과제였다. 무엇보다도 수요에 공급이 따라가지 못해 많은 말썽을 빚고 있었다.

생각다 못해 먼저 전화가입 신청제도를 제1순위에서 제5순위까지 정해서 우선순위에 따라 청약을 하게 되었으나 전화에 대한 가수요(假需要)는 사라지지 않았다. 워낙 공급이 딸리는 까닭에 이에 따르는 부정사건 역시 꼬리를 물었는데, 이는 체신공무원들의 사기와 위신문제이기도 했다. 이와 같은 문제를 일소하기 위해 전화가입권의 매매를 금지하는 내용의 전기통신법 개정을 추진키로 했다. 그것은 ① 가입권의 매매를 금지하되, ② 이미 가설된 가입전화에 대해서는 매매를 인정하며, ③ 전화를 전화국에 반환할 때에 가설비(당시는 9만 원)를 돌려준다는 골자였다. 이 조치는 전화청약을 둘러싼 부정을 없애고 전화가입 희망자에게 고루 전화를 달아줄 수 있게 하려는 것이다.

그러나 이 조치는 사유재산(私有財産)의 부당한 침해행위라는 비판을 받기도 했다. 전에도 전화가입권을 둘러싸고 재산권 시비가 있었다. 어느 회사가 전화가입권을 일반공매에 부친 일이 있어서 체신부는 계약위반을 이유로 가입을 취소했다. 이것이 법적 소송문제에까지 이르러 법원은 전화가입권은 재산권이라는 판결을 내린 일이 있었다. 그 후부터 가입권은 완전한 재산권으로 인정받게 되었다. 이에 전기통신법을 개정하여 양도조항을 삭제하고 가입계약을 해지할 때에는 설비비에 해당하는 금액을 가입자에게 반환하도록 하였다. 다만 이 법 발효 이전의 전화에 대해서는 전과 다름없이 양도가 가능케 하여 말하자면 기득권을 인정토록 하였다. 계약 당시의 조건이 유효한 셈이다. 이른바 백색(白色) 전화와 청색(靑色) 전화의 구별이 생긴 것이다.

그러나 당시 법이론적으로 여러 가지 논란이 분분했던 것은 사실이다. 그것은 전화가입권이 재산권인 이상 원칙적으로 양도할 수 있는 만큼 매매를 금지할 수 없다는 이론이다. 이에 대해 당시 헌법학회의 한태연 회장은 전화가입권은 가입전화에 의하여 공중통신의 역무를 제공받는 권리라 규정하고, 전화가입권을 사고팔고 심지어 일부 전화상이 시세를 조작하여 고리대금업을 자행하는 수단으로 쓰고 있는 것은 법정신에 위배된다고 말하고, 이와 같은 암거래가 법의 보호를 받을 수는 없는 일이라고 밝혔다. 체신부의 법개정 입장을 적극적으로 옹호해 준 셈이다. 그러나 대부분의 논자들은 이제까지 전화가입권이 재산권으로 인정되어 온 이상 신규전화에만 재산권을 인정하지 않는다는 것은 형평에 어긋난다고 보고 있었다.

사실 당시의 실정은 수요증가에 비해 공급이 턱없이 부족함에도 불구하고 일부 전화상들이 2만여 대씩 매점해서 시세를 조작하거나 고리대금 또는 불법대여를 함으로써 진짜 수요자들에게 큰 피해를 주고 있는 만큼 전화가입권의 매매를 금지시킴으로써 일반수요자에 대한 서비스를 향상시키려는 데 법개정의 목적이 있었다. 물론 팔 수 있는 전화와 팔 수 없는 전화로 나눈 데에는 형평원칙에 어긋나는 부분도 있으나 기설전화는 재산권으로 통용되던 때에 단 것이므로 가입자에게 피해가 없도록 부득이 차등조치를 할 수밖에 없었다.

아무튼 전화공급의 부족으로 인해 부정이 생기고 불평등한 조치가 생기게 되었으나 이는 장차 공급이 충분해지면 당연히 이 법은 환원될 것임을 분명히 하였다. 법 개정으로 전화를 둘러싼 부조리가 크게 시정되고 전화상들의 부당한 행위를 방지하는 데 일조가 되었음은 말할 것도 없다. 그러나 이 법을 개정하는 과정에서 국회 교통체신위원회에서도 찬반의 의견이 첨예하게 대립되었으나 교체위원들은 당시의 전화사정을 십분 이해하고 있었기 때문에 야당의원들의 협조도 얻게 되어 무난히 통과시킬 수 있었다. 그러나 이 일로 나는 법을 개정하는 것이 얼마나 어려운 일인가를 체험하게 되었다.

다음은 금산지구국의 개통을 잊을 수가 없다. 이것은 우리나라에도 우주통신시대가 열리게 됨을 말한다. 세계에서 44번째로 위성통신(衛星通信)지구국인 셈이다. 전신전화와 텔레비전 중계를 3만 6천 km 상공에 떠 있는 통신위성 "인텔세트 3호"를 통해 교환할 수 있게 된 것이다. 이 정보기지는 그 위치선정이 매우 힘들었다. 결국 결정된 곳은 충남 금산군 금산면 양전리, 사방이 병풍처럼 산으로 둘러싸인 해발 400 m 2만 1천 평의 한복판에 기계실, 조정실, 동력실 등을 짓고 기계실 옆에 우뚝 선 35m 높이의 안테나지주 콘크리트 탑에 직경 27m의 거대한 안테나가 장치되었다.

한국은 1967년 2월에 국제위성통신기구에 56번째로 가입, 1968년 3월에 미국 수출입은행으로부터 건설비 368만 달러의 차관을 얻어 미국의 필코 포드 회사에서 시공을 맡았다. 안테나는 필코 포드 회사 제품이고, 나머지 모든 기계는 일본 전기회사 NEC 제품으로 이루어졌다.

지구국 건설에 가장 힘들었던 것은 위치선정 문제였다. 체신부 기술진은 무려 6개월을 소비해 이 위치를 정했다. 통신위성의 사용전파는 가시거리가 필요한 마이크로웨이브이기 때문에 광활한 평지가 필요하고 거대한 안테나가 견디어 내려면 태풍이 없어야 한다. 뿐만 아니라 방해전파가 미치지 않아야 하므로 부근에 마이크로웨이브 중계소나 방송국이 있어서는 안 되고, 정규 항공로가 아니어야 한다. 이런 조건을 갖춘 지점을 찾는 데 6개월이나 걸린 셈이다.

지구 상공에는 태평양, 인도양, 대서양 상공에 하나씩 3개의 통신위성이 떠 있다. 1970년 6월 1일 체신부는 박 대통령을 모신 가운데 현지 금산지구국에서 역사적인 개통식을 가졌다. 당시는 우리나라에 컬러텔레비전이 없었는데도 그곳에서는 미국에서 보내오는 김용호 아나운서의 컬러텔레비전이 선명하게 보여 과학기술의 힘에 새삼 감탄했다. 기술자의 설명에 의하면 3만 6천 ㎞의 상공에서 받은 전파는 영하 200℃로 냉각시켜야 소리를 증폭시킬 수 있다는 것이다. 우리 기술자가 완전히 기술을 습득할 때까지는 미국 기술자가 함께 근무하는 조건이었다.

금산지구국의 지상 35m 안테나 지주에 오르면 멀리 700m 지점에 임진왜란 때 스스로 칼과 활을 들고 왜병을 막다가 의분(義憤) 끝에 자결한 7백 의사의 의총(義塚)이 보인다. 우주통신의 첨병인 이 안테나는 고이 잠든 의사들의 넋을 새기며 세계로 뻗고 들어오는 수많은 정보를 쉴 새 없이 주고받을 것이다. 그래서 1970년도 체신부의 캐치프레이즈는 "세계로 뻗는 체신"이었다.

다음은 우편번호제(郵便番號制)의 실시이다. 우편번호제는 우편물의 행선지를 지역별로 번호를 매겨 번호만을 보고도 구분이 가능하도록 한 제도이다. 이 제도는 1959년 영국에서 처음 실시, 미국·일본 등에서 이미 실시하고 있다. 이 제도가 실시되면 능률적으로 우편구분이 진행되고 행정구역과 우편구역이 반드시 일치하지 않더라도 번호에 따라 우편물 구분이 명확해진다. 표기주소를 설사 잘못 쓴다 하더라도 행선지가 숫자로 표시되어 정확한 배달이 가능한 이점이 있다. 이는 단순히 행선지 구분의 편의뿐 아니라 앞으로는 컴퓨터가 숫자를 읽어 사람에 의하지 않고 기계의 힘으로 구분하여 신속하고 인력을 절약하는 데도 목적이 있다.

이와 같은 자동처리를 위해서는 우편물 크기가 일정해야 하기 때문에 번호제와 함께 규격봉투의 사용을 요청하게 된다. 당시 자동처리 기계장치는 서울중앙우체국에 설치했으나 결국은 실패로 끝났다. 기술부족도 있겠지만 규격봉투 사용이 철저하지 못한 데도 원인이 있었다. 현재는 용산에 집중국이 설치되어 비교적 순조롭게 처리되고 있다. 그러나 그 당시는 관계자의 노력에도 불구하고 성과를 거두지 못했다.

기술이란 하루아침에 이루어지는 것이 아니다. 오랜 축적이 필요하다. 우편업무에 관련해서 역점을 둔 것 중 하나가 우표(郵票)의 수준을 높이는 일이었다. 디자인, 인쇄 등에서 우리나라 우표가 당시에는 일본, 자유중국에도 뒤진다는 평가를 받고 있었다. 이의 개선에 힘쓰던 중 중미의 엘살바도르 대통령이 우리나라에 오게 되어 체신부에서는 관례에 따라 기념우표를 발행했다. 그런데 실무자의 실수로 Elsalvador의 끝 글자 R을 L로 잘못 표시한 것이 시판에 나가 이를 회수하는 데 법석을 떤 일이 있었다. 다시 찍어 보급했지만 후일에 안 일이었으나 이 실수 우표가 인기를 누려 우표시장에서 비싸게 팔린다는 얘기를 들었다. 참으로 알다가도 모를 일이다.

그 무렵 미국 체신부의 브라운 장관이 내한했다. 그는 우주선 아폴로 11호 달착륙 장면의 기념우표첩에 닉슨 대통령이 서명한 것을 가지고 와 박 대통령께 전달하였다. 우리나라에서도 우주인 암스트롱이 달 위에서 작업하는 장면을 기념우표로 발행했기 때문에 이를 주고받았다. 미국은 체신부 장관의 지위가 좀 특이하다는 얘기이다. 대체로 대통령 선거 당시 선거사무장을 맡은 사람이 체신부 장관이 되는 경우가 많다고 한다. 지방자치제가 철저하기 때문에 지방단위의 연방 정부기구로서 대표적인 것이 우체국이다. 따라서 지방에서의 연방정부의 일은 우체국이 맡고 있다. 외국인 등록사무나 FBI 수배 중인 범인 사진 등은 우체국에 가면 흔히 붙어 있다. 지금은 그런 예가 드물다고 하지만 선거 후의 특별임용자는 으레 우체국 인사에서만 가능했다고 한다. 그 이유는 직업공무원제도가 확립되어 있는 까닭이다.

끝으로 체신부에 있으면서도 지방행정을 잊을 수가 없었다. 무엇인가 지방행정을 위해 할 일이 없을까 생각하던 끝에 구상한 것이 농어촌 통신망(通信網) 확장계획이었다. 당시만 해도 모든 농촌에 전화가 보급된 건 아니다. 또 경영수지의 측면에서도 농촌전화는 가설비에 비해 수익이 적어서 체신부 실무진도 적극적이 아니었다. 그러나 농가의 입장에서는 농산물의 시세 등을 신속하게 파악하기 위해서 전화의 필요성이 무엇보다 시급한 실정이다.

나는 당시의 농촌을 휩쓸었던 새마을운동의 일환으로 모범 새마을에 우선적으로 전화를 가설하기 시작했다. 당시의 농촌에서는 도로가 개설되어 버스가 드나들 수 있고 전깃불이 켜지며 수돗물을 집 안에 끌어들일 수 있는 것이 더할 수 없는 꿈인 동시에 보람이었다. 거기에다 TV를 설치하는 것인데, TV 보급은 의외로 빨랐다. 전기만 들어오면 으레 TV를 보아야 하는 것으로 믿고 있었다. 그러나 TV는 농민들의 의식구조에 엄청난 변화를 일으켰다. 그 무렵 농촌에 가면 다 쓰러져 가는 초가지붕 위에도 TV 안테나만은 집집마다 경쟁하듯이 솟아 있는 것을 볼 수 있었다.

체신부 장관에서 농림부 장관으로

체신부 생활 1년 2개월 만인 1970년 12월 개각 시에 26대 농림부 장관으로 임명되었다. 박 대통령은 임명장을 주시면서 나의 전남도지사 시절 한해(旱害) 대책을 눈여겨보시고 언젠가는 농림행정을 맡겨야겠다고 마음먹었다고 했다.

사실 1967, 68년 연속으로 겪은 호남지방의 가뭄은 우리나라 근대 농정사(農政史)에서 유례를 찾기 힘들 정도로 극심하였다. 지금 회상해도 당시의 참상은 차마 눈뜨고 볼 수 없을 정도였다. 도정(道政) 책임자인 나에게는 분명히 엄청난 시련이었고 일생에 좀체 있기 어려운 위기였다. 그러나 나는 도민과 함께 불철주야 이를 극복하기 위해 전력을 다했다. 불볕더위에 논이라는 논은 모조리 말라비틀어지다 못해 거북이 등껍질처럼 갈라져 있던 모습이 아직도 생생하다. 땅이 타버리는 그런 상황에서 농민들이 대체 무슨 일을 할 수 있겠는가. 오로지 도 당국만 쳐다볼 수밖에 없었다. 비록 최악의 상황이지만 최선을 다하는 것 외에는 도지사로서 할 수 있는 다른 방법이 없었다. 그러나 그것이 내가 농림부를 맡게 될 계기가 될 줄이야 그 당시에는 전혀 예상조차 하지 못했다.

내무부, 특히 지방행정 출신이 농림부 장관으로 가는 경우는 과거에도 예가 있었다. 8대 양성봉(梁聖奉, 전 경남지사), 10대 최규옥(崔圭鈺, 전 강원지사), 12대 정낙훈(鄭樂勳, 전 충북지사), 15대 이근직(李根直, 전 경북지사) 장관 등이 도지사 출신이었으며, 16대 이해익(李海翼) 장관은 내무부 초대 지방국장이었고, 역시 지방국장에서 경남지사를 거쳐 농림부 장관이 된 이계순(李啓純) 장관은 내가 내무부에서 계장 때 과장, 과장 때 국장, 국장 때 차관으로 인연이 깊은 지난날의 상사였다. 이분들은 모두 고인이 되었다.

나의 뒤에 33대 정종택(鄭宗澤), 35대 고건(高建) 장관 역시 도지사 출신이다. 두 분이 모두 지방국에서 나와 함께 자란 관료들이다. 그리고는 농수산부나 경제기획원 등의 경제관료가 농정의 책임을 맡는 수가 많았다.

나는 취임사에서 농정의 방향을 ① 식량증산과 농가소득 증대, ② 농업 생산기반의 확충, ③ 농산물 유통구조 개선, ④ 농어촌환경의 개선에 둘 것을 명시하고, 모든 공무원과 농민이 한마음이 되어 자조와 협동과 의욕으로 활기에 넘치는 윤택한 새 농어촌을 건설하는 데 매진할 것을 다짐했다.

특히 체신부 장관 때 감동적이었던 아폴로 달착륙 계획을 상기시켰다. 그것은 과학의 눈부신 발전을 상징하는 위대한 성과였다. 인간의 지혜가 마침내 달에까지 갈 수 있게 되었으며 그 계획의 오차범위가 0.001% 수준으로, 성공확률이 거의 완벽에 가까웠다는 사실은 우리에게 많은 교훈을 준다. 농업이 아무리 어렵다 하더라도 아폴로 계획과 같은 정확성만 갖출 수 있다면 우리가 지향하는 목표를 달성하지 못할 이유가 없다고 강조하였다. 요는 안이한 과거의 타성에서 벗어나는 것이 선결문제라고 했다.

나는 무엇보다도 농정(農政)을 추진할 간부의 인사에 최선을 다하고자 했다. 인사권의 재량은 전적으로 장관에게 맡겨져 있었다. 차관은 부내에서 기용했고 이에 연관되어 농어촌진흥공사 총재로 있던 전임 이계순 장관의 퇴진이 불가피하게 되어 내무부에서부터 남다른 관계에 있던 선배장관이었던 까닭에 나는 밤에 자택을 방문 양해를 얻으려 심적으로 괴로움을 겪기도 했다. 당시 이 총재는 후진을 위해 기꺼이 자리를 비워 주셨고 나는 큰 감명을 받았다. 생각해 보면 나 자신도 언젠가는 이와 비슷한 길을 걷게 되지 않을까 하는 예감이 들었다. 그것이 어쩌면 관료의 숙명일지도 모른다. 그 이후 나는 이계순 전 장관께 깍듯이 예를 다했지만 퇴직 후 몇 해 안 되어 지병으로 타계하셨다.

농림부에는 소속단체가 많다. 나는 그 자리에 지방행정에서 함께 일하던 도지사 출신들을 추천했더니 박 대통령은 거의 받아 주었다. 농협중앙회에 김윤환(金玧煥) 회장(전 충남지사), 수협중앙회에 김덕엽(金德燁) 회장(전 경북지사), 농개공에 최두열(崔杜烈) 사장(전 부산시장), 산림조합연합회에 권용식(權容湜) 회장(전 제주지사)이 그들이다. 그중 권 회장은 그 뒤 농업진흥공사 그리고 농협중앙회장 등을 역임한 후 작고하였다.

농정(農政)에 관한 대부분의 이야기는 지방행정에 깊은 관련이 있어 이미 거의 언급하였으므로 중복을 피하고 1972년 12월에 받은 박 대통령의 친서에 관해 쓰고자 한다.

여섯 장으로 된 친서는 비교적 농정에 관한 지침을 소상히 밝히고 있다. 만년필로 쓴 친필이다. 대통령은 먼저 식량자급자족은 농업정책적 측면에서뿐 아니라 공업입국이란 견지에서도 절대적인 명제라는 것을 강조하였다. 이어 이 문제를 해결하기 위해 갖은 노력을 경주해온 것이 사실이나 농업생산기반이 조성되어 있지 않고 영농기술이 낙후된 데다가 2, 3년 간격으로 한해, 수해, 병충해 등 천재까지 겹쳐서 막대한 재원을 투입하였음에도 불구하고 소기의 성과를 올리지 못하고 있음을 상기시켰다. 특히 1967, 68년의 연이은 가뭄 후 정부는 농업분야, 특히 미곡생산 분야에 막대한 투자를 계속했고 또 농민의 생산의욕을 고취시키기 위하여 국제시세보다 월등히 높은 고미가 정책을 써왔는데도 결과가 이러하다면 투자의 효과를 엄격히 재검토해야 할 단계에 왔다고 지적하였다.

미곡(米穀)의 명년도 수급계획을 맞추기 위해 금년 분으로 도입 전량 80만 톤 중 10만 톤을 미국·일본에서 추가 도입하지 않으면 명년도 쌀 수급에 차질이 있을까 걱정하고, 또 1973년도 분으로 50만 톤을 도입하고자 하는데 미국이나 일본에서도 세계적인 미곡생산의 감수와 수요증대로 50만 톤 도입이 매우 어려울 전망이라는 것, 이런 형편인데도 국민들 중에는 정부미는 맛이 없다, 통일벼는 밥맛이 나쁘다 하여, 경기미, 호남미만 찾는 세태를 지적하였다. 이들의 구미에 맞추어 소요량을 도입하자면 몇억 달러의 외화를 주고 사와야 하고 또 지금 외화를 주고 사려고 해도 사기 어려운 실정임을 언급한 대통령은 이 시점에서 정부는 식량정책에 대해 근본적인 재검토와 일대 전환을 모색하지 않으면 안 될 것임을 강조하고 정부와 국민이 다같이 반성해야 할 문제점을 다음과 같이 지적했다.

첫째, 정부는 그동안 인력, 기술, 미가(米價) 등 노력을 집중하였음에도 불구하고, 금년과 같은 해에 일부 수해가 있기는 하였으나 겨우 평년작 수준에 머무른 것을 보면 지난 수년 동안 식량증산 정책은 아무런 실적도 없었다는 결론이 나온다. 따라서 정책을 어떻게 하였는지, 왜 성과가 하나도 나지 않았는지를 평가해야 할 것이다.

둘째, 식량증산은 실적이 하나도 오르지 않고 식량은 매년 수백만 석씩 부족하여 수천만 달러 내지 억대 이상의 외화를 들여 외미 도입을 하면서 국민들은 쌀만 먹겠다고 하고 그것도 맛이 있다 없다 하는데, 미곡절약을 위해 정부에서 지금까지 하고 있는 혼식이다, 분식장려다 하는 정책이 너무나 소극적인 방법이 아니었던가 하는 점을 반성해야 한다.

이 친서는 식량증산과 쌀소비 절약책을 혁신시킨 계기가 되었다. 무엇보다 식량자급은 다수확 신품종인 통일벼의 보급이 아니면 불가능하다고 확신하게 되었다. 따라서 다소 무리한 줄 알면서도 신품종 보급을 위한 과감한 시책을 시도하게 되었음은 이미 언급한 바와 같다. 동시에 쌀소비 억제를 위해 혼합곡의 방출을 비롯해 혼분식 장려에 행정력을 집중시켰음은 물론이다.

또 그해 12월에는 비상국무회의에서 농지(農地)의 타용도 전용을 막기 위해 농지보존 및 이용에 관한 법률을 제정하였다. 당시만 해도 연간 평균 1만 9천ha의 농지가 도로, 공장부지, 도시계획 등에 쓰였기 때문에, 이를 방지해 식량생산 면적을 확보하려는 의도였다. 일종의 농업을 위한 영토선언인 셈이다. 그리하여 다수확 시상제, 보온 못자리, 집단재배 단지, 시한영농제, 쌀생산 150일 작전, 통일벼 우선수매 등 일련의 시책을 착실하게 밀었다. 그렇다고 하여 이내 성과를 본 것은 아니다. 거기에 농업의 어려움이 있다. 그러나 해를 거듭할수록 쌀 생산량은 늘어 1974년에는 3천만 석을 돌파했고 1975년 3천 2백만 석, 1976년 3천 6백만 석, 1977년 4천 1백만 석으로 마침내 주곡자급의 염원을 달성하게 되었다. 통일벼 품종개발을 시작한 지꼭 12년 만이었다.

노풍과 부가가치세

유신은 당시 박 대통령의 담화로 그 취지가 국민 앞에 밝혀졌다.

> 7·4 공동성명으로 이제 남북 간에는 남북조절위원회와 남북적십자 회담이라는 서로 차원을 달리하는 2개의 대화의 길이 열렸다. 그러나 이 대화는 위헌이니, 위법이니 하는 법률적 또는 정치적 시비마저 없지 않다. 남북 간의 대화는 흩어진 가족을 찾아야겠다는 1천만 동포의 대화이며 전쟁의 참화를 방지하고 조국을 평화적으로 통일해야겠다는 5천만 민족의 대화이다. 따라서 나는 국민적 정당성을 대표한 대통령으로서 나에게 부여된 역사적 사명에 충실하기 위하여 부득이 정상적인 방법이 아닌 비상조치로서 남북대화의 적극적인 전개와 주변 정세의 급변하는 사실에 대응하기 위하여 우리 실정에 가장 알맞은 체제개혁을 단행하여야겠다는 결심에 이르렀다.

당시 국제정세의 변화란 미국과 중국, 일본과 중국의 국교정상화, 거기에 주한미군 일부의 철수 등을 의미한다. 그러기에 이에 대응하기 위해 국력의 조직화, 국민총화 저해요인의 제거, 총력 안보태세를 위한 체제의 강화를 서둘게 되었다. 그러나 유신은 장기집권을 위한 비상조치로 국민에게 비쳤기 때문에 이를 반대하는 거센 정치적 저항에 부딪치게 되었다. 더구나 1975년 미군의 월남전 패전으로 북한은 고무되는 반면 우리에게는 위기감마저 들었다.

정부는 1975년 5월에 긴급조치 9호를 선포, 유신헌법 비방을 금지하고 일체의 시위에 강경책으로 일관했다. 그러나 반발 역시 만만치 않았다. 갈등과 대결의 골만 깊어질 뿐이었다. 1978년 12월의 제10대 국회의원 선거에서는 뜻밖에 여당인 공화당이 야당인 신민당보다 득표에서 1.1% 패배하는 결과로 나타났다. 유신정부로서는 참기 어려운 충격이었다. 박 대통령으로서도 유신정권 수립 후 최대의 정치적 시련을 맞게 되었다.

그해 12월에는 개각을 단행해 부총리 겸 경제기획원 장관, 재무·농수부 장관을 퇴진시키고 부총리에 신현확(申鉉碻) 씨가 발탁되었다. 이는 선거 때 최대의 쟁점이 되었던 부가가치세와 노풍 피해에 대한 책임을 물은 개각이 아닌가 싶었다. 당시 선거전은 도시에서는 부가가치세, 농촌에서는 벼 신품종 '노풍'이 뜨거운 이슈였다.

당초 부가가치세는 법 제정과정에서부터 찬반의 의견이 날카롭게 대립하였다. 그럼에도 일부 반대를 무릅쓰고 1977년 7월 결국 실시에 이르렀다. 반대이유는 아직 우리의 수준으로서는 시기상조라는 점이다. 그것은 영수증 수수가 습관화되어 있지 않고 기장능력 역시 불충분하고 거기에 유통구조도 제대로 되어 있지 않다는 이유였다. 유럽나라들은 대체로 실시하고 있으나 아직 일본조차 도입하지 못하고 있는 것이 어떻게 우리나라에서 가능하겠느냐는 주장이었다.

그러나 정부로서는 1977년이라는 해가 우리에게 자신을 갖게 하는 해로 충분했다. 수출 100억 달러 달성, 1인당 국민소득 1천 달러 달성의 해다. 특히 수출은 10억 달러에서 100억 달러에 이르는 기간이 독일이 11년, 일본이 16년 걸렸음에 비해 우리나라는 7년밖에 소요되지 않아 우리 자신의 계획을 4년 앞당길 수 있었다.

이해는 또 우리의 오랜 숙원인 주곡지급이 달성된 해이다. 마침내 4,100만 석을 생산할 수 있었다. 그래서 쌀막걸리가 허용되기도 했다. 거기에 월남(越南) 특수경기에다 중동(中東) 건설경기에 힘입어 경상수지 역시 흑자기조를 보일 때였던 만큼 부가가치세 도입의 적기

278

로 판단한 것이 분명하다. 그러나 실시 후에는 의외로 조세저항이 컸었고 그것은 선거 전에 직결된 것으로 보인다.

한편 벼 신품종 '노풍'의 경우는 1978년부터 박 대통령의 지시에 따라 신품종의 이름을 그 품종개발에 공이 큰 연구자의 이름을 따서 명명키로 하였다. 그때 박노경(朴魯敬) 박사와 박노풍(朴魯豊) 박사가 개발한 신품종 이름이 '노경'과 '노풍'이었다. 이 중 노풍은 곡창지대인 전라남북도 지방에 많이 보급되었는데, 1978년 국회의원선거의 해에 이상고온과 중국에서 이례적으로 많이 날아온 멸구에 의한 심한 병충해로 전멸상태가 되어 농민들의 원성이 자자했다. 결국 노풍은 보급한 지 1년 만에 자취를 감추게 되었으며 농촌 여당표에 결정적인 타격을 주게 되었다.

나는 신품종 보급에 앞장섰던 관계로 1978년 노풍 피해를 지켜보고 신품종 보급이 얼마나 힘이 들고 어려운 것인가를 절실히 느끼기도 했다. 사실 농업이란 인간의 지혜만으로는 안 된다. 하늘이 돌보아 주지 않으면 성공할 수가 없다. 일찍이 정다산(丁茶山)의 "농사는 사람과 물과 때를 다스릴 줄 알아야 한다"는 말은 영원한 진리라고 믿는다.

그때 나는 농수산부 산하에 새로 창설된 한국농촌경제연구원의 초대 원장으로 여전히 농업에 관련된 일에 종사하고 있었다. 그 이듬해 1979년 10월에 나는 EC의 농업과 농촌을 보기 위해 먼저 프랑스로 향했다.

부러운 프랑스의 농촌

프랑스는 기후, 자연, 국토 모두가 농업에 유리한 여건을 갖추고 있는 나라다. 수도 파리의 기온은 가장 추울 때가 영하 4~5℃가 고작이고, 한여름 더위도 25℃를 넘는 일이 드물다고 한다.

비오는 상황을 보면 더욱 부럽다. 우리나라의 경우 6월에서 8월 사이에 전 강우량의 52%를 차지하고 있음에 비해 프랑스는 5월에서 8월까지는 거의 비가 오지 않는 건기이다. 우리나라 연간 강우량 1,200㎜에 비해 프랑스는 약 600㎜에 불과하지만 폭우나 집중호우가 아닌 연중 내내 부슬비가 내린다. 그래서 이런 비를 흔히 수리(水利)용 비라고까지 부르기도 한다. 비가 1년 내내 고루 내리기 때문에 농사짓기에 아주 알맞은 나라가 프랑스이다. 따라서 가뭄이나 홍수 걱정이 별로 없다.

다만 프랑스는 우리의 한여름 같은 뙤약볕이 거의 없이 구름 낀 날이 많다. 그들이 바캉스를 즐기는 것은 실은 햇볕을 많이 쪼이지 못하기 때문에 햇볕을 쫓아다니는 것이다. 우리가 한여름에 폭서를 피하는 것과는 좀 다르다. 우리나라 햇볕은 강렬하지만 가뭄이나 홍수로 잦은 피해를 입게 되고 산에 나무가 잘 자라지 못하는 데 비해 프랑스는 연중 비가 내려 습기가 유지되어 산에 나무가 잘 자란다. 어느 산이나 녹색이 짙다. 나무가 자라는 데는 가장 중요한 것이 습기이다. 우리나라도 북쪽으로 향한 산일수록 나무가 잘 자라는 것은 바로 습기 때문이다.

프랑스는 또한 국토가 넓고 비옥하다. 우리 남한의 5.5배, 인구밀도도 우리나라나 독일, 영국 등에 비교해도 여유가 있다. 뿐만 아니라 프랑스는 유럽의 중심부에 위치하고 국토의 3분의 2가 평야지대이며 평야의 90% 이상이 경작지로서 경지면적 역시 우리의 8.4배에 이른다. 농업 취업인구는 우리가 38%(1970년대)임에 비해 프랑스는 8.6% 수준이다. 그러나 독일의 8%, 영국의 2%, 네덜란드의 5.4%에 비하면 프랑스의 농업인구는 비교적 높은 수준에 있다. 또 국민총생산량 중 농림부분이 차지하는 비율 역시 8.2%로, 독일 2.3%, 영국 2%, 네덜란드의 4%에 비해 프랑스 농업의 비중이 높은 편임을 알 수 있다.

프랑스 농업이 급속한 성장을 하게 된 것은 대체로 1948년 이후로 보고 있다. 특히 농업 노동력은 1960~1970년대에 약 3분의 1이 줄었으며 전 노동인구에 대한 비율은 14% 이하로 떨어졌다. 그럼에도 불구하고 프랑스는 아직 농촌에 벼 농가를 포함한 많은 주민이 살고 있다. 이는 교통통신의 개선, 상하수도를 비롯한 지역개발의 꾸준한 개발에 크게 힘입은 결과이다. 그러나 농업소득의 배분에는 아직도 뚜렷한 지역격차가 존재한다.

프랑스 농업은 다른 유럽 국가들의 농업과 마찬가지로 경종과 축산으로 크게 나눌 수 있다. 육류와 우유를 생산하는 축산이 주축을 이루고, 경종농업은 실은 목초나 보리를 재배하여 사료로 충당하는 것이다. 따라서 어디를 가나 푸른 초지이며 상당히 가파른 경사지에도 목초가 가꾸어져 있음을 볼 수 있다. 프랑스는 농경지 면적이 유럽 어느 나라보다 넓다. 독일이 1,300ha, 영국 1,800ha, 이탈리아 1,800ha인 데 비해 프랑스는 3,200ha로, 그만큼 한 농가당 농경지 면적 역시 넓어서 비교적 여유 있는 농토를 가지고 있다. 이는 1960년 농업기본법 이후 정부의 적극적인 정책추진의 결과라 할 수 있다. 이른바 구조개선을 핵심으로 한 농업기본법의 제정은 독일의 1955년

보다 다소 늦기는 했으나 SAFER라는 기구를 두어 분산농지의 통합과 경영면적의 확대를 꾸준히 추진해왔다.

원래 농업기본법은 다음과 같은 이유에서 착수된 것이다. 즉, 농민을 위한 가격지지 정책은 어디까지나 일시적인 것에 불과하고 장기적으로는 농업구조의 개선 없이는 농가소득을 안정적으로 보장할 수 없다는 것이 바로 그것이다. 물론 구조개선에는 농민의 탈농이 필연적으로 수반되므로 이는 적극적인 직업훈련에 의한 전직과 사회보장에 의한 구제조치가 병행되지 않으면 안 된다.

아무튼 농업기본법에 의하여 프랑스의 농업인구는 8% 수준까지 감소하였고 반대로 농경지는 과거 경영단위보다 2배 이상 확대되었다. 그럼에도 불구하고 농촌지역의 정주인구가 유럽 다른 나라에 비해 비교적 많은 수준으로 유지되는 것은 농촌 경공업의 유치, 관광관련 활동의 확대, 주말 농업을 겸한 도시인구의 증가, 그리고 노후의 여생을 농촌에서 보내려는 은퇴자의 증가에 그 이유가 있는 것으로 보고 있다.

프랑스의 농업에 결정적 영향을 준 것은 EC의 발족이었다. EC의 통일적 농업정책의 목표는 농업 생산성의 향상, 농민에 대한 생활수준의 보장, 농산물 시장의 안정, 농산물의 안정적인 공급, 소비자에 대한 적정가격의 유지에 있다. 다시 말하면 서유럽 전체가 하나가 되어 농산물 생산성을 높이고 농산물의 적정가격을 유지하려는 데 있다. 이를 통하여 알 수 있듯 각국은 국경을 초월하여 EC 전체를 하나의 시장으로 인식하고, 공동정책에 따라 농업의 합리화를 도모하는 동시에 공동체 밖에 대해서는 높은 장벽을 두겠다는 보호주의에 바탕을 둔 정책을 수립하였다. EC 발족 이래 프랑스 농민은 가격 면에서 혜택을 보게 되었다. 그것은 프랑스가 그만큼 농업 생산력에 있어 다른 나라에 비해 경쟁력을 가졌기 때문이다. 그러나 EC에 스페인, 아일랜드, 그리스 등이 가입하고 나서는 사정이 달라졌다. 과거와 같은 유리한 조건을 누리지 못하게 되었다. 따라서 내가 프랑스에 갔을 때에는 새로운 농업기본법의 제정이 논의되고 있었다. 그것은 1975년 이래 계속되는 기상조건의 악화로 인한 생산성의 저하, 에너지가격의 상승, 경쟁력에서 네덜란드와 독일의 부상으로 과거와 같은 EC 내의 제1위를 유지하기 어렵게 되자 농민의 불만이 때로는 과격한 시위로 나타나기도 하였다.

이러한 문제점을 안고 있다 하지만 내가 본 프랑스의 농촌은 평화롭고 윤택해 보이기만 했다. 내가 찾은 농가는 루아르 강이 바라다보이는 중부 프랑스의 한 농촌이었다. 농촌이라고 하지만 소도읍처럼 산뜻하게 정리된 마을이다. 농협조합장을 맡고 있는 대농의 집이다. 맨 처음 안내한 곳이 농기구 등 장비를 보관하는 창고였는데, 특히 값비싸다는 하베스타 수확기를 비롯해 여러 가지 종류를 갖추고 있었다. 약 40ha를 경작하고 돼지 1천 두 정도를 기르는 농가다. 돼지 막사도 자동화 시설이 완비되어 인력으로 매일매일 치우던 일이 많이 개선되었다는 얘기다.

널따란 농토에 여기저기 큰 나무들이 서 있다. 이곳 농가는 여러가지 종류의 협동조합에 가입하고 있는 것이 특징이다. 또 이곳 농협은 농협 자체가 사료공장을 경영하고 소규모 포도주 공장도 가지고 있다. 포도주는 식생활의 필수품이다. 자기들의 고유의 상표로 파리에서도 인정해 주는 상표라 했다. 이집 지하실에는 많은 포도주가 통째 보관되어 있다. 그중에는 50년이 넘는 것도 있다고 하며 시음을 권하기도 했다. 포도주 탓인지 이집 주인도 코끝이 빨갛다. 농촌 인심은 어디나 비슷한 것인지 몇 병의 포도주를 선물로 주었다. 그것은 모두 붉은 포도주였다.

뜻밖의 비보

프랑스 농촌을 보고 EC 본부가 있는 브뤼셀로 향했다. EC에 주재하는 농무관의 안내를 받았다. 그 당시는 영국, 아일랜드, 덴마크 등이 가입하고 다시 그리스, 스페인, 포르투갈 등이 EC 가입신청을 내놓고 있는 시점이었다. 원래 EC는 농업문제가 중요한 계기였다고 한다. 그때도 EC 예산의 60%가 농업부문이라고 했다. 그만큼 EC에서는 농업의 비중이 크다. 그것은 농업 생산성을 높이고 농업 종사자의 생활수준의 확보, 시장의 안정과 공급의 안정, 합리적인 소비자 가격의 유지 등이 EC 공동 농업정책의 목표였기 때문이다.

나는 EC 본부 방문에 앞서 브뤼셀 근교에 있는 워털루의 고 전쟁터를 찾아보았다. 프랑스의 불세출의 영웅 나폴레옹의 마지막 싸움터인 이 전적지는 광활한 들판의 한가운데 있었다. 높다랗게 쌓아 올린 전적지는 이곳 싸움터의 피로 물든 흙으로 만들어진 것이다. 계단을 밟고 한참 올라가면 정상에 영국을 상징하는 사자상이 프랑스를 향해 놓여 있다. 사자상 역시 대포와 무기들을 녹여서 만든 것이라 한다. 나폴레옹은 이곳 싸움에 패배함으로써 그의 모든 영광을 잃고 몰락의 길을 걷게 된다. 그는 다시 일어서지 못하고 영국 군함에 실려 절해의 고도 세인트헬레나에서 6년의 유배생활 끝에 파란의 생을 마감한다. 그때 나이 52세였다.

워털루 싸움은 1815년 6월의 비가 억수같이 쏟아지는 날로 기록되어 있으나 내가 이곳을 찾은 날은 하늘에 구름 한 점 없는 쾌청한 가을날이었다. 당시 영국 사령관 웰링턴의 이름을 딴 박물관에는 전선의 모습을 자세히 그려놓고 있다. 옆의 선물가게에는 나폴레옹 얼굴을 그린 여러 가지 기념품이 즐비하게 진열되어 있다. 지금은 기념품이 되어 나폴레옹은 여전히 팔리고 있는 것인가.

그날 저녁 EC 주재 박근(朴槿) 대사와 저녁을 함께하고 호텔에 돌아왔을 때 대사관으로부터 전화가 걸려 왔다. 그것은 뜻밖에 박 대통령에 관한 비보(悲報)였다. 나는 즉시 서울사무실을 불렀다. 그날 박 대통령은 삽교천 제방 준공식에 참석하고 만찬 때 불의의 사고로 서거했다는 요지였다. 사무실에서도 그 시점에서는 그 이상 아는 것이 없었다. 나는 밤잠을 설치고 이튿날 남은 일정을 취소하고 귀국길에 올랐다. 감히 상상도 할 수 없는 일이다. 세상에는 이처럼 뜻밖의 일도 일어나는 것인가.

사실은 삽교천 공사도 나와는 다소의 인연이 있다. 그것은 제3차 5개년 계획(1972~1976년)에 포함된 농업 종합개발계획의 하나이다. 개화도, 영산강, 아산만 등에 이은 대단위 공사로서 일본 차관을 추진한 프로젝트였다. 나는 그때 이를 촉진하기 위해 일본 농무상을 초청했다. 아다치 도구로 씨였다. 나는 삽교천 현지를 안내했고 함께 청와대 예방도 했다. 그 자리에서 아다치 농상은 자기 선거구에 일본 농촌부흥의 전설적 인물인 니노미야 손도쿠에 관한 얘기를 하였다. 듣고만 있던 대통령은 바로 그 사람 정신이 새마을정신이라 하시며 공감을 표시하였다. 일제 때 내가 다니던 초등학교 교정에는 니노미야의 동상이 서 있었다. 지게를 지고 책을 읽는 모습이다. 신발은 짚신이었다. 자라는 청소년에게 우상화하려는 의도인지 모른다.

삽교천 공사는 1975년에 착수, 1979년 10월 26일 완공되어 박 대통령의 마지막 공식행사가 되었다. 총공사비는 내·외자 합쳐 688억 원이었다.

박 대통령은 우리나라 국민에게 "하면 된다"는 자신감을 갖게 한 의지의 영도자였다. 특히 수출주도형 공업화 정책으로 이 땅에 심어놓은 경제적 업적은 아무도 부인할 수 없을 것이다. 그에 못지않게 가난한 농촌과 농민을 위한 집념도 강했다. 내가 도지사, 농림부 장관, 농촌경제연구원장 그리고 식생활개선본부 회장 등 일련의 직책을 수행하면서 느끼기로는 참으로 감동적이었다. 그 무렵 도처에 나붙었던 증산, 수출, 건설이라는 구호가 결코 공허하지 않았다. 물론 그때에도 못 살겠다고 부르짖던 반정부운동이 없었던 것은 아니다. 그러나 대다수 국민들은 역사와 민족 앞에 앞장섰던 박 대통령의 지도력을 믿고 따랐으며 그 결과 국력과 국위를 크게 신장시킬 수 있었다고 믿는다.

특히 농촌부흥을 위해 새마을운동에 쏟는 남다른 집념은 말할 것도 없다. 이미 언급한 바와 같이 새마을노래를 직접 작사·작곡하고, 새마을 지도자를 매달 경제동향 보고회의 시에 반드시 불러 격려하였으며 새마을 지도자대회는 한 번도 거른 일이 없었다. 또한 새마을 현장을 끊임없이 찾아다니며 농민을 보살폈다.

뿐만 아니라 새마을운동이 정치성을 띠지 않도록 세심한 주의를 기울였다. 심지어 고속도로 개통에도 농민의 소득증대에 기여하는 방법을 강구케 했다. 그것은 다름 아닌 농산물 집하장의 구상이다. 집하장 농가들이 농산물을 집하장에 내다놓고 지나가는 통행차에 팔게 함으로써 농가를 도우려는 것이다. 서울로 가는 상행선에는 남서, 입장, 옥산, 지량에, 그리고 호남선에 여산, 영동선에 문막 등에 설치했다.

나는 이 지시를 받고 농협 책임으로 운영토록 했다. 집하장이 완성되어 박 대통령을 모시고 서봉균(徐奉均, 전 재무부 장관) 농협회장과 함께 옥산에서 테이프 커팅을 했다. 대통령의 비상한 관심에도 불구하고 농산물 집하장은 고속도로를 지날 때마다 들러 보지만 항상 한

산했다. 우선 농가에서 이곳까지 농산물을 운반하는 수단이 없었고 또 농민이 집하장을 전적으로 믿지 않는 데 문제가 있었다. 적자만 계속되다가 결국은 폐쇄되고 말았다.

내가 농수산부에 있을 때만 해도 우리나라 낙농업은 초창기에 불과했다. 젖소가 약 5만 두 수준이었다. 그럼에도 때로는 우유가 남아돌아 지방에 따라서는 버리는 곳도 있었다. 그래서 세종로에 우유를 마시자는 대형 선전탑을 세우고 우유 소비에 적극 나섰다. 가장 바람직스러운 것은 초등학교 급식에 우유를 마시게 하는 것이지만 이것은 재정형편상 쉽게 이루어질 수 없었다. 우유는 어렸을 때부터 습관을 들이는 것이 매우 효과적이다. 일부 학교에서는 실험적으로 우유공급을 한 학교도 있었다. 우유는 가장 양질의 식품으로 인정되어 식생활 개선의 입장해서 권장하지만 우리 국민의 우유 소비량은 선진국에 비해 아주 미미한 수준이다. 당시의 연간 생산량은 약 40만 M/T 정도였다.

보건사회부 소관 고아원 등에 미국으로부터 구호 명목으로 무상으로 들여오는 분유가 연간 이만저만한 양이 아니었다. 우리 축산농가는 이것을 막지 않으면 초창기의 낙농업은 일어설 가능성이 없다고 아우성이었다. 분유도입 금지는 국무회의까지 상정되었으나 양부 간의 논쟁은 결론이 나지 않았다. 당시 보사부 장관은 이경호(李坰鎬)로 실은 나의 고향선배이기도 했다. 이 장관은 가뜩이나 재정적으로 어려운 처지에 미국 구호단체가 거저 주는 것까지 막을 필요가 무엇이냐고 주장했다. 일리가 없는 것은 아니다. 그러나 초창기 낙농 육성을 위해서는 분유도입을 막아야 한다는 것이 농림부의 주장이었다. 결국 박 대통령 앞에서 판가름하게 되었다.

대통령은 양쪽 주장을 듣고 나서 그래도 우리 농민을 위해야지 하시며 분유도입을 막는 데 찬성했다. 이때 낙농업의 어려운 고비를 박 대통령의 결단으로 넘길 수 있던 것이다. 그 뒤 보사부에는 무상원조를 받던 부분만큼 예산을 편성하여 해결하였다.

후일담이지만 이 장관은 관에서 물러난 뒤에 경기도 고양군에 조그마한 목장을 장만해서 젖소를 기르게 되었다. 나는 한 번 그 목장을 찾아간 일이 있다. 20두 정도 기르고 있었다. 분유도입 금지는 결국 이 장관 사업을 위한 셈이 되었다고 했더니 쓴웃음을 지어 보였다. 그 후 지병인 심장병 질환으로 타계하였다. 돌아가신 그날은 1월 초의 몹시 추운 날이었다. 목장에서 돌아오는 길에 창경궁 앞을 지나게 되어 차를 잠시 세우고 혼자서 궁 안으로 들어가 새로 단장된 모습을 보려 하다가 쓰러진 것이다.

70년대가 의미하는 것

1950년대가 우리 민족의 수난기였다면 60년대는 전란의 복구와 군사혁명 등으로 격동의 시기였다. 이미 언급한 바와 같이 1970년 7월 역사적인 경부고속도로의 개통을 비롯해 포항제철의 건설 등은 우리에게 "하면 된다"는 행동철학을 심어주는 계기가 되었다. 때마침 근면·자조·협동을 슬로건으로 시작된 새마을운동의 열풍은 비단 농촌뿐 아니라 도시와 기업, 학교, 군대에 이르기까지 파급되어 이 새로운 행동철학은 70년대식 삶의 형태로 자리잡게 되었다.

또한 포항제철의 준공은 조선, 자동차, 전자, 기계, 건설과 같은 일련의 중화학공업 육성과 수출입국을 향한 신호탄이 되었다.

1973년 가을이 제1차 석유파동이 일어나고 이듬해인 1974년부터 월남의 패색이 짙어짐에 따라 국내에서는 월남 특수경기를 대신해 서서히 중동 건설 붐이 일기 시작했다. 월남 특수경기가 수그러들자 중동은 한국인의 능력을 시험할 수 있는 새로운 기회의 땅으로 부상하기 시작했다.

중동 건설특수는 국내적으로 인플레를 가중시킨 요인이 되기도 했지만 1970년대 중반의 외환위기를 해소하는 데 중요한 역할을 했다. 비록 중동 건설 붐에 힘입은 인력송출로 인하여 국내에 다소의 지장도 있었지만 그것은 해외취업을 여는 돌파구가 됐으며 지속적인 경제성장을 가능케 한 요인으로 작용했다.

1970년대는 확실히 기업인들에게는 소중한 기회의 연대였다. 오늘날 재벌급 기업의 대부분이 바로 70년대의 고속성장 가운데 급부상한 것이 사실이다. 물론 그 가운데는 신흥재벌로 부상하여 거침없이 재계에서 설치다가 침몰하고 만 실로 한순간의 해프닝으로 끝나버린 경우도 있었다. 예컨대 율산그룹, 명성그룹 등이 70년대가 낳은 비극의 드라마들이었다.

경제의 고속성장은 특히 서울을 급속히 팽창시켰다. 1960년만 해도 240여만 명에 불과했던 서울인구가 1972년에 600만 명 그리고 70년대 말에는 무려 800만 명 선을 돌파했다. 이러한 서울의 인구집중 현상은 좀처럼 완화될 기미를 보이지 않은 채 그대로 이어져 80년대에 마침내 1천만 서울시대를 탄생시켰다.

역사적으로 볼 때 서울의 인구집중은 1970년대의 경제개발계획 등 급격한 산업화 과정을 거치면서 농촌인구가 서울로 급속히 유입되면서부터이다. 더욱이 70년대 과도한 중앙집중식 행정체계의 서울 중심의 각종 정책은 서울의 인구집중 현상을 더욱 가속화시키는 계기가 되었다. 그 무렵 서울을 특징짓는 현상의 하나는 대규모 아파트단지가 여의도, 영동, 잠실, 강남지역에 들어선 것이 대표적인 사례이다. 이는 또한 투기를 부추기는 결과를 가져왔고 서울시가 개발하는 곳마다 투기업자가 들끓었고 사전에 개발계획이 누설돼 땅값이 엄청나게 오르는 악순환이 계속해서 일어나기도 했다.

1970년대 서울의 가장 큰 변화는 강남지역이다. 서울의 다른 지역은 오랜 세월을 두고 자연스럽게 사람들이 모여들어 형성된 곳인 데 반해 강남지역은 매우 짧은 기간에 갑자기 팽창한 곳이다. 이는 경제 발전에 따른 부를 바탕으로 한가했던 농촌지대를 전혀 새로운 신흥도시로 탈바꿈시킨 곳이다. 따라서 70년대의 한국경제의 특징이 그 어느 곳보다도 선명하게 부각된 지역이다. 강남개발은 투기자들에게뿐만 아니라 이 지역에 땅을 가지고 있던 농민들에게도 떼돈을 벌 수 있는 절호의 기회였으며 그들 가운데는 순식간에 억대의 부자로 변신하는 사람이 속출해 문자 그대로 졸부들의 탄생이 사회적 이슈로 떠오르기도 했다.

시간이 지나도 지칠 줄 모르고 계속되던 강남의 토지투기 열기는 1977년 이후 본격적인 지역개발을 알리는 건축 붐과 함께 절정을 이루게 되었다. 가열된 투기바람과 함께 강남은 급속도로 신도시의 면모를 갖추며 성장했다. 잠실과 반포의 아파트 건립을 시발로 수많은 아파트들이 한강 남쪽 언저리에 병풍처럼 들어섰다. 계획도시답게 넓게 트인 도로들이 규칙적으로 질서 있게 뻗어나기 시작했다.

1970년대 한국의 성장과 번영을 상징하듯이 단기간에 새로운 신도시로 변모해간 강남은 분명히 현대판 황금도시이다. 강남이 서울 안에서도 특별한 곳으로 불리게 된 계기는 70년대 중반부터이다. 그것은 흔히 8학군이라 일컬어지는 강북에 위치했던 일류학교들이 속속 강남지역으로 옮겨 갔기 때문이다. 1976년 경기고 이전을 비롯해 명문고들이 속속 이전했다.

강남을 만들어낸 힘은 70년대 특유의 경제력의 산물인 중산층의 강한 집념이라고 볼 수 있다. 하늘 높이 솟아 있는 아파트 숲이 그랬고 질서 있게 뻗은 도로, 거리에 늘어선 건물들이 그랬다. 그리하여 강남은 중산층 이상이 모여 사는 새로운 도시 거주공간으로 인식되었다.

1970년대는 한국경제의 성장과 번영을 보여주는 면도 있었지만 한편으로는 한국사회의 문제점을 압축하여 볼 수 있었던 축소판이기도 했다. 그것은 다름 아닌 투기심리의 만연과 물질주의(物質主義)의 확산일 것이다. 특히 일확천금을 노리는 한탕주의와 돈을 최고의 가치로 삼는 배금주의(拜金主義)를 확산시키는 결과를 낳았다. 성장과 번영을 상징하고 한편으로는 투기와 배금주의의 부작용을 낳은 강남개발은 어쩌면 70년대 한국사회의 특징적 단면을 가장 잘 보여주는 것이라 하겠다.

서울을 비롯한 도시인구가 급증하고 공업화의 촉진에 따라 전국적으로 도시화가 빠르게 진전되었다는 사실은 반대로 농촌인구의 감소와 농촌의 피폐를 의미한다. 그만큼 삶의 터전으로서의 농촌 기능이 약화됨을 의미한다.

대체로 도시화과정에서 이농(離農) 현상은 농촌 자체가 내미는 요소(push)와 도시에서 잡아끄는 요소(pull) 2가지로 나눌 수 있다. 서구의 도시화 과정에서는 공업화의 진전에 따라 도시에서 잡아끄는 힘이 이농현상으로 나타난 것이 사실이다.

그러나 한국의 이농현상은 첫 번째 시기가 한국전쟁 와중에 일어났던 인구이동 시의 이농현상이었다. 두 번째는 1950, 60년대 농촌경제가 피폐해짐에 따라 농민들이 어쩔 수 없이 농촌에서 밀려(push) 났던 시기이다. 그리고 세 번째는 급속한 산업화에 따라 70년대 이후 농민들이 적극적으로 농촌을 떠나 도시로 유입(pull)되는 이농현상이 일어났다.

1970년대 초만 해도 농촌인구가 전 인구의 60%를 차지하고 있었으나 10년도 채 안 돼서 40% 수준으로 줄었다. 그만큼 이농인구가 급증했음을 의미한다. 70년대에 들어서면서 대중매체의 보급과 교육수준의 향상, 그리고 교통통신 수단의 발달에 따라 농민들 욕구수준이 전반적으로 높아졌고 도시생활에 대한 기대가 강했기 때문이라 할 수 있다. 분명히 70년대는 이농의 주류가 농촌의 젊은 층이었다.

남녀를 가릴 것 없이 많은 젊은이들이 농촌을 등지고 도시를 향해 갔다. 그 가운데는 아무런 계획도 없이 무작정 떠나는 경우도 있었다. 이는 신문지상에 가출형태로 표현되어 하나의 사회문제로 부각되기도 했다. 1976년 서울시에서 행한 가출상경 여성에 관한 조사에 의하면 16~20세가 전체의 50%, 11~15세가 21%, 21~25세가 10%를 차지했으며 가출동기에서는 막연히 어떻게 되겠지 하는 무작정 상경이 32%, 빈곤이 24%, 가정파탄이나 불화가 13%, 친구의 유혹이 6% 순으로 나타나 당시 젊은이들의 상경 실태에 대한 일면을 엿볼 수 있다.

1960년대 이후 불기 시작한 고도성장의 열기와 공업화 진전으로 도시화는 급속히 진전되었으나 농촌은 도시화의 그늘에 밀려 정체상태로 남아 있었다. 특히 많은 젊은이들이 농촌을 떠났으며 농촌은 가난을 상징하는 곳으로 변해갔다. 급기야 농촌을 이대로 둘 수 없다는 공감대가 형성되어 마침내 농촌의 대변혁을 의미하는 새마을운동으로 불붙기 시작했다. 새마을운동의 결과에 대해서는 이미 자세히 살펴보았으므로 여기서는 재론을 피한다. 이미 본 바와 같이 1973년부터는 전국의 마을을 기초, 자조, 자립 마을로 분류해 마을 수준에 따라 기본사업, 지원사업, 소득사업을 조직적으로 펴나갔다. 그리하여 1976년에 이르러서는 농촌 취락구조 개선사업이 전개되어 주택 등 대단위 사업이 착수되었다.

새마을운동으로 한국의 농촌은 외관부터 크게 달라졌다. 꼬불꼬불했던 마을 진입로가 똑바로 곧아지고, 개량된 주택, 정리된 농토 그리고 상하수도와 전기 등 생활 기반시설이 속속 정비되었다. 또한 냉장고, 텔레비전 등 가전제품들이 각 가정으로 들어가기 시작했다.

1970년대의 새마을운동은 한국 역사상 처음으로 근대화의 에너지를 농촌사회에 표출시킨 원동력이 되었다. 그 결과 잘살 수 있다는 신념이 전 농촌에 번져나갔다. 마침내 농촌에서 보릿고개가 없어지고 빈곤의 상징이었던 초가집과 호롱불이 사라졌다.

물론 관료들의 무리한 발상과 전시행정의 폐해가 없었던 것은 아니지만 정체와 빈곤으로 얼룩져 있던 농촌에 새로운 삶의 지평을 열었다는 점에서 역사적 의미를 찾을 수 있다. 그렇다고 해서 모든 농촌 문제가 해결된 것은 아니었다. 농촌 노동력이 점차 줄어갔고 특히 젊은 세대를 농촌에 붙들어 두기에는 농촌은 여전히 역부족이었다. 모든 것이 도시에 비해 열악한 수준이었다. 더욱이 70년대가 지나면서 새마을운동의 열기가 강력한 지도자의 상실과 함께 차츰 식어갔으며 그 정신도 퇴색하기 시작했다.

다소 시기적으로 거슬러 올라가지만 내가 내무부 행정과장으로 있을 때이다. 그러므로 1961년경으로 기억한다. 그때 PME 세미나 참가를 위해 잠시 일본 동경에 머문 일이 있었다. 나는 우연히 일본 외무성에서 내고 있는 백서(白書)를 읽은 일이 있다. 거기에는 우리나라에 대한 평가와 남북의 공업력을 비교한 것이 실려 있었다.

그들은 우리나라를 국토에 비해 지나친 인구과잉, 부족한 자원과 발달되지 않은 공업, 과중한 군사비, 미약한 민족자본 그리고 졸렬한 정치와 행정능률의 결여 등을 지적했다. 이 지적은 사실이었는지 모르지만 불쾌한 내용이었다. 더구나 거기에는 공업수준의 남북대비에서 발전량이 20만kW 대 116만kW, 철광석 생산 14만 대 116만t, 화학비료 38만 대 86만t, 시멘트 51만 대 207만t, 석탄 590만 대 1,200만t으로 모두 우리가 열세였고, 오직 수산물 598t 대 458t, 곡물생산 600만 대 220만t으로 우리가 우위로 기재되어 있을 뿐이다.

이 기사는 나에게 큰 충격이었다. 나는 그때 패기만만한 내무부 젊은 관료로서 자부심과 자존심에 상처를 받았다. 남한이 북한에게 이처럼 뒤져 있는 것인가에 회의를 느끼지 않을 수 없었다. 물론 일본이기에 우리를 헐뜯기 위한 것이 아닌가도 생각했다.

그 백서에는 남북한 특집으로 북한이 오래전부터 강행하고 있던 천리마 운동에 대한 소개도 있었다. 사실 그때 동경에서 본 재일교포 사회도 우리 측 민단보다 북한 측의 조총련이 더 기세를 올리고 있는 것 같은 인상을 받았다. 이 기사는 오래도록 내 머리에서 사라지지 않고 있었다. 그러나 우리나라도 1, 2차 경제개발 5개년계획을 마친

1970년대 초부터는 점차 사정이 달라지기 시작했다. 북한은 계속해서 군사제일주의에 폐쇄정책을 고수했으나 우리는 경제제일주의를 표방하여 개방정책을 택해 경이적인 경제고도성장을 이루어 많은 나라로부터 주목받게 되었다. 우리의 선택이 옳았다고 믿는다.

1972년부터 시작된 제3차 5개년계획은 농어촌의 혁신적 개발, 중화학공업의 추진 그리고 수출 증대책이 핵심적 과제였다. 그간 1, 2차를 통해 농업부문은 총투자의 15% 수준이었으나 실제 투자된 것은 그 절반에 불과했다. 이것은 도농(都農) 간의 격차를 가져온 요인이기도 했으며 또 농업투자는 회임(懷妊) 기간이 길기 때문에 이내 성과는 기대할 수도 없는 일이다.

아무튼 1970년대 초반까지만 해도 중농(重農)에서 크게 벗어나지 않는 정책기조를 유지해 왔다. 그러므로 농업을 보호해야 하며, 농민의 생활을 보장해야 하고, 농산물의 수입은 할 수 있는 한 제한해야 한다는 인식은 적어도 정면으로 도전받은 일은 없었다. 그것이 70년대 후반기 이르러 마침내 주곡의 자급달성 이후 농업정책은 일관성을 잃고 표류하기 시작했다. 그때까지 견지해온 농산물 가격 지지정책, 농업 기반조성, 그리고 보조금 정책 등 이 3가지의 농정 기본정책이 모두 후퇴하게 되었다. 이것이 곧 지역경제의 쇠퇴를 가져오고 한편으로 지방자치단체 재정의 궁핍을 가져올 수밖에 없었다.

1970년에 들어서면서 남북관계와 통일문제는 새로운 정치적 과제로 등장하기 시작했다. 그것은 말할 것도 없이 제1, 2차 5개년계획의 성공에 따른 경제적 자신감에서 온 것이라 할 수 있다. 70년 8·15 광복절 경축사를 통해 당시 박정희 대통령은 남북문제에 대한 새로운 제의를 발표했다. 그 결과 71년에는 세 차례에 걸친 남북적십자 회담이 개최되었다. 다시 72년 7월에는 7·4 남북공동성명이 발표되고 텔레비전 앞에 나타난 당시 이후락 정보부장이 평양에 다녀온 사실을 밝힘으로서 국민들을 깜짝 놀라게 하였다. 일부 성급한 사람들은 이내 통일이 다가오는 것 같은 착각에 사로잡히기도 했다.

그해 10월 17일의 일이다. 당시 국무위원이었던 나는 하오 5시에 중앙청 국무회의실에서 소집한 국무회의에 참석하였다. 당시 김종필 총리는 10월 유신(維新)의 의의를 설명하고 이제 곧 청와대로 가서 대통령 주재 국무회의에 참석하게 되는데, 국무위원 중에 유신에 반대의사가 있는 분은 청와대 회의에 참석하지 않아도 좋다고 언명하였다. 그러나 아무도 발언하는 국무위원은 없었다. 매우 긴장된 분위기였다. 역사의 한 고비에 선 것을 느꼈다.

청와대 회의에서는 박 대통령이 결의에 찬 표정으로 북한과 대결하기 위해서 유신의 불가피성을 강조하고 비상계엄선포를 위한 국무회의 의결을 마쳤다. 따라서 그 시각부터 국회가 해산되고 모든 정치활동이 금지되었다. 청와대를 나서서 중앙청 사무실을 다시 돌아오는 길에는 정문에 탱크가 버티고 계엄군이 삼엄한 경비태세에 있었다. 그날도 나는 각 도에서 실시된 국정감사의 실시상황을 국회의원을 수행한 직원들로부터 보고받았다. 부질없는 일이었다. 농림위원들의 감사초점은 오로지 통일벼에 관한 현지 질문들이었다. 그것은 통일벼를 농가에 대대적으로 보급하던 첫 해였기 때문이다.

이어서 11월 21일에는 유신헌법에 대한 국민투표(찬성 91.5%)가 실시되었고, 12월 23일에는 통일주체 국민회의에서 박 대통령 당선, 12월 27일에는 박 대통령 취임과 함께 유신헌법이 공포되었다. 이때 장충단체육관에서 있었던 대통령 취임식에서는 식장에 세워둔 태극기가 식이 시작할 무렵 갑자기 꽝 하고 쓰러졌다. 모두들 의아해했다. 말하자면 이때부터 제4공화국이 출범한 것이다.

유신하에서는 국력을 조직화하고 능률을 극대화한 나머지 경제는 놀라울 정도로 성장한 것이 사실이다. 1960년대까지만 해도 수출의 주요 품목은 섬유류, 합판, 잡화 등과 같은 노동집약적인 경공업제품이 대부분이었으나 70년대에 들어서면서 철강, 조선, 석유화학, 기계, 전자제품 등 중화학제품으로 바뀌었다. 그것이 80년대에는 보다 부가가치가 높은 자동차, 전차, 기계 등이 주류를 이루게 된다.

특히 1970년대를 상징하는 것은 1977년 수출 100억 달러 달성, 일인당 국민소득 1천 달러 시대를 열었다는 사실이다. 뿐만 아니라 오랜 숙원이었던 주곡자급을 달성하여 그간 억제해오던 쌀 소비책을 대폭으로 풀었다. 그러나 1978년 총선거에서는 여당이 야당에 1.11% 패했다. 그것은 당시 도시에서는 부가가치세 도입, 농촌에서는 노풍 피해 등이 결정적 영향을 준 것으로 보인다는 선거결과 분석이 있었지만, 무엇보다도 유신으로 인한 경색된 사회분위기 때문이 아닌가 싶다. 특히 민주화를 요구하는 열기를 감당하기에 벅찼다.

YH 사건, 야당총재 제명, 부마사태, 한미관계의 악화 등 심상치 않은 사건들이 연달아 일어나던 끝에 1979년 갑작스런 10·26 사태로 인한 유신체제의 붕괴는 국민들에게 전혀 뜻밖의 충격으로 다가왔다. 이리하여 암울했던 시대가 막을 내렸다. 참으로 극적인 사건으로 70년대를 끝내고 이제 새로운 막이 열리기 시작했다. 그러나 80년대의 드라마는 전막에 못지않은 충격으로 우리 모두를 놀라게 하였다.

1980년의 서울의 봄은 민주화(民主化)의 열기로부터 시작되었다. 1979년 12월 그 당시 악명 높던 긴급조치 9호가 해제된 이후 정치적 구속자의 석방, 정치규제자의 복권 등이 단행되면서 정치적 화해와 민주화를 위한 욕구도 한꺼번에 나타났다. 그러나 서울의 봄은 얼마 가지 못해 한국사회에 씻을 수 없는 불화와 갈등만을 남기고 역사의 긴 터널 속으로 빠져 들어갔다. 이리하여 80년대의 많은 시간을 혼란과 갈등으로 이어지게 하였다.

제 7 부

지방행정과 지방자치

광복 50주년을 맞는 지방자치

1945년 일제로부터 해방된 지 금년이 꼭 50년이 되었다. 그간에 6·25와 같은 민족상잔의 비극을 비롯해 5·16, 5·17과 같은 정변 등 수다한 시련과 고난을 겪었고 88올림픽과 같이 우리 민족의 역량을 세계에 유감없이 발휘한 영광도 가졌다.

특히 1960년대 후반에서 70년대에 걸친 고도 경제성장 시대에는 경부고속도로가 개통되었고 새마을운동의 열기는 "하면 된다"는 행동철학을 국민에게 심어 주었다. 그리하여 가난의 대명사와도 같았던 초가지붕과 호롱불을 없애고 보릿고개를 내몰아 절대빈곤에서 벗어날 수 있었다. 수출 위주의 공업화정책은 도시화를 촉진시켰고 농경사회에서 산업사회로 짧은 기간에 탈바꿈하였다. 그것은 또 산업 간, 도농(都農) 간, 그리고 지역 간의 격차를 불러일으켰으나 일인당 국민소득 100달러 미만에서 50년이 지난 뒤에는 1만 달러를 바라볼 수 있게 되었다.

원래 우리나라에는 지방자치(地方自治)의 전통이 없었다. 세계에서 유례를 볼 수 없는 강력한 중앙집권체제였다. 유구한 역사를 통해 역대 왕조시대는 말할 것도 없고, 일제시대에도 집권적인 식민지 지배체제였다. 그것이 광복 후 격동의 세월을 겪으면서 어떻게 변화, 발전하였는가.

제1공화국 시대(1948~1960)

해방에서 정부수립까지 약 3년간 미군정은 일제시대의 지방제도를 그대로 유지하면서 문자 그대로 과도기적 통치로 일관했다. 다만 1946년 군정(軍政) 법령으로 도회, 부회, 읍면협의회 등을 해산하고 같은 해 서울시는 경기도 관할에서 벗어나 서울특별시로, 제주도(濟州島)는 전라남도에서 분리해 제주도(濟州道)로 되었다. 1948년 5월 10일 역사적인 최초의 총선거가 실시되었고 같은 해 7월 17일 대한민국 헌법이 공포되었다. 마침내 자주독립국으로서 출범하였다.

자유민주주의를 정치적 이념으로 하는 이 헌법 제8장에 지방자치 조항을 두어 민주적 지방자치의 채택을 명시하였다. 이에 따라 1949년 7월에 지방자치법이 공포되고 이 법에서는 다음 해인 1950년 12월에 지방의회 구성을 위한 지방선거의 실시를 예정하고 있었으나 뜻밖에 6·25 남침으로 부득이 지방선거는 연기될 수밖에 없었다.

그러다가 1952년 제2대 대통령선거를 앞두고 전란중임에도 불구하고 갑자기 지방선거를 실시하게 되었다. 그해 4월에 기초의회, 5월에 광역의회를 구성함으로써 역사적인 자치시대가 개막되었다. 이때의 자치행정구조는 자치단체 종류를 광역으로 특별시·도, 기초로 시·읍·면을 둔 이중구조였으며 자치단체장과 의회가 대립되는 기관대립주의를 택했다. 다만 서울특별시장, 도지사는 임명제를 그대로 유지하고 기초단체장을 지방의회에서 선출하는 간선제였다.

양자 간의 상호견제를 위해 불신임권과 의회해산권을 인정하고, 임기는 4년, 신분은 명예직, 의원정수는 과거의 평의원 정수와 유사하게 인구에 따라 정했다. 회기는 특별히 제한하지 않았고 국가의 감독은 기관위임사무의 경우를 제외하고는 법령의 명문이 있는 경우에 법정의 방법에 의한 감독권만이 허용되었다.

그러나 당시의 지방자치제는 깊은 연구와 우리의 현실을 충분히 감안하여 제정된 것이 아니기 때문에 많은 법리적 모순과 불합리성을 내포하고 있었을 뿐 아니라 실제 운영상 허다한 결함과 문제점이 나타나게 되었다. 가장 두드러진 것이 자치단체장의 지위가 불안정해 행정을 능률적으로 수행할 수 없고, 회기의 제한이 없었으므로 지방의원들은 마치 국회의 기능처럼 착각해 상설 의회화하려는 경향이 있었다.

결국은 1956년 2월에 시읍면장을 직선제로 하고 지위의 불안요인이었던 불신임의결권을 없애고 그에 상응하는 의회해산권을 폐지하였다. 동시에 의원정수를 1할 정도 감축했으며 지방의회 회의일수를 제한하였다. 새 제도가 2년 10개월 계속되다가 1958년 12월에 지방자치단체장을 임명제로 하는 지방자치법의 개정이 국가보안법과 함께 국회를 통과했다. 거센 반발 속에서 경호권을 발표해 야당의원을 의사당에서 내몰고 여당만으로 통과시켰다. 그것은 다가오는 1960년에 있을 대통령선거에 대비하기 위해서였다. 그간 민선을 통해서는 지방자치단체장으로 야당계 인사가 선출됨에 따라 여당에 대한 민심의 이반을 막고 지방조직을 완전히 장악하기 위해 임명제로 고쳤다. 이 조치는 지방자치의 후퇴가 분명하였다.

제 2공화국 시대 (1960~1961)

1960년 4·19로 자유당 정권이 무너지자 새로운 민주질서의 욕구가 각처에서 분출하기 시작했다. 지방행정분야에서도 예외일 수 없었다. 1960년 6월에 공포된 내각책임제 개헌안은 종전의 지방자치 조항을 고쳐, 적어도 시읍면장은 그 주민이 직접 선거한다고 규정하여 자치단체장의 자기선임 원칙을 헌법으로 보장하였다. 그해 7·29 총선거에 의하여 제 5대 국회가 성립됨으로써 지방자치법이 10월말 국회를 통과하였다. 다만 국회 심의과정에서 서울특별시장, 도지사의 민선은 시기상조라는 일부 의견도 있었으나 용인되지 않았고 우리나라 역사상 처음으로 완전자치시대를 열게 하였다.

그해 12월 12일에 특별시의회·도의회의원, 12월 19일 시읍면의원, 12월 26일 시읍면장, 12월 29일에는 특별시장·도지사 선거가 실시되었다. 그러나 투표율은 극히 저조해 도지사선거 39.1%, 서울특별시장 35.7%를 기록했다. 이때 광역의 경우 충남·경남·전남지사는 야당인 신민당 지사가 당선되었고, 의회가 여소야대일 때에는 장과 의회 간의 불화와 파쟁이 극심했다. 정치적 자유가 확보된 상황에서 민주당 정부는 경제 제일주의를 표방하여 경제개발계획과 국토개발계획을 수립했으나 당내 신구파 갈등으로 실천에 들어서기 전에 5·16로 막을 내리고 말았다.

제3공화국 시대 (1961~1971)

5·16 후 군사정부는 포고 제4호로 전국지방의회를 해산하고 그 기능을 읍면은 군수, 시는 도지사, 특별시·도는 내무부 장관의 승인을 얻게 했다. 1952년 지방의회 구성 이래 9년의 역사를 남기고 지방자치제는 중단됐다. 따라서 주민참여와 주민의 자기선임원칙은 사실상 상실하고 말았다. 그러나 지방행정 분야에 하나의 전기를 가져올 만큼 많은 개혁을 단행했다. 비록 제도적으로만 존립하는 자치제지만 읍면자치제를 폐지하고 군을 자치단체로 했으며, 일부 특별지방행정기관을 일반자치단체에 통합했고 행정구역의 부분적 조정이 이뤄졌다.

또한 일부 국세를 지방세로 이양, 아울러 지방 재정조정제도의 개선, 지방 공무원제도의 개혁과 서울특별시의 국무총리 소속으로 지위 변경, 부산시의 직할시 승격 등이 이뤄졌다. 특히 1963년 이후의 공화당 정부는 조국 근대화와 경제개발을 지상목표로 "생산 수출 건설"을 구호로 지방행정 역시 개발연대를 이끄는 생산적 행정을 목표로 했다.

제 4공화국 시대 (1972~1979)

1972년 10월 27일 공포된 유신헌법은 대통령을 통일주체국민회의에서 선출하는 방식을 택하고, 임기는 6년, 국회의원 역시 6년 임기에 통일주체 국민회의가 선출하는 유정회 국회의원은 3년으로 하였다. 헌법 부칙에 지방의회는 남북통일이 될 때까지 구성하지 않기로 하였다. 사실상 지방자치 부재의 관치행정을 의미한다.

정치이념은 어디까지나 한국적 민주주의였고 그 구체화 수단으로 새마을운동이 활용되었는데 이들은 모두 민주화보다 능률의 극대화를 지향하였다. 그리하여 국력의 조직화, 민주주의 토착화를 통해 번영과 통일을 성취하려는 데 목표를 두었다. 따라서 정치, 경제, 사회 모든 분야를 통하여 중앙집권적인 권위주의적 관료지배체제에 의한 경제성장주의를 강력하게 추진함으로써 경제발전에는 성공했으나 정치발전과 사회발전은 상대적으로 위축되지 않을 수 없었다.

제 5공화국 시대 (1979~1986)

제5공화국 헌법은 부칙 10조에서 "지방의회는 지방자치단체의 재정자립도를 감안하여 순차적으로 구성하되 그 구성시기는 법률로서 정한다"고 규정하였다. 이러한 헌법적 의지에 따라 1984년 11월에 국회에서는 1987년 상반기까지 적절한 일부지역에 지방의회를 구성하고 여건이 허락되는 대로 순차적으로 확대 실시한다고 여야가 합의하였다.

이에 따라 1985년 3월 국무총리 산하에 각계를 망라한 지방자치실시연구위원회를 두고 지방자치제 실시에 필요한 연구에 착수하였다. 이어서 1986년 6월 전국적으로 공청회를 거쳐 1986년 10월에 지방자치법 개정을 비롯해 지방의회의원 선거법, 지방재정법, 지방세법, 지방교부세법 등 지방자치관련법을 국회에 제출하였다.

제6공화국 및 김영삼 정부 시대 (1987~1995)

1987년 6·29 선언으로 대통령 직선제가 이루어지고 1988년 4월 현행 지방자치법이 전면 개정되어 당시에는 1989년 4월까지 기초의회, 그 뒤 2년 이내에 광역의회를 구성키로 했으나 정치적 사정으로 우여곡절 끝에 1991년 3월에 기초의회, 6월에 광역의회 선거가 실시되었다.

참으로 30년 만의 지방의회의 부활이었다. 지방선거에 있어 정당관여문제로 여야 간의 논란이 있었으나 광역의회는 허용하고 기초의회는 배제키로 했다. 다만 투표율은 전국 평균 55%로 국회의원 선거의 75.8%에 비해 저조했었다. 1993년 7월에 14대 국회에서는 정치 관계법개정 특별위원회를 두어 종전 선거가 금권타락 선거와 관권개입의 시비가 끊이지 않았다는 점에서 통합선거법 제정으로 돈 안 드는 선거와 자유로운 선거운동을 보장하며 선거비용을 엄격히 제한토록 했다.

이 법에 의한 1995년 6·27 4대 지방선거는 동시선거였으며 새로운 선거문화의 정착에 크게 진전을 보게 되었다. 투표율은 68.3%, 여소야대와 지역분할구도를 나타냈다. 이리하여 34년 만에 민선 자치단체장이 등장하게 돼서 그간은 행정관료의 역할이었지만 이제는 지방정치 기능도 수행하게 된다.

다가오는 21세기를 향해 오랜 타성인 중앙집권주의를 극복하고 지방화 시대를 열게 될 것이다. 이는 엄청난 행정의 변화를 가져와 정치발전에 기여할 것으로 믿는다.

2000년대 지방행정의 좌표

한국지방행정연구원 세미나(1985.9.18) 기조연설

오늘 매우 뜻 깊은 이 세미나에서 제가 2000년대의 지방행정의 좌표라는 기조연설을 맡게 된 것을 참으로 영광스럽게 생각합니다. 저는 지금도 지방행정인의 한 사람이었다는 것을 자랑스럽게 생각하고 있습니다.

실은 지난 8월 25일부터 9월 4일까지 스페인의 "말라가"에서 세계 농업경제학회가 있었습니다. 저는 거기에 참석했다가 아직 아프리카의 나라들을 못 보았기 때문에 아프리카 나라들 몇 군데를 보고 부랴부랴 그저께 밤에 돌아와서 아직도 좀 멍하고 말소리조차도 이상해진 것 같아서 혹시 여러분이 듣기 거북하실지 모르겠습니다마는 이 점 양해 있으시기 바랍니다.

제가 말씀드리고자 하는 내용은 유인물로 여러분께 배포되어 있습니다. 저는 오늘 그 유인물의 범위 내에서 제 생각을 요약해서 2, 30분간 개진할까 합니다.

전두환 대통령께서는 올해 국정연설의 첫머리에서 21세기의 우리나라 국가발전상을 매우 감동적으로 제시한 바 있습니다. 여러분도 TV나 보도를 통해서 보셨기 때문에 아직 기억하시리라 믿습니다. 대통령께서 밝히신 21세기의 고도선진 한국의 모습은 자주·자유·자립의 부강한 나라로서 국민총생산 2,500억 달러, 1인당 국민소득 5천 달러, 세계 15위권 이내의 주요 경제국, 10대 교역국의 하나가 될 것이라고 제시하셨습니다. 이는 한국개발연구원에서 2년여에 걸쳐서 연구한 결과를 토대로 하고 있고 현재의 국력신장 추세로 미루어 실현가능하다는 점에서 국민적인 공감과 호응을 얻고 있습니다.

우리는 현재 형성되어 있는 국가발전의 상승기운을 최대한으로 발현시켜 정치, 경제, 사회의 모든 분야에서 새로운 도약을 이룩함으로써 선진한국을 실현하여야 할 역사적 전기를 맞고 있으며 앞으로 남은 2000년까지의 기간에 우리는 국가발전을 위한 국민적 합의와 노력을 응집함으로써 선진사회의 실현에 필요한 제반준비와 정책개혁 작업을 완수해야만 하겠습니다.

우리가 실현하려고 하는 선진사회의 모습은 논자에 따라서는 달라질 수도 있겠습니다마는 지금까지 형성된 국민적 합의에서 도출되는 21세기의 선진한국사회는 자유롭고 안정된 사회, 풍요롭고 활기찬 사회, 균형발전된 살기 좋은 사회가 되는 것이 우리의 꿈입니다.

사실 미래를 예측하고 또 한 나라의 장래를 예견한다는 것은 결코 쉬운 일이 아닐 것입니다. 그런 점에서 이미 100년 전에 영국의 지도자 프랜시스 베이컨이 "꿈과 예언은 겨울밤 난롯가에서나 얘기하는 것으로 그쳐야 한다"라고 말한 일이 있습니다. 그런 점에서 앞으로 15년이지만 많은 변수가 있을 수 있다고 예상이 됩니다.

그러나 근자에 여러 나라들이 그리고 여러 기관에서 2000년대에 대한 전망작업을 여러모로 시도하고 있는 것을 우리는 잘 알고 있습니다. 그것들 중에서 2000년대를 향한 추세라 할까 과제라는 것이 대개 어떤 것인가 하는 것을 열거해 보면 대략 다음과 같습니다.

① 국제정치의 다극화, ② 상호의존의 세계, ③ 에너지 불안의 시대, ④ 경제성장의 둔화, ⑤ 환경의 중시, ⑥ 정치의 다원화, ⑦ 참가사회에의 이행, ⑧ 높아지는 지방의 역할, ⑨ 인구의 지방분산, ⑩ 고학력사회로의 이행, ⑪ 고령화(1980년에 우리는 평균연령이 66세였습니다만 2000년에는 72세가 될 것으로 보고 있습니다), ⑫ 복지의 충실, ⑬

여성역할의 변화, ⑭ 여가시대의 대중문화, ⑮ 가치의식의 다양화, ⑯ 정보사회의 고도화, ⑰ 다중구조의 사회, ⑱ 국토공간의 다양화, ⑲ 국민생활의 다양화, ⑳ 산업의 고도화, ㉑ 과학기술의 고도화 그리고 점차 ㉒ 고소득화하는 사회가 될 것이라고 내다보고 있습니다.

이러한 추세에 대응해서 지방행정이 어떠한 역할과 기능을 담당해야 하는가를 검토해 보는 것이 바로 2000년대의 지방행정의 좌표를 설정해 보는 작업이 아닌가 이렇게 생각할 수 있습니다.

첫째는 무엇보다도 지방자치의 확립과 주민의 자치능력 향상에 지방행정이 기여해야 하겠습니다. 잘 아시겠습니다마는 지방자치는 한 나라의 역사적 · 문화적 · 사회적 전통에 따라서 그 양태를 달리하고 있습니다. 이것은 대체로 3개 군으로 분류하고 있는데 하나는 영미계 주민자치를 기본으로 하는 영국, 미국, 스위스, 캐나다, 호주 등의 나라들입니다. 또 거기에 제 2차 대전 후의 점령국 영향으로 일본과 독일도 이 영향을 짙게 받은 것도 우리는 잘 알고 있는 바와 같습니다. 주민자치라 해도 결코 동일한 형태가 아닌 것이 또 이 특징의 하나입니다. 그러나 이러한 나라들은 지방자치는 민주주의의 토대로서 그 뿌리가 매우 깊고 자치행정은 적어도 그 지방주민이 반드시 참가한다는 것이 하나의 원칙이라 할까 혹은 기본적 인권의 하나로 간주되고 있습니다. 그러니만큼 국가에 의한 감독이나 통제가 매우 제한되어 있는 것이 또한 특징입니다.

이에 둘째로 유럽 대륙계, 이른바 단체자치는 프랑스, 이탈리아를 비롯하여 네덜란드, 벨기에, 덴마크, 스웨덴, 노르웨이, 핀란드 등으로서, 이는 주민자치와는 달리 주민의 자치권이 본래의 권한이 아니고 국가로부터 인정받은 범위 내에서 참가의 권한이 매우 적고 중앙의 엄중한 통제와 감독을 받는 것이 특징입니다.

이들 나라 역시 구체적인 형태는 결코 동일하지 않습니다. 그 원형은 프랑스에서 볼 수 있습니다. 그러나 프랑스에서도 근자에 주민자치의 영향을 다소 받고 있는 것도 우리가 잘 알고 있습니다. 다만 북구에 갈수록 단체자치의 색채가 적고 도리어 주민자치에 가까워지는 것도 또한 우리가 알고 있는 바와 같습니다. 그 구체적인 예가 스웨덴의 경우라고 말할 수 있습니다.

셋째 국가군은 자치권을 인정하지 않는 중앙집권형 국가들입니다. 이것은 제2차 대전 후 독립된 나라가 대부분 이에 속하고 있습니다. 중근동, 동남아시아, 남미, 아프리카 이른바 후진국형들이 이에 속합니다. 이는 권력이 중앙정부에만 집중되어 있어서 중앙권력만 잡으면 간단히 전국을 장악할 수 있는 것이 그 특징의 하나로 되어 있습니다. 지방자치라는 측면에서 볼 때 불행히도 우리는 이 범주에서 벗어나지 못하는 것이 현실이라 하겠습니다. 우리는 또 역사적으로 볼 때 이른바 근대적 의미의 지방자치의 역사가 거의 없었습니다. 멀리 삼국, 신라, 고려, 조선조에 이르기까지 강력한 중앙집권제, 이른바 동양적 전제주의로서 역대의 왕조에서 파견된 외관에 의하여 오직 관치적인 지방행정이 유지되었습니다. 외관은 마치 봉건영주와도 같이 지방을 통치하였고 주민이 행정에 참여하거나 국가와 별개의 단체를 인정하여 지방행정을 운영시킨 전통을 거의 갖지 못했습니다. 오직 고려의 태조 때 사심관 제도라든가 조선조 때 정치에 참여한 유학자들에 의하여 향약운동이 있었습니다마는 거기에서 자치적 요소를 몇 가지씩 발견할 수 있을 정도였습니다.

일제 때 1913년 내지 1920년 그 뒤에 1930년에 개정이 있었습니다마는 부제, 도제, 읍면제 등과 같은 지방제도가 실시되어 관치적 색채가 매우 짙은 제한적이고 불완전한 제도를 가진 바가 있었습니다.

그러다 8·15 광복 후에 우리 헌법에 지방자치가 보장되고 마침내 1952년부터 1961년 5월 16일까지 약 9년간 역사상 처음으로 민주적

310

자치제의 경험을 가졌습니다. 이 자리에도 많은 옛 동료와 우리 선배들이 계십니다마는 저는 그때 내무부 행정과 사무관으로서 우리나라의 역사적인 지방자치제의 실무에 종사하였고 그 뒤에 약 6개월간 강원도의 내무국장으로서 도의회운영에 직접 참여한 경험을 가지고 있습니다. 그러다가 약 20년 동안 단절상태에 있었습니다마는 제5공화국 후 1987년부터 단계적으로 지방자치를 실시하기로 결정이 되어 지금 그 제도의 준비를 위한 연구가 진행되는 것도 우리가 잘 알고 있는 바와 같습니다.

적어도 고도 선진한국의 창조가 우리의 움직일 수 없는 국가목표라고 한다면 지방자치제의 채택은 불가피합니다. 특히 민주주의의 토착화(土着化)를 우리는 국정지표의 첫째로 내세우고 있습니다. 그런데 지방자치가 기초가 되지 않고서는 민주주의의 토착화는 어렵지 않겠는가 이렇게 저는 생각이 듭니다. 저는 이 자리에서 민주주의에서의 지방자치의 필요성이나 또 그 의의를 굳이 말씀드릴 필요조차 없으리라고 생각하는 것입니다. 다만 과거의 경험에 비추어서 우리의 역사, 우리의 사회, 우리의 전통에 알맞고 앞으로 다가오는 사회를 예견해서 어떠한 제도를 가지는 것이 가장 이상적인가를 깊이 연구하고 이에 대처해야 할 것으로 생각합니다.

제가 앞서 말씀드린 21세기를 향한 여러 가지 트렌드 중에서 예를 들면 ⑧ 높아지는 지방의 역할이라든지, 또는 ⑤ 환경의 중시라든지, ⑨ 인구의 지방 분산이라든지, ⑫ 복지의 충실이라든지, ⑦ 참가사회에의 이행이라든지 하는 것은 지방자치가 아니고서는 주민에게 만족스럽게 충족될 수 없는 기능이라고 믿어 의심치 않습니다.

근자 우리나라에서도 지방의 시대라는 말이 가끔 쓰입니다. 언젠가 KBS의 연초 프로그램에서 〈지방의 시대〉가 크게 부각된 적이 있었습니다. 저로서는 매우 인상적이었습니다. 지방의 시대는 요컨대 자치(自治)와 분권(分權)과 참여(參與), 이 3가지가 핵심이라고 믿습니다. 적어도 자치는 분권과 그리고 주민의 참여가 보장되지 않고서는 의의가 없다고 하겠습니다.

분권은 어떻게 생각하면 비능률적이라고 말할 수 있을지 모르지만 도리어 간편하고 능률적이며 실제적일 수밖에 없습니다. 일부에 우리나라에서도 저 말단의 동리장이나 면장, 혹은 면 업무가 일일이 중앙에까지 가지 않으면 해결되지 않는다는 예를 우리는 많이 보고 있습니다. 그러나 그처럼 비능률이 어디 있겠습니까? 경제계에서 오래전부터 민간주도라는 말이 많이 주장되고 있습니다마는 민간의 활력도 중요하지마는 지방의 활력화야말로 앞으로의 2000년대를 향한 가장 중요한 과제라고 믿습니다. 물론 그에 이르는 기간에 일진일퇴(一進一退)가 있을지 모르지마는 역사의 흐름이라 할까 우리 사회의 밑바닥에 흐르는 조류의 물줄기는 결코 바꾸어지기 힘들 것으로 믿는 것입니다. 지방행정은 바로 여기에 부응해서 기능해야 하지 않겠느냐고 믿는 것입니다.

잘 아시겠습니다마는 영국의 경제학자 프란자는 "민주주의에는 두 가지 극이 있다"고 합니다. 하나는 권력(權力) 또 하나는 참가(參加)라고 합니다. 권력지향이 너무 지나치면 독재정치가 되고 참가지향이 너무 지나치면 무정부상태가 된다고 합니다. 민주주의는 이 균형 위에서 권력은 대의제(代議制), 참가는 투표(投票)라는 시스템에 의해 이루어져야 한다고 합니다. 자치는 반드시 분권과 참가가 보장되어야 한다는 것을 의미하는 것이 아닌가 생각됩니다.

둘째로 말씀드리고 싶은 것은 2000년대의 지방행정의 주민복지의 창조자로서의 역할입니다. 복지사회의 건설은 말할 것도 없이 제5공화국 국정지표의 하나로 제시되어 있습니다마는 앞으로의 사회는 생활의 양보다도 삶의 질이 더 추구되는 시대라 하겠습니다. 정치나 행정의 세계에서도 생활의 밀착형, 지역밀착형의 문제가 중요시되며 개성이 풍부한 지방이 요구될 것입니다. 도시 농촌을 막론하고 주택정책, 생활보호, 사회보장, 재해구호, 보건의료, 환경위생 등의 행정수요는 크게 늘어날 것은 명백합니다. 지방자치단체는 호적이나 도로를 관리하고 수도나 교통을 경영하는 서비스기관인 동시에 지역복지(地域福祉)의 창조자로서의 사명을 가지고 있는 것입니다.

복지에 관한 한 지방행정의 과정에는 주민참여가 절대적으로 보장이 되어야 진정한 복지가 실현될 수 있으리라 믿습니다. 또 사회복지의 개념이 다만 약자나 빈곤자의 구제라는 것은 이미 19세기의 발상이라고 말하고 있습니다. 그러나 우리는 아직도 이 범위에서 벗어나지 못하고 있습니다마는 우리가 잘 아는 로브슨 교수에 의하면 사회복지의 수익자는 앞으로 점차 중산층이 되어가고 있다고 지적하고 있습니다. 우리는 이러한 인식을 새로이 할 필요가 있을 것입니다. 그리고 사회복지는 배타적 특성을 지니고 있으며 구체적인 생활수준에 관련되기 때문에 중앙에서 일률적으로 기준을 정한다는 것은 매우 힘들고 지방행정이 담당할 수밖에 없는 것이라 생각합니다. 그래야 효과적일 것입니다.

또 최근에 로브슨 교수는 지적하기를 설사 복지국가가 되었다고 하더라도 복지사회적 체제가 되어 있지 않으면 돈을 아무리 쓴다 해도 사회복지적인 국민적 합의가 이루어지지 않는 만큼 효과가 없는 것으로 보고 있습니다. 이런 점에서 복지사회의 건설은 지방행정의 가장 중요한 기능의 하나가 될 것으로 믿는 것입니다.

셋째로 말씀드리고 싶은 것은 국토의 균형발전에 기여해야 한다는 것입니다. 그동안 우리 경제정책은 수출주도형 또는 공업화우선 정책이었습니다. 말할 것도 없이 허슈만의 불균형성장 이론에 의한 것이 사실입니다. 물론 이것은 급속한 경제성장을 위해서 불가피한 선택이었습니다. 그러나 이 결과는 산업 간의 불균형, 도농(都農) 간의 격차, 지역 간의 격차 등의 문제를 초래하였습니다. 이것은 앞서 전영춘 소장께서 개회사에서 지적하신 바와 같습니다.

따라서 오늘날 농촌경제 내지 지역경제는 상대적으로 매우 위축되어 있습니다. 또 농업과 농촌은 쇠퇴하고 도시의 이상팽창, 이농(離農)의 속출, 식량자급률의 저하 등 많은 문제점들을 우리는 안고 있습니다. 우리나라의 경우 농촌이 지나치게 과소하게 된다고 하면 북한과 대치하고 있는 만큼 안보상에도 하나의 문제점이 될 수 있을 것입니다. 국토개발연구원의 예측에 의하면 현재의 추세대로 간다면 2000년대에 가서 도시, 농촌의 인구비율이 80 : 20, 면적대비가 95 : 5가 될 것으로 알고 있습니다. 그런데 이것은 결코 바람직한 것이 못되는 것으로 생각합니다. 농촌이야말로 도리어 생활공간으로서 인구정주의 쾌적한 환경이 되어야 하겠습니다. 또 나라에 따라서는 이미도시에서 농촌으로 역류하는 현상이 나타나 있는 나라가 있습니다. 그리하여 농촌을 떠나지 않고 그곳에 살며 도리어 도시에서 환류하는 정주(定住) 생활권 형성이 앞으로 지역행정의 과제의 하나가 되지 않을까 생각합니다.

적절한 인용이 될는지 모르겠습니다마는 얼마 전에 우리나라를 다녀간 앨빈 토플러는 1970년대에 《미래의 충격》이라는 저서를 내서 유명해졌습니다. 그는 1980년에 《제3의 물결》이라는 책을 내놓아 더욱 유명해졌습니다. 이 책은 매우 체계적이고 분석적이어서 세계적인 베스트셀러의 하나가 되었고 여기 계신 여러분도 읽으신 분이 많으리라고 생각됩니다. 그의 날카로운 통찰력과 선견력은 많은 공감을 불러일으키고 있습니다. 말할 것도 없이 제1의 물결은 농업시대고, 제2의 물결은 약 300년 전에 시작된 산업혁명 이후의 산업시대, 공업문명의 시대를 의미합니다. 제3의 물결은 이제 다가오는 사회를 의미하는 것입니다.

이 책을 읽어보면 앞으로의 사회에서는 농업과 농촌이 커다란 역할을 할 수 있는 가능성이 있다고 보고 있는 것이 매우 흥미롭습니다. 제 2의 물결에서 이른바 공해로서 자연이 너무 훼손되고 에너지가 한계에 이르고 토양이 유실되고 수자원이 고갈되고 농지가 사막화되고 또 거기에 인간개성의 상실을 초래하게 되었습니다.

이와 같은 현상은 이미 오래전에 로마클럽의 《성장의 한계》에서 경고한 바 있습니다. 물론 논자에 따라 이것은 너무 지나친 비관론이라 해서 논란도 없지 않았습니다만 여하간에 그와 같은 현상이 우리 주변에서도 이미 여러 가지 구체적인 사례들을 통해서 나타나고 있는 것은 잘 알고 있는 바와 같습니다.

따라서 제 3의 물결의 시대에서는 자연을 존중하는 사회, 없어지는 에너지가 아니라 재생 가능한 태양 에너지를 활용하는 사회가 되어야 한다고 이분은 주장하고 있습니다. 또 앞으로 과학기술이 더 발전되어 전자산업이라든지, 우주산업이라든지 해양개발이라든지 바이오테크놀로지, 이른바 유전자공학 등의 핵심적인 첨단기술이 금후 산업을 주도하게 될 것으로 분석하고 있습니다.

또 특히 이와 같은 제 3의 물결에서는 정보사회가 돼서 정보·컴퓨터의 발달을 이 사람은 크게 내다보고 있습니다. 말할 것도 없이 농업이나 농촌은 자연의 힘, 자연의 생명력에 의존하여 태양과 물과 흙 속에서 자연의 섭리에 따른 산업인 만큼 자연이 있는 한, 지구가 없어지지 않는 한은 없어질 수 없을 것이라 믿습니다. 이 점이 농촌, 지역개발이 왜 중요한 것인가를 시사하는 것이라 믿습니다.

이와 같은 관점에서는 지역개발은 매우 의의가 크며 이의 주도는 바로 지방행정이 맡지 않으면 안 될 임무라 믿고 지방자치단체야말로 창의(創意)와 개발(開發)의 경쟁으로 우리 국가발전의 전체를 한 단계 높일 수 있지 않을까 저는 믿고 있습니다. 특히 지역개발문제의 발생은 대도시 인구집중(人口集中)과 밀접한 관련이 있습니다. 대도시 인구집중은 이미 한계에 이르러 우리나라 서울이나 부산도 마찬가지입니다마는 도시의 인구집중을 막기 위해서도 지방을 개발하여 인구를 지방에 정착시킬 필요가 절실해지고 있는 것도 벌써 우리의 현실입니다. 그러나 여기에는 많은 재정부담이 수반되기 때문에 앞으로 국세와 지방세의 재조정, 지방재정의 확충, 나아가서는 지방재정의 확립이 불가피합니다.

사실 지방자치가 제대로 기능하기 위해서는 재정적 뒷받침이 가장 중요한 기초가 될 것입니다. 과거 우리나라 지방자치의 가장 큰 취약점은 무엇보다도 지방에 재정적 기반이 없었다는 것이었음은 우리가 다 같이 회고하는 바와 같습니다.

끝으로 말씀드리고 싶은 것은 인재(人才), 즉 사람에 관한 문제입니다. 앞으로 지방행정을 발전시켜 나가는 데 가장 중요한 것은 어떻게 하면 우수한 인재를 확보해서 이를 육성하느냐가 그 관건(關鍵)이라 아니할 수 없습니다. 결국은 모든 문제는 사람에서 시작되고 사람으로 끝난다고 해도 과언이 아닐 것입니다. 특히 지방행정이나 지방자치를 담당해 나가는 주체도 사람이며 또한 지방행정 지방자치의 대상도 사람이 아니겠습니까?

그러면 어떠한 사람이 필요하겠느냐? 저는 무엇보다도 자율(自律)의 정신이 지방행정 내지 지방자치행정의 기본이라는 투철한 인식의 소유자라야 한다고 생각합니다. 안이한 의존심이라든지 단지 지시에만 추종하는 행정풍토는 결코 앞으로의 지방행정을 주도해 나갈 수 없으리라 생각이 됩니다.

다음으로는 지방주민의 입장, 지역실정에 정통하고 지역특성에 맞는 창의적인 정책형성 능력의 소유자라야 하겠습니다. 그는 뜨거운

열정과 애향심(愛鄕心)에 불타는 그러한 인재이기를 우리는 더욱 바라고 싶습니다. 이러한 관점에서 통찰력, 기획력 그리고 창조력이 간단없는 연수로 개발되어야 하겠습니다.

또한 역사의식(歷史意識)에 투철하고 넓은 시야와 풍부한 인간성 그리고 문화적 감각을 지닌 유능한 인재를 확보, 계속 유지할 때 비로소 2000년대를 향한 우리의 꿈이 현실로 실현될 수 있으리라 믿습니다. 또 보다 중요한 것은 우리의 시책이나 행정이 장기성과 기획성이라는 관점이 절대 필요하다는 사실입니다.

다만 그때그때 발등에 떨어진 불을 끄는 식의 급급한 미봉책의 연속으로서는 행정의 발전은 기대할 수 없습니다. 또 우리의 꿈은 실현될 수 없으리라고 믿는 것입니다. 나라 전체의 방향, 적어도 경제뿐만 아니라 인간의 생존을 포함해서 균형 잡힌 활력을 어떻게 유지하느냐? 이는 일종의 문명론(文明論)이 될지 모르겠지마는 역시 장기적이고 계획적인 구상을 가지고 그 안에서 다양한 능력과 적성을 가진 인재를 육성하지 않으면 안 되겠습니다.

이것은 꾸준한 연구(硏究)와 연수(硏修)에 기대할 수밖에 없습니다. 따라서 저는 연구와 연수가 다가오는 2000년대의 지방행정의 좌표를 설정하는 데에 아무리 강조해도 지나침이 없으리라고 믿습니다.

이상으로 2000년대를 내다보면서 지방행정이 설정해야 할 좌표에 대하여 나름대로의 생각을 정리해 보았습니다. 우리는 해방 이후 40년 동안에 몇 차례의 행정개혁을 단행한 바 있었습니다. 그러나 대부분의 행정개혁이 정치적 동기에 좌우된 나머지 포괄성과 일관성이 결여되었고 행정의 비대화 현상만 남겼을 뿐입니다.

'한민족의 세기'를 기약하는 21세기를 눈앞에 둔 역사적 전기에서 전 국민적 합의 속에 추진되는 선진한국을 위한 정책개혁은 보다 차분하고 내실이 있는 그러면서도 역동적인 일대 변혁이 되어야 하겠습니다. 이 같은 본인의 간절한 염원을 집약하는 뜻에서 앞서 인용했던 앨빈 토플러를 다시 한 번 인용하고자 합니다.

변혁을 일으켜 나갈 책임을 우리가 지지 않으면 안 되며 우선 자기 자신부터 시작해야만 합니다. 만약 우리 모두가 이러한 자각을 갖는다면 우리와 우리 후손들은 낡은 정치구조뿐만 아니라 문명 그 자체를 재구축하는 가슴 벅찬 사업에 참가할 수 있을 것입니다.

감사합니다.

지방자치제 정착을 위한 당면과제

한국지방행정연구원 세미나(1988.11.3~4) 기조연설

"화합과 전진"을 내세운 88 서울올림픽 대회를 성공적으로 치러낸 감격이 아직도 생생합니다. 우리는 이번 올림픽을 계기로 우리들 스스로 놀랄 만한 국력의 신장을 실감하였습니다. 우리나라는 이제 국제적으로 지위가 격상되었을 뿐 아니라 우리 국민들도 어느 선진국 못지않은 민주적 시민의식의 성숙을 과시하였습니다.

이와 같은 국민의식을 반영하듯 노태우 대통령은 이번 정기국회에서 행한 국정연설에서 국토의 균형 있는 발전과 산업의 지방분산, 지방경제의 활성화, 지역경제의 형성 등 지방자치제 실시와 직접 관련이 있는 중점시책을 강조하셨습니다.

금년 봄 국회에서 지방자치와 관련된 6개 법률이 개정되었고, 정확한 시기는 예측할 수 없지만 내년 중에는 지방자치제가 실시될 것은 틀림이 없을 것 같습니다. 따라서 1961년 지방자치제가 중단된 이래 28년 만에 부활되는 지방자치제 실시를 두고 많은 기대와 우려가 따르고 있는 것도 사실입니다.

지방자치제에 대하여 이렇다 할 의견도 없는 제가 이 의의 깊은 세미나에서 기조연설을 한다는 것은 분에 넘치는 영광입니다만 국민합의로 이루어진 지방자치제가 이 땅 위에 정착되는 데 작은 보탬이 될까 하여 몇 말씀 드릴까 합니다.

잘 아시는 바와 같이 지방자치란 지방의 정치와 행정을 그 지방의 주민이 자율적으로 처리해 나가는 제도를 말합니다. 주민 스스로가

주인이 되어 실생활에 관계되는 문제의 논의와 결정에 참여함으로써 자기 고장의 문제에 대하여 책임과 권한을 가지는 것입니다. 주권주민의 민주주의원리를 실현하기 위한 가장 기초적인 제도이죠. 이 점에서 지방자치제의 실시 여부는 한 나라의 민주주의의 발전 정도를 가늠하는 척도가 되기도 합니다. 지방자치는 민주주의 원리를 아래에서부터 구현하는 기본이라는 점에서 "풀뿌리 민주주의"(Grass-root democracy)라고도 하고 민주주의적인 풍토를 조성하는 역할을 들어 민주주의의 훈련장이라고도 합니다.

이러한 지방자치 제도에는 2가지 기본요소가 포함되어 있습니다. 하나는 단체자치(團體自治)의 요소요, 다른 하나는 주민자치(住民自治)의 요소입니다. 단체자치는 일정한 지역을 기초로 하여 지역단체가 국가와는 별개의 법인격을 부여받아 국가로부터 상대적인 독립적 지위와 권한을 인정받고 일정한 행정사무에 대하여 그 자신의 의사에 의해 결정한 것을 독자적 기관에 의해 행하는 것을 말합니다. 주민자치란 주민의 일상생활에 밀착되어 지방행정과 정치를 정부기관에 의하지 않고 지역주민 스스로 또는 대표가 참여를 통하여 자신들의 의사와 책임 아래 행하는 것입니다. 따라서 전자는 분권(分權)의 원리요, 후자는 참여(參與)의 원리입니다.

이 두 요소는 상호 밀접한 관련성을 갖고 있으며 이 양자가 결합되지 않으면 진정한 의미의 지방자치라 할 수 없습니다. 지방의 정치와 행정에 주민의 민주적 참여를 보장하는 주민자치가 실시되지 않으면 중앙집권적 지방행정의 한 변형에 불과합니다. 국가에서 독립된 법인격을 가지고 지방자치단체가 그 지역 내의 사무를 처리한다는 단체자치의 요건이 갖춰지지 않으면 주민자치를 실현할 수 있는 장이 사라지고 맙니다. 즉 주민자치의 이상이 단체자치라는 수단을 통해 실현되는 것이 곧 지방자치인 것입니다. 그러므로 분권과 참여가 지방자치의 핵심이죠.

그렇다면 지방자치와 민주주의와는 어떠한 관계에 있겠습니까?

첫째, 지방자치는 지역의 민주화를 통하여 국가의 민주화를 구체화합니다. 중앙정부의 의견을 국민의 의견으로 간주하고 이를 바탕으로 전체 국민을 통치하는 것은 민주주의의 원칙에 어긋납니다.

각 지역주민들이 그들의 생활과 관련이 있는 사무를 그들의 의사에 따라 처리함으로써 국민주권의 민주주의원리를 실천하고, 지역민주주의를 지키며 나아가 국가의 민주화를 가능하게 하는 것입니다. 이는 또한 분권화를 통하여 민주주의의 기초를 튼튼히 합니다. 흔히 중앙집권제가 국가의 통일성과 능률성, 안정성을 기할 수 있다고 주장하나 정치, 사회구조의 경직화와 정치에 대한 국민의 신뢰감 약화를 초래할 우려가 있습니다. 지방자치를 통하여 통치권이 분권화하고 그것이 주민의 일상생활 속에 자연스럽게 내면화될 때 정치적 일체감이 효율적으로 확보될 수 있다고 하겠습니다.

둘째, 지방자치제는 민주주의 훈련장이 됩니다. 지방자치는 주민들에게 지방정치에 대한 다양한 참여의 기회를 제공합니다. 올바른 시민권을 행사함으로써 민주적인 사고와 습성, 행태, 공공심을 양성하도록 교육하는 것입니다. 민주주의의 훈련은 주민들의 대표자에게도 해당됩니다. 지방정치의 장에서 의견과 경험을 쌓아 중앙무대에 진출할 수 있는 역량을 기를 수 있게 해 주는 것입니다. 일찍이 1백여 년 전 《미국의 민주주의》에서 토크빌(Alexis de Tocqueville)은 "자유로운 주민의 힘은 지방자치에서 비롯된다. 지방자치의 자유에 대한 관계는 초등학교의 학문에 대한 관계와 같다"고 한 명언은 오늘에도 진리임에 틀림이 없습니다.

셋째, 문화적 전통적 지방적 개성을 달리하는 지방주민은 서로 존재양태가 독특하기 때문에 다양한 지방행정으로 존중되고 보호받습니다. 획일적인 중앙정부의 정책수행으로부터 비롯되는 소외와 폐단을 막아 지방주민의 정치적 욕구를 충족시키고 동의를 거치는 과정을 통하여 지역주민의 이해를 반영하고 여러 지역의 공통적 이익이 보장되는 것입니다.

넷째, 중앙정부의 정권교체나 정국변동에 따른 행정적인 혼란이 지방에 파급되는 것을 막아 줍니다. 민주주의에 있어 필연적인 정권교체는 정책과 인사에 변동을 가져오고 이러한 변동은 일시적이나마 행정적·정치적·사회적 혼란을 가져올 수도 있습니다. 또한 중앙집권제에 있어서는 쿠데타로 중앙의 정치권력을 장악하면 전국을 쉽게 지배할 수 있습니다. 그러나 지방자치가 뿌리를 내린 나라에서는 권력이 분산되어 있기 때문에 그렇게 될 수가 없습니다.

이렇듯 지방자치제가 민주주의의 원리를 구체적으로 실천할 수 있도록 하고 그 뿌리를 튼튼히 하여 민주발전을 가능하게 한다는 점에서 민주주의에 필수적인 기본제도로 되어 있습니다. 이런 얘기는 지방자치법 해설책의 맨 첫머리에 나오는 얘기들입니다. 그러나 우리나라에서는 그 인식이 확고하지 못하기 때문에 제가 새삼 강조해 두고자 하는 바입니다. 따라서 민주주의를 주창하면서 지방자치를 실시하지 않는다면 이는 민주주의를 가장한 것이거나 아니면 민주주의의 원리를 모르는 소치라고 해도 지나치지 않을 것입니다.

이와 같은 지방자치제는 역사적으로 볼 때 우리나라에서도 과거의 긴 역사 속에서 확립형태를 전혀 찾아볼 수 없는 것은 아닙니다. 사심관제나 향청제도, 갑오경장 후의 향회제도 심지어 일제하에서도 불완전하나마 도제 부제 읍면제를 가져본 일이 있습니다. 그러나 현대적 의미의 지방자치는 제 1, 2공화국 시기였던 1952~61년의 약 9년간이라고 말할 수 있습니다. 저는 이 기간 내무부 지방국에서 이 업무에 실무적으로 관여하였기 때문에 그때는 깊은 뜻을 미처 몰랐던 일도 이

제 회고하면 느끼는 점이 너무 많습니다. 9년 동안에 지방자치법이 5번이나 개정된 후 5·16과 함께 사라지고 말았습니다. 그 후 30년에 가까운 세월 동안 지방자치제는 능률과 안정의 이름 아래 유보 내지는 폐지의 정당성을 내세울 수 있었습니다.

자유당 정부 당시 집권당의 장기집권이라는 정략에 의해 혼란 중에 느닷없이 출현하고 유지되던 지방자치제가 5·16 직후 행정적·재정적 비능률과 낭비의 대명사처럼 인식되어 사라진 것입니다.

1949년 제정·공포된 지방자치는 제정과정에서 지방자치단체에 대한 국가의 감독을 강화하려는 정부안과 지방자치단체의 자율성을 보다 중시하는 국회안이 대립되어 많은 논란을 거듭하다가 결국 국회안에 정부안을 첨가하는 형식으로 구성되었습니다. 그러나 이 법은 외국의 경험과 우리나라 현실여건을 충분히 검토하지 못하고 초안이 만들어져 법조문이 빈약하고 법리상 모순되는 점이 적지 않았습니다.

제정되던 해에 1차 개정되어야 했던 지방자치법은 정부의도가 더욱 많이 개입되어 서울시장과 도지사를 임명제로 하여 지방행정관청의 지위와 지방자치단체 집행기관의 장의 이중적 지위를 겸하게 했습니다. 지방재정에서도 농촌조세의 원천인 농지세(農地稅)를 당시에는 국세로 하여 지방재정의 영세성과 중앙정부에 대한 의존성을 높여 놓았습니다.

2차 개정(1956. 2. 13)에서는 지방의회의 권한과 자치권행사를 축소시켜 중앙집권의 효율성을 강화했고, 특히 4차 개정(1958. 12. 26)은 직선제에서 나타난 폐단을 이유로 하여 시읍면장의 직선제를 임명제로 바꾸어 다가오는 대통령 선거에 대비한 지방행정 조직의 완전장악을 시도했다는 비난을 면치 못했습니다. 1960년 3·15 부정선거를 거쳐 4·19 혁명으로 자유당 정부가 무너지자 지방자치법은 "완전자치"의 방향으로 다시 개정되어 서울특별시장, 도지사를 비롯하여 시읍면장, 동리장에 이르기까지 직선제로 하는 전면개정을 보았으나 5개월 만에 5·16혁명으로 시행착오적 경험도 쌓지 못한 채 막을 내렸습니다. 5·16을 계기로 지방행정의 능률화와 재정 자립도의 향상, 중앙과 지방 간의 사무 재분배 등을 이룩함으로써 지방행정의 건전한 기초구축에 나서 획일적이고 능률 제일주의로 대대적인 개편이 진행되어 기존의 지방자치제는 대부분 변질되었다고 말할 수 있겠습니다.

이러한 과정을 거치면서 지방자치제의 실시기간에서 나타났던 문제점은 오늘의 시점에서 많은 시사를 던져주고 있습니다. 간선제, 직선제, 임명제 등 모든 방법을 사용했던 9년 동안 자치단체장의 선임방법의 차이가 지방자치의 시행형태의 차이를 보여주었다고도 말할수 있을 것입니다.

간선제하에서 자치단체장은 종종 주민복지보다는 의회 의원들의 환심을 사는 일에 급급하였고 고유사무를 소신 있게 밀고 나가지 못했습니다. 따라서 지방행정이 항상 불안정했습니다. 지방의원 역시 개인적 이해나 당파적 이익에 눈이 어두워 월권행위를 자주 행했던 것입니다. 간선제 폐단이 드러나면서 2차 개정으로 채택된 직선제하의 민선자치단체장은 권력분립의 원칙에 따라 의회와 기능조화를 기하려 했으나 의회의 의결 불응 등 비정상적인 방법으로 사실상 무정부상태를 초래하고 행정마비를 가져오기도 했습니다.

직선제가 자치단체장의 선거로 인한 파벌조성과 편파성, 그리고 행정의 비능률, 다음 선거를 의식한 인기정책 등으로 4차 개정에서 임명제로 바뀌면서 의회에 장에 대한 불신임권이 인정되었으나, 집행부가 야당이고 의회가 여당일색일 때에는 의회가 불신임권을 남용하고 도지사는 시장의 의회해산권을 허용하지 않는 등 정치적으로 악용되기도 했습니다. 또 그 반대의 경우에는 집행부가 여당이고, 의회가 야당일 때 의회가 시장을 불신임 의결하더라도 시장은 도지사로부

터 의회해산권을 부여받을 수 있으므로 불신임 의결은 사실상 휴지가
되고 마는 것입니다.

대체적으로 과거의 시행과정에서 드러난 문제점은 지방자치제 운
영상의 결함과 주민의 자치의식과 자치능력의 저조, 지방재정의 취
약 등으로 요약될 수 있습니다. 그러나 지방행정의 혼란과 마비의 와
중에서도 지방행정에 대한 주민의 적극적인 참여과정을 통하여 주민
복지향상이나 지역개발이라고 지방자치의 일차적인 목적은 유지되고
수행되었던 점을 간과해서는 안 될 것입니다.

오늘날의 우리나라의 상황은 30년 전에 비해 비교가 되지 않을 만
큼 많은 면에서 크게 달라졌습니다. 무엇보다도 의식의 변화, 생활의
변화 그리고 산업구조도 크게 변했습니다. 국민 교육수준과 정치의
식이 크게 높아졌고 국민소득의 증가로 당시 지방자치제가 실시될 때
의 약점은 크게 보완되었습니다. 다만 현 정치지도자들이 제가 서두
에 말씀드린 바와 같이 "풀뿌리 민주주의"인 지방자치제의 가치에 대
해 얼마만큼의 신념을 갖고 있으며, 지방자치제를 통하여 민주주의
기반을 다지려는 의지가 어느 만큼이나 확고하냐 하는 것이 가장 중
요한 결정적 요인이라고 믿는 것입니다.

우리 사회는 지금 계층 간의 격차는 물론 지역 간, 도농 간의 심각
한 격차는 남북 간의 분단에 못지않은 갈등을 겪고 있습니다. 영남과
호남의 산업개발과 소득에서 차이가 현격한 것은 지역감정의 중요한
요인 중의 하나로 지적될 수 있으며, 도시 농촌 간의 불균형은 갈수록
커지고 있어서 이농(離農) 현상은 이제 일반화되다시피 되었습니다.

최근 산업연구원의 한 보고서에 의하면 1986년 현재 전국평균의 1
인당 주민소득을 1로 볼 때 경남이 1.22로 가장 높고 서울이 1.20,
경기가 1.02 등 상위를 차지하는 반면, 전북 0.79, 전남 0.78, 충남
0.77로 가장 낮은 것으로 나타났습니다. 이와 같은 지역 간 불균형

은 기본적으로 공업 배치정책의 차이에서 비롯된다는 지적입니다.

　1960년대 이후 정부가 성장위주정책을 밀고 나가면서 지역 간의 균형발전을 고려하지 않고 일부 지역에 우선 배치하여 수도권을 제외하면 경남지역에 54.5%가 집중될 만큼 심각한 불균형을 초래하게 된 것입니다. 이는 국토의 균형 있는 개발과 국토관리의 효율성을 떨어뜨리는 결과를 낳게 됩니다. 이와 함께 공업화를 제일의 과제로 삼아온 산업경제정책은 저곡가, 저임금정책으로 이어져 농촌의 피폐를 가져왔습니다. 계속되는 농가부채의 증가로 농촌을 떠나는 인구가 매년 늘어 농촌은 노동력이 부족한 데까지 이르렀습니다.

　농림수산부가 전국 농촌의 2천 가구를 대상으로 조사한 87년 농가소득은 가구당 653만 5천 원으로 도시근로자 소득의 83.8%에 불과했고 농가 가구당 부채는 239만 원에 달하는 것으로 밝혀졌습니다. 그러기 때문에 지난번 대통령 선거 당시 농가부채(農家負債) 문제가 정치적 쟁점으로까지 부각되기도 했습니다.

　이와 같은 지역 간, 도농(都農) 간의 불균형은 능률을 우선하는 중앙의 일방적인 경제개발정책에 의한 결과로 볼 수 있습니다. 중앙집권적 통치체제가 각 지역의 이해를 고려하지 않은 채 정책수행을 강행함으로써 특정지역이 피해를 강요당한 거나 마찬가집니다.

　1960년대 이후 우리는 강력한 중앙집권적 행정체제의 뒷받침에 힘입어 절대빈곤에서 완전 탈출하는 데 성공했습니다. 그러나 성장은 불균형을 가져왔고 민주화, 인간화로 집약되는 정치발전과 사회발전은 크게 뒤질 수밖에 없었습니다. 오늘의 한국사회는 민주화와 인간화를 추구하는 국민들의 열망이 계속 늘고 있습니다. 중앙집권적 통치방식으로는 점차 한계가 느껴지는 상황인 것입니다. 중앙집권적 행정방식으로는 사회의 각 분야에서 다양하게 표출되는 국민의 욕구를 고루 충족시켜 줄 수 없고, 각 지방의 특수성에 맞는 행정도 수행할 수가 없습니다. 이제 일사불란한 지휘체계하의 불안한 안정은 보다 높은 차원에서 참여적 안정으로 전환되어야 하는 시점에 왔다고 믿습니다.

특히 모든 권한과 책임이 중앙에 집중될 때 지방의 행정당국과 지역주민은 똑같이 지역발전문제를 그들의 절실한 과제로 받아들이지 않게 됩니다. 또 지역발전이 뜻대로 되지 않으면 그 책임을 중앙에 돌리고 정책상의 혜택에서 소외된 탓으로 돌리게 됩니다. 지역주민에게 스스로의 책임 아래 자신들의 역사를 창조할 수 있는 기회를 마련해 주기 위해서도 지방자치는 필수적이며, 지방자치를 통한 균형과 민주화, 인간화, 보다 인간이 소중히 여겨지는 것이 오늘날의 시대적 명제가 된 것이라 하겠습니다.

지난 3월 8일 국회 본회의에서 "지방자치법 개정법률", "지방의회 의원 선거법" 등 지방자치 관련 6개 법안이 통과되었습니다. 그러나 이 법안에 의하여 이내 자치제가 실시될 수 있을 것인지 심히 의문스런 점이 없지 않습니다. 현행법에 따르면 지방자치단체장의 선출방식은 선거제로 되어 있으나 부칙의 경과조치 조항에서 선거에 관한 법률제정 전까지는 정부에서 임명토록 규정하고 있습니다. 또 실시시기에 관해서는 "최초의 지방의회는 시·군·읍부터 구성하되 지방의회의원 선거는 법 시행일(1988. 5. 1)로부터 1년 이내에 실시하고, 시군구의회가 구성되는 날부터 2년 이내에 특별시, 직할시, 도의회를 구성한다"고 규정하고 있습니다. 따라서 시군구의 의회는 1989년 4월 30일까지, 특별시, 직할시, 도의회는 1991년 안에 구성됩니다.

정부 여당은 지방자치가 전면적으로 실시되면 극도의 혼란이 예상된다는 판단 아래 단계적 실시를 구상하고 있습니다마는 이번 국회에서 행한 각 정당 대표연설에서 야당은 한결같이 전면실시를 주장하고 또 현행법 규정과는 달리 특별시 직할시·도와 같은 광역자치단체부터 우선적으로 의회를 구성해야 한다는 주장도 있어서 과연 어떻게 귀결이 날지 예측할 수가 없습니다. 더구나 여소야대의 국회이기 때문에 더욱 그렇습니다.

그러나 한 가지 분명한 것은 어떠한 명분이든지 지방자치제를 이 이상 더 미룰 수 없다는 사실입니다. 단계적이든 전면이든 그것이 실시되기를 바라는 것이 온 국민의 한결같은 열망이라 생각됩니다.

끝으로 저는 지난달에 일본의 한 지방(島根縣)에서 열린 한일 국제 교류회의에 참가할 기회가 있어서 겸해 몇 군데 자치단체를 볼 수 있었습니다. 첫째로 놀란 것은 지방 레벨에서 국제회의를 주관한다는 것으로, 우리의 경우와는 좀 다릅니다.

중앙의 눈치를 살필 것 없이 독자적인 계획에 의한 행사였습니다. 그들은 이 행사의 의의를 "21세기를 향한 국제화시대에서는 정부레벨의 국제교류에 그치지 아니하고 지방자치단체, 민간단체, 기업, 개인 등의 각계각층에 의한 다채로운 국제교류가 보다 바람직하다는 것과 지역레벨, 현민(縣民) 레벨의 국제교류는 정부 간의 교류가 지니는 제약을 극복하고 새로운 의의와 역할이 기대된다는 점, 지역주민이 외국의 이문화(異文化)를 직접 접함으로써 주민의 국제이해를 돕고 지역과제를 국제적 시야에서 바라보게 함으로써 지역발전에 이바지한다"는 것으로 설명했습니다.

둘째로 주민의 힘이 매우 강하다는 점입니다. 제가 간 현(縣)은 바다를 끼고 있어서 광대한 면적의 내해(內海)를 가진 까닭에 이를 담수화(淡水化)하고 토지(2,700정보)를 조성할 계획을 몇 해 전부터 세워 추진하던 중 지역주민의 반대에 부딪혀 공사가 중단되고 있는 것을 보았습니다. 행정당국의 계획이 주민의사에 의하여 뜻을 이루지 못한 예는 비단 이곳뿐 아니라 여러 군데 비슷한 케이스가 있는 것을 알 수 있었습니다. 그 가운데는 아름다운 자연경관과 녹지보전을 위해 주민들의 저항으로 개발이 좌절되고 있는 수가 많습니다.

셋째는 과소지역 내에서는 주민들이 앞장서서 기업의 유치, 지역 개발을 선도하고 있는 町(島根縣 金城町)을 소상하게 볼 수 있었습니다. 그 자치단체의 캐치프레이즈는 "너그럽게 살고 싶은 내 고장"이라는 것이었습니다. 지역 내의 유력자들이 자발적으로 행정당국과 일체가 되어 지역경제의 활성화에 손잡고 뛰고 있는 모습은 매우 인상적이었으며 그 모임의 이름은 "활성 활성"(KANAGI) 이었습니다.

아시겠습니다마는 일본은 1888년에 지방자치법이 제정되었으므로 금년이 꼭 1백 년 되는 해입니다. 전후 지방자치는 40년입니다. 40년 동안 최대의 개혁은 1950년대에 추진된 시정촌 합병을 들고 있습니다. 인구 8천 미만의 8,245개의 정촌을 대상으로 하여 재편한 결과 1953년 시정촌 수 9,995개가 3년 후에 6,152개로 줄었습니다. 정촌장, 조역, 수입역 등 약 1만 8천 개의 자리가 없어졌습니다.

또 전후 40년에 일본 지방자치에는 크게 변한 것과 전혀 변하지 않은 것이 있다고 합니다.

변한 것은 1960년대 이후 자치단체가 그때까지 중앙의 지시·지도에 따르는 획일적인 국가의 하부기구라는 자세에서 벗어나 스스로의 지혜와 아이디어로 독자적인 행정을 추진하게 되었다는 점입니다. 적어도 주민에 직접 관련된 행정은 지방이 중앙에 앞서서 새로운 발상으로 중앙을 리드할 수 있게 되었습니다. 그전에는 중앙의 지시에 따를 뿐이었으며 국가의 단순한 집행기관에 불과하여 중앙은 두뇌, 지방은 수족의 관계였습니다. 그것이 40년 동안에 각 지방이 개성적인 창의와 지혜로 독자 행정을 하게 되고 스스로 주민을 위한 정책을 창안하고 스스로 집행할 수 있게 된 것입니다. 중앙주도에서 지방주도로 180도 달라진 모습이 각 지방에서 분출하게 되었습니다.

지금은 각 자치단체가 서로의 지혜, 성공과 실패의 정보를 교환해

가며 새로운 길을 개척하고 있습니다. 그런 점에서 상호간 배워가며 또한 자치단체 간의 경쟁이 전국적으로 확산되고 있는 것입니다. 따라서 자칫하면 전보다 자치단체 간의 격차가 커질 수도 있는 경쟁시대가 전개되고 있는 셈이지요.

다음에 변하지 않은 것은 중앙이 여전히 지방에 대하여 통제지배하려는 것입니다. 전후 개혁으로 내무성에 의한 후견적 감독은 없어졌으나 중앙의 각 성(省)이 보조금 등을 통해 통제하는 구조는 오늘날에도 변하지 않고 있다고 합니다. 이미 말씀드린 바와 같이 지방의 주체성, 자율성은 큰 폭으로 향유하고 있지만 중앙과의 관계에서는 여전히 약하다는 점입니다. 분명히 '아이디어' 면에서는 지방이 중앙에 뒤지지 않지만 그것을 실천하는 데 필요한 돈(국고 보조금)과 권한(인허가권)은 상당 부분이 법에 따라 중앙의 손에 쥐어져 있습니다. 중앙은 국고보조금으로 각 지방자치단체의 세부에 이르기까지 관여하고 있습니다.

지방분권(地方分權)이 전후 꾸준히 추구됐지만 그것이 시원스럽게 이루어지지 못하는 이유를 ① 중앙 각 성이 그 권한과 재원을 지방에 좀체 넘겨주지 않으려는 권한의식, ② 국회와 정당이 중앙과 유착되어 국회의원으로서는 중앙정부가 가지는 국고보조금이나 인허가권은 사안에 따라 자기 선거구의 표와 직결되는 유력한 무기가 될 수 있기 때문에 중앙집권을 바라지 지방분권을 바라지 않는다는 점, ③ 지방자치단체 측에도 중앙 의존, 중앙 존중 의식에서 완전히 탈피하지 못하고 있는 것은 비단 국고보조 획득만의 매력만이 아니라는 점 등입니다.

따라서 지방분권을 보다 확고히 하기 위하여 연방제의 주장도 있습니다. 오랫동안 논의되던 이른바 도주론(道州論)에서 한 걸음 더 나아가 전국을 10개 블록 이내로 하여 미국이나 독일과 같은 연방제로 하면 분권은 보다 완벽하게 보장될 수 있다는 논리입니다. 대체로 연방제의 나라들이 잘사는 나라입니다. 캐나다, 미국, 호주 등이 그렇고 스위스는 좁은 국토임에도 연방제를 택하고 있습니다. 연방국가가 또한 가장 안정된 나라인 수가 많습니다.

다만 우리나라의 경우는 일본과는 환경이나 여건이 판이합니다. 우리는 강력한 중앙집권의 전통이 너무나 뿌리 깊고 남북대결이라는 현실이 엄존하고 있습니다. 그러나 다가오는 21세기를 향해 시대는 국제화, 개방화, 도시화 그리고 자율화 사회로 이행되고 있습니다. 이제는 집중에서 분산, 획일에서 다양, 중앙집권에서 지방분산, 삶의 질이 보다 추구되고 있습니다.

물론 개발 초기단계에서는 중앙집권체제에 의하여 자원과 인재를 집중적으로 관리하여 경제의 성장을 촉진시키는 것이 효과적이라고 믿습니다. 그러나 경제가 일정단계에 이르면 정치, 행정, 경제, 전면에 걸쳐 민주화, 즉 분권(分權)과 참여(參與)가 제도적으로 보장되지 않으면 국민의 욕구를 충족시켜 줄 수가 없습니다.

따라서 우리의 당면과제는 ① 시급히 요청되는 지역의 균형개발과 지역경제의 활성화를 위해서는 그 주체가 되는 지방자치제가 먼저 확립되어야 하겠습니다. 그러기 위해서는 자치제 실시 시기와 범위를 결정하는 일이 선결문제입니다.

② 그리고 지방자치단체가 제구실을 할 수 있도록 중앙이 쥐고 있는 재원과 권한을 과감하게 지방으로 넘겨주어야 합니다. 저간의 사정은 일본의 예가 많은 시사를 주는 것으로 생각됩니다.

③ 그리고 무엇보다도 중요한 것은 지방행정에 종사하는 전 공직자들이 긍지와 자신을 가지고 주민을 위한 지혜와 아이디어 면에서 이제부터는 중앙을 리드해야 하겠습니다. 우리에게도 자치단체 경쟁시대가 개막되기 시작한 것으로 믿습니다.

④ 그 주도는 어디까지나 지방공무원이어야 한다는 점에서 현행 지

방자치단체 공무원이 빨리 지방공무원으로 일원화되어야겠습니다.

⑤ 마지막으로 가장 본질적인 과제는 지방자치단체의 입법권, 조직권, 재정권, 운영권 등을 자주적으로 수행할 수 있게 하는 중앙과 지방 간의 새로운 관계설정이라 하겠습니다. 감독과 관여의 재정립입니다. 종전과 같은 방식을 그대로 두고는 지방자치제란 한낱 형식만 갖춘 지방자치제라고밖에 볼 수 없습니다. 이것은 출발 때 바로 세워놓지 않으면 점점 어려운 과제로 남게 될 것입니다.

여러분의 경청에 감사를 드리며 이것으로 제 말씀을 마치겠습니다. 감사합니다.

1950년대 지방자치의 경험과 교훈

오늘 이곳 대전에서 충남대 행정대학원 주최로 제가 지방자치의 발전 방향에 관한 학술대토론회를 갖게 되는 것을 매우 뜻 깊게 생각합니다. 그간에도 김동훈 원장을 비롯한 이 지방의 자치학회 회원들께서 이 고장의 행정발전과 지역사회에 공헌하시고 계시는 노고에 대하여 깊은 경의를 표하는 바입니다.

아시는 바와 같이 1988년 5월 1일부터 시행되고 있는 현행 자치법에 의하면 금년 4월 말까지 시군구 지방의회가 구성되도록 되어 있었습니다. 그러나 그것이 천연(遷延)되어 현재로서는 내년 즉 1990년에 각급 지방의회의원의 선거 그리고 내후년 1991년에 각급 지방자치 단체장의 선거를 실시할 것을 여야 간에 합의한 상태입니다. 이를 보다 가시적으로 분명히 하기 위해서는 지금 열리는 국회에서 이번 회기 내에 다시 자치법 개정작업이 이루어져야 하겠습니다만 과연 어떻게 진전될 것인지 궁금한 형편에 있습니다.

다만 한 가지 분명한 것은 지방자치제 실시를 이 이상은 더 미룰 수 있는 명분을 찾을 수 없다는 사실입니다. 오늘날 선진민주국가치고 지방자치제를 실시하지 않고 있는 나라는 없습니다. 우리나라도 이제는 경제적으로 세계 10대 교역국의 하나로 성장하였고 OECD 즉 선진국 경제협력기구에 가입이 논의되고 있으며 지난해는 올림픽을 치름으로써 민족의 저력을 유감없이 과시할 수 있는 수준에까지 이르렀습니다.

물론 우리도 1950년대 전란중임에도 불구하고 지방자치제를 출범시킨 일이 있었습니다. 당시는 치열한 전쟁중이었고 휴전이 된 뒤에도 전재(戰災) 복구와 난민구제 등 어려운 일이 태산 같은 시기였습니다. 국민소득이래야 7, 80달러에 지나지 않았고, 나라예산은 외원(外援) 없이는 성립되기 어려웠으며, 그 가운데서도 막대한 군사적 부담으로 인하여 경제개발에는 전혀 여력조차 없었던 고난의 시기였습니다. 그런 상황 속에서 실시된 지방선거였지만 주민들은 높은 참여율을 보였고 당선된 의원들에 의하여 최초의 지방자치단체장을 선출하였던 것입니다.

그러나 처음으로 실시된 지방자치제도에는 여러 가지 모순이 있었고 운영상의 시행착오도 있어서 1952년에서 1961년 5·16로 지방의회가 해산될 때까지 약 9년 동안에 무려 4차례나 제도의 개혁이 있었습니다. 개혁의 핵심은 주로 2가지 사항이었습니다. 하나는 지방자치단체장의 선임방법을 어떻게 하느냐고, 다른 하나는 지방의회의 운영에 관한 것이었습니다. 자치제 실시에 대한 국민적 관심은 지방의회의 구성과 지방자치단체장의 선출에 집중된 것이 사실입니다.

지방자치단체의 장을 어떻게 선출하느냐는 매우 중요한 의미를 갖는 것으로서 선임방법에 따라 장의 지위, 권한, 기능 면에 큰 차이를 보이게 됩니다. 우리는 지방자치 9년 동안에 간선제, 직선제 그리고 임명제 등 3가지 방법을 모두 경험하였습니다. 실은 9년 동안에 있었던 지방자치법의 개정은 언제나 지방자치단체장을 어떤 방법으로 선임하느냐가 중심적인 과제였습니다. 따라서 지방자치법 개정의 역사는 곧 지방자치단체장의 선임방법의 변천사라고 해도 과언이 아닐 것입니다. 그만큼 지방자치에서 장(長)에게 의미를 부여하고 있는 것이라 하겠습니다.

우리나라는 지방자치단체장과 의회를 서로 분립시킨 기관대립주의입니다. 이는 현재의 일본자치제, 미국의 시장시회제와 유사합니다.

의결기관인 의회와 장(長)이 법상으로는 완전한 대등주의를 취하지만 실질적으로는 장이 우월한 권한을 행사하는 형태입니다. 뿐만 아니라 장에게 집행기능을 집중시키는 일원주의를 택하고 있습니다. 다만 교육학술에 관한 집행기능만은 교육위원회, 교육장에게 속하게 하는 예외를 두고 있을 뿐입니다.

그러나 1952년 최초의 기관구성은 자치단체장이 지방의회에서 선출되는 간접선거제를 택하였기 때문에 장(長)의 지위가 의회에 예속될 수밖에 없었습니다. 거기에 장에 대한 불신임 의결권도 가지고 있는 까닭에 장의 독자성이 보장되지 못하였습니다. 이와 같은 상태에서의 자치단체의 장은 비단 자치사무뿐만 아니라 법령에 의하여 맡고 있는 국가사무나 위임사무의 수행에서도 적지 않은 지장을 가져오는 형편이었습니다.

1956년의 자치법 개정은 이러한 경험을 토대로 하여 간선제에서 주민이 직접 선출하는 직선제(直選制)로 바꾸게 되었습니다. 이른바 수장주의(首長主義)를 택한 것입니다. 즉 주민이 의회의원도 선출하고 장도 선출하여 서로 견제와 균형을 유지케 하는 제도입니다. 그러나 이 제도 역시 오래가지 못하고 2년 10개월 만인 1958년 12월에 직선제에서 임명제(任命制)로 고쳐졌습니다. 당시 표면상 이유는 직선제에서 오는 폐단으로 ① 시읍면장이 반드시 인물본위로 선출되지 않는다는 점, ② 시읍면의 인사행정이 선거와 관련되어 공정성을 잃기 쉽다는 점, ③ 민선이라 하여 감독관청의 감독을 경시하는 경향이 있었다는 점, ④ 자치행정의 본연의 사무보다는 자기 재선을 위한 인기정책에만 급급하다는 점, ⑤ 선거를 둘러싼 민족 간 또는 지역 간의 대립이 격화된다는 점, ⑥ 과다한 선거비용으로 당선 후 부당한 이권개입의 풍조조차 없지 않다는 점 등이 지적되었습니다. 이러한 부정적 요인을 없애고 오직 직무에 전념케 하기 위해서는 임명제를 택할 수밖에 없다는 논리였습니다.

　그러나 실질적 이유는 집권당의 정치적 사정에 있었습니다. 당시 자유당은 헌법을 세 차례나 고쳐서 집권연장을 시도해 왔습니다.

　1956년 정·부통령선거에서 부통령선거에 패한 집권당은 다가오는 1960년의 정·부통령선거에 대비하여 지방행정조직을 완전히 장악하기 위해서는 직선제를 그대로 두고서는 불가능하다는 판단이었습니다. 이미 도시지역에서는 야당 출신 자치단체장이 등장하게 되었고 설사 여당의 장일지라도 집권당의 요청에 고분고분하지 않는 면도 있어서 일사불란한 선거태세를 갖추기 위해서는 임명제가 가장 효과적이었기 때문입니다. 그러기 때문에 1956년 12월 이른바 2·4파동이라 불리는 정치적 파란 속에서 국가보안법과 함께 국회를 힘들게 통과한 임명제 개정이었습니다.

　그러나 집권당의 의도는 오래가지 못한 채 좌절되고 말았습니다. 1960년 4·19 의거로 인하여 자유당은 무너지게 된 것입니다. 그러한 정치적 공백과 사회적 혼란 가운데 1960년 6월에 공포된 내각책임제를 골자로 하는 개정헌법은 지금까지의 지방자치에 관한 조항을 고쳐 지방자치단체의 장의 선임방법을 법률로써 정하되 "적어도 시읍면장은 그 주민이 이를 직선한다"고 규정하여 기초자치단체의 장의 자기선임원칙을 헌법으로 보장하였습니다. 그러나 당시 제4대 국회는 이 정신을 구체화하는 지방자치법의 개정을 완수하지 못한 채 해산되고 말았습니다.

　그러다가 1960년 7·29 총선거로 성립된 제5대 국회에서 통과를 본 개정 자치법에서는 시읍면장은 물론 동리장, 그리고 오랫동안 임명제로 일관하던 서울특별시장과 도지사도 직선제로 고쳐졌습니다. 그해 12월 달에 12일 서울특별시와 도의회의원 선거, 19일 시읍면의회의원 선거, 26일 시읍면장 선거, 29일 서울특별시장과 도지사 선거를 각각 치르게 되었습니다. 한 달 동안에 네 차례나 선거가 이어진 탓인지 어느 때보다 투표율이 저조했습니다. 우리나라 지방자치 사상 처음 실시된 도지사와 서울특별시장의 투표율도 39.1%와 35.7%라는 낮은 기록을 남겼습니다. 이래서 우리나라 역사상 처음으로 완전한 자치제로서 획기적인 전기를 마련하였습니다만 6개월도 가지 못하고 1961년 5·16 군사혁명으로 중단되고 말았습니다.

그다음으로 제기된 것은 지방의회의 조직과 운영에 관한 것입니다. 최초로 구성된 지방의회는 제도적으로 운영에 별다른 제약이 없었습니다. 그 결과 일부 지방의회에서는 마치 국회의 기능처럼 착각하여 집행기관의 모든 사무에 지나치게 개입하려 할 뿐 아니라 1년 내내 개회하여 상설기관화의 경향조차 없지 않았습니다.

국회나 지방의회는 국민 또는 주민의 대표기관으로서 집행기관의 의사를 결정하고 감시 비판한다는 점에서는 동일하겠습니다만 전자는 어디까지나 국가적 차원의 문제이고 후자는 지역적인 주민생활에 관련된 문제이기 때문에 필연적으로 그 본질을 달리할 수밖에 없습니다. 따라서 의원수에서도 그 기능을 수행하는 데 알맞은 것으로 족할 것입니다. 이 점 1956년의 지방자치법 개정에서는 지방의회의 조직과 운영에 대한 합리화와 능률화가 절실히 요청되어 먼저 의원수를 당시의 기본수보다 약 10% 감축했습니다(당시 의원수 18,104명→16,515명). 다음으로 회기를 1년 동안 도(道)와 서울특별시 및 시는 90일, 읍면은 50일 이내로 제한했습니다. 회기제한에도 불구하고 이를 초과하는 예가 많아서 1958년 개정 시에는 법정 회의 일수를 초과할 때에는 폐회를 명할 수 있는 규정을 두기도 하였습니다.

또 위원회란 의회의 폐회 중 의회의 권한 일부를 위임하여 심의 또는 의결함으로써 의회운영을 원활히 하고자 한 것인데 이를 악용하여 위원회를 연중 상설화하는 결과가 되어 결국 이를 폐지하고 오직 본회의 개회 중에만 위원회를 개최할 수 있게 하였습니다. 그 밖에 의회의 권한, 선거구, 의원의 신분, 정당 표방문제 등은 아직까지도 정치적 이해를 달리하는 입장에서 논란이 거듭되는 것은 우리가 잘 알고 있는 바와 같습니다. 특히 지방자치단체의 장과 의회와의 관계는 이미 언급한 바와 같이 기관 대립주의를 택하고 있는 까닭에 상호 견제와 조화를 통해 원활한 자치운영을 도모하여야 하겠습니다.

지난날의 운영경험에서는 마찰과 압력으로 혼란을 빚은 일도 비일비재(非一非再)하였습니다. 장(長)의 간선제하에서는 불신임 의결권과 이에 대응하는 의회해산권으로 귀착을 지은 예도 있었지만, 선거제하에서는 그런 장치가 없기 때문에 결국 감독기관의 개입이 불가피하였습니다. 더구나 장과 의회의 다수파가 정당소속을 달리하였을 경우에는 사사건건 대립하여 불화와 파쟁으로 가히 행정의 마비를 초래한 일도 있었습니다. 또 임명제하에서는 지나친 관치(官治)를 막는다 하여 의회에 불신임 의결권이 부여된 일도 있었습니다만 실효를 거둔 조정방식은 되지 못하였습니다.

이상으로 2가지 측면에 대해서 지난 9년 동안 자치제 운영의 경과를 회고해 보았습니다. 흔히들 말하기를 9년간의 지방자치는 실패였다고도 합니다. 그것은 주민의 자치의식이 저조하였고, 무엇보다도 자치단체의 재정력이 빈약해서 주민복지사업을 수행할 수 없었고, 제도의 이상과 현실적 여건의 괴리로 운영의 묘를 기할 수 없었다고 하는 시각입니다. 그러나 그 당시의 사회 경제적 여건 속에서 자치제를 가졌다는 것은 결코 쉬운 일은 아니었습니다. 다만 집권층이 정치목적에 따라 유리하도록 끊임없이 제도를 뜯어고친 데 한국지방자치의 비극이 있었습니다.

모든 일에는 명암(明暗)이 있게 마련입니다. 자치제 역시 어두운 면만 있는 것은 아니었습니다. 사실 우리의 자치가 전란중에 출발하였던 만큼 전재(戰災)를 입지 않은 자치단체가 없다시피 하였고 국가 재정의 핍박으로 지방재정은 더욱 압박을 받아 지방의회가 맨 처음 구성된 1952년의 면 예산은 그 50%를 환부금과 지방분여세에 의존 하였으며 세출에서는 인건비와 사무비가 총 세출의 70%를 차지하였 습니다. 따라서 자치단체 자체의 독자적인 사업수행이라는 것은 엄 두도 낼 수 없었습니다. 만일에 중앙으로부터 환부금이나 분여세가 제때에 영달되지 아니하면 직원의 봉급이나 의원의 수당이 지불되지 못하는 사례조차 허다했습니다.

이러한 상황 속에서도 지방선거가 실시되고 지방의회가 운영된 것 은 행정에 주민참여를 보장하고 민주주의를 기초로부터 다지려는 데 목적이 있었습니다. 물론 일부 지방선거에서는 부당한 간섭, 매수와 무질서 등 타락선거의 양상도 있었고 장과 의회 간의 대립과 압력으 로 행정의 마비현상도 경험했습니다만 이것은 제도가 정착될 때가지 한번은 겪어야 할 진통이었다고도 생각됩니다. 우리는 근 30년 동안 의 공백기를 청산하고 자치제 부활을 앞둔 현시점에서 비록 가지가지 의 시행착오로 얼룩진 지난날의 경험에서나마 무엇인가 소중한 교훈 을 찾아낼 수 있으리라 믿는 것입니다. 그것이 오늘 지난날의 지방문 제 발전과정의 한 단면을 상기시켜 드리는 뜻이라 하겠습니다.

이제 한 달만 지나면 80년대는 끝이 나고 내년에는 90년대가 열리 며 이내 20세기도 대단원의 막을 내리고 역사의 장으로 유유히 사라집 니다. 20세기 초반부터 우리나라는 고난과 시련이 겹쳤으며 한때는 나라를 잃은 비운마저 겪었습니다만 정부수립 40여 년 동안 온갖 격랑 을 헤치고 눈부신 경제성장을 이룩한 것도 사실입니다. 이제 21세기 를 향해 민주화, 지방화, 자율화, 개방화의 물결 속에서 지방자치의 실시는 움직일 수 없는 시대적 요청이 되고 있습니다. 물론 지방자치 를 실시한다고 해서 모든 문제가 해결되는 것으로는 믿지 않습니다.

말할 것도 없이 지방자치는 일정한 지역을 토대로 하여 그 지역주민이 필요로 하는 일들을 주민 스스로의 책임 아래 그들이 선출한 기관을 통해 처리하는 제도를 말합니다. 또한 풀뿌리 민주주의로서 민주정치의 기초라 할 수 있고 주민참여는 지방자치에서 가장 효과적으로 이루어질 수 있다는 데 자치제의 의의가 있을 것입니다. 따라서 오늘날 우리가 안고 있는 도농(都農) 간의 격차, 지역 간의 불균형, 대도시 인구집중 그리고 과다한 중앙집권체제를 완화시켜 균형 잡힌 나라발전을 위해서는 자치제를 실시하는 길밖에 없다는 것을 확신하는 바입니다.

끝으로 본인은 매키버(R. M. Maciver)의 다음과 같은 구절을 인용하면서 제 말씀을 마치고자 합니다.

민주주의는 한 단계 한 단계씩 전진하면서, 이 모양 저 모양으로 움직이면서, 때로는 도약하고 때로는 혼란에 빠지면서, 그러나 끊임없이 변화해 나가는 현재의 맥박을 느끼면서, 그리고 언제나 무엇인가를 추구하면서, 또 그 자체의 약점을 결코 잊지 않고 그 잘못을 고치는 데 결코 인색하지 않으며, 항상 대망을 품으며, 그러나 결코 완수하지는 못한 채, 오랜 세월에 걸쳐서 나타나는 방식이다. 왜냐하면 이러한 것이 생명의 천성일 뿐만 아니라 인간의 생명에다 활기를 불어넣어 주는 정신인 까닭이다.

감사합니다.

한국지방의회의 회고와 전망

서언: 지방의회의 성격

지방의회(地方議會)는 지방자치단체의 의결기관이다. 지방자치단체에는 주민을 대표하여 의사를 결정하는 의결기관과 이를 집행하는 집행기관이 있다. 의결기관은 자치단체의 의사를 의결할 뿐이고 그 집행에는 관여하지 못하고 자치단체장은 의회가 의결한 것을 집행할 뿐이고 의결에는 관여하지 못한다.

그러나 나라에 따라서는(영국이나 미국의 위원회제) 의결기능과 집행기능이 단일기관에 통합된 경우가 있고 권력분립의 원칙에 따라 의결기능과 집행기능을 각각 분리시켜 서로 견제와 균형을 유지토록 하는 형태가 있다. 전자를 기관통합주의라 하고 후자를 기관대립주의라 한다. 1949년 제정된 지방자치법은 의결기능은 지방의회에 집행기능은 지방자치단체장에게 각각 분담시켜 서로 견제와 균형을 유지하도록 하는 기관대립주의를 택하였다.

민주주의 내지 지방자치의 이상으로 말하면 자치단체의 의사는 그 주민이 직접 결정하여야 할 것이지만 현실적으로 그것이 불가능하기 때문에 오늘날은 어느 나라 할 것 없이 주민이 의원을 뽑아 구성하는 의회로 하여금 그 자치단체의 의사를 결정하게 하는 이른바 대의정치(代議政治) 제도를 채택하고 있다. 이는 근대민주정치의 소산이다. 그것은 대표라는 가장 합리적인 방법에 의하여 해결코자 하는 수단이라 할 수 있다. 이러한 의미에서 의회는 주민의 대표기관이라 할 수 있다. 그런 의미에서 지방의회의 조직과 운영 여하는 바로 지방자치의 성패를 좌우한다고 볼 수 있다.

의회는 주민의 대표기관이기 때문에 주민을 대표하기에 적합하도록 구성되어야 한다. 즉 의회를 구성하는 의원은 주민이 직접 선거하여야 하며 의원정수, 임기, 그리고 의회의 권한은 적절히 부여되어야 함은 물론이다. 지방자치의 이념상으로는 의회가 집행기관에 대하여 우월한 지위에 서는 것이 원칙이라 하겠으나 법상으로는 어디까지나 대등한 입장이다.

다만 우리나라는 오랜 전통과 지방자치단체장은 집행기관의 지위를 가지고 있을 뿐 아니라 국가의 지방행정기관의 지위도 아울러 가지고 있는 까닭에 사실상으로는 의회에 비하여 지위나 권한에서 우월한 위치에 있다고 보아야 할 것이다. 즉 수장(首長) 중심주의라 할 수 있다. 그러나 의회는 의사를 결정하는 기관이기는 하나 의회가 의결한 정책을 집행기관이 그대로 집행하는가를 감시하며 비판해야 하는 까닭에 이 한도 내에서는 의회는 집행기관을 감독한다고 말할 수 있다.

정권수립 후 초대 지방의회는 1952년 4월에 시읍면의회, 5월에 도의회의원 선거가 실시됨으로써 구성되어 1961년 5·16군사 혁명으로 지방의회가 해산될 때까지 3대에 걸쳐 만 9년 1개월간 계속되었다.

역사적으로 돌이켜보면 조선조 말엽 갑오경장 이후 1985년(고종 32년) 향회조규(鄕會條規)와 향약판무규정(鄕約辦務規程)을 공포했다. 향회는 마치 지방의회의 기능과 유사한 것으로 대중소회가 있고 대회는 군회, 중회는 면회, 소회는 이회(里會)이며, 그 조직은 군회는 군수와 각 면 집강(執綱), 각 면 공거의 2명을 구성하고 면회는 집강과 면내 각 리 존위 및 각 리 공거의 2명으로 구성하며, 이회는 존위와 매호 1명으로 구성하되 징역 또는 조세처분을 받은 자는 제외되었다.

그리고 향회에 부의하는 사항은 교육, 호적과 지적, 위생, 사창

342

(社倉), 도로교량, 식산흥업, 공공산림·제언·보·항, 세목 납세, 겸황(歉荒), 공공복무, 제반계약, 신식영칙 등 12항목을 열거했다.

면리의 집행기관인 집강과 존위는 1년 임기로 종래 관에서 임명하던 것을 면과 리에서 매년 1월에 선출하며 그 임무에 위배 시에는 선출 시와 동일한 방법으로 이를 개선할 수 있게 하였다.

그러나 향회제도는 한일합병과 더불어 일정(日政) 초기에 자연 폐지되고 말았다.

일정(日政) 하의 1913년의 부회(府會), 1917년의 면협의회 1920년의 도평의회가 각각 구성되어 지방자치단체의 의결기관의 기능을 행사한 적이 있었다. 그러나 당시의 지방의회는 의결기관이라기보다 자문기관에 불과하였으며 그 조직과 권한에서도 오늘날의 지방의회와는 현저한 차이가 있었다. 그 대강을 보면 각급 의회의장은 관리인 도지사, 부윤, 읍면장이 겸하였고 도평의원은 인구비례에 따라 25명 이상 50명 이내로 하고 정수의 3분의 2는 부읍면 의원에 의한 간접선거이고 나머지는 도지사가 임명하는 관선의원이었다. 또 부읍의원과 면협의회원의 정수는 인구에 따라 부(府)는 24명 내지 36명, 읍면은 8명 내지 14명이다. 선거권은 25세 이상의 남자로서 독립생계를 유지하여 1년 이래 그 구역에서 부읍면세(府邑面稅) 연액 5원 이상을 부담하는 자였으며, 각급 의회의 권한에서도 세입세출예산을 비롯한 지방세, 기타사항을 자문하는 것으로 되어 있지만 긴급을 요할 때에는 자문하지 아니해도 무방했다. 의원이 직무에 태만하거나 체면을 손상한 행위가 있다고 인정될 경우에는 감독기관의 허가를 얻어 사임할 수 있게 되어 있었다. 따라서 오늘날의 지방의회와는 성격을 전혀 달리하고 있었음을 알 수 있을 것이다. 그러므로 우리나라에서 현대적 의미의 지방의회가 구성된 것은 1952년 지방선거에 의하여 조직된 때부터라고 볼 수 있다.

지방의회의 조직

지방의회는 주민이 선출한 의원으로 구성된다. 의원은 지위가 모두 평등하다.

미국의 지방의회에는 장로의원(*alderman*)과 보통의원(*councillor*)의 구분이 있으나 이는 그 나라의 오랜 전통에 의한 것뿐이지 그 지위에 차이가 있는 것은 아니다. 또 의회의 계속성을 유지하기 위해 2년마다 의원의 3분의 1씩 선출하는 예도 있으나 우리나라는 일제히 교체된다.

의원정수

의원정수는 대체로 인구를 기준으로 정해진다. 그러나 인구 얼마에 대하여 의원 몇 명이라는 일정한 기준이나 원칙은 없다. 미국이나 유럽나라들은 다수주의 즉 대의회제를 택하고 미국에서는 소수주의 즉 소의회제이다. 의원수가 많으면 그만큼 주민의 다양한 의사를 반영할 수 있고 의사를 신중하게 처리할 수 있으나 반면에 무엇보다 정당 간의 대립과 의원 자질의 상대적 저하를 초래하며 의사진행의 부진을 가져올 뿐 아니라 의회비 지출이 많아지게 된다. 이에 대하여 의원수가 적으면 의원수가 많은 경우와 반대의 득실이 있게 된다. 현재의 추세는 의원수를 적게 하려는 경향이다.

예컨대 일본의 경우 당해 자치단체의 조례에 의하여 의원정수를 감축하고 있는 것이 그 예이다. 우리나라도 과거 지방의원 정수를 1956년 자치법 개정으로 10%를 감축한 일이 있다. 그 결과 그 당시 전국 지방의회 의원 총수는 18,104명에서 16,515명으로 줄었다. 초대에서 3대에 이르는 자치단체별 의원정수의 규모는 〈표 1〉과 같다.

현행 자치법에서는 도, 특별시의회의 의원정수는 관할구역 안의 시·군·구마다 2명, 인구 30만 이상인 시·군·구에 있어서는 30만을 초과하는 매 20만 명마다 1명을 더한다. 그리하여 하한을 25명 상

〈표 1〉 한국 지방의원 정수규모

(단위: 명)

구 분	도·서울특별시	시의회	읍의회	면의회
제 1 대	20~61 (평균 44)	20~46	15~20	10~14
제 2 대	15~61 (평균 44)	15~46	13~15	11~12
제 3 대	18~80 (평균 49)	15~27	13~15	11~12

한을 70명으로 했다(제주 25명, 서울 67명, 총 596명으로 평균 43명).

시와 구 의회의 의원정수는 관할구역 동마다 1명, 인구 2만을 초과하는 동은 2명으로 한다. 이 경우 하한은 15명 상한은 25명이다. 군의회의 의원정수는 관할구역 읍면마다 1명, 인구 2만 이상인 때는 2만을 초과하는 매 2만 명마다 1명을 더한다. 하한은 10명, 상한은 20명으로 하였다(서산군 20명, 울릉군 10명, 화성군 20명, 총 3,365명으로 평균 14명) (지방자치법 제 27, 28조).

의원의 임기

지방의원의 임기는 나라에 따라 1년에서 6년까지 매우 다양하다. 일반적으로 임기가 짧으면 주민의 새로운 의사를 반영시킬 수 있고 의원에 대한 주민통제가 용이하다는 장점이 있으나 잦은 선거로 과중한 비용과 의회의 안정성을 저해하는 단점이 있게 된다. 반대로 임기가 길 때에는 직무에 숙달하게 되는 동시에 정책의 안정성과 계속성이 유지되는 장점이 있으나 주민의 참정권 행사의 기회가 줄고 의원에 대한 주민통제가 약화되기 쉬운 단점이 있다. 이런 점에서 4년제가 보편적인 임기이다.

우리나라도 4년제이나 1956년 제 2차 개정 시에 지방의원과 자치단체장의 임기를 3년으로 정한 일이 있었으나 그 뒤의 개정으로 이른바 기득권이 인정되어 3년제 임기는 사실상 실시된 일이 없다.

의원의 지위와 신분 및 의무

지방의원은 모두 동일한 조건하에 선출되어 평등한 지위와 권한을 가진다. 의원은 주민의 선거에 의해 그 지위를 얻게 되고 주민의 대표자이므로 언제나 주민의 의사를 살펴 충실한 의원활동을 해야 한다. 지방자치법은 의원이 주어진 사명을 이행할 수 있도록 일정한 행위를 제한하고 있다. 즉 국가 또는 지방자치단체의 유급직원을 겸할 수 없고 당해 지방자치단체와 영리를 목적으로 하는 거래를 하거나 시설 또는 재산의 양수인 또는 관리인이 될 수 없다. 국회의원 또는 다른 의회의원의 후보자가 되려면 그 직을 사임해야 한다. 다만 현행 자치법에서는 과거보다는 겸직이 가능한 범위를 다소 넓혀 놓았다. 예컨대 정당법규정에 의하여 당원이 될 수 있는 공무원 등이 그것이다.

의원은 무보수 명예직이기는 하나 의회의 출석 출장 등에 대하여 일비 또는 여비 등 실비변상을 받을 수 있다. 나라에 따라서는 유급직으로 보수를 받는 데도 있다. 미국 캐나다 일본 등이 그 예이다. 대체로 소의회제의 나라들이다. 그만큼 오늘날의 자치사무가 전문화되고 본업 밖에서 여가로 직무를 수행하기는 일이 벅차고 시간과 정력이 많이 소요된다고 보는 이유에서이다.

그러나 주민에 봉사하는 것을 시민의 영예로 생각하고 무보수인 명예직으로 할 때 주민의 존경을 받을 수 있다는 점에 참된 보람을 느낄 수 있을 것이다. 특히 현행 자치법 제34조에는 지방의원의 의무로서 3개항을 제시하고 있다. ① 의원은 공공이익을 우선하여 양심에 따라 그 직무를 성실히 수행하여야 하고, ② 청렴의 의무를 지며 품위를 유지하여야 하며, ③ 그 지위를 남용하여 지방자치단체 공공단체 또는 기업체의 계약이나 그 처분에 의하여 재산상의 권리이익 또는 직위를 얻거나 타인을 위하여 그 취득을 알선 수재해서는 안 된다고 규정하고 있다.

지방의회의 권한

지방의회는 지방자치단체의 의결기관 즉 단체의 의사를 결정하는 기관으로서 헌법상으로 보장된 기관이다(헌법 제118조). 지방의회의 권한은 기관통합주의를 택하는 경우와 기관대립주의를 택하는 경우에 따라 필연적으로 차이를 보이게 된다. 우리나라는 후자의 형태이지만 자치단체장에 대한 기관책임사무와 의회에 의하여 자치단체장의 전결사무를 제외하고는 당해 자치단체사무의 전반에 걸쳐 관여하게 하고 있다.

의결권

지방의회를 의결기관이라고도 하는 만큼 의결권은 의회의 가장 핵심적인 권한이다. 그러나 대소경중을 막론하고 모두 의결을 거친다는 것은 사실상으로 불가능하므로 여기에는 일정한 한계가 있게 마련이다. 이는 의회의 권한부여 방식에 따라 개괄주의를 취하느냐 아니면 제한주의를 취하느냐에 따라 그 범위가 달라진다.

개괄주의하에서는 자치단체의 주요사무는 원칙적으로 의결을 거치게 된다. 이렇게 되면 집행기관은 의회의 간섭을 많이 받게 되는 폐단이 있다. 개괄주의는 대륙법체계의 전통에 의한 것이다. 한편 제한주의는 특정사항에 한하여 의회에서 의결하는 원칙 즉 법령에 구체적으로 규정된 사항만을 의결하게 된다. 우리나라는 이에 따른 것으로서 지방자치법 제35조에 10개항을 열거해 놓고 있다.

① 조례의 제정 및 개폐, ② 예산의 심의·확정, ③ 결산의 승인, ④ 법령에 규정된 것을 제외한 사용료·수수료·분담금·지방세 또는 가입금의 부과와 징수, ⑤ 기본재산 또는 적립금의 설치·관리 및 처분, ⑥ 중요재산의 취득·처분, ⑦ 공공시설의 설치·관리 및 처

분, ⑧ 법령과 조례에 규정된 것을 제외한 예산의 의무부담이나 권리의 포기, ⑨ 청원의 수리와 처리, ⑩ 기타 법령에 의하여 그 권한에 속하는 사항 등이다. 이에 해당하는 지방자치법상의 의결사항은 〈표 2〉와 같다.

의결은 지방자치단체의 의사로서 효력을 가지나 지방자치단체장이 이를 외부에 표시함으로써 비로소 대외적인 구속력을 갖는다. 의결사항의 발의는 그 자치단체장 또는 의원 5명 이상의 연서로 할 수 있으나 다만 예산안의 발의권은 자치단체장에게만 있다. 의회는 예산을 삭감할 수는 있으나 다른 과목을 증액할 수는 없다.

〈표 2〉 지방자치법상의 의결사항

의결을 요하는 사항	관련조문
1. 지방자치단체의 폐지·분할·구역변경에 관한 의견제출	제 5 조
2. 사무소 소재지의 변경·신설	제 6 조
3. 시설치에 관한 의견제출	제 7 조
4. 행정사무조사권의 발동	제 36 조
5. 지방채 발행	제115조
6. 계속비의 지출	제119조
7. 예비비의 지출승인	제120조
8. 행정협의회의 설립	제142조
9. 지방자치단체조합의 설립	제149조
10. 의회의장, 부의장의 선출 및 불신임 결의	제 49 조
11. 회의규칙의 제정	제 63 조
12. 의원의 사직허가	제 69 조
13. 의원의 자격상실	제 72 조
14. 의원의 징계	제 78 조

감시권

지방의회는 주민의 대표기관이므로 집행기관의 행정집행에 대하여 그 적부를 비판하고 감시하는 것은 당연한 권한이다. 지방의회는 의결로써 그 자치단체의 사무 중 특정사항에 관해 조사할 수 있으며 조사를 위해 필요한 때에는 현지확인을 하거나 서류의 제출과 지방자치단체의 장 또는 그 보조기관의 출석증언이나 의견진술을 요구할 수 있다.

과거의 지방자치법에서는 국회의 경우와 같이 감사권을 부여한 적도 있었으나 현행 자치법에서는 지방의회에 특정사항에 대한 조사권을 부여하고 있다. 조사권과 감사권의 차이는 전자는 특정사항에 대한 감시를 의미하는 데 비하여 후자는 자치단체 행정사무 전반에 대한 감시를 의미한다. 한편 지방의회는 검사위원을 통한 회계기록의 검사를 할 수 있다.

선거권

지방의회는 법령의 정하는 바에 의하여 그 권한에 속하는 선거권을 갖는다. 선거에는 지방의회의 내부조직에 관한 것과 지방자치단체의 기관에 관한 것이 있다. 전자의 예로는 의장, 부의장, 임시의장, 위원회의 위원 등을 선거하는 것이 있고 후자에는 교육위원회 위원의 선거가 있다. 최초의 지방자치법에서는 기초자치단체의 경우 그 장을 의회에서 선거한 적이 있었다(1952년에서 1956년). 그러나 1956년 자치법 개정으로 자치단체장을 주민이 직접 선거하는 제도로 바뀌게 되었다.

자율권

지방의회는 의장, 부의장, 임시의장을 선거할 뿐 아니라 직원의 임명에 관하여도 자율권을 갖는다. 또한 회기를 스스로 정할 수 있으며 오직 회기일수는 일정한 제한이 있다. 지방의회는 의사진행, 의원자

격심사, 징계 등에 관하여 회의규칙을 정한다. 또 의장 또는 부의장이 법령에 위배되거나 정당한 이유 없이 직무를 집행하지 않을 때에는 의원은 의원정수 4분의 1 이상의 동의를 얻어 불신임결의를 제안할 수 있다. 이때는 임시의장이 사회하고 재적의원 과반수로써 가결되면 의장 또는 부의장은 그 직에서 해임된다.

의원으로서 피선거권이 없을 때에는 그 자격을 상실한다. 피선거권의 유무는 당선쟁송에 대한 법원의 판결로써 확정되는 경우를 제외하고는 의회가 자율적으로 심사한다.

지방의회는 지방자치법 또는 의회규칙에 위반한 의원을 의결로써 징계할 수 있다. 또 지방의회는 의원의 사직을 허가할 수 있으며 폐회 중에는 의장이 허가한다.

지방의회 의장은 원내외질서를 유지하기 위하여 위원 또는 방청인에 대하여 일정한 명령강제를 할 수 있다. 지방의회는 청원을 수리할 수 있다. 청원을 하려면 2명 이상의 의원의 소개로 청원서를 제출하여야 한다. 지방의회가 채택한 청원으로서 그 자치단체의 장이 처리함이 적당하다고 인정되는 것은 의견서를 첨부하여 그에게 이송한다. 장은 이 청원서의 처리상황을 다음 의회에 보고하여야 한다.

지방의회의 운영

의회의 자주적 활동을 보장하고 적극적인 기능을 수행할 수 있도록 하기 위하여 의회운영에는 여러 가지 규칙을 두고 있다. 그러나 의회운영은 자치법에서 정한 규칙보다는 의회의 자주적인 결정에 맡겨지는 부분이 많다. 경우에 따라서는 규칙보다 관례에 따르기도 하므로 의회운영의 묘는 여러 가지 요인에 의해 촉진될 수도 있고 저해될 수도 있는 것이다. 특히 주민의 의회에 대한 태도라든가 의원의 자질

식견 경험 등은 의회운영의 질과 양을 결정하는 중요한 요인이라고 볼 수 있다.

이러한 사정은 과거 우리나라 지방의회의 운영 경험이 여실히 말해 주고 있다. 따라서 의회운영은 의회운영규칙과 의원의 출석 위원회, 의회의 회기 의사처리 등이 그 주된 내용이 된다.

의회의 소집과 회기

지방의회의 소집은 의장이 하도록 되어 있다. 다만 총선거 후 최초의 의회는 25일 이내에 자치단체장이 소집한다. 지방의회의장은 정기회는 매년 12월 1일에 임시회는 자치단체장 또는 재적의원 3분의 1이상의 의원요구가 있을 때 15일 이내에 소집하여야 한다.

당초의 지방자치법은 의회의 회기일수를 제한하지 않았다. 그 결과 회의일수가 길어지고 지방의회를 상설기관화하는 경향을 보였다. 따라서 회기의 무제한은 의회운영의 비능률과 집행기관의 행정수행에 지장을 주게 되었다. 적정한 회의일수의 책정은 의회의 기능과 활동의 원활을 기하는 데 중요한 의의를 갖는다. 회의일수의 과다는 의안처리의 신속을 저해하고 낭비를 가져오게 되는 반면 회의일수의 과소는 의안처리의 졸속과 주민의사 반영의 소홀을 초래할 우려가 있게 된다.

지방의회의 상설기관화를 막고 의회운영의 능률화를 위해 1956년 2차 자치법 개정 시에 회기에 대한 제한규정을 두게 되었다. 그러나 이 제한 규정이 잘 지켜지지 아니해서 1958년 12월 자치법 개정 시에 법정회의일수를 초과할 때에는 도와 서울특별시는 내무부 장관, 시는 도지사, 읍면은 군수가 폐회를 명할 수 있게 하였다. 과거의 지방의회 개회횟수와 회의일수의 평균은 〈표 3〉과 같다.

현행 자치법에서는 정기회의 회기는 30일, 임시회는 10일 이내로

<표 3> 지방의회의 평균 개회횟수·의회일수

구분	제 1 대		제 2 대	
	개회횟수	개회일수	개회횟수	개회일수
서울·도의회	6. 7	103	7. 2	83
시의회	10. 3	79	8. 2	71
읍면의회	7. 9	22	6. 4	17

하고 연간회의일수는 정기회 및 임시회를 합하여 특별시·도는 100일, 시군 및 자치구는 60일을 초과할 수 없게 되어 있다.

위원회

지방의회가 다루는 사항이 광범하고 복잡하며 전문화된 것이 많으므로 심의를 능률적으로 처리하기 위하여 위원회제가 인정되고 있다. 위원회는 의회에서 부의한 안건을 심의하거나 각 위원회의 소관사항을 심사하는 기능을 가지므로 위원회의 성실한 활동 여하는 지방의회의 기능을 좌우할 만큼 중요하다.

위원회는 상임위원회와 특별위원회로 구분된다. 상임위원회는 상설기구이고 특별위원회는 특정안건을 처리하기 위하여 그때마다 특히 선정하는 위원으로 구성하고 그 안건처리와 동시에 해산된다. 위원회가 어느 특정안건의 처리를 위해 그 기능을 다시 분화할 필요가 있을 때에 소위원회를 둘 수 있다. 이는 그 위원회 활동의 일부를 구성하게 된다. 즉 위원회 활동상 전 위원이 참석하지 않고 필요한 일부 위원으로써 소위원회를 조직하여 심의하는 것이 보다 능률적일 경우가 있다. 상임위원은 위원의 임기 초에 의회에서 선거하고 그 임기중 재임하되 위원은 1개 상임위원으로 된다. 다만 징계자격위원회의 위원은 겸할 수 있다.

위원회에 위원장을 두고 그 임기는 대개 1년이며 위원회의 위원이

호선한다. 위원장은 위원회의 기일을 지정하고 의사를 정리하며 질서를 유지한다. 위원회는 안건이 있을 경우에 한하여 개최하고 안건이 처리되면 폐회하여야 하는 것이나 과거의 예에는 거의 연중 상설기관화의 경향이 있었다.

가장 위원회 개최일수가 많았던 서울시의회의 경우, 시의회 폐회 중 위원회 개최일수가 1957년 1년 동안에 117일이었으며 여기에다 법정 회의일수 90일을 합하면 거의 연중 상설기구화했다고 볼 수 있다. 위원회 개최가 잦으면 그만큼 운영비가 증가되고 의회의 의사진행이나 집행기관의 업무에 지장을 주게 된다. 이와 같은 폐단을 없애기 위해 1958년 자치법 개정 시에 의회의 폐회 중에는 위원회의 개최를 금지하기에 이르렀다. 그렇지 않고서는 회의일수의 제한이 무의미해지기 때문이다.

그러나 현행 자치법에는 단서로 폐회 중에는 지방의회의 의결이 있거나 지방자치단체의 장의 요구가 있는 때에 한하여 개회할 수 있다고 규정하였다(자치법 53조). 또 현행 자치법에는 상임위원회는 시·도의회에 한하여 두도록 하고 있다.

회의의 원칙

개회의 원칙 지방의회는 재적의원 3분의 1이상의 출석으로 개의한다. 회의 중 정족수에 미달할 때는 의장은 회의의 중지 또는 산회를 선포해야 한다.

회의공개의 원칙 지방의회의 회의는 공개한다. 다만 의원 3인 이상의 발의로 출석의원 3분의 2 이상의 찬성이 있거나 의장이 사회의 안녕질서 유지를 위하여 필요하다고 인정하는 경우에는 공개하지 아니할 수 있다.

회기계속의 원칙 지방의회에 제출된 의안은 회기 중에 의결되지 못한 이유로 폐기되지 아니한다. 다만 의원의 임기가 만료되는 경우에는 예외로 한다.

일사부재의의 원칙 지방의회에서 부결된 의안은 같은 회기 중에 다시 발의 또는 제출할 수 없다.

제척(除斥)의 원칙 지방의회의 의장이나 의원은 본인 또는 직계존비속과 직접 이해관계가 있는 안건에 관하여는 그 의사에 참여할 수 없다. 다만 의회의 동의가 있는 때에는 의회에 출석하여 발언할 수 있다.

회의록 작성의 원칙 지방의회는 회의록을 작성하고 회의진행내용 및 결과와 출석의원의 성명을 기재하고 의장과 의회에서 선출한 의원 2 인 이상의 서명하여야 한다. 의장은 회의록 사본을 첨부하여 회의결과를 그 지방자치단체의 장에게 통고하여야 한다. 한편 회의록은 의원에게 배부한다. 다만 비밀을 요한다고 의장이 인정하거나 지방의회에서 의결한 사항은 공개하지 아니한다.

그 밖에 의회의 운영에 관하여 필요한 사항은 회 원칙으로 정한다. 회 원칙은 의회의 운영에 필요한 회의절차와 내부의 규율에 관하여 의회가 자율적으로 정하는 것이지만 그 제정개폐는 조례와 마찬가지로 공표되며 또 의회 내에 있는 모든 자를 구속하고 그에 위반되는 자는 징계의 사유가 된다.

지방의회와 지방자치단체장과의 관계

우리나라의 지방자치단체의 기관구성은 의회와 장(長)을 분립시켜 서로 대등한 위치에서 각각 자주적으로 그 기능을 수행하고 상호 견제와 균형에 의하여 원활한 운영을 도모하려고 한다는 것은 이미 언급한 바와 같다.

그러나 이와 같은 기관대립주의는 의회와 장(長)이 서로 대립했을 때에는 오히려 자치단체의 활동의 침체를 가져올 우려가 있다. 우리의 과거 지방자치를 회고할 때 의회와 장과의 대립과 마찰로 인하여 지방행정이 마비되는 사례가 빈번하였음을 볼 수 있다.

이와 같이 의회와 장(長)의 의사가 조정되지 않는 경우에 국가의 감독권 개입에 의하여 해결할 수도 있을 것이나 우리의 경우 이 폐단을 방지하기 위하여 양 기관이 서로 다른 기관의 활동을 감시하고 억제하는 과정을 통하여 자치단체 내에서 자주적으로 해결하도록 하는 제도를 마련하고 있다.

장(長)의 재의(再議)요구권

지방의회의 의결이 월권 또는 법령에 위반된다고 인정할 때에는 당해 자치단체장은 이유를 부하여 재의를 요구할 수 있다. 의회는 재의요구에 대한 재의결과 의원정수 3분의 2 이상의 출석과 출석의원 3분의 2 이상의 찬성으로써 의결을 얻지 못할 때에는 그 의안은 폐기되며 이 결과에도 불복 시에는 장은 의회를 피고로 하여 대법원에 출소할 수 있다.

또 의회의 의결이 예산상 집행할 수 없는 경비가 포함되었을 때 역시 자치단체장은 이유를 부하여 재의를 요구한다. 지방자치단체의 의무적 경비와 비상재해로 인한 시설의 응급복구를 위하여 필요한 경비를 삭감한 때도 마찬가지이다.

이 재의요구원은 이의가 있으면 언제든지 행사할 수 있는 대통령의 법률안 거부권이나 미국, 일본 등의 자치단체에서 채택하고 있는 일반적인 거부권과는 다르다. 말하자면 제한적 거부권이라고 볼 수 있다. 재의결을 얻지 못한 예산안의 경우는 해당 예산안 전체가 폐기되는 것이 아니고 재의요구 부분만이 폐기된다.

장의 선결처분권

지방의회의 권한에 속하는 사항을 지방자치단체장의 선결로 처분할 수 있다. 이는 주민의 생명과 재산보호를 위하여 긴급하게 필요한 사항으로써 지방의회가 성립되지 아니한 때, 지방의회를 소집할 시간적 여유가 없는 때, 지방의회에서 의결이 지체되어 의결되지 아니할 때, 새로운 회계연도가 개시될 때까지 예산안이 의결되지 아니한 때에는 선결처분할 수 있다. 선결처분은 다음 회기의 지방의회에 보고하여 승인을 얻어야 한다.

이러한 것은 의회의 권한과 기능을 존중하고 행정의 민주적 통제를 보장한다는 의미에서 지방의회가 상설되어 있지 않으므로 조속히 처리해야 할 행정사무가 많은 현실에서는 이미 언급한 특수한 상황하에서 장이 선결처분하고 사후에 의회의 승인을 얻어 합리화시키는 제도라 할 수 있다.

불신임결의와 해산제도

지방자치단체장에 대한 지방의회의 불신임결의와 지방자치단체장에 의한 의회해산제도는 가장 강력한 상호 견제수단이라 할 수 있다. 그러나 이것이 남용될 때에는 지방행정 수행에 차질을 빚게 된다.

우리나라 최초의 지방자치법에서 이 제도를 채택하였다. 그 결과 여러 가지 폐단이 나타나게 되어 1956년 제2차 개정 시에 장의 직선제 채택으로 폐지되었다. 즉 주민이 직접 선출한 자치단체장을 의회가 불신임한다는 것은 법리상 맞지 않는다고 하여 없앤 것이다. 그러나 일본의 경우는 직선제이면서도 엄격한 요건하에 인정하고 있다.

1958년 제4차 자치법 개정 시에는 자치단체장을 임명제로 하면서 도의회의 불신임의결을 다시 인정한 일이 있다. 현행 자치법에서는 채택하지 않았다. 자치단체장은 의회의 불신임의결에 대하여 의회를 해산코자 할 때에는 감독관청의 허가를 얻어야 하므로 장에게는 상대적으로 불리하다. 뿐만 아니라 장은 불신임의결이 없는 한 의회를 해산할 수가 없다. 따라서 과거 지방의회 구성 후 3년 동안에 의회해산 건수는 18건인 데 비하여 자치단체장의 불신임 의결건수는 66건이었다. 뿐만 아니라 같은 기간 자치단체장의 사직건수는 1,166명이나 되는데 이는 불신임 직전에 자진 사임한 경우가 대부분이었다.

의회에서 장에 대한 불신임안이 가결되면 장은 15일 이내에 감독관청의 허가를 얻어 의회를 해산할 수 있다. 그러나 감독관청의 허가에는 여러 가지 사정이 고려되므로 허가가 쉬운 일이 아니다. 의회를 해산하지 않으면 장은 당연히 퇴직된다. 만일에 해산의 경우에는 5일이내에 의원의 총선거일을 공포해야 하며 새로 구성된 의회에서 다시 불신임 의결이 있을 때에는 자치단체장은 퇴직하게 된다.

상호관계의 문제점

지방의회와 자치단체장과의 관계는 우리나라와 같이 기관대립주의하에서는 기능적 협조를 원활히 유지하기란 결코 쉬운 일이 아니다. 예컨대 의회의 의결이 자치단체장의 의사에 반하거나 자치단체장이 행하고자 하는 정책에 대하여 의회의 의결을 얻을 수 없는 경우에는 양자 간에는 반목과 알력이 생기기 쉽다. 그러나 의결기능과 집행기능은 법적으로 상호균형을 원칙으로 하지만 여러 가지 요인에 의하여 실제 권한행사에 차이가 일어나게 된다.

장(長)의 선임권, 의회의 자치단체장에 대한 불신임권, 장의 의회해산권, 의회의 감시기능의 강약 등에 따라 의회와 자치단체장 간의 균형은 자주 깨질 수 있다. 그 중에도 특히 자치단체장의 선임방법에 따라 장과 의회와의 관계는 큰 차이가 난다.

과거 지방자치 실시 9년 동안에 매 의회마다 장의 선출방법이 달랐다. 제1대는 의회에 의한 간선제였고 제2대는 주민에 의한 직선제였다가 2대의원 말기에는 임명제로 되었다가 제3대에서는 다시 직선제로 되었다.

제1대 의회 때는 자치단체장을 의회에서 선출하는 간선제 시대였다. 말하자면 의회주의(議會主義)였기 때문에 상대적으로 자치단체장의 지위가 의회에 예속될 수밖에 없었다. 자치단체장은 의회의 눈치를 보느라고 소신껏 본연의 사무를 추진하지 못하는 면이 있었다.

이러한 의회우위주의가 남용되어 장의 지위가 항상 불안정했다. 빈번히 불신임 의결로 장이 교체되었다. 장도 의회해산을 할 수는 있으나 감독관청의 허가라는 제약을 받기 때문에 불리한 입장에 서게 된다. 대구시 같은 경우는 제1대 의회 동안에 3명의 시장이 교체되었다. 그 외에도 해임사태가 몇 번씩 연이어진 자치단체가 허다했다. 의원 몇몇 사람만 결탁하면 장을 해임시킬 수 있고 반면에 장에게 부당한 압력을 가할 수 있는 여지가 충분하였다. 한편으로는 의원들이 매수당하거나 특정정치세력과 결탁하게 됨으로써 행정의 불공정성을 노출시키기도 하였다.

제2대 의회는 간선제에서 오는 폐단을 없애기 위하여 주민이 장을 직접 선출하는 직선제로 바뀌게 된 기간이다. 따라서 장에 대한 불신임의결이나 의회해산권은 없어졌지만 의회가 장을 불신임코자 할 때에는 감독관청에게 장에 대한 신임투표를 해 줄 것을 의회에 요구하도록 하는 건의안을 채택할 수 있도록 하였다. 그러나 이것은 감독관청이 받아들이지 않으면 무위로 끝나기 때문에 결국 제 1대 의회와는 반대로 의회보다 장이 상대적으로 우위에 서는 이른바 수장 중심주의였다. 제 2대 의회는 그간 유보되었던 한수이북인 서울, 경기, 강원도 의회 등이 구성되어 전국의 자치단체가 모두 의회를 갖게 되었다. 서울특별시의회 정원 47명 중 40명이 민주당으로써 야당 주도의 시의회가 구성된 데 대해 특별시장은 임명시장이었기 때문에 시정운영에 적지 않은 대립과 알력이 따를 수밖에 없었다.

1958년 12월에 직선제에서 오는 폐단을 이유로 들어 장을 임명제로 바꾸었다. 그러나 이것은 어디까지나 표면상의 이유이고 실제는 집권당의 정치적 편의를 위한 것이었다.

제 3대 의회는 제 2공화국이 들어서면서 구성된 의회이다. 이때의 특징은 도와 서울특별시 등 모든 자치단체가 민선자치단체장을 갖게 된 것이었다. 우리나라 자치사상 획기적인 전환이었다. 서울시의회의 경우 정원 54명 중 민주당 19명, 신민당 17명, 무소속이 17명이나 진출하였다.

제 3대 의회는 어느 때보다도 무소속 진출이 두드러졌다. 도의회의 경우 집권당인 민주당이 과반수를 확보한 곳은 전북도의회와 경남도의회 뿐이었다. 경기도의회는 민주당이 약간 우세하였고 충남도의회를 비롯한 9개 도의회는 무소속이 우세한 상황이었다.

이러한 경향은 시읍면의회로 갈수록 심해져 무소속의원의 비율이 시의회는 56.7% 읍의회 82.7% 면의회는 81.8%로 나타났다. 무소속의 대부분은 구자유당계로서 외형적으로는 당이 해체되었으나 실제로는 기존의 조직기반을 이용하여 대거 당선된 것이었다. 민주당이 비록 정권을 잡았으나 신구파의 분열로 당세를 정비할 겨를도 없었으며 지방에까지 당세를 갖추지 못한 상태였다. 민주당은 서울특별시장과 5명의 도지사를 당선시켰고 신민당은 3명의 도지사를 당선시켰다. 그러나 신민당 도지사의 충남과 경남은 지방의회는 민주당이 절대다수였기 때문에 의회와 자치단체장이 서로 소속정당을 달리함으로써 끊임없는 불화와 갈등의 소지를 안게 되었다. 무소속의원을 각기 자기편으로 흡수하려는 공세도 그치지 않았다.

제3대 의회는 제도상으로는 완전자치제를 실현하였음에도 불구하고 의회와 자치단체장 간의 갈등은 어느 때 의회보다 심각한 국면이 많았다. 의회와 장 간의 갈등의 심화는 지방자치단체의 원활한 기능 수행은 물론 지방자치의 발전을 저해하는 요인의 하나로 작용하게 된다. 이처럼 의회와 자치단체장과의 대립이 격화된 원인은 중앙정치가 지방정치의 독자성을 침식하여 지방정치를 중앙에 예속시키려는 데에서 찾을 수 있을 것이다.

결언: 지방의회와 주민

지방자치는 주민을 위한 주민에 의한 주민의 자치임은 말할 것도 없다. 주민은 지방자치단체의 주권자이다. 따라서 자치행정의 이상으로 말하면 이미 언급한 바와 같이 자치구역 내의 전 주민이 모여서 의사를 정해 집행하는 것이 가장 바람직하다. 그런 의미에서는 오늘날에도 스위스와 미국의 소규모지역에서 유지되는 주민총회(住民總會)가 지방자치의 이념상 풀뿌리민주주의로서 이상적이라 할 수 있다. 주민총회는 1년에 한 번씩 총회를 소집하여 예산 기채, 재산취득처분, 조례, 그리고 집행 부서를 결정한다. 그러나 주민총회는 규모가 큰 자치단체에서는 현실적으로 채택하기 어렵기 때문에 주민이 대표를 선출하여 위임하는 대의제도를 택할 수밖에 없다.

전자를 직접민주제라 하고 후자를 간접민주제라고 한다. 간접민주제는 대의제인 까닭에 주민이 의원을 선거하여 의회가 대표기관으로 자치행정에 참여하게 된다. 그러나 선출한 의원이 주민의 의사에 반하게 될 경우도 있을 것이므로 주민이 직접 그 의사를 표명할 수 있는 수단을 제도적으로 인정하고 있다. 미국이나 전후의 일본의 자치단체에 채택하고 있는 직접민주제에는 직접청구로서 일정수의 주민이 연서로 특정사항을 청구하는 제도가 있다. 조례의 제정·개폐, 사무 감사, 의회의 해산, 의원과 장의 해직 등을 청구할 수 있다. 또 주민투표는 특정한 사안에 대하여 주민이 직접 투표로써 의사를 결정하는 제도이다. 일본에서는 이 제도가 한때 남용되는 폐단이 있어서 그 요건을 엄격히 규제하고 있다.

우리나라에서는 이러한 제도를 인정하지 않고 오직 청원제도(자치법 제65조)와 과거에 직접청구의 일종으로 소청제도를 인정한 일이 있다(구 자치법 제153조). 그러나 소청제도는 9년 동안에 한 번도 시행된 일이 없어서 실효성이 없기 때문에 폐지된 것이라 하겠다. 이러한 제도의 유무에 상관없이 지방의회는 그 본연의 사명에 충실해야 한다.

지방의회의 원활한 기능수행은 그 제도에 못지않게 의회운영에 크게 좌우된다. 의회운영은 실은 이를 구성하는 의원이 주민의 진정한 대표자로서 적격자라야 한다. 그 인물 의견 교양 그리고 무엇보다도 지역사회에 봉사한다는 투철한 사명감이 요청된다. 특히 오늘날의 민주정치가 정당정치를 지향하고 있는 만큼 지방의회의 정당화도 조만간 피치 못할 추세라 할지라도 가뜩이나 많은 문제점을 안고 있는 우리나라 정당현실에 비추어 의회활동과 정당활동은 엄격히 구분되어야 할 것이다. 이 점 논자에 따라서는 지방정치에 정당표방을 금해야 한다는 주장도 없지 않다. 이는 과거의 우리의 자치경험과 뿌리 깊은 정당불신이 잠재해 있는 탓이라 하겠다.

세계 여러 나라의 지방자치*

내가 내무부 지방국에 들어갔을 때는 정부가 부산에 있을 때인데 과가 행정, 재정, 지도 셋에 전 인원이 30명 정도밖에 되지 않았다. 운전기사까지 합쳐서 서른 두서너 명쯤인데 요즘은 지방행정국 등 국이 여럿이고 과만해도 17개가 넘는다고 하니 그때와는 비교가 되지 않는다.

그 당시 지방국에 있던 사람들이 지방국동지회라는 것을 만들었다. 약 10년 전 나와 몇 사람이 주동이 되었는데 아직도 내가 이 모임의 회장을 맡고 있다. 그래서 두 달에 한 번씩 홀수 달의 첫 번째 월요일에 만나는데 요즘 나오는 분은 30명 정도 된다. 지난번에는 이상회 토개공사장(전 건설부 장관)을 모시고 분당지구, 일산지구에 대한 사업얘기도 들었다. 아울러서 2~3년 전부터 전국적으로 각 도에 있는 지방행정에서 일하던 사람들이 동우회를 법인체로 만들어 나에게 회장직을 맡겼고 지난번에 총회를 했다. 그래서 전에 고생하신 분들을 자주 만나는 것을 기쁘게 생각하고 나도 각 시도의 행사에 참여하고 있다. 이제는 모두 60~70세가 되어서 현직의 일선에 있는 사람은 드물지만 친목을 도모하는 단체로 운영이 되고 있다.

공통적으로 회원들이 얘기하는 것을 보면 재직 중에는 승진에 대해서 관심이 많았으나 나오고 보니 역시 관직은 승진보다는 정년까지 오래있어야겠다는 것을 절실히 느낀다고 했다.

또 하나는 관직을 그만둘 때의 그 동기 같은 것이 남은 인생을 살아가는 데 중요한 것 같다는 것이다. 말하자면 어떤 사고에 관련되어

* 한국지방행정연수원에서 행한 강의를 녹음한 것임

서 그만두게 된 회원은 두고두고 가슴에 맺히는 모양이다. 재작년쯤 내가 경상북도에 갔더니 한 분이 그랬다.

"내가 지방행정에 40여 년 종사했는데 그만둘 때 여덟 자에 의해서 그만두었다"고 한다. 여덟 자가 무엇이냐고 물었더니 "인력관정 관리 소홀"이라 답했다. 이 때문에 일을 그만두었다며 경상북도 어느 군수가 농을 겸해서 나한테 얘기했다. 그것이 늘 가슴에 맺혀서 그만두고 처음 2~3년 동안은 세상이 우울하고 남도 만나기 싫고 하였으나 이래서는 안 되겠다는 생각이 들어서 대구에 있는 조그마한 섬유업체에 들어가서 일을 하다가 최근에 그만두었다고 했다. 꽃을 가꾸고 소일하는 모양인데 나는 그 얘기를 들으니까 가슴이 뜨끔했다. 왜냐하면 내가 농림부에 있을 때 청와대 사정반에서 전국 일제히 관정감사를 했고 그때 사실 억울하게 군수들이 녹음한 것으로 희생된 일이 있었기 때문이다. 그 케이스에 그분이 포함되어 있었던 모양이었다. 또 하나는, 대체로—정년이 되든 어떻게 되든—그만둔 우리 지방 행정인들의 공통된 얘기는 언젠가는 그만두고 여생을 보내야 되는데 재직할 때에는 전혀 그런 데 관심이 없었다가 나오고 나니 후회스럽다고 하는 분들이 많았다. 특히 장이나 영광된 자리에 있으면 그 자리가 자기 인생의 전부처럼 생각하고 또 그 영광이 언제까지나 지속될 것이라고 생각하는 경우가 많다. 하지만 실은 그러한 영광은 짧고 자기가 살아야 할 인생은 길다는 생각은 현직에 있을 때는 별로 느끼지 못한다. 이런 것이 지방행정인으로서 생각해야 할 것이 아니냐는 뜻에서 가끔 우리들은 뜻있는 모임을 가지고 단순한 친목에 지나지 않기는 하더라도 만나면 여러 가지 얘기를 많이 나눈다.

특히 우리와 같은 연대에는 우여곡절이 많지 않던가. 해방 전, 해방, 정부수립, 혼란기, 전쟁이 있었고 또 정치적으로도 4·19, 5·16 등 여러 가지 파란을 많이 겪고 살아왔기 때문에 더욱 그런 것 같다.

이론적인 것은 학자들이 여러분에게 강의를 하기 때문에 나는 심오한 이론보다는 실무를 중심으로 얘기를 드릴까한다. 지방행정은 관치일색으로 하느냐 아니면 자치를 인정하느냐에 따라서 그 존재양태가 다르다. 지금도 후진국가라든지 전제국가라든지 하는 나라는 관치만의 지방행정을 하고, 민주국가에서는 자치행정을 원칙으로 하되 관치는 2차적으로 하는 이원체제를 갖고 있는 나라도 있고 혹은 자치에 전적으로 중점을 두되 관치는 극히 예외적으로 중앙행정과 지방행정관계에서만 인정하는 나라들이 많다. 그러나 우리나라는 과거에 전적으로 관치일색이었고 아직까지도 강력한 중앙집권적인 전통이 뿌리 깊게 남아 있다.

　50년대 한때 자치제를 실시했다지만 관치·자치의 이원적인 형태로 그것도 관치적 집행기관을 중요시하는 행정체제를 유지해 왔다. 지금은 자치가 없어진 지 30년이 다 되어 가는데 이번에 자치법을 통과시켜서 다음 해에 지방의회를 구성한다고 하지만 그것이 과연 그대로 잘 될지 예측할 수 없는 상황에 놓여 있는 것이 현실이다.

　이 지방자치라는 것도 본질상 단체자치, 주민자치라고 여기에 나와 있지만, 지방자치단체와 국가의 관계를 중요시하는 것이 단체자치이고 지방자치단체와 주민의 관계를 중요시하는 것이 주민자치로서 이 2가지가 자치의 기본적인 요소이다. 전자는 일종의 분권적인 사상, 말하자면 국가로부터 일정한 권한을 부여받아 그 권한의 범위 내에서 자기가 독자적으로 국가기관이 아닌 자치단체의 기관에 의해서 행정을 하는 체제다. 이것은 주로 유럽 특히 프랑스, 독일 등 대륙법 계통에서 자리 잡은 자치사상이고 우리나라 자치제도에 가장 광범한 영향을 미친 자치제도이다. 여기에 대립되는 것이 영국이나 미국에서 발달한 주민자치사상이다. 이것은 원칙적으로 모든 지방행정기관은 주민이 선거해서 그 대표가 주민들의 자기선임 원칙에 의해서 행정을 하는 것을 하나의 권리로 생각하는 영미법 사상이다. 이 단체자치, 주민자치를 사상적으로는 분류하지만 현실의 지방자치는 이 2가지 요소, 분권과 참여 요소가 결합되어서 비로소 완전한 자치제로 인정을 받고 있다.

이러한 점에서 대체로 현실적으로 흄스와 마틴(Samel Humes and Eileen M. Martin)의 분류에 의해서 그룹별로 보면 영국 그룹, 미국 그룹 그다음에 프랑스 그룹, 그리고 스페인 ─ 프랑스를 합쳐서 보는 사람도 있지만 보다 중앙집권적 색채가 농후한 것이 스페인이다 ─ 다음이 독일, 북유럽 ─ 북유럽은 다시 주민자치적 요소가 많아진다 ─ 그다음이 소련, 이렇게 대체로 7가지 형태로 자치행정·지방행정을 분류하고 있다. 나는 소련을 제쳐놓고 북유럽, 독일, 스페인, 프랑스, 미국, 영국 등과 같은 그룹의 나라들을 여행할 기회가 많았다. 특히 관직을 그만두고서도 역시 지방행정에 관심이 있었기 때문에 그 분야의 여러 가지 모임에도 참석하고 개별여행도 해보고 또 세미나에도 참석했다. 그런 것을 중심으로 여러분께 말씀드릴까 한다.

나는 IULA의 세미나 참석차 영국에 한 번 갔고 이후 관직을 그만두고 여행을 자주하면서 영국에 다시 한 번 갔다. 1980년대 이후에는 1984년에도 가 보았다. 또 여러분들도 이 연수 코스에 유럽과 미국에 가는 코스도 있으니 가서 그 사람들과 만나면 대개 그 분위기를 알 수가 있을 것이다. 내가 영국의 세미나에 참석하려고 갔을 때는 런던 교외의 스티버니지(Stevenage)라고 하는 뉴타운에도 가보고 또 헛친이라는 조그마한 촌락, 또 베드 포드라고 하는 ─ 우리나라로 치면 도에 해당하는 ─ 그런 곳에도 가보았다.

영국자치제의 특색은 선거가 기본이라는 것이다. 공선된 사람이 아니면 지방행정의 중요한 직책을 얻지 못할 만큼 주민의 참여가 철저한 것이 영국 그룹의 특징인데, 이것은 영국, 캐나다, 호주, 남아프리카, 인도, 버마, 말레이시아, 스리랑카, 뉴질랜드 등에 영향을 주고 있다. 주로 영어문화권과 과거에 영국 식민지였던 버마나 파키스탄에 영국식이 남아 있다. 파키스탄, 인도에도 여행을 가보았지만 영국의 선거를 기본으로 하는 자치제도의 영향을 지방제도가 많이 받은 것 같다.

이런 나라들은 원칙적으로 지방의회의 의결기관과 집행기관이 분리되어 있지 않고, 주민이 뽑은 사람들이 지방의회를 구성해서 거기서 집행기능도 가지는 의회주의가 기본적인 틀이다. 그래서 의회에 있는 각 분과 위원회가 집행부의 일을 하고 또 주민이 시장을 뽑으면 그 시장은 시행정의 실질적인 책임은 지지 않고 상징적인 존재로 있으며 실질적인 행정은 클라크라고 하는 서기가 별도로 담당하는 그런 제도이다.

스티버니지라는 영국의 시에 갔더니 그들이 우리를 환영해 주는데 시장이 목걸이를 걸고 나왔다. 그리고 가슴에는 시의 휘장마크를 걸고 있는데, 그러니까 그 시장은 시의회의 의장이고 시를 대표하고 있었다. 실질행정은 클라크, 서베이어(토목에 관계하는 사람), 틀레지어(재무에 관계하는 사람) 같은 사람들이 맡고 있어 그들이 중요간부라고 할 수 있는데, 시에 따라서 선거하는 데도 있고 의회의 인준을 받아서 임명하는 데도 있는 등 조금씩 다른 시스템을 갖추고 있다. 영국사람들을 보고 인상에 남은 것은, 시의 인구가 2만 5천~3만 명 정도인데 그 마을 앞에 다리를 하나 놓는 데도 위치와 설계 때문에 3년간 결론이 안 난다는 얘기를 들었다. 그만큼 영국사람들이 신중함을 알 수 있다. 우리나라에서 새마을운동을 할 때는 다리가 불과 며칠 안 걸려서 만들어지고 밤에 횃불까지 켜고 공사를 했는데 영국사람들은 그렇게 급하지 않고 아주 신중하다. 우리가 다리 하나 놓는데 3년씩이나 토론을 하느냐고 물었더니 그게 무슨 소리냐고 되물었다. 영국 남쪽 브라이튼(Brighton)은 남쪽해안의 저명한 도시인데, 거기에 서섹스 유니버시티(University of Sussex)라는 전후에 생긴 대학이 있다. 영국 사람들은 이 서섹스 유니버시티를 설립할 때 이와 같은 스타일의 대학을 영국 국내에 세울 것인가를 놓고 10년간 검토를 했다고 한다. 이 대학은 대체로 캠브리지나 옥스퍼드같이 영국의 전통 있는 대학 시스템과 달리 미국식 대학이라고 한다. 나도 그 대학을 가보았지만 캠퍼스도 좋고 특히 도서관 시설이 잘 되어 있는 것을 볼 수 있었다. 그런데 대학 설립을 그만큼 신중하게 검토하고 토론한다는 얘기를 듣고 영국인의 기질이라 할지 그 신중한 처리방식이 우리하고는 매우 다르다는 것을 절실히 느꼈다.

그다음은 미국 그룹이다. 지금 미국, 필리핀, 전후의 일본, 그리고 한때 우리나라도 약간 영향을 받은 바 있는, 말하자면 의회와 집행기관의 대립주의를 기본으로 한다.

그리고 장과 의회를 주민이 각각 선거하는 것, 그래서 체크 앤드 밸런스로 대립시키는 것, 그리고 장에게도 권한을 너무 집중시키지 않고 행정위원회, 각 위원회를 두어 장의 집행기능을 분산시킨다는 것은 그만큼 전문성을 확보하고 또 정치적 중립성을 보장할 수 있다는 장점이 있다. 또 하나는 직접 발안이나, 주민투표, 소환제도 같은 직접민주제를 채용하고 있다는 점이 미국 그룹의 특징이다.

나는 내무부에서 행정과에 오래 있었는데 행정계장을 7년 맡았다. 그 7년 사이 1956년 미국에 훈련을 받으러 갔다. 당시 법제처 박일경 국장과 총무처의 신두영 과장과 함께였다. 나는 그 당시 행정계장인데 그때는 내무부 직원이 몇 명 안 되었다. 과장급은 장기간 보낼 수가 없으니 내가 가게 된 것이다. 위는 1956년도 일로 추울 때였다. 처음으로 여의도에서 비행기를 타고 하와이에서 한번 내렸는데 그때는 제트추진이 아니고 프로펠러로 가는 비행기였다. 말할 수 없이 지루했다. 내가 미국 본토에 제일 먼저 내린 곳이 샌프란시스코였다.

샌프란시스코의 공항에서 미국의 국무성 직원 한 사람이 마중을 나왔었다. 미국에서도 샌프란시스코는 대표적으로 아름다운 곳이므로 한번 구경을 하라기에 돌아보았다. 우리 일행이 모두 10여 명이었는데 당시 1950년대의 미국은 살기가 좋았다. 지금은 마약문제, 경제문제 등으로 미국이 일본에 먹혀들어가지 않겠느냐는 이야기도 들려오지만 1950년대에 받은 미국에 대한 인상은 요즘의 인상과는 너무나 변화가 심하다는 걸 절실히 느낄 수 있다.

미국에서 내가 실무행정을 보기 위해 간 곳은 캘러머스라고 하는 일리노이 주에 있는 당시 인구 6만 5천 정도의 시였다. 이른바 시지배인제를 택하고 있었다. 주지하듯이 미국은 지방행정이 한 가지 시스템이 아니고 주로 시정형태로 시장시회제가 많고, 연방정부처럼 대립되는 것이 절반쯤 되고, 나머지는 위원회제 ─ 영국제도와 비슷한 것 ─ 가 있고 그다음이 시지배인제 ─ 일반적으로 주민이 의원을 뽑고 의회에서 시행정전문가인 시지배인을 임명해 행정을 맡기는 제도 ─ 가 있다. 이것이 미국에서 인기가 있다고 해서 그 당시 컬럼비아대학의 세이어 교수가 나더러 그곳을 꼭 가서 한 달쯤 보라고 해 나는 그분의 추천에 따라 캘러머스 시를 간 일이 있었다.

그 당시 우리나라는 춘궁기다 해서 어려웠던 때였다. GNP도 100불 미만시대였다. 그런데 그때 내가 그 시에 가서 느낀 것이 있다. 그 무렵에도 미국에서는 농산물이 과잉 생산되어 감산하는 농업정책을 폈다. 시지배인제는 시의원 7명이 전 시를 한 구역으로 해서 뽑고 임기는 2년인데 7명 중 최고 득점자가 자동적으로 시장이 된다.

그리고 시의회는 매주 월요일 저녁 8시에 열린다. 나는 6주간 있었는데 4번 참가했다. 의사당 가운데에 메이어가 앉고 메이어가 시의회 의장을 겸하는 영국식이었다. 그리고 그 옆에 시지배인과 의원들이 앉고 좀 떨어져서 시직원들이 앉는다. 그곳 시청직원은 약 650명 정도 되었다. 나는 처음에는 조사과에 가 있다가 그 후 각 부서를 돌면서 견학했는데 인원이 제일 많은 데가 경찰부—경찰도 완전히 시장이 장악하고 있음—였다. 그곳의 경찰이 약 110명 정도 되고 그 다음으로 소방부가 100명이 넘었으며, 토목부가 130명쯤 되고 나머지는 7~8명 정도였다.

7~8명 있는 데는 여직원들이 대부분이고, 남자직원은 별로 없다. 우리나라 관청하고 풍경이 다른 것이 아침에 출근하면 출근부가 없다는 것이다. 아침 8시에는 바로 자기 자리로 가서 일을 시작한다. 10시가 되면 커피브레이크라고 하여 각 층마다 모퉁이에 커피를 끓이는 데가 있어서 거기서 오전에는 10시부터 10분 정도, 늦어도 15분이내로 커피를 마시고 여러 가지 얘기도 하다 다시 돌아가서 일한다. 12시부터 1시는 직원들이 대체로 자가용이 있기 때문에 자기 집으로 가서 점심을 먹고 그러지 않는 직원들은 도시락을 먹는다. 그러고 나서 다시 1시부터 일을 시작하고, 오후 3시에 또 커피타임이 있다. 오후 3시에는 커피타임이 조금 길다. 보통 15분에서 20분 동안인데, 그 시간에는 거의 모두가 참석한다. 그 커피타임은 어떤 의미에서는 업무협조 시간으로서 이때 직원들은 서로 연락하고 얘기하고 의논한다. 그런데 시청이란 곳이 아주 조용하다. 별로 시청에 찾아오는 사람도 없고 그 당시만 해도 미국은 거의 다 우편으로 시청에 요구하면 우편으로 답장을 회신했다. 세금도 시내 군데군데 택스 히어(*tax here*)라고 쓰인 하얀 통이 놓여 있는데, 그 통에 대부분 수표를 넣으면 세무과에서 돌면서 이를 수집하는 시스템이므로 우리나라와는 완전히 사정이 다르다는 것을 절실히 느꼈다. 내가 있는 동안 일일시장교환이라는 행사가 한 번 있었는데, 이웃에 있는 시와 시장을 하루 동안 교체하여 상대방 시에 가서 시장 일을 보는 친선행사이다.

우리가 들른 시는 인구가 20만 명인 큰 시여서 시지배인제도가 아니라 시장시회제로 운용되고 있었다.

그러니까 시지배인제라는 것은 미국의 민간기업체의 원리를 그대로 적용한 것이다. 말하자면 주주총회가 시의회이고 주주총회에서 실무자, 즉 시지배인을 임명해서 그 사람이 전적을 행정실무를 담당하고 시를 대표하면서 시의회에 대해서 책임을 지는 그런 형태가 아직도 미국에서는 인기이다.

작년에 나는 보스턴에 갔었는데 시의 인구가 80만 명이나 되었다. 강 하나를 건너서 하버드대학, MIT 대학이 있는데 이곳을 캠브리지 시라고 한다. 그곳은 한 지역이면서도 자치단체가 다르다. 캠브리지 시를 찾아가 보았더니 시지배인제를 실시하고 있었고 내가 안내받은 곳은 시집행부가 아니라 시의회 쪽이었다. 캠브리지 의회의원은 9명이다. 그곳의 집행부를 보니 우리나라 관청보다 느슨하고 별로 긴장감도 없어서 나는 속으로 캘러머스 시든 여기든 관료제도, 공무원들의 복무규율 면에서는 한국이 더 낫지 않나 생각했다. 내가 그때 있을 때만 해도 미국에서는 캘러머스 시에서 주립대학에 시 예산으로 장학금을 주고 주립대학을 마친 사람을 시청으로 유치하기 위해 노력하는 것을 보았다. 그만큼 공무원에 대한 매력 같은 것이 별로 없는 듯했다. 하버드나 MIT를 졸업한 일급 두뇌들은 거의 민간기업, IBM, 포드 등에 가려고 하지 관청에는 잘 안 오려고 했다.

지금도 마찬가지이지만 한때는 경기변동이 심해서 일반 기업이 고용이 불안한 만큼 이를 피하여 관청 쪽으로 온다는 얘기를 들었다. 아무튼 우리나라의 관청 분위기와 미국사람들의 관청분위기는 매우 다르다는 것을 느꼈다. 뉴욕시도 가 보았는데 이곳은 인구가 800만에 가까운데 5개 구가 있고 뉴욕시 본청은 건물이 좋지만 큰 건물은 아니다.

특히 하나 놀란 것이 있다면 '헌즈 포인트'라는 미국의 야채 도매시장을 새벽에 한번 가 보았더니 거의 다 한국사람이 장악하고 있었다는 것이다. 몇 시에 나오느냐고 물어보니 새벽 4시에 나온다고 한다. 4시부터 6시까지 전부 야채를 나누어 팔고 그리고 뉴욕시에 있는 야채상 900개를 전부 한국인이 장악하고 있다는 것이다. 옛날에는 유태인이 그것을 전부 장악했다고 한다. 그런데 요즈음 한국인들이 부지런하고 악착스러운지 시장을 전부 차지했는데 흑인과의 마찰도 있는 모양이었다.

1950년대에는 한국인이 많지 않았다. 그때 3·1절이 있어서 한국 동포들이 모였을 때는 1,000명도 안되었을 것이다. 그런데 지금은 20만 명에 이른다고 한다. 아마 10년, 20년 후에는 더 많이 늘 것이라고 봤을 때, 자유당시절 개방정책을 펼쳐서 외국이민을 권장하였더라면 오늘날 더 많은 한국사람들이 진출했지 않았을까 하는 생각을 해보았다.

그다음으로 프랑스, 스페인을 함께 설명을 하려한다. 이곳은 전형적인 단체자치, 중앙집권적인 형태를 띠고 있다. 프랑스나 독일은 아주 오랫동안 절대군주주의 국가였다. 그 나라에서는 군주의 절대권한에 대항하여 저항하기 위해서 출발한 것이 지방자치라고 한다. 그래서 학자들은 이를 항의적인 개념으로 설명한다. 지금은 절대군주제가 없어지고 공화정이 되었으므로 중앙정부도, 지방정부도 선거를 통해 형성되기 때문에 그런 색채는 별로 없다. 그러나 중앙정부에서 권한을 받은 지방자치단체는 중앙에서 부여받은 권한 범위 내에서 활동한다. 또 미국은 자치단체야말로 획일적이지 않고 다양한 제도를 가지고 있는 데 반해서, 프랑스는 획일적 제도〔코뮌 — 우리나라의 시읍면 — 이라는 제도와 데파르트망 — 도 — 가 95개인데 요즘은 자치단체가 아니고 레종(region)이라는 주(州)가 있음〕를 가진다. 그러나 프랑스는 전통적으로 중앙집권적이어서 계층이 획일적이고 시읍면 자치 범위가 매우 제한적이며 또 지방자치단체에 대한 감독이 철저하다. 미·영국은 지방자치단체에 대한 감독은 거의 없다시피 한다. 있다 고 해도 사법적 관여, 입법적 관여에 지나지 않아 우리나라나 프랑스 와 같지는 않다.

나는 농촌경제연구원에 있을 때 프랑스를 여러 번 갔었다. 프랑스 는 전통적인 농업국가이다. 거기서는 농민이 제일 잘 사는 계층에 속 하고 보통 1호당 경지면적이 50ha로서 굉장히 넓다. 이는 미국보다 는 작지만 유럽에서는 아주 넓은 편이다.

농가에 가면 제일 먼저 도자, 하베스타, 경운기 등의 장비를 보여 주는 것이 자랑이고 이를 보며 우리는 프랑스 농촌이 매우 윤택하다 는 것을 느꼈다. 그리고 특히 포도주 생산이 매우 중요해서 포도주 값이 농촌 경제를 좌우하리만큼, 부르고뉴라는 지방에는 포도밭이 산마루까지 잘 가꾸어져 있다. 피나꼴테라에는 100년 묵은 포도주가 있고, 농가마다 지하에 포도주 병을 저장해 놓고 있다. 프랑스 농촌 은 상당히 검소하고 근면한 면이 보인다. 프랑스하면 유행의 첨단, 파리하면 세계에서 제일 화려한 도시라는 데는 변함이 없지만 그것은 어느 일면일 뿐이고 프랑스 농촌지방은 아주 건실하다는 것을 느낄 수가 있다. 그래서 과거에 드골이 EC에서 큰소리 칠 수 있었던 것도 EC 내에서도 프랑스의 농업이 가장 튼튼했기 때문일 것이다.

드골이 살아 있을 때만 해도 영국을 EC에 넣어주지 않았다. 그런 데 EC가 처음 6개국에서 시작했던 것이 뒤에 스페인, 포르투갈, 그 리스, 덴마크, 영국 이런 나라들이 참여해 지금은 12개국인데 1992 년도부터는 화폐도 완전히 통일하고 유럽 합중국이라 할 정도로 하나 의 경제권, 하나의 정치권으로 만든다니 참으로 놀라운 발전이다. 그 중에 제일 중심세력은 아무래도 프랑스의 농업이고 당초 EC의 출발

372

은 농업과 관계해 가장 중요한 역할을 많이 했었다. 그래서 미국으로부터의 과잉 농산물 수입을 배제하고 프랑스사람들이 자신들의 농산물을 유럽에 있는 여러 나라들에게 공급하기 위해서 미국에 대해 반대 입장을 취하게 된 것이 드골의 정책적인 기반이 되었던 것도 우리가 알고 있는 바와 같다. 그리고 프랑스는 1982년 이후에는 지방분권법에 의해서 상당히 주민자치적인 요소를 많이 인정하기 시작했다. 그런데 프랑스 그룹의 지방행정 제도가 세계적으로 가장 널리 쓰이고 있는 제도이기도 하다.

과거에는 우리나라는 말할 것도 없고 지금 프랑스, 벨기에, 네덜란드, 이탈리아, 그리스, 터키, 전전의 일본 같은 곳에서는 프랑스식 중앙집권적·획일적·집행기관 우위가 특색이죠.

스페인 그룹은 스페인, 포르투갈, 그리고 포르투갈의 영향이 큰 브라질, 남미의 과거 스페인어를 쓰고 있는 나라들인데, 프랑스와 비슷하지만 보다 더 중앙집권적이고 임명제 공무원이 많으며 지방의회에도 직능대표제를 도입하는 제도를 가지고 있었다. 나는 에스파냐를 3번 가 보았고, 최근에는 세계농업학회가 지중해연안에 있는 말라가라는 데서 열려서 가 보았다. 자치단체에도 가 보았는데 그곳에는 임명제가 오랜 전통으로 남아 있는 것이 스페인 제도의 특성이었다. 포르투갈은 스페인과 비슷하지만 조금 양태를 달리한다고 한다. 포르투갈의 리스본에 나는 한 번밖에 가보지 못했다. 포르투갈사람들은 구교를 믿는다. 가톨릭 신자가 많고 여자들은 거의 다 검정색 옷을 많이 입는다. 포르투갈에 파두라는 노래가 있는데 이것은 프랑스의 샹송, 이탈리아의 칸초네와 비슷한데 아주 듣기 좋다. 우리나라 시인 서정주 씨는 그가 세계일주를 해보았지만 포르투갈처럼 마음에 드는 데가 없다고 하면서 일단 귀국한 뒤 다시 리스본에 와서 한 달쯤 지내다가 귀국하였다고 한다. 그런 얘기를 대사관 사람들과 저녁을 먹으면서 들었다. 리스본에서 자동차로 한 시간 반쯤 가면 해안가에 신트라라는 우리나라의 해운대와 비슷한 관광지가 있는데 그렇게 좋을 수가 없다. 고색이 찬연한 고성이 많이 남아있고 환경도 깨끗하게 보전되어 있는데 유럽지도를 봤을 때 맨 끝에 위치해 있다. 리스본이 리베리아 반도의 제일 끝이니까. 포르투갈은 독특한 문화권을 형성하는 나라 같았다. 그러나 주민참여는 매우 제한적이고 중앙집권적이고 프랑스보다도 한층 더 중앙의 감독이 철저하다는 것이 특징인 듯했다.

그다음으로 독일 그룹은, 원래 프랑스는 단체자치의 전형적인 나라인데 독일은 세계에서도 드물게 다양한 제도가 시행되고 있다. 미국과 비슷하게 시장시회제를 시행하고 독일은 참사회라고 하는데 의회에서 일정한 사람을 임명한다. 그 사람들에 의한 일종의 집단지도체제이며 그런 식으로 행정을 하는 것이 독일 사람들의 특징이다. 독일은 또 오랜 분권주의가 철저해서 거대 도시가 별로 없다. 인구가 100만 이상 넘는 도시가 3개밖에 없다. 베를린이 220만으로(서베를린) 제일 크고 그다음에 함부르크, 브레멘 등이 있고 다음으로 뮌헨, 프랑크푸르트가 100만 명 정도이고 나머지는 60만~70만에서 10만~20만의 도시가 전국적으로 골고루 펼쳐져 있습니다. 그야말로 지역균형적인 관점에서는 제일 균형적으로 성장한 나라가 독일과 네덜란드이다.

네덜란드에 가서도 그런 것을 느꼈습니다. 나는 1965년 지방국장 시절 ICLA 회의 때 네덜란드에 가서 자치단체를 구경한 적이 있다. 아까 영국에 갔던 때와 같은 케이스로 갔다. 독일은 분위기가 프랑스나 리베리아 반도와는 전혀 다르다.

최근에는 1985년에 독일에 갔을 때 뮌헨에서 한국학생 한 분을 만났다. 괴팅겐대학에 다니는 김경량이라고 하는 학생인데 한동안 내

374

무부 지방행정연구원에 와 있다가 지금은 강원대학의 교수로 있다. 이분이 차를 갖고 있어서 함께 다녔다. 뮌헨에서 자동차 길로 프랑크푸르트까지 가는 데 꼭 하루 걸린다. 뮌헨에서 새벽에 일찍 떠나면 아주 길이 잘 정비되어 있고 깨끗하다. 그리고 또 슈바르츠발트라고 하는 조림지도 세계적으로 조림이 제일 잘되어 있다. 한동안 산성비로 말라 죽는다고 했지만 내가 갔을 때에는 검은 숲이라고 해서 로만티쉬스트랏세로 계속 달려가면 왼쪽 편으로 검은 숲 지대가 보인다. 참으로 장관이다. 독일 사람은 숲을 좋아하는 모양이다. '독일의 음악', '독일의 철학'은 다 저 숲에서 나온다. 프랑스도 그렇겠지만 독일은 일반 공무원 중에서 산림공무원이 가장 인기가 좋다. 여성들이 시집을 가려면 산림청 공무원에게 가려고 한다. 그 뒤 내가 정채진 씨가 산림청장할 때 한번 그런 얘기를 했다. 꼭 독일에 가서 산림공무원들이 일반 공무원보다 더 많은 대우를 받고 또 권위의식과 자부심을 갖고 있는 원인이 어디에 있는가를 알아보라고.

며칠 전에 정채진 씨가 새마을 성남원장으로 있을 때 나에게 연수원에 꼭 와달라고 해서 지방행정회관에 있는 여섯 사람이 성남 연수원에 간 일이 있었다. 그곳은 분당지역이라 앞쪽에는 터를 닦는다고 요란하지만 안에 들어서면 아주 멋이 있다. 요즘도 읍면장, 동장들을 3박 4일씩 교육하는 걸 보았다. 그래서 정채진 씨에게 독일의 산림공무원들의 얘기도 하고 숲에 대한 관념이 우리보다 더 남다른 독일사람 얘기도 했다. 나는 처음 베를린시에 갈 때에 함부르크에서 비행기로 갔다. 지금은 베를린이라는 곳이 신문에서 보듯이 벽이 허물어지고 브란덴부르크(Brandenburg) 문에서 사람들이 마음대로 왔다 갔다 하니 그때와는 사정이 다르다. 당시만 해도 벽을 넘어오다가 죽은 사람을 위하여 꽃을 걸어놓고 벽 위에 사다리를 놓고 올라가게 되어 있어서 올라서보면 이쪽은 서베를린이고 저쪽은 동베를린인데 서베를린 쪽은 자동차가 넘쳐흐르고 사람들도 인산인해인데 동베를린 쪽을 보면 아주 한산했다. 그래서 우리는 죽음의 도시라고 표현을 했는데 지하철은 옛날의 모습으로 다녔고 지상의 궤도철도도 왔다 갔다 했다. 그때 우리 일행도 더러 동베를린에 들어간 사람도 있었으나 한국 총영사가 공무원이신데 사고라도 나면 곤란하니까 나 보고는 가지 말라고 했다. 그래서 못 가 본 것이 지금도 후회스럽다. 앞으로 기회가 있으면 가보려고 마음먹고 있지만 서베를린과는 아주 대조적인 곳이다.

그런데 작년 1989년에 신문과 TV에도 나왔지만 12월에 그 벽이 허물어지는 것을 보고 이제는 독일도 많이 달라졌구나 생각했다. 그것이 우리 남한과 북한은 분단국인데 독일 통일이 저렇게 빨리 오리라고는 그때는 미처 예상조차 못했다. 왜냐하면 독일이라는 나라는 둘이 합치면 너무 강해지기 때문에 프랑스나 영국이나 소련은 다 강대국이 될 것이 두려워서 늘 독일을 견제했다.

또 하나 뮌헨에서 1시간쯤 가면 유대인 수용소 자리가 있다. 이것을 일반 관광객에게도 보여주고 있는데 말하자면 유대인을 가스실에 넣어 가스로 500만~600만 명을 죽였던 곳이다. 제일 큰 수용소가 아우슈비츠이고 이곳은 다우수용소라고 한다. 이곳도 규모가 예상외로 크다. 옛날의 가스실을 그대로 남겨놓고 있다. 이런 점에서 독일 사람들은 일본 사람들과는 다른 것 같다.

독일 사람들은 그것을 그대로 국민들에게 보여주고 자기들의 잘못을 시인하고 또 이스라엘에서 와서 꽃을 바친 것도 그대로 다 보존하고 있다. 그런데 일본 사람들은 한국이나 중국에 침략한 것을 진출이라고 하면서 여러 가지 역사를 왜곡하려고 하는데 독일 사람들은 솔직히 내놓고 자기들의 잘못을 반성한다. 독일과 일본의 민족성이 다르다는 것을 느꼈다.

그때 우리가 가던 날도 학생들이 수없이 방문을 했다. 거기서 안내

376

하는 사람이 사실 독일 사람들은 외국인에게 이것을 보여주는 것을 수치스럽게 생각하지만 그와 같은 그릇된 역사를 바로잡고 반복하지 않기 위해서는 국책으로서 보여준다고 했다. 그것이 독일사람과 일본사람이 다른 점 같다.

그다음으로 북유럽은 노르웨이, 네덜란드, 덴마크, 스웨덴 등의 나라이다. 여기는 내가 1965년에 가 보고 최근에는 1984년에 다시 가 보았다. 북유럽에 가게 되면 유럽의 지방행정체제이지만 영국제도에 더 가깝다. 말하자면 주민참여가 많다. 또 대체로 비례대표제이다. 또 사회주의적 정책을 많이 쓴다. 스웨덴은 자본주의 자유국가이지만 거의 사회주의 분배정책에 성공한 나라로 되어 있다. 사실은 내가 지방국장 때 스웨덴의 웁살라라는 데를 갔다. 거기에 있는 우리나라의 지방행정연수원 같은 데서 머물게 해 주었다. 두 사람씩 한 방에서 일주일 동안 마치 호텔에서 지내는 것처럼 보냈다. 그곳에서 교원들, 일반자치단체의 공무원들, 지방의원들이 일주일 단위로 교육을 받고 있는 것을 보았다. 내가 돌아와서 당시 양찬우 장관에게 이번 여행 중 제일 인상적인 것이 웁살라에 있는 지방행정연수원인데 이것을 내가 지방국장일 때 꼭 실현시키겠다고 했더니 "한번 해보라"고 했다. 그래서 당시 경기도 지사에게 요청하여 수유리에 있는 경기도연수원을 우리가 교부세를 경기도에 주기로 하고 지방행정연수원으로 발족을 시켰다. 거기서 연수원이 출발하여 지금은 20년이란 오랜 시간이 지났다. 나는 가끔 이 연수원에 올 때마다 웁살라 연수원을 늘 연상하고 그때 시작하기를 잘했다고 느꼈다.

그런데 실은 이번에 정채진 씨가 나를 초청해서 역사관을 봐 달라고 했다. 새마을연수원의 역사관에 들어가면 경기도에서 헌집 한 채를 역사관에 그대로 옮겨 놓았다. 부엌과 방들이 엉망인 집이다. 사람이 서면 천정에 닿을 만 한 조그만 집을 옮겨 놓고 그밖에 새마을운동 자료를 수집해 놓았다. 또 제일 놀라운 것은 분임 토의에서 만든 차트를 전부 보관하고 있다.

1972년 내가 농림부에 있을 당시에 고양군 신도면에 가면 농협대학이 있었다. 거기서 내가 독농가 연수원을 시작했다. 우리나라 농촌을 제대로 일으키려면 독농가를 양성해야겠다는 생각으로 독농가 연수원을 시작했다. 그때 내가 독농가 연수원을 만든 직접적인 동기는 경기도 광주군에 작고한 김용기 목사가 만들어 운영하고 있는 가나안 농군 학교를 본 이후였다.

내가 농림부 장관이 된 뒤에 얼마 안돼서 그곳을 한번 시찰을 하고 큰 감명을 받았다. 김용기 씨 얘기는 육군, 해군, 공군 다음의 제4군이 농군이라고 농민들을 양성한다고 해서 온갖 정열을 바치고 있는 것도 나에게 큰 감동을 주었다.

새벽 4시에 일어나 그때부터 그 영감이 앞장을 서서 주변을 약 30분간 구보를 하고 다음에 기도를 드리고 밥도 보리밥에다 점심은 고구마를 쪄서 먹는다고 한다. 내가 돌아와 농림부 직원을 다섯 사람을 선발하여 그곳에 가서 연수를 받고 오라고 했다. 받으면 무엇을 느끼는 것이 있을 것이라고 해서 농정국장 이하 몇몇 간부를 연수원에 입교를 시켰다. 그래서 그 사람들과 함께 교육을 받고 난 후 입교한 몇몇 간부들과 좌담회를 했다. 그래서 무엇을 느꼈느냐고 하니까 절대로 필요한 교육이지만 다만 한 가지 문제는 철저한 기독교정신을 위주로 하기 때문에 만약 이것을 일반 농민들에게 강요하거나 교육을 했을 때에는 조금 문제점이 있다는 점 외에는 잘된 교육이라고 얘기를 하였다.

사실 나는 독농가 교육을 그곳에 위탁하려고 했다가 실무자의 의견과 마찬가지로 현재 사회분위기로 보아서 기독교일색으로 할 수가 없었다. 농업대학 안에 독농가 연수원을 만들어서 개원을 하자고 했는

데 그것이 뒤에 새마을 연수원의 모체가 되었다. 1973년에 독농가 연수원이 새마을 연수원으로 바뀌고 수원에 있는 농민회관을 빌려 쓰다가 지금은 새마을 연수원으로 독립한 것이다. 그곳은 외국 사람들이 더러 오는 모양인데 태국 사람이라든지 외국 사람들의 방은 아주 잘 해 놓았다. 우리나라에서는 잊혀 가지만 아직도 태국이나 다른 나라에서는 한국의 새마을운동을 잘 이해하고 있다. 그런데 정채진 원장이 말하기를 최근에 몽골에서 몇 사람이 왔는데 그중 두 사람이 연수원에 찾아왔다고 했다. 자기들 몽골에서 한국이 오늘과 같이 성장한 것은 새마을운동 때문이라고 들었다는 것이다. 그러니 새마을교육을 받고 싶다고 해서 그 두 사람을 하룻밤 재웠다고 했다. 그랬더니 그 두 사람이 자기 나라의 국력으로는 도저히 이와 같은 연수원을 지을 수가 없다고 하면서 감탄을 하면서 갔다고 했다. 그만큼 새마을운동이 외국에 알려졌다는 얘기를 며칠 전에 정채진 원장으로부터 들은 것이다.

북유럽 그룹 다음에는 소련 그룹이다. 이곳은 아는 바와 같이 공산주의, 말하자면 일당독재체제이다. 이것은 의회가 최고기관이고 의회 위에 당이 있고 당 밑에 의회가 있어서 집행의 기능은 의회가 함께 담당을 하고 수장을 따로 두지 않는다. 이 소비에트란 위원회란 뜻이므로 따라서 모두 소비에트제로 하는 것이다. 작년부터는 복수후보자를 내세울 수 있지만 과거에는 공산당이 추천하는 한 명의 후보에만 가부를 표시하는 독특한 투표제를 행했다. 근자에 와서는 민주화가 되어 고르바초프의 페레스트로이카(Perestroika) 이후에는 많은 변혁을 일으키고 있다. 최근의 잡지를 보니까 지금 세계의 여러 나라들 중에서 4가지 블록이 특별한 주목을 받고 있다. 하나의 블록은 소련을 중심으로 한 동구권 블록이다. 고르바초프의 5년 집권 이후에 개혁을 추진해서 특히 헝가리, 폴란드와 같이 공산주의와 결별

하고 자유화가 된 새로운 기운으로 있는 블록이다. 다음 한 블록은 리베리아 반도의 에스파냐 포르투갈 블록이다. 이곳은 오랫동안 군주주의로 있다가 프랑코 이후에는 민주화가 되어서 민주주의로 성공한 그룹이다. 또 다른 블록은 남미다. 브라질, 페루, 아르헨티나 등의 나라는 한동안 경제성장이 좋았다가 정치적인 불안과 군사독재로 세계에서 채무가 가장 많은 나라로 꼽히고 경제적으로도 상당히 침체해서 실패한 블록으로 보고 있다. 그러나 성장의 가능성은 높은 블록의 나라들이다.

마지막은 한국, 대만, 싱가포르, 홍콩, 일본 등 동아시아의 유교권 나라들로 매우 유망한 블록으로 보고 있다. 시간이 있으면《대실패》라고 번역된 브레진스키(Zbigniew F. Brezezinski)의 저서를 읽어보라. 20세기란 여러 가지로 표현되지만 제일 특징적인 것이 전쟁과 혁명의 세기라고 한다. 지금 20세기에 와서 특히 제2차 세계대전 이후에는 아프리카에서는 25개국, 아시아에서도 거의 대부분이 식민지에서 독립되고 해방된 나라들이 많다.

그러나 브레진스키가 설명하기를 20세기 최대의 특징은 공산주의가 탄생한 것이고 20세기가 끝날 무렵에는 공산주의가 결국 멸망할 것이라고 예언을 했다. 브레진스키는 알다시피 카터 대통령 때 백악관의 안보담당 보좌관이다.

브레진스키는 컬럼비아대학의 교수로 공산주의 이론에 밝다. 이책은 쉽게 예를 들어서 잘 쓰였다. 특히 등소평 등장이후의 중공문제와 페레스트로이카 이후 고르바초프의 수정주의 그리고 스탈린 시대에 2천만에서 4천만에 가깝게(브레진스키의 추정임) 숙청당한 어마어마한 희생을 치른 공산주의의 실험은 20세기가 끝나기 전에 결국은 실패하고 21세기에는 다시 민주화로 가지 않겠느냐는 것을 전망한 책이다.

그와 같은 경로를 겪어서 요즘 소련블록은 종래의 일당독재, 공산당독재, 흑백투표는 점차적으로 변질해 갈 것으로 전망하고 있다. 하여간 세계의 많은 나라들을 분류하면 이렇게 4개 블록으로 분류할 수 있지만 그렇다고 꼭 그 특성에만 의해서 각 나라가 제도를 유지하고 있는 것이 아니다. 그것은 어디까지나 그 나라의 역사, 전통, 사회적인 여러 가지 여건 등으로 인해서 다양하게 변화하지만 기본적 흐름으로 볼 때는 이와 같이 분류할 수 있다.

다음은 우리나라의 지방자치를 간략하게 회고해 보고자 한다.

우리나라는 알다시피 동양적인 전제주의·중앙집권주의 국가의 대표적인 나라로 되어 있다. 특히 조선조 500년과 그 위로는 고려조, 통일신라, 삼국 이전까지도 지방행정에 관한 역사기록이 별로 없다. 나는 처음 지방행정에 관한 글을 쓸 때는 이병도 박사의 국사대관이나 진단학회에서 나오는 여러 가지 학보나 한국사 등을 보았는데 요즘은 지방행정사에 대해서 책을 쓴 분도 더러 있다.

그래서 우리나라는 분권이나 주민참여 또는 단체자치나 주민자치의 요소에 의한 자치라는 것을 우리의 긴 역사에서 별로 찾아 볼 수 없다. 고려시대의 사심관 제도나 향직단체는 국왕이 자기 외관을 직접 보내서 지방을 통치하는 것이다. 그러나 지방주민의 의사를 어느 정도 참작하고 특히 세금을 걷는다거나 부역을 한다거나 할 때 지방유지들의 의견을 존중한다는 점에서 사심관 제도나 향직단체에 자치적인 요소가 있다고 제시할 수 있다.

사심관 제도는 고려 초기에 지방토호들을 지방적으로 활용해 통치하게 하고 아울러 건국공신에 대한 논공행상으로 겸해서 썼던 제도이다.

향직단체는 지방수령들의 하나의 자문기관이다. 조선조에 와서는 우리나라 지방행정구역이 8도로 확정된 것이 1413년부터이니까 역사적으로 오래된 전통을 가지고 있는 셈이다. 군수도 마찬가지다.

《하멜표류기》라는 조그마한 책이 있다. 나는 이병도 박사가 번역한 것을 읽었는데 최근에는 컬럼비아대학의 레드 야드라는 교수가 쓴 책을 번역하여 삼중당에서 문고판으로 낸 책도 있다. 정리가 잘 되어 있는 책이다. 1653년 조선조 효종 때 네덜란드 사람들이 당시 네덜란드의 식민지였던 지금의 인도네시아(자바섬, 당시는 바타비아라 칭함)에서 64명이 배를 타고 일본의 나가사키(長崎)에 가려다가 제주도 앞바다에서 풍랑을 만나 선장을 포함하여 20명이 배에서 죽었다. 하멜은 그 배의 서기로 당시 나이가 28세였다고 한다. 하멜은 배가 표류할 때부터 전부 기록을 했고 13년 동안 우리나라에 있었다.

그 당시만 해도 제주목사 임기가 3년이었다. 하멜표류기에 임기만료 후에 제주목사가 교체되는 것도 다 기록되어 있다. 내가 이 얘기를 하는 이유는 하멜표류기 뒤에 보면 조선왕국기라는 것이 있다. 조선의 제도·풍습 등 여러 가지를 하멜이 본 대로 적어 놓고 있는데 그때를 이해하는 데 도움이 된다.

하멜이 처음 상륙해서 보니 제주목사(조선실록을 인용, 레드 야드가 조사한 바에 의하면 이원진 목사)가 마음이 후했던 사람인 모양이다. 그래서 대우를 잘 받았는데 그때만 해도 외국사람이 오면 본국으로 돌려보내지 않는 관습이 있었다고 한다. 그래서 이들 38명은 표류해서 말도 통하지 않았는데 마침 박연이라는 네덜란드 사람이 먼저 와 있어서 통역을 시켰다. 박연은 그 이전에 표류해서 우리나라에서 훈련감독으로 일하고 있었다[군대훈련관, 본명은 벨테브레(Weltevree, J. J.)라 한다].

이 책은 우리나라 제도, 풍습을 유럽에 소개한 최초의 책이다. 그당시 우리나라의 국왕제도, 지방제도, 관리제도를 소개했다. 지금으로부터 350년 전 우리나라 지방관제도, 임기제도를 보면 모든 것이 왕 중심이다. 의정부에 영의정, 좌의정, 우의정의 합의체가 최고기관이고 그 밑에 이조, 호조, 병조, 공조, 형조, 예조 등 6조가 있어서 집행을 한다. 그다음 한성부, 개성부, 수원부는 경직으로서 중앙의 직속이었고 외관으로 8도에 관찰사를 두어 관할하는데 그것이 피라미드식의 계층적인 관료제가 아니고 모든 것이 왕에 직결되는 독특한 제도였다.

관찰사는 지금의 도지사다. 관찰사는 한 곳에 머물러 있지 않는 것이 원칙인 모양이다. 감영을 두지 않고 항상 수령을 순시하는 것이 관찰사다. 후에 감영을 두고 감영을 두는 곳의 목사까지 겸하게 되는 제도로 바뀌었다. 《조선시대 지방행정사》를 보면 전라도 관찰사에 이희춘이라는 사람이 있다. 당시 전주가 전라도 관찰사의 중심지였는데 이희춘은 전주에만 있지 않고 계속해서 순시를 했다. 예컨대 전주 21일, 나주 30일, 남원 11일, 광주 12일 식으로 다닌 기록이 이 책에 나와 있다. 당시 수령이 지금의 군수다. 군수도 초기에는 1년 임기였다가 후에 3년 임기에서 2년 임기로 고쳤는데 임기가 엄격히 지켜졌다는 것을 알 수 있다. 조선조 518년 동안에 한성부윤(처음에는 한성판윤)이 1천 3백 명이 넘는다. 그러니까 1년에 2명꼴인데 그만큼 자주 바뀌었던 모양이다.

조선조의 수령이나 관찰사는 원칙적으로 자기 본적지에는 안 보냈다. 처음에는 단신 부임이었고 나중에 가족을 동반할 수 있게 되었다. 이는 하나의 지방세력화를 막는, 말하자면 왕권을 보호하기 위한 방법이었다. 그러므로 지역사회를 발전시키는 것도 물론 수령이나 관찰사의 임무였지만 별로 성과가 없었다.

또 이들은 풍속을 교정하거나 각종 범죄도 막았지만 권농이나 지역사회개발에 있어서 일본의 다이묘와는 근본적으로 성격이 달랐다. 말하자면 수탈해서 경직에 바치거나 임금에게 진상품을 올리고 나쁜 수령들은 그것을 착복한다는 기록들을 보면 조선조 500년 동안에 부정적인 측면도 있었다는 걸 알 수 있다. 그만큼 조선조의 강력한 중앙집권적인 통치방식 때문에 우리나라에서는 주민자치나 혹은 단체자치 같은 주민의 의사를 존중하는 행정을 펼친 적이 별로 없었다.

다만 유학자들이 향약이라는(도덕적·윤리적 덕치임) 것을 행한 기록이 있지만 이를 자치제도라고 하기는 좀 어렵다. 갑오개혁(1894) 이후에 비로소 우리나라가 근대적 의미의 자치제도의 여명기를 맞이하였다고 볼 수 있다. 따라서 갑오개혁이 우리나라에서 하나의 전환점이 된다.

갑오개혁 이후 8도였던 지방행정구역을 23부 336군으로 고쳤다가 잘 안되어서 그 이듬해에 지금의 13도로 고쳤다. 그것이 현재까지 유지되고 있다. 또 향약변무규정이나 향회조규라 해서 마치 지방의회 기능과 비슷한 대회, 중회, 소회를 과거에 실시했지만 1910년 한일합병으로 전부 없어졌다.

일제 때(1914년)는 부제(지금의 시제)가 제일 먼저 시행되고 1917년에 면제·읍제가 시행되었다. 1920년에 대개혁이 있었는데 이것은 1919년 3·1운동으로 문화정치를 시행한다 해서 준자치제로 개혁했다. 1930년에 대개혁을 단행하여 도제가 되어 해방까지 유지되다가 1945년에 우리나라 광복과 더불어 과거의 제도는 일체 없어지고 군정을 겪었다. 근대적 의미의 지방자치는 1948년 헌법 제8장 96조·97조에 자치조항이 규정이 되고 그에 의해서 1949년에 자치법이 공포되었다. 7월 4일에 공포된 이 법에 의하면 그 이듬해 12월 말까지 지방의회를 구성하기로 부칙에 있었으나 1950년 6·25전쟁으로 인해 연기되었다가 1952년에 마침내 지방의회가 구성되었다.

1952년은 국내사정이 매우 복잡했던 해이다. 이해는 전쟁중이었고 1월에 대통령직선제·양원제 개헌안을 국회에 제출했으나 134대 19 표로 부결되었다. 그런데 이승만 박사가 1952년에 국회에서 간선제로 당선되었기 때문에 1956년에 다시 간선제를 해야 되는데 그 당시 국회세력은 도저히 여당을 이길 가능성이 없었다. 그래서 임시수도 인 부산에서는 땃벌떼·백골단 등의 이름으로 국회를 해산하라고 시 위를 하는 등 몹시 소란했다. 또 국회의원들이 탑승한 통근버스가 헌 병대에 끌려가서 곤욕을 치르거나 국제공산당 사건이라고 해서 일부 국회의원들을 잡아넣은 적이 있다. 그때 우리 고향 출신인 엄상섭 씨 라는 의원이 있었는데 부산외항에 있는 스칸디나비아의 병원선으로 피신한 일이 있었다. 그때는 원용덕 씨가 계엄사령관으로 있었을 때 다. 자유당으로서는 계속 이 대통령이 집권하도록 해야 하므로 생각 하다 못해 2월 20일에 느닷없이 담화문을 발표했다. 국회에서는 민 의를 배반해서 대통령직선제를 부결했지만 진정한 민의가 어디에 있 는가를 보기 위해서 오는 4월 25일에는 시읍면의회, 5월 10일에는 도의회 의원을 선거하겠다는 대통령의 담화문이 발표되면서 갑자기 지방자치제 실시가 결정된 것이다. 전쟁중인 그때의 여러 가지 분위 기로 봐서는 전쟁중이면 지방의회가 있어도 도리어 없어질 가능성이 있는데 반대로 없는 지방의회를 구성할 필요가 있겠느냐는 논란도 있 었다. 그런데 이 대통령은 자신의 지지세력을 지방의회 의원들로 하 여금 형성하겠다는 생각이 작용한 것으로도 볼 수 있다. 지방의원들 이 선출되어서 모두 첫 결의가 국회해산, 대통령직선제 개헌추진 건 의였다. 그래서 전국에서 1천 3백 명이나 되는 지방의원 대표들이 부 산에 있는 경상남도 도청 바른쪽에 옛날 무덕전 건물이 국회였는데 그 국회 앞에 가마니를 깔아 놓고 국회해산을 요구하는 연좌시위를 했다. 우리가 출근할 때마다 늘 본 장면이 있다. 그때는 지방국 직원 들이 형편이 어려워서 군인들의 군복을 얻어 입었다. 그런데 거리에 서 군복 입은 것을 더러 단속을 하는데 경찰과 헌병이 합동으로 한 다. 그러면 입은 것을 빼앗기는 일도 있었다.

7월 4일 (당시 내무부 장관이 이범석 씨였다) 장택상 의원의 신라회가 주동이 되어서 발췌개헌안을 통과시켜 대통령 직선제의 길을 열었다. 직선제의 길이 열리고 난 후에 부산에 있던 지방의원들이 일제히 본고향으로 돌아가는 것을 우리들은 목격했다.

그러니 흔히 지방행정에 관한 책을 읽으면 과연 민주정치의 발전이라는 지방자치의 본연의 입장에서 생각했을 때 주민이 참여함으로써 혹은 지방행정을 주민들이 자치적으로 처리함으로써 지방자치를 풀뿌리 민주주의로 발전시키기보다는 상당한 부분이 자유당 이승만 대통령의 집권을 연장시키기 위해서 이용한 것이 아니냐는 비판을 면할 수가 없었다.

아무튼 그 당시에 한강이북 즉 경기도, 서울, 강원도는 지방자치제 실시를 못했다. 그리고 지리산 부근 구례군, 산청군, 남원일대는 지방의회를 구성하지 못했다. 여하튼 4월 25일 시읍면의회 선거를 실시했다.

시읍면은 유권자의 약 91%까지 투표를 했다. 다만 선거인 명부의 기재율은 나빴다. 50%도 못 되었다. 왜냐하면 그 당시가 전쟁중이어서 주민이동이 심해 제대로 투표하지를 못했다. 그리고 도의회 투표율은 80% 정도였다. 도의회는 주민과 직접적으로 가까운 거리가 아니기 때문에 그만큼 관심이 적은 듯하다. 그러나 지방의회를 구성해서 1952년부터 실시했는데 여기서 우리나라 지방의회의 1950년대 지방자치 전개과정을 살펴보려 한다. 자치단체장을 어떻게 선거하느냐에 따라서 처음에는 간선제(1952~1956년), 그다음에 직선제(1956~1958년), 그다음에 임명제(1958~1960년), 1960년에는 4·19 혁명에 의해서 완전자치제로 즉 면장에서 도지사까지 전부 선거를 했다. 그래서 장을 어떠한 방식으로 선출하느냐가 매우 중요하다. 말할 것도 없이 최초의 지방자치법에는 지방의회 의원들이 그 시읍면 장을 선거해서 그 장이 못마땅하면 불신임을 하고 또 불신임의결을 당할 것 같으면 의회를 해산할 수 있는 체크 앤 밸런스(Check & Balance) 제도를 택했다. 그런데 실시하자마자 여러 가지 의견이 많았다. 우리나라가 과거에 무슨 경험이 있었던 것도, 외국의 제도를 철저히 연구한 것도, 의식구조를 조사한 것도 아니고 사실은 그 당시 법이 일본의 자치법을 많이 모방하다시피 했다. 그러므로 조잡하게 성립된 것이 1949년의 지방자치법이었다.

그 당시 군수나 경찰·소방서가 자치법규에 해당되어서 어떻게 보면 지방행정조직법이 아니냐는 혼란이 많았다. 그러나 기본구조는 프랑스 계통의 일제 강점기의 법에서 많은 영향을 받았다. 왜냐하면 부의원, 면협의회 의원수가 거의 그 당시 의원정수와 비슷하게 책정을 했기 때문이다. 그런 영향을 받아서 간선제가 채택된 듯하다.

그런데 초기의 지방의회의 문제점은 의원에 선출되고 나서 전부 국회의원과 같은 선거직이라며 상급기관의 감독에 대해 거부감을 가졌다.

그 당시는 시읍면자치이기 때문에 당연히 군수의 감독을 받아야 하는데 시읍면장들은 자기는 선거직이라 해서 군수의 감독을 받지 않으려는 여러 가지 갈등이 많았다. 그리고 또 하나의 큰 문제는 1년 내내 의회만 열려고 한다는 것이다. 초기에는 회기제한을 두지 않았다. 다만 1년에 2번 정기회의를 열고 1회 회기는 30일을 넘지 못 한다는 규정만 법에 있어서 거의 1년을 계속해서 열었다. 또 상설기관화하면 지방의회가 열리고 있는 동안에는 집행부가 일을 못하는 영향이 있다. 시장이나 면장을 불러서 따지고 질문서에 대한 답변을 준비해야 하기 때문이다. 당시는 전쟁중이며 전후의 복구, 난민구호, 도로부역 등 급한 일이 많았는데 일을 추진할 수가 없었다. 다른 나라에는 회기제한이 없지만 우리나라 실정에는 맞지 않아서 부득이 회기제한을 두자는 의견이 나오게 된 것이다.

여기에서 나타난 문제점은 시읍면장이 간선제로 되어서 의원이 많은 데가 14명, 적은 데는 9명이었는데, 그들의 비위에 맞지 않으면 몇 사람이 작당을 해서 장에 대한 불신임을 행해 장들이 기를 못 펴게 되었다. 그래서 면장들은 사무에 신경 쓰기보다도 면의원들의 비위를 맞추려고 급급해하는 형편이었다. 그래서 어떻게 하면 지방자치단체장의 지위를 보강할 수 있는지가 초기 지방자치의 고민이었다.

처음 3~4년 동안 전국에서 1,168명의 시읍면장들이 바뀌었는데 실제로 불신임당한 것은 68명 정도지만 이 시읍면장들은 자기 명예를 위해서 자신이 어차피 물러날 터이니 불신임만은 하지 말아 달라고 협상을 하기도 했다. 그럼에도 심한 데는 6개월에 2~3명의 읍면장이 바뀌어 도저히 행정을 할 수가 없었다.

그래서 1954년부터 자치법 개정안을 만들어 장만은 직선제로 선출하여 시읍면의회의 간섭을 받지 않도록 해야겠다고 그 당시 경험으로 절실히 느꼈다. 다음으로 회기가 1년에 90일이면 90일 이상은 회의를 열지 못하게 하여 집행부가 일을 할 수 있도록 하는 것이 개정법의 취지였다. 이외에 과거 부제·읍면제 때와 비슷한 의원정수를 책정했다. 대개 10명으로, 시는 22명에서 50명이었다. 처음에 서울시는 47명, 경상남도는 63명, 전라남도는 57명이나 되었다. 그래도 의원수가 너무 많다고 해서 1할을 감하기로 했다. 이것이 2차 개정 때다. 그래서 당시 전국의 지방의원이 1만 8천여 명이었던 것이 1만 6천여 명으로 줄어들었다.

그래도 너무 많다는 생각이 있었다. 미국은 지방의원이 적은데 대개 9명, 적은 데는 5명이다. 단, 미국의 지방의원들은 명예직을 하지 않고 보수를 주며 일본이나 필리핀도 보수를 준다. 우리나라는 당시 보수를 줄 것인지에 대한 논의가 있었지만 보수를 준다면 지방의 실업자인 정치꾼들이 많은데 이들이 전부 지방의원을 한다고 나서기 때문에 경쟁이 심할 것이라는 측면도 있었다. 또 우수한 인사들을 받아들이기 힘들지 않겠냐는 점도 있었다. 지방의원이란 그 지방의 유지들로서 자기 고장에 봉사한다는 명예적인 것이 더 중요해서 보수제를 반대했다.

일본은 보수를 준다고 해도 정회의원이 한 달에 20만 엔 정도이다. 집행부의 계장급 월급에도 미치지 못할 만큼 보수가 적다. 또 의회 의장도 집행부의 국장급 월급인 대개 50만 엔 정도를 받는다.

그런데 우리나라에서 보수를 준다고 하면 의회의장은 자치단체장과 거의 동일하게 받으려고 할 것이다. 지금 국회의원들이 장관급과 마찬가지인 것처럼 말이다.

현재의 법에서도 보수를 안 주기로 했다. 유럽에서도 보수를 주는 일이 없다. 전부가 명예직이다. 그 대신 유럽의 국회의원은 특히 프랑스 국회의원은 자기 고향의 읍장·면장·지방의원 등을 겸할 수가 있다. 지금 프랑스 하원의원의 6분의 1은 자기고향의 자치단체장이나 지방의원을 겸하고 있다. 이것은 프랑스의 독특한 전통이다. 그런데 영국은 의원수가 많다. 버밍햄은 150명쯤 되며 런던도 100명에 가깝고 모두 명예직으로 하고 있다. 우리는 그렇게 많을 필요가 없지 않느냐고 해서 현재의 의원정수를 책정하고 있다. 그것도 우여곡절이 많았다. 한때 한 구역에 국회의원 한 명, 지방의원도 한 명일 때에는 국회의원들이 나서서 반대를 했다. 자기 정치기반이 위험하기 때문에 과거 4대 국회의원 때는 한 구역에 국회의원 한 명, 지방의원 두 명씩을 정한 일이 있었다.

여론의 비난을 받아서 3차 개정 때는 인구비례로 바꾸었지만 당시 국회의원들 생각에는 1 대 1씩 해 놓으면 자기의 정치기반이 침식당한다고 보았던 것이다. 이 점이 국회의원들로서는 불안하기 때문에 지방의원을 두 명씩 두어 견제하려는 생각이다. 앞으로 군수가 민선으로 선출될 경우에는 국회의원들이 다소 불안할 것이다. 왜냐하면 자기는 서울에 가서 국회에서 활동을 하는 동안 군수는 늘 지방에서 군민과 접촉하면서 아무래도 관계가 깊어지기 때문이다. 그러면 군수는 국회에 진출하기가 쉬워진다. 그래서 일부 사람들은 지금 국회의원들이 지방자치법을 빨리 통과시키지 않는 데에는 지방의원을 달갑게 생각하지 않는 것이 중요한 원인이라고 보는 견해도 있다.

1956~1958년은 장의 직선제 시대이다. 시읍면장의 직선제·불신임·의회해산권 폐지, 4년에서 3년으로 임기 단축(직위를 보장하는 대신 4년 동안이나 만약 무능한 시장이나 면장이 당선되면 곤란하다고 해서, 자주 바뀌어야 한다고 3년으로 했다. 그러나 우리나라에서 3년 임기가 실시된 일은 한 번도 없었다. 중간에 기득권을 인정해서 4년의 임기로 당선된 사람은 4년 임기를 다 마치게 했다), 의원정수의 감축, 도와 시는 90일, 읍면은 연간 50일로 회기 제한하는 이 법이 1958년 개정되었다.

임명제는 1958년 12월 24일 국회를 통과했다. 이는 당시 야당의원들이 국회를 점거하고 있었는데 가죽점퍼를 입은 무술경관들이 야당의원들을 전부 내몰아 자유당 의원만으로 자치법과 보안법을 통과시켰다. 이것이 이른바 2·4정치파동이다. 이것은 우리가 한번 냉정히 반성해 볼 필요가 있는 사건이다.

이 직선제를 계속 유지해도 상관이 없었지만 1960년에는 대통령 선거가 있었다. 1956년도 대통령 선거에서 대통령은 여당인 자유당의 뜻대로 당선되었지만 부통령선거에서는 자유당이 패배하였다(이기붕 씨가 떨어지고 장면 씨가 당선됨). 그래서 1960년도 선거에서는 어떻게 해서든 정·부통령을 여당에서 당선시켜야 했다. 국가보안법은 당시 언론을 통제할 수 있는 요소가 있었고 자치법이 임명제로 바뀐 것은 당시 직선제하에서는 도시에서 야당이 장을 당선되는 경우가 많았기 때문이다. ─ 제 2회 지방의회에서 서울시는 자유당이 1명, 민주당이 40명, 무소속이 6명 당선되었다 ─ 그래서 변칙적으로 자치법 개정안이 통과된 것이다. 당시 떳떳하지 못한 명분으로 다음과 같은 이유를 주로 내세웠다.

첫째로 직선제에서는 자치단체장이 인물본위로 선출되지 않는다는 점이다. 예컨대 혈연관계 등으로 심지어 국문도 해독 못 하는 장이 선출된 일조차 있었다. 적어도 어느 정도 행정수행능력을 갖춘 사람이 자치단체장이 되어야 한다는 이유다.

둘째로 인사행정의 불공정을 들었다. 입후보 당시 자기에게 협력한 사람을 등용하고 반대한 사람을 배제하는 정실인사의 예가 있었다. 선거운동을 해 준 사람들을 임시직원으로 채용해서 물의를 일으킨 일도 있었다.

셋째로 선거직이라 하여 감독관청의 지시를 무시하고 자기 뜻대로만 하려고 하기 때문에 행정의 혼란을 빚은 일이 많았다.

넷째로 너무나 인기정책에만 급급하여 예산을 낭비하고 오직 재선에만 집착하는 예가 많았다.

다섯째로 과다한 선거비용의 사용으로 빚에 쫓긴 나머지 부정에 개입하는 사례도 있었다.

그리고 지방에 따라서는 지역적 감정에 사로잡혀 반대했던 주민들은 행정에 협조하지 않거나, 장의 행정처리에 있어 불공정도 있었다.

표면적으로는 이와 같은 개정이유를 내세웠지만 속뜻은 집권당이 여당 측 인사를 임명하여 지방행정을 완전히 장악하려는 데 있었다고 볼 수 있다. 이 법에 의해 임명제가 실시된 지 1년 7개월 만에 4·19 혁명으로 인하여 자유당이 무너지게 되자 또다시 지방자치법은 개정될 수밖에 없었다. 1960년 6월에 공포된 제 2공화국 헌법에는 종전의 지방자치에 관한 조항을 개정해서 지방자치단체장의 선임방법은 법률로 정하되 적어도 시읍면장은 주민이 직접선거한다는 기초자치단체 장의 자기선임원칙을 보장했다. 7·29 총선거에 의하여 구성된 제5대 국회에서 새 자치법 개정안이 통과되어 그해 11월 1일 공포되었다. 이 개정에서는 완전자치제를 지향하여 모든 자치단체장을 선거하게 되었으나 도지사 선거만은 시기상조라는 의견이 국회 안에서도 적지 않았다. 그것은 우리나라 도의 특수한 성격 때문이었다. 우리나라 자치구조에 있어서 도의 지위는 기초자치단체인 시읍면을 포괄하는 제2차적·보완적인 자치단체이다. 지방행정에 있어 민주화의 이념은 시읍면을 완전 자치화함으로써 달성할 수 있고, 지역개발과 능률화의 이념은 도지사를 국가기관과 자치단체장으로서의 이중적 성격을 갖게 함으로써 달성할 수 있다는 데 이론적 근거를 둔다. 그러나 이 논리는 당시의 사회분위기로 보아 용납이 안 되었다. 우리나라 지방행정사상 처음으로 실시한 개정자치법에 의한 도지사와 서울특별시장 선거는 뜻밖에도 투표율이 너무나 저조했다. 추운 겨울인데다가 그해 12월 들어 선거가 네 번이나 잇따라 있었다는 이유 때문이었는지 모른다. 도지사 선거 투표율은 39.1%, 서울특별시장 선거는 35.7%, 특히 서울시장 선거는 기명식이었다. 그전의 12월 26일에 있었던 26개 시의 시장선거 투표율이 54.6%, 읍장 72%, 면장이 가장 높아서 81.6%였다. 자치단체장이 모두 직선되었으므로 어떤 인물이 당선되었는가는 매우 중요한 의미를 갖지만 여기에서는 분석을 생략하겠다.

그리하여 1960년 12월에 우리나라 지방행정사에 새로운 획을 긋는 완전자치제의 실현을 보게 되었다. 참으로 역사적인 전환이다. 그 후의 자치제 실제운영에서는 자치단체장과 지방의회 간의 끊임없는 불화와 갈등이 있었다. 특히 경상남도와 충청남도의 경우처럼 장과 의회의 다수파가 정당을 달리할 때에는 갈등이 더욱 심했다. 또 민선된 도지사와 국가가 임명한 국·과장 간의 알력, 중앙정부와 지방자치단체(도) 간의 대립 등 허다한 문제점이 노출되었다. 그러나 이와 같은 완전자치제는 그 자체의 시행착오적 경험조차 충분히 갖지 못한 채 반년도 못가서 5·16 군사정변으로 막을 내리고 말았다.

이상으로 1950년대 지방자치 전개과정을 간략하게 회고해 보았다. 그것은 제1공화국에서 제2공화국에 이르는 9년 동안이다. 그 기간은 나 자신이나 우리 모두에게 문자 그대로 시련기였다. 북괴의 남침으로 3년 동안 전쟁이 계속되었고 휴전 후에도 전재복구, 막대한 군사비 부담, 경제의 낙후성, 빈곤에서 벗어나려는 도전 앞에 놓여 있었다. 그런 가운데서도 심각한 것은 정권유지를 위한 여당과 반대세력 간의 부단한 싸움이었다. 최초의 자치단체장은 간선제였으나 1956년에 직선제로 바뀌고, 1960년 정부통령선거를 대비하여 1958년에 직선제에서 임명제로 바뀐 것은 이미 말한 바와 같다. 헌법을 세 번이나 고쳐가며 여당에 유리하도록 대처했으며 집권당은 가능한 수단을 동원해서 반대세력을 견제하는 데 주저하지 않았다. 자치제도를 정권연장의 도구로 이용하기 위해서 그때그때 정치정세에 따라 거리낌 없이 고쳐졌음은 말할 것도 없다.

특히 제도개혁의 중점이 항상 자치단체장의 선임방법에 집중되었던 사실로도 증명된다. 간선제-직선제-임명제-직선제로의 변천은 당시의 정치현실을 여실히 보여주는 것이라 하겠다. 흔히들 9년간의 지방자치는 실패였다고도 한다. 주민의 자치의식이 저조하였고 무엇보다도 재정력이 허약해서 주민복지사업을 수행할 수 없었고, 제도의 이상과 현실적 여건의 괴리로 제도가 제대로 운용되지 못 했다는 시각이다. 그러나 자치제의 변천과정에서 보듯이 집권층이 정치목적에 따라 끊임없이 뜯어고친 데 한국지방자치의 비극이 있었다. 그러나 모든 제도에는 명암이 있게 마련이다. 자치제 역시 결코 어두운 면만 있는 것은 아니다. 물론 그 간에 허다한 우여곡절이나 시행착오가 있기는 했지만 이는 어느 제도나 정착될 때까지는 겪어야 할 과정일 수밖에 없다. 인간이 만든 제도가 어찌 처음부터 완벽한 것이 있을 수 있겠는가. 만약에 중단의 비극이 없었더라면 우리의 자치제도도 그런대로 우리 풍토에 맞게 자리 잡을 수 있었을지도 모른다. 비록 9년간의 지방자치가 여러 가지 시행착오로 얼룩졌을지라도 그 속에서 무엇인가 소중한 교훈을 찾아낼 수 있을 것으로 믿는다. 그것이 역사가 지니는 가치이다.

민주주의 본질이 잘 함축되어 있는 매키버(R. M. Machiver)의 다음 구절을 소개하면서 끝마치겠다.

민주주의는 한 단계 한 단계씩 전진하면서, 이 모양 저 모양으로 움직이면서, 때로는 주저하고 때로는 혼란에 빠지면서, 그러나 끊임없이 변화해 나가는 현재의 맥박을 느끼면서, 그리고 언제나 무엇을 추구하면서 또 그 자체의 약점을 결코 잊지 않고 그 잘못을 고치는데 결코 인색하지 않으며, 항상 대망을 품으며 그러나 결코 완수하지는 못하면서, 오랜 시간에 걸쳐서 나타나는 방식이다. 왜냐하면 이러한 것이 생명의 천성일 뿐 아니라 인간의 생명에다 활기를 불어넣어 주는 정신인 까닭이다.

— 계간 〈지방행정연수〉 제 22호 (1990. 9)

제 8 부

내무부 그 영욕의 50년

탄생, 격동의 파노라마 1950년대

새 정부의 출범에 앞서 1998년 2월에 정부조직 개편안이 최종 확정되었다. 작지만 효율적인 정부를 지향하는 개편안은 저비용 고효율로 국가경쟁력을 높여 사상초유의 IMF체제를 극복하고 다가오는 21세기에 대비하는 의지의 표현으로 볼 수 있다.

이 개편안에 의하면 종전에 2원 14부 2처 14청이던 정부직제를 17부 2처 16청으로 축소 개편했다. 이에 따라 국무위원은 21명에서 17명으로, 국무위원을 포함한 장관급은 33명에서 24명으로 각각 줄었다.

청와대 비서실 기구도 축소하여 장관급 비서실장 아래 11명이던 수석비서관을 6명으로 줄였다. 기구의 감축뿐 아니라 인원 면에서도 앞으로 3년 안에 교육과 경찰직을 제외한 일반직 16만 1,855명 중 1만 7,612명을 단계적으로 감축하기로 했다. 이번 기구개편은 비대해진 정부기구의 축소, 규제업무의 과감한 감축과 동시에 위기관리부서 그리고 삶의 질 관련부서의 확충을 특색으로 한다.

이 개편에 따라 내무부라는 명칭은 정부기구에서 사라지고 총무처와 합쳐져 행정자치부로 바뀌게 되었다. 다만 경찰은 그대로 외청으로 행정자치부에 속하게 된다. 이처럼 내무부가 없어지는 것은 1948년 정부수립 후 참으로 50년 만이다.

역사적으로는 1895년 갑오경장 때 김홍기(金弘基) 내각에 처음으로 내무부가 등장했다. 산하에 지방국, 경찰국, 토목국, 위생국의 4국을 두었으며 각 도지사를 지휘 감독했다. 갑오개혁은 비록 외세에 의해 이루어진 개혁이기는 하나 이 시기는 우리나라 근대화의 여명기였다. 그때까지만 해도 중국식이었던 관제가 서구식으로 바뀐 첫 시도가 이루어졌다고 할 수 있다. 그리하여 구한말까지 내무부는 내정의 중추기구로서 존속했다. 1910년 이후 일제 강점기에는 이른바 총독부의 관제가 여러 차례 바뀌었지만 내무부는 중앙기구에 존속했다. 1940년대부터 경무국이 독립되고 내무국은 없어지면서 지방행정은 지방과로서 사정국에 속했다가 1945년 해방을 맞이하게 되었다. 1945년에서 1948년 정부수립까지 미군정기간에는 일제말기의 체제를 그대로 계승하여 11부 중 경무부는 존속했다. 그러나 지방행정은 지방행정처로 되었을 뿐 경무국은 경무부가 되었으나 사실상 내무부는 없었다. 원래 미국은 연방국가이기 때문에 우리의 내무부 같은 기구는 존재하지 않았다. 미국의 내무부(Ministry of interior)는 토지관리, 지적업무, 자원, 산림, 국립공원관리 등을 관장한다. 따라서 경찰과 지방행정은 분권주의를 택하기 때문에 중앙부서를 필요로 하지 않아 원칙적으로 자치단체에 맡겨졌다.

다만 유럽의 국가들 특히 과거 중앙집권전통이 강했던 독일이나 프랑스 같은 나라는 지방자치, 선거, 경찰, 소방, 민방위, 환경보호 등을 관장하는 내무부가 있다. 독일의 내무부는 지방자치, 치안, 민방위, 환경보호, 위생, 문화, 난민보호 등의 임무를 담당한다.

프랑스는 본래 중앙집권전통이 강한 나라였으나 최근 들어 많은 분권적 개혁을 시도하고 있어 지방자치, 지방재정, 경찰, 소방, 민방위, 해외영토관리 등을 내무부가 관장하고 있다. 유럽국가 가운데 영국은 전통적으로 주민자치가 발달한 나라인 만큼 분권적 통제방식을 택하고 있다. 내무부에서 경찰, 소방, 교도 업무를, 환경부에서 지방행정, 지방재정, 주택, 도시문제들을 담당하고 있다.

일본의 내무성은 본래 유럽식 대륙법계에 속하는 형태를 가진 중앙집권적 기구였다. 그러나 제2차 세계대전 후 점령군 사령부에 의하여 내무성이 전국의 방방곡곡에 강한 지배력을 가졌다고 하여 일본 약체화의 일환으로 군벌·재벌과 함께 강제적으로 해체를 당했다. 그리하여 내무성은 경찰청, 소방청, 건설성, 노동성, 지방재정위원회, 선거관리위원회, 총리부자치과 등으로 그 업무가 분산됐다. 그 후 샌프란시스코조약 후에 해체 전 지방국 업무였던 지방재정위원회, 선거관리위원회, 총리부자치과가 다시 합쳐져 자치청으로 일단 환원되었다가 그 뒤 오늘날의 자치성으로 승격하여 중앙기구의 행정각부의 하나로 환원됐다. 다만 경찰은 공안위원회로 자치성과 분리됐다.

이와 같이 각국의 내무부는 그 나라의 전통의 차이나 정치·사회 환경에 따라 각각 그 조직과 위상을 달리하고 있음을 알 수 있다.

초창기에서 1950년대까지

초대 내무부 장관에 이승만 대통령의 측근이었던 윤치영(尹致暎) 장관이 취임했다. 당시 중앙각부는 내무, 외무, 국방, 재무, 법무 등 11개부였다. 그때 내무부는 지방국, 치안국, 통계국, 건설국의 4국 체제였다. 미군정 때의 경무부는 치안국이 되었으며 초대 치안국장은 이호(뒤에 내무부 장관) 국장이었고 재무부, 총무처 등은 관련업무를 통합하여 지방국이 되었으며 초대 지방국장은 이해익(李海翼, 뒤에 농림부 장관) 국장이었다. 내무부는 지금은 철거되고 없어진 구 중앙청 2층에 자리 잡게 되었다.

새 정부 출범 2개월 만에 여수·순천 10·19사건이 일어났다. 이른바 제주도 4·3사건이 있은 뒤 제주도의 치안상태가 극도로 악화되자 여수에 주둔중인 14연대의 지원병력을 제주도로 파견하기로 되어 있었다. 출발을 앞두고 부대 내의 공산당조직이 주동하여 여수에 있는 관공서를 습격했고 경찰과 공무원을 사살하고 점거하였으며 일부 좌익세력과 합세하여 순천으로 북상해 관공서를 습격하고 다수의 주민을 학살하는 사태로 번져나갔다.

정부는 광주에 전투사령부를 두고 반란군 진압에 나섰다. 이내 순천·여수를 탈환했으나 일부 좌익세력과 반란군은 지리산으로 도주해 그 뒤 얼마 동안 경찰은 군부와 협조해 이의 소탕작전에 나섰다. 그때 공비토벌의 야전전투사령관은 백선엽(白善燁) 장군이었고 태백산전투 경찰사령관은 이성병(李成丙) 경무관, 지리산지구는 신상묵(辛相默) 경무관이었다. 한편 치안국장 대리로 최치환(崔致煥) 경무관이 남원에 본부를 두고 경찰부대와 각급경찰관서의 연락업무를 맡았다.

1950년 5월 30일 2대 국회의원선거는 선거주관인 지방국 선거과에서 치렀다. 선거결과는 야당인 민국당의 의석이 70석에서 23석으로 줄었다. 선거 후 얼마 되지 않아 우리민족사의 최대비극인 6·25 전쟁이 터졌다. 당시의 내무부 장관은 제4대 백성욱 장관이었다. 6·25 전쟁이 터지기 넉 달 전에 내무부 장관이 되었는데 국회에서 야당인 민국당이 추진중인 내각제 개헌 등으로 어수선하던 때였다. 적에 밀려 정부가 서울을 떠날 때 그는 끝까지 내무부청사를 지켰다. 적의 탱크가 서울에 들어오자 홀로 서울을 떠났다. 그 뒤 전세에 따라 정부는 대전, 대구를 전전하다가 마침내 부산으로 임시수도를 옮겨 경남도청에 내무부가 자리 잡게 되었다.

그간에 제5대 조병옥 내무부 장관은 대구를 사수해 낙동강전선을 역전시키는 데 공헌했다. 1952년은 이승만 대통령이 임기가 끝나고 당시 헌법으로는 국회에서 간접선거를 하도록 되어 있었으나 국회의 야세가 강해 재선될 가능성은 거의 없었다.

전쟁중임에도 불구하고 이 대통령은 담화문을 발표하여 4월과 5월에 지방선거를 실시할 것을 결정하였다. 따라서 한강 이북지역과 치안상태가 불안했던 지리산 주변지역은 제외되었다. 당선된 지방의원은 상당수가 부산 임시 국회의사당 앞에 모여 민의를 배반한 국회의원을 소환하라는 시위를 벌였다. 이른바 부산정치파동이다. 정부수립 후 가장 격렬했던 여야의 정치싸움이었다. 그 와중에 6·25전쟁 2주년 기념식상에서 이 대통령 저격사건이 일어나 경찰과 국민을 놀라게 하였다. 범인이 쏜 권총이 불발로 끝나 이 대통령은 위기를 모면했다.

장택상 국무총리가 주동인 신라회가 국회에 제출되어 있는 정부와 국회의 개헌안을 종합해서 국회에 제출하게 되었다. 그 주요내용은 ① 대통령직선제 ② 상하양원제 ③ 국무총리제청에 의한 국무위원 임면 ④ 국무위원에 대한 국회의 불신임결의권 등 4개 원칙이었다. 그리하여 7월 4일 밤 야당의원을 연행하다시피 국회에 출석시켜 삼엄한 분위기 속에서 발췌개헌안은 통과됐고, 계엄령선포 후 40일 만에 부산정치파동은 막을 내리고 이 대통령의 직선의 길이 트이게 되었다.

7월 대전에서 열린 자유당 전당대회에서 대통령에 이승만, 부통령에 이범석을 지명하였으며 이범석 내무부 장관은 입후보를 위해 2달 만에 내무부를 떠났다. 이때 이승만 대통령은 이범석을 멀리하고 정치적으로 무색한 함태영(咸台永)을 부통령으로 밀었다. 국무총리 장택상과 내무부 장관 김태선은 주로 경찰력을 암암리에 움직여 8월 5일 정부통령선거에서 대통령은 이승만, 부통령은 함태영이 당선되었고 이범석은 낙선했다. 김태선 내무부 장관은 한 달 만에 서울특별시장으로 전출되고 후임에 진헌식(陳憲植) 충남지사가 내무부 장관으로 임명되었다. 3년을 끌던 휴전회담이 성립되어 정부가 임시수도 부산에서 서울로 환도했고 이때부터 내무부는 을지로입구에 있던 청사를 차지하게 되었다. 지금의 외환은행 본점 자리였다. 이 대통령은 실지회복의 기회로 보고 본래 휴전회담을 반대했다. 그러던 중 원용덕(元容德) 헌병사령관으로 하여금 반공포로 2만 7천 명을 일방적으로 석방하게 해 미국을 비롯해 세계를 놀라게 했다. 일대 정치적 용단이었다.

대체로 내무부 장관은 단명이었다. 3~5개월이 보통이었다. 그것은 정치적 사건에 맞물리게 되어 정치바람을 타기 때문이다. 그래서 정치장관으로 불리기도 했다. 1954년 5월 20일에 거행된 제3대 국회의원 선거 때부터 정당공천제가 처음으로 실시되었다. 자유당은 가까스로 개헌선을 확보해 11월 27일 개헌선인 136표에서 1표가 부족한 135표로 부결이 일단 선포되었다. 이틀 후에 사사오입을 적용하여 다시 가결된 것을 선포하였다. 이것이 이른바 사사오입 개헌으로 이 대통령은 3선의 길이 트이게 되었다.

　이때의 내무부 장관인 제11대 백한성(白漢成) 장관은 국무총리서리로서 국회에서 불신임 결의의 대상이 되었으나 부결되고 1955년 4월에 물러났다. 그 뒤는 차관으로 있던 김형근(金亨根) 장관이 잇게 된다. 그는 민의존중, 법규준수, 행정강화를 시정방침으로 내세우고 무엇보다도 1956년에 있을 정부통령선거에 대비하게 되었다.

　야당인 민주당은 대통령에 신익희(申翼熙), 부통령에 장면(張勉)을 지명하였으나 신익희 후보가 유세 중 선거 10일 전에 급서하게 되어 5·15선거는 이 대통령이 여유 있게 당선되었고 부통령은 이기붕이 낙선하고 장면이 당선되었다. 이때 민주당은 '못 살겠다 갈아보자'라는 선거구호를 내걸어 자유당을 위협했고 한강 백사장에는 구름떼처럼 인파가 모이기도 했다.

　야세가 강했던 대구시에서는 개표중단사건이 일어나 김형근 내무부 장관은 개표를 보고받는 자리에서 졸도하기까지 했다. 그때의 대구 개표결과는 이기붕 후보가 2만 2,300표, 장면 후보가 14만 1,500표로 야당이 유효투표의 81%를 차지했다. 대구가 얼마나 야성이 강한 도시인가를 알 수 있다.

　대체로 선거가 끝나면 내무부 장관은 교체되는 것이 상례였다. 그래서 늘 단명이었다. 1년 이상을 지낸 내무부 장관은 진헌식 장관이 처음이었다. 그래서 직원들이 뒤뜰에 모여서 축하행사를 한 일도 있었다. 그러나 진 장관도 그로부터 열흘 뒤에 당시 신중목(愼重穆) 농림부 장관과 함께 전례 없이 파면 조치됐다. 뜻밖에 권대일(權大一) 지방국장도 함께 해임됐다. 표면상으로는 잡부금 문제였으나 실은 족청계 제거라는 정치적인 이유였다. 그 당시 자유당의 실권을 잡고 있던 족청계가 대거 제거되고 이기붕(李起鵬) 체제로 바뀌게 된다.

1956년에서 1958년

1956년 5월 15일의 정부통령선거에서는 대통령에 이승만 부통령에 장면이 당선되고 부통령에 입후보했던 이기붕은 낙선했다. 이 선거가 끝나고 이루어진 개각에 이익흥(李益興) 경기도지사가 내무부의 총수가 되었다. 이 장관은 본래 경찰출신으로 정부가 부산에 있을 때는 치안국장을 지냈고 그 뒤 서울특별시 부시장을 거쳐 경기도지사가 되었다.

그는 복무지침으로 관기확립, 민심수습, 기밀엄수, 시간엄수, 신상필벌, 혈명단결, 무언실천 7가지를 내세웠다. 이 가운데 가장 역점을 둔 것은 민심수습이었다. 이는 선거를 치르는 동안에 팽배해진 행정기관에 대한 주민의 불신풍조를 순화하려는 의도인 것으로 보인다. 이내 전국 지방장관회의가 소집되어 이 문제를 두고 깊이 있게 검토도 하였다. 사실 각 도에서 건의하는 민심수습책이란 그렇게 대단한 것도 아니었다. 관기확립, 도시락 지참, 공용차의 사용(私用) 금지, 정실인사배제, 세금의 공정부과, 영세민 구호 등이다. 도에 따라 약간 차이가 있으나 모두가 대동소이했다.

그 무렵은 자유당의 전성기라고 할 정도로 비록 이기붕은 부통령선거에 실패했지만 그가 살던 집을 서대문 경무대라 부를 만큼 세도가 당당해 찾아드는 방문객으로 성시를 이루었다.

그해 8월 13일 지방선거는 1956년 2월에 개정된 지방자치법에 따라 치러진 선거였다. 개정된 법은 읍면장을 간선제에서 직선제로 바꾸고 장에 대한 불신임의결권과 의회해산권을 폐지하고 의원정수를 대체로 1할 정도 감축했으며 의회회기를 제한하여 도는 90일, 시는 50일, 읍면은 30일로 정했다.

그러나 여당을 위한 관권개입은 끊이지 않았다. 예컨대 정읍과 함평의 환표사건으로 이익흥 내무부 장관의 불신임의결이 국회에서 제외되었다. 특히 정읍의 박재표(朴在杓) 순경은 정읍군 소성면 투표함을 이송하는 도중에 관련공무원들이 자유당 후보의 당선을 위하여 투표함을 뜯고 표를 바꿔치기하는 장면을 목격하였다고 폭로했다. 당시 김종원(金宗元) 치안국장은 박 순경을 허위사실 유포죄로 구속했으나 결국 이 사건은 대법원까지 가서 사실인 것이 판명되었다. 그러나 3년 4개월이나 지난 뒤였다.

이에 앞서 국회에서는 야당의원 60여 명이 대여투쟁을 선언하고 7월 27일에는 태평로 국회의사당을 나와 시위에 돌입했다. 의원들은 의사당에서 을지로 반도호텔 앞에 도착했을 때 이익흥 장관과 백두산 호랑이라 불리는 김종원 치안국장이 직접 지휘하는 경찰의 저지를 받게 되었다. 이때 과격한 언동을 보인 의원을 행인들이 보는 가운데 강제로 연행한 일이 있었다. 이 장관과 김 국장의 이런 처사를 두고 야당탄압의 선봉이라고까지 하였다.

그런데 내무부로서는 더 딱한 일이 이어졌다. 9월 28일 내무부청사 인근에 있는 명동 시공관에서 일어난 장면 부통령 저격사건이 바로 그것이다. 그때 이익흥 내무부 장관은 이 사건에 책임을 지고 대통령에게 사표를 제출하였으나 이 대통령은 사표를 반려하면서 "내무부 장관에게 책임을 지울 수 없다"고 말했으나 일주일 후에 경질되고 말았다. 이익흥 내무부 장관은 제4대 민의원선거에 경기도 연천군에서 자유당공천으로 입후보하여 당선되었으나 4·19혁명이 일어나자 국회의원을 사퇴했다. 곧이어 허정 과도정부가 4·19 뒤처리의 하나로 그를 장면 부통령 저격사건의 배후인물로 재판에 회부하여 무기징역 판결을 받게 되었다. 그 후 이 장관은 복역 중 5·16 군사정부에 의해 1964년 5월에 풀려났다. 이 장관은 내무부 재직 8개월 동안에 국회로부터 3번이나 불신임의결의 대상이 되었다. 그것은 주로 선거에 관련된 야당의 정치공세였다.

이익흥 장관이 물러난 뒤에는 자유당 정책위원장이자 경기도 부천 출신 국회의원을 겸하고 있는 장경근(張暻根) 장관이 들어섰다. 그는 제3대 내무부차관으로 재직한 인연이 있었고 자유당에서도 강경파 의원으로 알려졌다. 장 장관은 취임사에서 다음 4가지를 강조했다.

첫째는 민심수습이다. 호시탐탐 재침을 노리는 북괴가 있는 것을 생각할 때 정부와 국민 사이에 거리가 있어서는 안 된다. 우리가 바라는 경제발전도 민심의 안정을 기하지 못하면 연목구어 격이 되고 만다. 우리는 난국에 처하면 처할수록 관민이 굳게 뭉쳐야 한다. 특히 불필요한 관권의 남용을 막고 국민에게 준법을 강조할 것이 아니라 관이 솔선하여 법을 지키는 것이 민주정치의 요체이다. 특히 신문지상에 대서특필로 보도되고 있는 정쟁(政爭)은 국민으로 하여금 빈축을 자아내게 하고 있다. 정견의 차이가 정당정치의 본질이라고 하지만 적에게 미치게 되는 영향을 고려할 때 지나친 정쟁은 지양하고 이 정력을 건설적인 면에 활용해야 한다.

둘째는 관기확립이다. 모든 국정은 공무원에 의하여 운영된다. 그 운영을 맡고 있는 공무원의 기강이 해이하면 그것을 바르게 수행할 수 없다. 따라서 공무원은 국민의 공복으로서 희생적 각오로 각자의 능력을 최고도로 발휘해야 한다.

셋째는 국가관의 확립이다. 모름지기 공무원은 주권을 가진 국민의 수임자로서 확고한 국가관을 가지고 국가와 민족을 위하여 충성을 다해야 한다. 그럼에도 불구하고 개인적 영달에 눈이 어두워 우왕좌왕하는 공무원은 정부조직체계를 문란케 하는 것으로 용납될 수 없다. 확고한 신념을 가지고 열과 성을 다해 주기 바란다.

넷째는 사찰경찰의 강화이다. 현대전은 국가의 총력전이므로 군사력에 의한 침략뿐 아니라 정치, 경제, 사회 등 국가의 각 분야에 걸쳐 침투하여 관민의 이간, 정쟁(政爭)의 유발, 경제교란 등 교묘하고도 악랄한 방법으로 정부를 뒤흔들려는 것이 상례이다. 북괴도 주야로 해안선, 휴전선에 침투를 기도하고 있는 엄연한 현실에 비추어 우리 국토를 지키기 위해서는 사찰경찰이 강화되어 반공임전태세를 확립시켜야 하겠다.

이와 같은 시책은 한 사람의 힘으로는 불가능한 만큼 내무부 산하의 전 공무원이 일치단결하여 소기의 목적을 달성할 수 있도록 하자는 취지였다. 모든 내무부 직원을 긴장시킨 취임사였다.

국민반에 대한 시비

당시 내무부 시책의 하나에 국민반 운영이 있었다. 장경근 장관은 내무부의 많은 시책 중에 국민반을 중요시하였다. 국회의 대정부공세의 초점이 되기도 하였다. 따라서 국정감사 때는 야당의원들이 내무부의 공격목표 중 하나였다. 원래 국민반은 인보상조와 협동공존의 미풍을 양성함을 목적으로 하였다. 국민반 운영을 통하여 민주정치의 기본조직으로 삼는 동시에 국민의 여론 요망 등을 행정시책에 반영하면서 정부의 중요시책을 국민에게 널리 이해시켜 민주행정의 건전한 발전을 기여함을 그 취지로 하였다. 당시의 내무부 판단으로는 정부로부터 말단에 이르기까지 많은 기관이 있어서 정부시책이 일선에 침투되지 않고 이론과 실제가 공전하는 사례가 많았다. 또한 국민의 의견과 요망이 신속 정확하게 반영되지 못하여 정부와 국민이 유리되어 행정이 원활하지 못하므로 이 결함을 시정하기 위해 국민반이 절실히 필요했던 것이다.

국민반제도는 우리민족 고유의 제도였으나 일제가 이 전통과 제도를 악용하여 애국반이라는 이름으로 전쟁수행에 강용한 사실이 있어서 아직 국민들 중에는 그 당시의 악몽에서 벗어나지 못하고 애국반이란 이름만 들어도 부정적인 인상을 갖게 되나 그것은 어디까지나 일시적인 현상에 불과하다.

국민반 운영이 정상화되면 행정기관은 적은 인원과 경비로 최대의 행정실적을 얻을 수 있을 뿐 아니라 국민이 자진협동하게 되므로 행정기관을 대폭 감축할 수 있고 국가재정을 절약할 수 있다. 뿐만 아니라 공무원과 민간의 갈등을 해소시켜 명랑한 사회를 건설함으로써 국민생활의 안정을 기할 수 있게 된다. 국민반 실무를 담당한 부서는 지방국 행정과였다. 전국의 요망사항이 비단 행정부뿐만 아니라 사법부, 입법부 소관 사항도 있으므로 매달 적기에 처리한다는 것은 결코 쉬운 일이 아니었다.

때마침 국회에서 나흘간에 걸쳐 국민반의 조직과 운영에 관한 정책 질의가 있었다. 야당의원들은 일제 때 애국반의 재판인 국민반을 즉시 없애라며, 특히 법적 근거가 없는 제도를 민주국가에서 실시하여 국민의 자유를 구속하는 것은 있을 수 없다고 공격하였다. 야당은 이를 정치적으로 이용하여 여당의 선거전략으로 이용하려는 것이 아닌가 의심하는 시각이었다. 질의에 나선 의원은 현석호(玄錫虎), 박영종(朴永鍾), 소선규(蘇宣奎), 이철승(李哲承), 정중섭(鄭重燮) 의원 등이었다. 그 무렵 내무부에서 있었던 전국경찰국장 회의의 지시사항에 국민반 운영강화가 들어 있었던 것이 계기가 되었다.

야당의원들은 국민반을 강화하겠다는 것은 일제 강점기의 애국반을 부활시키는 것이나 마찬가지며 국민의 기본권을 침해하는 것이라고 비난하였다. 야당 측은 국민반 운영이 다분히 정략성을 내포한 시책이며 선거를 앞두고 유권자를 조직적으로 억압하려는 것이므로 즉각 중지하라고 요구했다. 그 결과 국민반 폐지결의안을 제출하였으나 다수당인 자유당의원의 반대로 부결되었다. 야당 측은 제오열 혐의자도 아닌 모든 국민에게 나치 독일이나 군국주의 일본도 아닌 민주국가에서 이러한 일방적인 시책을 용인할 수 없다고 주장했다. 또한 전체주의 유물인 국민반을 부활시킨다는 것은 민주주의의 생명인 언론·집회의 자유를 말살시키는 처사이므로 즉각 폐지되어야 한다는 비난성명을 발표하였다.

1958년 8월 김일환(金一煥) 장관이 상공부에서 내무부로 전임되었다. 김 장관은 석탄공사 총재시절에 부실했던 석공을 재건시킨 공이 화제가 되기도 했다. 내무부에 부임하자마자 경찰파출소 앞의 표시등이 왜 위험신호인 붉은 빛이냐며 그것을 지금과 같은 파란빛으로 일제히 바꾸게 하였다. 그때만 해도 을지로입구에 있는 내무부청사는 보기에도 허름했다. 일제 강점기 동양척식회사의 2층짜리 목조건물이었다. 고색이 찬연했다. 김 장관은 담장부터 산뜻하게 개조했다. 이런 곳에 착안한 장관은 김 장관이 처음이었다. 오랜 군인생활의 탓인지 그때 이미 내무부는 행정에서도 브리핑 등 군대방식으로 바꾸어 케케묵은 종전 내무부 방식을 꾸짖어가며 뜯어고치기에 바빴다.

맨 처음 행정과에 떨어진 과제가 전국의 시군발전 3개년계획의 작성이었다. 이는 시군마다 2차·3차 산업을 포함한 종합개발계획을 세우는 작업이다. 이것을 2개월 안에 완성하는 벅찬 작업이었다. 행정과에서는 각 시도 실무자를 불러 작성요령을 시달하고, 완성되면 시도단위로 그 내용을 장관에게 보고하는 순서이다. 또 각종시설과 도로계획을 시군단위 지도에 표시해야 했다. 직원들은 몇날 며칠을 밤을 새워가며 이에 매달렸다. 작업도중 농림부나 상공부 등 사업부처에서 항의가 빗발쳤다. 왜 남의 소관을 내무부가 일방적으로 결정하느냐는 것이었다. 다른 부처로서는 당연한 항의였다.

김 장관이 의도했던 것은 각 시군이 장기계획 없이 추진하고 있는 각종 개발사업을 일정한 기본계획을 세워 연차적으로 추진하려는 데 있었다. 그러나 이것은 각 부처의 지방계획과 일치해야 한다는 난점이 있어서 내무부만의 단독적 힘으로는 될 일이 아니었다. 결국 이 계획은 한낱 계획에 그쳤고 끝내는 행정과 캐비닛에 잠들고 말았다.

2 · 4 파동과 지방자치법 개정

1956년의 지방자치법 개정은 지방자치단체장의 지위를 안정시키는 데 목적이 있었다. 주민이 단체장을 직접선거하고 장에 대한 불신임 의결권과 이에 대응하는 의회해산권을 폐지하였다. 그리고 방만하게 운영되고 있던 지방의회에 대하여 회기를 제한하고 의원수를 감축하였다. 그러나 이는 지방의회에 대한 관의 간섭으로 인식되어 지방자치제의 후퇴로 비쳐졌다. 직선제 개정으로 시읍면장의 지위는 안정될 수 있었으나 선출된 단체장 가운데는 한심스러운 인물도 적지 않았다. 행정을 전혀 이해 못 하는 엉뚱한 인물들이 재력이나 혈연의 힘을 등에 업고 당선되었기 때문이다. 또 선거의 속성상 돈이 많이 들고 재선을 위한 인기정착에만 급급해 행정체계상의 정당한 감독도 무시하려는 경향이 허다했다. 이러한 현상은 선거직에 따르는 일반적인 폐단이기는 하나 당시의 행정환경으로나 행정관행으로서는 용인되기 어려운 문제였다.

이러한 폐단도 폐단이지만 자치법 개정의 진정한 이유는 다른 데 있었다. 그것은 2년 뒤에 있을 정부통령선거를 위한 사전대비였다. 1956년 정부통령선거에서 대통령은 여당이 승리했지만 부통령선거는 야당에게 패하였다. 따라서 오는 1960년에는 부통령선거까지 반드시 승리하려는 것이 자유당의 입장이었다. 특히 고령인 이승만 대통령 유고시에 승계권을 갖는 부통령자리는 자유당으로서는 큰 의미를 갖는다. 그런데 자유당의 인기는 점점 하락해서 1958년 직선제에 의한 시장선거에서 8명 중 3명만이 여당출신이었고 나머지 청주, 순천,

여수, 광주, 대구 등에서는 모두 야당출신이 당선되었다. 여기에 집권당은 위기의식을 느끼게 되었다. 뿐만 아니라 이듬해 초에는 마산, 부산 등 대도시에서 시장선거가 있게 되는데 당시의 민심추세로 보아 여당이 이길 승산이 거의 없었다. 따라서 지방을 완전히 장악하기 위해서는 무엇인가 사전에 손을 쓸 수밖에 없었다. 그래서 야당의 격렬한 반대를 무릅쓰고 언론조항이 포함되어 있는 국가보안법과 함께 지방자치법 개정안을 무리하게 통과시켰다. 의장의 경호권이 발동되어 의사당에서 농성하고 있던 80여 명의 야당의원을 강제로 퇴장시키고 여당의원만으로 통과시켰다.

본회의 통과 전 내무위원회에서도 여야 간에 심한 대립을 보였음은 물론이다. 당시의 내무위원장은 지방국장과 내무부 차관을 지낸 김원태(金元泰) 위원장이었다. 이 법안의 심의과정에서 여야 간에 욕설이 오가고 실랑이를 벌이던 중 갑자기 여당의원 한 사람이 자치법 개정법률안의 폐기동의안을 불쑥 내놓았다. 이에 놀란 것은 야당의원들이었다. 여당의원이 당리보다는 국익을 위해 양심에 따라 폐기안에 찬성한다는 발언을 한 후 폐기동의안이 성립되어 14 대 5로 가결되었다. 삽시간에 이루어진 기적 같은 일이었다. 야당의원들은 일시적으로 쾌재를 불렀으나 실은 그게 아니었다. 당시 국회법에는 상임위원회에서 부결되더라도 30인 이상 의원의 요구가 있을 때에는 본회의에 직접 상정시킬 수 있는 규정이 있었다. 자유당은 바로 이것을 활용한 것이다.

그리하여 마침내 1958년 12월 24일 국가보안법 개정안과 함께 지방자치법 개정안이 무리하게 통과되었다. 그래서 이를 2·4 파동이라 부르게 되었으며 1952년 부산정치파동과 함께 우리나라 의정사에 또 하나의 중요한 파동으로 기록되었다. 당시 일부 신문은 "한국 민주주의에 조종을 울렸다"고 보도하였다. 이는 시읍면장의 직선제 개정이 있은 지 꼭 2년 6개월 만의 일이다. 이는 분명히 지방자치제의 후퇴임에는 틀림없으나 자유당 정부에게는 다가오는 대선에서의 승리를 위해 부득이하게 배수진을 친 선택이었다. 이 점이 지방자치가 집권당의 정치적 편의를 위해 이용되었다는 비난을 면치 못한 소치이다. 여러 가지 부수적인 개정도 있었지만 핵심은 시읍면장의 선거제가 폐지되고 임명제로 바뀐 것이다. 다시 말하면 시읍면장의 선출권을 국민에게 주었다가 다시 정부가 회수한 셈이다.

그 뒤 시행령을 고쳐 시읍면장의 자격요건을 반드시 행정경력에만 국한하지 않고 그 지방의 실정에 밝고 학식과 덕망 있는 인물이면 가능하도록 임용 폭을 넓혔다. 시읍면장은 단순한 행정전문가가 아니라 그 지역사회의 정치적 지도자인 만큼 지방주민에 대한 영도력이 인정되면 다소 행정경력이 부족하더라도 임용할 수 있게 하였다.

그러나 공무원법상으로는 선거직인 별정직이 일반직으로 신분이 바뀌었기 때문에 정당소속의 정치인은 임용이 불가능하게 된다. 따라서 기왕의 시읍면장은 당적을 포기하지 않을 수 없게 되었다. 예로 당시 대구시장은 당적 포기를 거부해서 결국 시장직을 물러나게 되었고 반면에 광주시장은 당적을 포기하고 유임되었다. 이 법개정으로 그간 미루어 오던 시읍면장은 대부분 일반직 공무원으로 충당하게 되었다.

지방자치법 개정과 함께 통과된 보안법 개정안은 법무부에서 제안한 것이다. 보안법에 언론조항이 들어가는 것으로 "허위사실을 허위인 줄 알면서 고의로 유포하거나 적시하여 민심을 혼란하게 하여 적을 이롭게 한 자는 5년 이하의 징역에 처한다"는 조항이다. 야당은 지방자치법 개정안보다는 보안법을 가혹한 악법으로 보고 결사저지를 당론으로 결정하였다. 왜냐하면 이 법을 야당탄압의 수단으로 악용할 소지가 있는 독소조항으로 인식했기 때문이다. 사실 그 이후에 경향신문이 이 법에 저촉되어 폐간된 일이 있었다.

최인규 내무부 장관과 3·15선거

1958년에 치러진 5·2총선거 후 내무부 장관이 야당의 불신임의결공세의 표적이 되자 이 대통령은 4대 국회개원 직전에 이근원(李根遠) 내무부 장관을 해임하고 민병기(閔丙琪) 충남지사를 내무부 장관으로 임명하였다. 민 장관은 광주의 개업의였다가 전라남도 보건국장을 거쳐 광주시장을 지냈다. 그 후 전남지사와 충남지사를 역임했고 자유당의 입각운동에 힘입어 내무부 장관에 기용된 것이다.

그러나 민 장관은 불과 두 달 만에 해임되고 김일환(金一煥) 상공부 장관이 내무부 장관으로 전보됐다. 4대 국회의원 선거는 선거소송이 무려 11개 지구나 되었다. 그중에서도 가장 먼저 재선거를 한 곳이 경북 안동이었다. 김일환 장관은 안동재선거 때 현지 일선관서에 선거에 관여하지 못하도록 엄명을 내렸다. 자유당에서는 김일환 장관의 처사에 대하여 불만이 이만저만이 아니었다. 중요한 재선거를 마치 남의 집 불 보듯이 한다는 비난이 빗발쳤지만 김 내무부 장관은 자유당의 요구를 단호하게 뿌리쳤다. 김일환 내무는 자유당의 압력에 대해 "부정선거를 바로잡기 위해 재선거를 하는데 또 부정을 해서 어찌한다는 것인가. 그러잖아도 5·2 선거에 부정이 있었다고 해서 민심을 잃었는데 재선거까지 관건의 개입이라는 말썽을 일으키게 되면 내년에 있을 대통령선거에 지장을 초래하게 된다"고 했다.

선거결과는 자유당의 패배였다. 자유당은 사사건건 트집을 잡았다. 김 내무는 경무대로 찾아가 사의를 표했다. 자유당 쪽과 협조가 원활하지 못하여 내무행정을 수행할 수 없다는 사임이유를 들었다.

이 대통령 역시 집요한 자유당의 공세를 끝까지 물리치지 못했다. 결국은 김일환 내무가 교통으로 최인규(崔仁圭) 교통부 장관이 내무로 자리바꿈이 이루어졌다. 1960년 대통령선거 1년 전의 일이다.

신임 제18대 최인규 내무부 장관은 연희전문을 거쳐 뉴욕대 상대를 거쳤으며 한때 무역업을 하다가 3대 국회의원선거 때 고향인 경기도 광주에서 입후보했다. 광주는 야당영수인 신익희의 선거구역이었다. 30대의 최인규가 도전했으나 실패했는데 이기붕의 도움으로 외자청장에 기용됐다. 그러나 신익희 후보가 작고한 후 4대 때 광주에서 당선되었다. 자유당의 힘으로 1958년 9월에 교통부 장관으로 입각하였다. 그는 처음부터 서대문의 사람이었다. 최인규 장관은 내무부 취임사에서 이승만 대통령에 충성할 것을 강조했다. 평소의 훈시에도 이 대통령은 세계적인 반공지도자로서 이 대통령 아니면 북괴를 이겨낼 수 없다는 것이 그의 지론이었다. 내무부의 시정지표에 "이 대통령 각하에게 절대 충성하라"고 명시하였다. 최인규 내무는 기회가 있을 때마다 "공무원은 이 대통령을 받들어 국가에 충성을 다해야 하며 공무원 가족도 대통령과 정부의 업적을 국민에게 널리 선전하여야 한다. 이 같은 일이 싫은 공무원은 그 자리에 있을 필요가 없다"고 그의 소신을 거침없이 피력하였다.

최 내무가 먼저 단행한 것이 지방관서장의 이동인사이다. 그는 도지사와 경찰국장, 시장, 군수를 대폭적으로 바꾸었다. 이때 정계거물이라 할 수 있는 전남지사에 황성수(黃聖秀), 전북지사에 박정근(朴定根), 경남지사에 신도성(愼道晟) 등이 영입되었다. 그리고 치안국장 이성병(李成丙)을 내무부차관으로, 시경국장 이강학(李康學)을 치안국장으로, 경남경찰국장 유충열(柳忠烈)을 서울시경국장으로 임명하였다. 다만 이러한 인사에는 정실이 관여했다는 후문이 있었다. 인사가 일단락된 뒤에는 오직 선거사무에만 몰두하게 된다.

3·15선거

대통령선거를 4년 전에는 5월에 실시했지만 최 내무는 이번에는 농 번기를 피해 3월로 앞당기게 했다. 또 다른 이유는 3월 26일이 이 대 통령 생일날이기 때문에 당선 축하자리가 되도록 3월 15일로 앞당기 게 하였다. 그런데 미국으로 병 치료차 간 조병옥(趙炳玉) 야당후보 가 2월 16일 급서했다. 이것은 예상치 못한 사태였다. 조병옥 박사 의 서거로 3·15 대통령선거는 단일 후보로 치러지게 된 셈이고 부통 령만 경쟁하는 선거가 되었다.

최 내무장관은 전국시장군수서장의 사표를 미리 받아놓고 오직 선 거결과에 자리를 걸게 했다. 그런데 3월 3일 신문에 내무부의 부정선 거 지령문이라는 것이 보도되어 세상을 깜짝 놀라게 하였다. 그 가운 데는 4할 사전투표, 3인조·9인조에 의한 공개투표도 포함되어 있었 다. 출처는 민주당이 입수한 것이라 했다. 민주당은 투표 3일 전에 선거거부를 들고 나오기도 했다. 심상치 않은 분위기는 점점 그 도를 더해갔고 드디어 3월 15일 투표일이 되자 짜인 각본대로 한 치의 오 차도 없이 전국적으로 일제히 선거가 진행되었다. 마침내 개표가 시 작되자 전국 어디서나 놀랍게도 90% 득표율을 보였다. 당시 대구와 같은 야당도시도 마찬가지였다. 자유당 간부들도 이상히 여겨 이것 은 개표부정이 아니라 투표부정의 결과라고 단정 지었다.

전국의 경찰과 지방행정조직이 총동원되어 실시한 선거의 결과는 아 무도 예측하지 못한 사태를 몰고 왔다. 부통령 후보인 이기붕의 표가 너무 많이 나와서 어떻게 했으면 좋겠느냐는 문의가 빗발쳤다. 그처럼 완벽을 기하려던 계획도 뜻하지 않은 사태 앞에는 어쩔 수 없었다. 마침 내 자유당은 이승만의 지지율을 전 유권자의 85%, 이기붕은 75%로 하향조절하기로 했다. 최 내무는 일선 관서장에게 개표발표를 조정하도록 지시했다. 개표결과는 전국 유권자 총수 11,196,498명, 투표자 총수 10,509,482명, 이승만 대통령후보 9,633,376표, 이기붕 부통령 후보 8,337,059표, 장면 부통령후보 1,844,257표로 공포했다. 대통령 후보는 몰라도 부통령후보의 투표결과는 아무도 믿으려 하지 않았다.

3·15선거의 부정행위에 대한 규탄은 이미 3·15 이전부터 산발적 으로 일어나고 있었다. 2월 28일은 대구에서 장면 부통령의 유세가 예정되어 있었다. 그날은 일요일이었음에도 불구하고 당국은 학생들 의 등교를 명했다. 이에 반발하여 "학생을 정치에 이용하지 말라"는 구호를 외치며 시위를 벌였다. 이를 시발로 3월 8일에는 대전, 13일 에는 서울에서도 시위가 일어났다. 선거 당일인 15일에는 투표가 거 의 끝나갈 무렵 마산에서 일어난 시위에서 시민과 경찰이 충돌하여 경찰의 발포로 7명이 사망하고 70여 명이 부상을 입는 사태가 벌어졌 다. 마산시위의 발포문제를 놓고 옥신각신하는 동안 3월 23일 최인 규 내무부 장관의 사표가 수리되어 후임으로 홍진기(洪璡基) 법무부 장관이 임명되었다. 치안국장에는 조완구 부장검사가 임명되었다. 홍 내무부 장관은 즉시 현지를 다녀와서 필요한 조치를 취했다. 마산 사태가 겨우 진정하려는 4월 11일 제2의 마산사태가 일어났다. 이는 3·15시위 때 행방불명되었던 김주열(金朱烈) 군의 시체가 머리에 최 루탄이 박힌 채 마산 앞바다에 떠오른 데서 발단되었다. 흥분한 마산 시민은 경찰서를 습격하고 폭력을 휘두르기에 이르렀다. 이것이 계 기가 되어 18일에 대구와 부산에서 학생과 시민이 들고 일어났으며 서울에서는 고려대 학생 3천여 명이 시위를 벌였다.

4·19와 제2공화국

4월 19일에는 전국의 대학생들이 일제히 "이승만 정권 물러가라", "3·15선거 다시 하라"는 구호를 외치면서 시위에 나섰다. 4·19혁명은 이렇게 해서 촉발된 것이다. 또한 19일에는 8시를 기하여 정부가 서울, 부산, 대구, 광주, 대전 등 6대 도시에 비상계엄령을 선포하였다. 계엄 하의 서울거리는 잠시 잠잠한 상태를 보이는 듯 했으나 25일에는 서울시내 각 대학 교수단이 14개 조항에 달한 시국선언문을 통해 이승만 정권의 퇴진을 강력히 요구하는 시위를 벌였다. 교수단의 시위는 4·19 이래 수그러져가는 불길을 또다시 타오르게 하는 기폭제가 되었다.

서울시가지는 다시금 흔들리기 시작했다. 25일과 26일에는 수십만 학생과 시민들이 거리에 나섰고 경찰은 이들에 무차별 발포로 대응했다. 이때까지 군은 엄정중립을 지켰다. 26일 오전 10시 드디어 이승만 대통령은 특별담화를 통해 "국민이 원한다면 대통령직을 사임하겠다"고 했다. 동시에 "정부통령선거를 다시 하겠으며 국민이 원한다면 내각책임제 개헌도 하겠다"고 했다. 한편 이 대통령의 하야성명을 접한 국회는 26일 긴급회의를 소집, 이 대통령의 사임권고결의안을 만장일치로 가결하고 이를 즉각 대통령에게 전달했다. 이 대통령은 27일 사임서를 국회에 제출하고 28일에는 경무대를 떠나 사제인 이화장으로 자리를 옮겼다. 이날 새벽 경무대에 피신해 있던 이기붕 일가는 자살로서 온 가족의 생을 마감했다.

내각은 허정(許政) 수석국무위원을 수반으로 하여 과도정부를 구성하였다. 이때 내무부 장관은 이호(李澔) 장관이 임명되었다. 이호 장관은 1949년 내무부 치안국장을 맡았다가 6·25전쟁이 일어나자 육군준장으로 특임되어 육군본부민사부장, 법무감, 국방차관, 법무부 장관을 지냈다. 내각 조직이 끝난 28일 허정수반은 성명을 통해 과도정부의 임무와 결의를 다음과 같이 밝혔다.

① 극도로 무력해진 경찰의 체제를 바로잡아 엄정중립을 지키며 질서회복에 전력을 다하도록 하고 ② 이번 사태를 통해 나타난 국민의 불만과 요구를 충분히 받아들여 부정·불법·부패·혼란 등의 적폐를 일소하고 민심을 자발적이고 건설적인 의욕으로 전환시키도록 모든 제도를 개혁하겠으며 ③ 내각책임제 개헌은 바람직하지만 국회의 자율적인 결론을 존중하겠으며 ④ 3개월 이내로 새 정부를 수립하겠다는 내용이었다.

과도정부의 2대과업은 헌법개정과 새 정부수립을 위한 총선거실시였다. 6월 15일 국회는 내각책임제와 양원제를 골자로 한 개헌을 압도적 지지로 통과시켰다. 허정수반은 새 헌법에 따라 7월 29일을 총선거일로 정했다. 이제 남은 문제는 공명선거의 보장이었다. 부정선거로 무너진 정권을 대신해 공명정대한 선거를 관리하게 될 과도정부로서 이는 당연한 일이었다. 그것은 전적으로 내무부의 책임이었다. 허정수반은 모든 공무원에게 엄정중립과 자유분위기 보장을 강력하게 지시하고 국민들에게도 이를 호소했다. 7월 16일에는 서울을 비롯한 6대 도시에 경비계엄을 해제했다. 이때부터 모든 행정업무는 정상으로 돌아갔다. 이때까지도 민주당의 신파와 구파의 대립은 심각해서 공천도 신파와 구파가 따로 실시했다. 7·29총선거는 대체로 자유롭고 공명하게 치러졌고 민주당의 압도적 승리로 끝났다. 민주당은 민의원에서는 175석으로 3분의 2선을 넘어섰고 참의원에서는 30석으로 과반수를 넘겼다.

제 2공화국

7 · 29 총선거가 끝나고 8 · 15를 기해 제 2공화국이 출범했다. 더위가
한창인 8월 8일 양원제헌법에 의한 민의원과 참의원의 개원으로 새로
운 공화국이 출범하였다. 8월 12일에는 제 2공화국 대통령에 윤보선
이 당선되어 구파인 김도한(金度漢)을 총리로 지명하였으나 국회에서
부결되었다. 8월 19일에는 내각제에 의한 총리로 장면을 국회에서 인
준함으로서 새 정부가 정식으로 발족하게 되었다. 조각에서 내무부
장관에 홍익표(洪翼杓) 장관을 지명하였으나 19일 만에 이상철(李相
喆) 장관으로 바뀌고 다시 한 달 만에 현석호(玄錫虎) 장관으로 바뀌
었는데 이는 당시의 불안했던 정치정세를 단적으로 나타낸 것이라 하
겠다. 그때 부정선거로 재판을 받고 있던 장경근(張暻根) 전 내무부
장관이 병보석으로 서울대학교부속병원에 입원하던 중 일본으로 도주
한 사건이 일어나서 세상을 깜짝 놀라게 하였다. 이에 책임을 지고
현석호 내무부 장관은 사임하였다. 장경근 전 내무부 장관은 그 뒤
일본에서 남미 그리고 미국 등을 전전하다가 5 · 16 이후 군사정부의
허가를 받아 귀국하였으나 지병으로 타계하였다.

새로 공포된 제 2공화국의 내각책임제 헌법에는 종전의 지방자치에
관한 조항을 개정하여 지방자치단체장의 선임방법은 법률로 정하되
적어도 시읍면의 장은 주민이 이를 직접선거한다고 규정하여 기초단
체 장의 자기선임원칙을 헌법으로 보장하였다. 그러나 제 4대 국회는
지방자치법 개정안 기초위원회를 구성하고 법안을 작성하여 본회의
에 제출하였으나 이를 심의하지 못하고 해산하고 말았다. 그 결과 임
기가 8월로 끝나는 전국지방의회는 지방자치법이 개정될 때까지 공
백기를 면치 못하였다. 7 · 29 총선거로 제 5대 국회가 개원하면서 지
방자치법 개정안은 약 1개월간의 심의를 거쳐 10월 말 민참 양원을

420

통과하여 11월 1일 공포되었다. 법안심의 중 가장 논란의 대상이 되었던 것은 서울특별시장과 도지사의 선임방법이었다. 서울특별시장을 직선제로 임명하는 것은 헌법기초위원회에서도 별다른 이견이 없었으나 도지사의 경우는 이견이 대립되어 상당한 논란이 있었다. 결국 기초위원회에서도 타협안으로 도지사는 내무부 장관의 제청으로 국무총리가 임명하며 당해 의회의 동의를 얻도록 했다. 만약에 의회에서 2차에 걸쳐 동의를 얻지 못할 때에는 당해 도의원과 각 시읍면 의회의장이 추천한 후보자를 국무총리가 임명하도록 하는 안을 채택하여 국회에 제출하였다.

이처럼 도지사를 임명제로 하려는 이유는 ① 지방자치 구조에서 도의 지위는 제1차적 자치단체인 시읍면을 포괄하는 제2차적이고 보완적인 자치단체이다. 따라서 지방행정의 민주화 이념은 시읍면을 완전 자치화함으로써 달성할 수 있고 지방행정의 또 하나의 이념인 지역개발과 행정의 능률화는 도지사가 국가기관과 자치단체의 장으로서의 이중적 성격을 갖게 함으로써 달성할 수 있다는 점 ② 도지사가 선거제로 임명되어 순수한 자치단체의 공무원이 될 경우에는 국가기관인 군수(당시는 군이 자치단체가 아님)와 도군에 배치되어 있는 국가공무원도 지방공무원으로 바꾸어야 하며 그렇게 되면 도와 군단위의 종합행정을 담당하는 국가기관이 존재하지 않게 된다는 점 ③ 도가 담당하는 사무는 자치사무보다 국가사무의 비중이 압도적이기 때문에 도지사를 선거제로 할 경우 국가의 지방행정 수행에 막대한 지장을 초래하게 될 것이라는 점 ④ 따라서 각 중앙행정기관은 각각 지방에 특별지방행정관서 또는 자기의 지방출장소를 설치하게 되어 지방행정의 종합조정기능이 상실되고 주민에게도 도리어 불편을 주게 된다는 점 때문이다. 그러나 기초위원회의 이러한 주장은 국회본회의의 심의를 거치는 동안 조금도 참작되지 않고 도지사도 서울특별시장과 마찬가지로 주민의 직접선거에 의하여 선출하도록 의결되고 말았다. 이는 4·19 이후의 사회분위기에 휩쓸려 이른바 주민의 참정권 확대와 민주화에만 지나치게 집착한 결과라고 볼 수밖에 없다.

제2공화국의 지방자치법 개정의 주요내용은 ① 지방의회의원정수를 재조정하였다. 즉 도의회의원정수를 종전의 인구비례에서 민의원 선거구 기준으로 하여 도는 민의원 의원선거구마다 2인씩, 서울특별시는 3인, 제주도는 6인으로 하였다. 그 결과 시도의회의원수는 423인에서 493인으로 늘어났다. ② 선거권 연령을 21세에서 20세로 낮추고 ③ 자치단체장의 피선거권을 25세로 정하였고 ④ 부재자투표제도를 채택하였으며 ⑤ 임명제였던 서울특별시장, 도지사, 시읍면장을 국민이 직접선거하고 ⑥ 임기는 4년 ⑦ 지방의회 회기를 12월 정기총회를 제외하고 서울특별시는 80일, 도와 인구 50만 이상의 시는 70일, 기타 시는 50일, 읍면은 30일로 제한하였다.

이 개정자치법에 의한 지방선거로서 1960년 12월 12일에는 서울특별시와 도의회의원, 12월 19일에는 시읍면의회의원, 12월 26일에는 시읍면장, 12월 29일에는 서울특별시장과 도지사 선거를 실시하였다. 이 지방선거의 두드러진 특색은 투표율이 과거 어느 때보다 저조하였다는 사실이다. 그중에서도 우리나라 지방자치사상 최초로 실시된 서울특별시장과 도지사의 투표율은 35.7%와 39.1%에 불과했다. 이와 같이 주민의 직접선거에 의한 자치단체장과 의회의원 선거를 1960년 12월에 완료함으로써 우리나라 지방자치의 새로운 장을 열게 되었다. 그러나 실제 운영 면에서는 선출된 자치단체장과 중앙에서 임명된 실무자들 간의 불화, 중앙과 지방 간의 갈등 등 허다한 문제점을 노출시켜 지방자치에 대한 국민의 불신을 더욱 가중시켰다. 그러나 이와 같은 제2공화국의 지방자치제는 그 자체의 시행착오적 경험조차 갖지 못한 채 반년도 못가서 5·16 군사정변으로 막을 내리고 말았다.

인사숙청

장면 내각이 출범하자 각 도지사의 인사문제가 먼저 제기되었다. 당시의 여당인 민주당은 지방자치법 개정으로 도지사의 직선제를 전제로 하고 있지만 그간에도 자타에 유리하도록 당시의 지사를 전원 교체해야 한다는 의견이 우세하였다. 물론 민의원에서 구파가 중심이 되어 지사임명 보류안을 통과시켜 정부에 통고해 놓고 있었다. 이러한 반대에도 불구하고 장면 내각은 서울특별시장을 제외한 9개 도지사를 당시의 내무부 장관 이상철 장관의 제청으로 발령하였다. 그러나 민의원이 이미 도지사 직선제를 지방자치법을 개정해 놓고 참의원의 통과를 기다리고 있는 시점에서 정부가 도지사를 전원 임명한 것은 부당한 처사라고 비난했다. 또 임명도지사 가운데는 7·29 총선거에서 낙선한 인사가 3명이나 포함되어 있어서 장면 내각의 인사정책 난맥상을 공격하였다.

한편 장면 내각은 도지사 임명에 앞서 1960년 9월 23일 각의에서 자유당 때의 고급공무원의 대대적 숙청을 내용으로 하는 공무원 정리요강을 의결하였다. 그에 의하면 3·15선거 당시 장관·차관·공보실장·고등검찰청검사장·서울특별시장·서울특별시부시장·도지사였던 자, 3·15선거 당시 치안국장·치안국 특정과장·경찰서장·사찰과장이었던 자, 3·15선거 당시 서울특별시와 각 도의 내무국장과 문교사회국장, 3·15선거 당시 시장·군수·교육감이었던 자 등이 해당된다.

이 정리요강에는 처음부터 직명이 명시되어 있는 이른바 자동케이스와 심사케이스의 2가지 형태로 나누어진다. 자동케이스는 1천 5백명 정도로서 시장, 군수는 대부분 여기에 해당되어 일시에 직을 잃고 심사케이스까지 합쳐 10월 말일까지 조치를 마치기로 했다. 심사케이스까지 약 2천 명이 넘게 공직에서 추방되었는데 가뜩이나 약체 내각을 면치 못한 장면 내각이 일시적이나마 행정의 공백과 혼란을 더한 결과가 되었다.

순서가 다소 전후하지만 장면 내각의 조각이 완료될 무렵 최인규 전 내무부 장관을 비롯하여 한희석(韓熙錫), 장경근(張暻根) 등 자유 당 중진들과 전직각료들 그리고 이성병(李成丙) 내무차관, 이강학(李康學) 치안국장, 최병환(崔炳煥) 지방국장 등이 검거되고 이어서 경남지사 신도성(愼道晟)을 시작으로 각 도지사 내무국장, 최응복(崔應福) 서울특별시부시장, 김용호(金容鎬) 서울시 내무국장이 구속 수감 되었다. 특히 지방행정 책임자들은 장면 내각하에서는 특별검찰 특별재판소에서 그리고 5·16 이후에는 혁명검찰 혁명재판소에서 각각 구형선고를 받아 짧게는 2년 길게는 3년 이상 교도소생활을 겪어야 했다. 이 중 최인규 내무부 장관은 부정선거의 모든 책임을 지고 형장의 이슬로 사라졌다. 향년 45세였다.

5·16과 개혁작업

그 엄청난 사태는 1961년 5월 16일 새벽에 정적을 깨고 일어났다. 오전 9시를 기해 전국적으로 비상계엄이 선포되었다. 일체의 옥내외의 집회가 금지되고 모든 보도행위와 국외여행이 불허되었다. 전 국민은 숨을 죽이고 라디오에서 흘러나오는 포고령에 귀를 기울였다. 정치인, 행정관료, 서울시장, 도지사, 시장, 군수, 읍면장, 각급의 회의원들은 자기신상에 직접영향을 주는 포고령 제4호를 유심히 들었을 것이다. 그것은 다음과 같다.

- 군사혁명위원회는 1961년 5월 16일 오전 7시를 기하여 장면 정부로부터 일체의 정권을 인수한다.
- 참의원, 민의원 및 지방의회는 1961년 5월 16일을 기해 해산한다.
- 일체의 정당 및 사회단체의 정치활동을 금한다.
- 장면 정부의 국무위원 및 정부위원을 체포한다.
- 국가기관 및 시설 운영은 혁명위원회가 이를 정상적으로 집행한다.
- 모든 기관 및 시설 운영은 정상화하고 폭행행위는 이를 엄단한다.

이리하여 군사혁명위원회는 5월 19일에 그 명칭을 국가재건최고회의로 바꾸고 30명의 최고위원과 내각각료 명단을 발표하였다. 내무부 장관에는 한신(韓信) 육군소장, 서울특별시장에는 윤태일(尹泰日) 육군준장이 임명되었다. 아울러 5월 24일에는 9개 도지사와 9개 주요도시인 부산, 대구, 대전, 인천, 광주, 전주, 원주, 춘천 등은 육군준장급과 대령급으로 임명하였다. 또한 지방자치에 관한 임시조치법을 공포하여 해산된 지방의회의 권한을 대행하기 위해 도와 서울특별시는 내무부 장관, 시와 군은 도지사의 승인을 얻어 시행토록 하고 읍면장은 군수가, 동리장은 시읍면장이 임명토록 하였다.

개혁작업

5·16으로 인해 지방제도뿐 아니라 중앙기구에도 일대변혁이 단행되었다. 그때까지의 내무부 4국체제는 통계국이 새로 설치된 경제기획원으로 그리고 토목국이 건설부로 독립되면서 지방국과 치안국의 2국으로 축소되었다.

지방제도에서는 그간의 읍면자치를 폐지하고 군을 자치단체로 개혁하였다. 이로써 중앙-도-시군 3단계의 계층구조가 축소됨으로써 행정 처리에 신속을 기할 수 있고 장차 도사무를 시군에 대폭 이양하여 기초단체로 육성하고 군단위의 경우 특별지방행정기관의 통합이 가능하였다. 뿐만 아니라 군이 중심이 되어 지역개발을 추진할 수 있는 개발권으로 발전시킬 수 있는 가능성이 생겼다. 반면에 구역이 큰 만큼 일반주민과 행정기관 간에 거리가 생기며 자치행정의 근본이라 할 수 있는 공동의식이 읍면자치에 비해 상대적으로 희박해지게 된다. 요컨대 첫째 재정적으로 군자치는 어느 정도 지역개발을 추진할 수 있는 재정능력을 갖추게 되었고, 둘째 난립되어 있는 특별행정기관이 군에 통합되어 교육사무, 수산사무, 농사교도사무 등의 통합이 이루어졌다.

특히 교육행정의 통합과 분리에는 많은 논란이 있었다. 1952년 교육자치를 목적으로 특별시·시군에서 교육행정을 분리하여 특별시와 시에는 특별집행기관인 교육위원회, 군에는 자치단체인 교육구를 두었다. 그러다가 행정통합에 따라 교육위원회를 폐지하고 그 사무를 내국인 교육국 또는 교육과로 합쳤으며 군의 교육구를 폐지하고 교육과를 두었다. 그러나 문교당국과 교육자 측에서 통합에 격렬하게 반대해 다시 분리할 것을 끈질기게 요구했다.

그러던 중 민정이양을 앞둔 1963년 11월 1일 교육법개정으로 교육학예에 관한 사무를 관장하는 집행기관으로서 서울특별시와 도에는 합의제 집행기관인 교육위원회를 두고 시와 군에는 단독제 집행기관인 교육장을 두는 체제로 바꾸었다. 교육사무를 두고 문교당국과의 논쟁은 거의 반년 이상 계속되었으며 문교부 측은 내무행정계통에서 교육의 실권을 장악하고 교육인사를 도문교사회국장이나 도지사가 가진 데 대한 불만이 이만저만이 아니었다.

따라서 교육행정의 지도자가 교육전문가가 아니라 일반행정관이라는 점에 불만이 컸다. 또 중고등학교 교사의 봉급일부가 지방재정교부금에 계상되어 있는 만큼 이를 마치 내무행정에서 유용하고 있는 듯한 오해가 있었다. 따라서 문교부로서는 지방교육행정을 완전히 일반행정에서 분리하여 문교부 직할 아래에 두고자 한 것이다. 이러한 우여곡절을 겪고 그간에 관여했던 지방교육행정은 사실상 내무행정과 결별하기에 이르렀다.

서울특별시 - 내무부에서 분리

혁명정부는 서울특별시를 내무부에서 분리하여 국무총리 직속으로 하는 특별조치법을 1962년 1월에 공포하였다. 즉 "대한민국의 수도인 서울특별시의 건전한 발전을 도모하기 위하여 그 조직 및 운영에 관한 특별조치를 규정함으로써 능률적인 행정의 확보를 기한다"고 하였다. 그리하여 서울특별시의회가 구성될 때까지 조례의 제정, 예산, 기채 등 예산외의 부담에 관한 사항은 국무총리의 승인을 얻어 시행하기로 하였다. 따라서 인사사무를 비롯한 서울특별시 행정에 관한 일반적 감독권은 내무부 장관으로부터 국무총리로 이관되었다.

중앙각부처장관의 서울특별시에 대한 지시감독권을 제한 열거하면 ① 국가적 기본정책에 관한 사항 ② 기본원칙의 기준에 관한 사항 ③ 전국적으로 일제히 실시하는 사항 ④ 서울특별시 이외의 지역과 관련이 있는 사항 ⑤ 경찰업무에 관한 사항 ⑥ 보고서제출과 사실조사에 관한 사항 등이 있다. 대통령령으로 92개 항을 열거하였고 서울특별시장은 국무회의에 출석하여 소관업무에 대하여 발언할 수 있고 조례의 제정, 예산, 기채, 예산외의 부담에 관한 사항을 제외하고 서울특별시의회의 의결을 요하는 사항은 의회가 구성될 때까지 서울특별시장이 전행하게 하였다.

이와 같은 서울특별시의 자유변경에 대하여 물론 내무부는 반대하였다. 그것은 무엇보다도 행정의 이원화를 초래하며 국무총리는 행정각부 장관을 총괄하는 것으로 어느 특정사무를 담당 집행하지 않는 것이 현행 행정조직상의 원칙이므로 서울특별시 행정을 감독하기 위해서는 새로운 보조기구를 두어야 하는 문제가 제기된다.

사실 수도행정을 국무총리가 담당하는 예는 어느 나라에서도 있을 수 없다. 요컨대 이 특별조치법은 서울특별시의 지위격상과 행정의 재량권을 확대시킨다는 의의가 있고 대도시 수도행정의 원활한 발전을 위해서는 여러 가지 난점을 내포하게 되었음을 알 수 있다. 그러나 서울특별시 측은 원래 조선 왕조부터 한성부는 일반도와 구별된 관직의 전통이 있음을 강조했다. 그것은 사실이기는 하나 조선조에서도 1895년 갑오경장을 계기로 한성판윤도 내무부의 지휘를 받게 되었고 한때는 한성부의 지위를 격하한 일도 있었다. 아무튼 서울특별시 지위문제는 행정논리의 문제가 아니었다. 당시 혁명정부는 서울특별시의 지위를 높인다는 것이 확고한 방침이었으며 서울특별시장은 윤태일 장군이었다.

내무부폐지론과 부산직할시

개혁이라는 이름의 파도에 밀려 교육행정사무가 내무부에서 완전히 분리되었고 서울특별시 또한 내무부 산하에서 떠나는 등 내무부 간부들의 사기가 말이 아니었다. 문자 그대로 내무부 수난시대였다. 설상가상으로 이번에는 내무부 자체를 없앤다는 송요찬(宋堯讚) 내각수반의 지시각서는 내무부 간부들에게는 청천벽력이었다. 그간 침묵으로 일관하던 한신(韓信) 내무부 장관은 이 문제의 관계자를 불러 어떠한 일이 있어도 내무부를 사수하라는 엄명을 내렸다.

내무부 폐지안의 지시각서에는 내무부 지방국이 관장하고 있는 인사사무는 총무처로 그리고 지방재정과 지방세는 재무부로 이관하고, 선거사무는 선거관리위원회로 그리고 치안국은 경찰중립을 위한 공안위원회로 독립시킨다는 내용이었다. 당시 혁명정부는 내무부 토목국을 건설부로 독립시키고 통계국은 신설되는 경제기획원으로 옮긴 직후였다. 따라서 내무부가 지방국과 치안국 2국밖에 남지 않게 된 데 대한 조치로 볼 수도 있다.

그 무렵 신문지상에는 경찰중립을 위한 공안위원회안이 자주 거론되고 있었다. 내무부의 담당자들은 이 지시각서를 구상한 곳이 어디인가를 먼저 탐색했다. 그것은 당시의 최고회의 기획위원회임을 알게 되었다. 기획위원회는 혁명정부의 기구개혁과 정책을 다루던 곳으로 주로 대학교수들이 구성원이었다.

이 안이 구상된 것은 전후의 일본제도가 모델이 된 듯싶다. 일본은 점령군사령부에 의하여 내무성이 강제로 해체되었다. 그것은 내무성이 군국주의 일본의 지방지배를 위한 권력의 핵심체라 하여 군대의 해산, 재벌의 해체 등과 함께 취해진 조치였다. 그리하여 내무성은 경찰청, 소방청, 건설청, 노동성, 지방재정위원회, 선거관리위원회, 총리부자치과 등 여러 갈래로 분할되었다. 그러다가 샌프란시스코조약 후에 해체된 지방국 업무였던 지방재정위원회, 선거관리위원회 그리고 총리부자치과가 다시 합쳐져 자치청으로 출발했다가 현재의 자치성으로 부활한 것이다. 과거의 내무성은 지방행정과 경찰행정이 결합하여 강력한 중앙집권체제를 형성하였으나 경찰은 공안위원회로 독립하였기 때문에 자치성은 과거의 내무성과는 성격을 달리한다.

이러한 일본의 예는 혁명정부의 행정개혁 작업의 일환으로 제시된 것이 분명하였다. 이 지시각서는 내무부로서는 전혀 예상하지 못한 것으로 문자 그대로 존폐의 기로에 서게 되었다. 서울특별시가 내무부 산하에서 분리되었을 때는 비교적 담담했던 한신 내무부 장관도 이번 지시각서에는 매우 심각한 표정이었다. 행정과를 중심으로 몇 사람의 특별팀을 만들어 매일같이 한태윤(韓泰潤) 고문실에 모여 내무부해체가 혁명과업을 수행하는 데 부당하다는 논리를 다듬었다.

첫째는 국가의 권력기구에는 핵심적인 체계가 있어야 한다. 중앙-도-시군-읍면-동리에 이르기까지 오랜 전통을 지닌 조직체계는 내무부밖에 없다. 이것은 국가의 기간조직이다. 이러한 조직은 하루아침에 형성되는 것이 아니고 오랜 전통으로 이루어진 산물이다. 이를 일시에 버린다는 것은 역사의 가치를 저버리는 것과 같다.

둘째 지방행정은 어차피 지방자치를 지향하게 될 것이므로 전국의 지방자치단체를 종합적으로 조정 감독하는 중앙부서가 있어야 한다. 특히 지방지차단체의 불균형한 재정상태를 조정하고 국세와 구별되는 지방세제를 운영 감독하는 독자적인 부서가 필요하다.

셋째는 선거사무이다. 정부조직법상 내무부는 지방행정, 경찰, 선거, 국민투표, 민방위 업무를 관장하고 지자치단체의 사무를 감독한다. 따라서 설사 경찰이 분리되더라도 선거와 국민투표를 맡은 중앙부서는 없어지게 된다. 이것을 들어 내무부가 존속되어야 한다는 이유로 부각시켰다. 물론 각급 선거관리위원회가 있지만 일체의 선거사무를 관장하기에는 인력이나 기구가 정비되어 있지 못한 실정이다.

끝으로 지방행정이 개발행정으로 전환하여 조국근대화를 위한 선도적 역할을 담당할 것을 강조하였다. 혁명이후 각 도 단위로 활발하게 전개되고 있는 시범부락운동인 보고 가는 마을, 잘사는 마을, 새마을, 빛나는 마을 운동은 생활개선, 환경정비, 소득증대 등에 도나 군의 종합개발을 시도하고 있다. 바야흐로 지방행정은 개발행정시대에 돌입하고 있다. 이 운동의 추진체가 바로 내무부라 할 수 있다. 이러한 논지로 내무부 해체의 부당성을 최고회의 박정희 의장에게 직접 브리핑했다. 결국 이 안이 받아들여져 폐지안은 일단락되었다. 이 폐지안의 제기는 내무부 간부들에게 일대각성의 계기가 되었다. 만약에 그때 내각수반 지시각서대로 내무부가 폐지되었다면 그 뒤 우리나라의 내정과 정치의 궤도가 크게 달라졌을지도 모른다.

부산직할시

부산시는 인구가 100만에 육박하자 자유당 때부터 경상남도에서 벗어나려는 운동을 전개했다. 그 당시 배상갑(裵上甲) 시장의 직할시운동은 오랫동안 세간의 이목을 끌었다. 몇 차례 직할시 법안이 국회에 제출된 일이 있었으나 부산시 출신 국회의원 수보다 경상남도 출신 의원이 수적으로 훨씬 많기 때문에 번번이 좌절되었다. 사실 인구 100만의 시나 5만의 시나 우리나라 지방자치법은 전혀 차이가 없이 동일하게 규정하고 있었다. 이것은 따지고 보면 어른과 아이를 동일시하는 결과밖에 안 된다. 그래서 영국이나 독일 같은 나라에서는 인구규모가 커지면 그를 감독하는 상급단체와 동급으로 승격시켜 대등한 자치단체로 지위를 격상시킨다. 또는 권한을 대폭이양하며 독자적으로 처리할 수 있는 특례를 인정하는 제도를 택하고 있다. 일본의 경우도 인구가 100만이 되면 지전시라 하여 비록 상급단체인 현(縣)에 속해 있지만 다른 일반시와 달리 권한에 있어서는 특혜를 인정받게 된다. 우리나라는 그런 제도가 지방자치법상 인정되지 않고 있었다.

그럼에도 1946년 서울시가 경기도에서 분리되어 특별시가 되고 1962년 다시 행정감독권이 내무부에서 분리되어 국무총리 직속으로 바뀐 것이 부산시에 큰 자극이 되었음은 말할 것도 없다. 당시 부산시장은 김현옥(金玄玉) 시장이었고 경남도지사는 양찬우(楊燦宇) 지사였는데 부산시의 분리는 양자 간 합의로 이루어질 성질의 것이 아니었다. 경상남도는 부산시가 도재정의 약 60%를 부담하고 있는 형편이었다. 그러므로 부산시가 도에서 분리된다면 그만큼 시를 위한 건설사업과 복지사업비의 여유가 생기게 된다.

뿐만 아니라 경상남도 측은 비단 재정적 이유뿐 아니라 오랜 세월을 두고 형성되어온 군부와 부산시와의 유대관계가 단절된다는 것, 광역행정면에서 양자가 협조해야 할 업무가 점점 늘어가고 있다는 것, 도시와 농촌 간 생활수준이 더욱 격차가 심화하고 행정기구의 팽창과 행정기관의 증설을 가져온다는 것 등을 이유로 들어 계속해서 반대했다. 당시 혁명정부는 의회가 없는 기간이 아니면 부산직할시 문제는 결코 해결될 수 없다고 판단한 것 같다. 경상남도의 재정결함이 예상되는 부분만큼 내무부의 교부금으로 충당할 것을 약속하고 도당국을 설득하여 이 법안이 최고회의를 통과할 수 있었다.

부산시가 직할시로 승격하는 것을 계기로 부산시의 간부진을 3분의 1 수준까지 외부의 새로운 인력으로 받아들일 것을 조건으로 했다. 왜냐하면 그간 시와 도를 비교할 때 비교적 우수한 인력이 도에 몰려 있었기 때문이다. 시는 도의 수준에 미치지 못한 것이 현실이었다. 이 방침에 따라 내무부에서도 몇 사람이 부산시 간부로 진출했는데, 부산시의 종전간부를 그대로 유지한다면 시행정의 발전은 기대하기 어렵다고 보았던 것이다. 다행히 김현옥 시장은 이 방침을 전적으로 받아들여 인사쇄신을 단행했고 향상된 재정력으로 단시간 내에 부산시의 건설사업과 도시정비에서 눈부신 성과를 거두게 되었다.

그러나 이와는 반대로 경상남도는 인구와 재정을 부산시에 넘겨주었다. 그리고 그 전에는 서울특별시 다음으로 도세와 재정자립도가 막강했던 경남이 일시에 가난한 도로 전락할 수밖에 없었다. 이는 대도시와 주변 농촌부의 상호연관 관계를 보여주는 하나의 전형적인 사례로 부각된 것이다. 이전 부산시가 직할시로 승격된 전례를 이어 그 뒤 대구시가 경상북도에서 인천시가 경기도에서 광주시가 전라남도에서 대전시가 충청남도에서 울산시가 경상남도에서 각각 분리되어 대도시와 주변 농촌과의 새로운 문제를 야기했다. 그중에도 직할시 요건인 인구를 맞추기 위해 도시형태를 갖추지 못한 순수한 농촌지역을 무리하게 직할시에 편입시켜 이것도 저것도 아닌 행정의 사각지대를 만들어 낸 곳이 있었던 것을 지적하지 않을 수 없다. 그런 지대는 농촌도 아니고 도시도 아닌 공백지대가 된 셈이다. 그것은 결코 그곳 주민을 위한 행정이 아니다. 또 한때는 인구와 관계없이 직할시 승격을 정치적 선거공약으로 내세우는 사례처럼 대도시문제를 잘못 이해하는 경우도 있었다. 이는 결과적으로 도농 간의 격차, 지역 간의 격차를 더욱 가중시켰다. 이러한 점을 고려할 때 직할시의 효시가 된 부산직할시 문제는 긴 안목으로 보았을 때 과연 올바른 정착의 선택이었는지를 생각하게 한다. 아무튼 직할시 승격은 우리나라에서 대도시문제를 해결하는 한 방편으로 이용되고 있는 실정이다.

주민등록제도와 지방공무원제도

1962년 4월에 최고회의로부터 빠른 시일 안에 주민등록법을 제정하도록 지시받았다. 지방국 행정과에서 그 명을 받았다. 당시 주민의 거주관계제도라는 기류제도가 있었다. 이 제도는 관리책임자가 그 지역을 관할하는 지방법원으로 되어 있거나 거주파악 자체가 허술해서 있으나 마나였다. 주민이 주소를 옮겨도 기류계를 잘 내지 않았기 때문에 이동상황의 파악이 정확하지 못했다. 따라서 주민등록제도는 주민의 정확한 거주상황을 파악하는 데 목적을 두었다.

우리나라는 예전부터 혈연적 신분관계를 공증하는 호적제도가 있다. 이는 친족단위로 출생에서 사망에 이르기까지 신분관계를 기록하는 제도이다. 이는 행정기관이 자기관내에 거주하는 주민의 거주상황과 이동상황을 파악하는 주민등록제도와는 구별된다. 물론 주민등록법은 제정하려던 당시에는 주민의 신분과 거주관계가 호적제도와 기류제도로 변경되어 있었다. 그래서 새 제도에서는 이를 일원화할 방법을 여러 각도로 연구해 보았지만 묘안이 없었다. 특히 우리나라의 호적제도는 오랜 역사의 산물이었다. 이미 통일신라 시대에 그 연원을 두고 고려, 조선을 거쳐 유지되어 오다가 일제 강점기에 조선호적령으로 이어져 1960년 민법과 함께 호적법제정으로 오늘의 제도를 형성했다.

호적과는 달리 기류제도는 1942년 기류령에 의하여 90일 이상 본적지 이외에 주소를 두는 경우에 기류보에 올리는 제도이다. 그러나 이것은 행정기관의 책임에 따라 이루어지지 않고 있었다. 주민등록제도는 기류제도를 없애고 행정기관에서 관내주민의 거주와 이동상황을 파악하는 제도로 그 감독을 서울특별시장, 도지사 또는 시장, 군수로 하였다. 과거의 기류제도는 주소지 이외에 기류지를 따로 인정하여 주소지의 기류부에 동시에 기재하도록 되어 있었으나 주민등록제도는 주소지 또는 거주지의 어느 한 곳에만 주민등록을 하여 주민의 거주와 일치하도록 한 것이다.

다만 18세(그 뒤 17세로 개정) 이상의 모든 주민에게 주민등록증을 발급, 개인별 고유번호를 부여하여 생년월일, 남녀구분, 지역 등을 숫자로 표시할 수 있게 하였다. 대주민행정을 세대단위에서 개인단위로 발전시켰다는 특징을 들 수 있다. 이와 같은 개인별 주민등록제도는 국가적 인적자원의 관리와 행정의 능률을 높이는 데 크게 기여할 것이라 기대했다. 뿐만 아니라 개인별 주민등록번호를 본적지에 통보하여 호적과 연계시켰으며 1인 1번호이므로 같은 번호가 있을 수 없고 한번 사용한 번호는 다시 사용할 수 없으며 사망할 경우에 그 주민등록번호는 영원히 없어지게 된다.

물론 이 주민등록제도는 제정 후 여러 차례의 개정을 거쳐 오늘의 형태가 되었지만 제정 당시에는 입안자들이 심혈을 기울인 것만은 사실이다. 이 법이 최고회의를 통과하여 일선행정기관에서 정비가 끝나자 이내 통화개혁이 단행되어 주민등록제도의 효과가 통화개혁 업무촉진에 큰 힘이 되었음은 말할 것도 없다. 주민등록법을 꼭 한 달 만에 완성하라는 지시의 뜻을 알게 되었다. 주민등록제도는 그 후 지방행정에서 주민관리에 결정적인 역할을 하게 되고 각종 선거는 물론 개인별증명 등에 없어서는 안 될 제도로 자리 잡았다. 다만 초기 입안당시에는 오늘과 같이 전산화될 것은 미처 예상하지 못했다.

우리와 비슷한 제도를 택한 나라는 우리의 주민등록 제정보다 훨씬 뒤인 1968년에 덴마크, 스웨덴, 노르웨이 등 북유럽의 나라들이 주민관리와 동시에 세수, 보험 등을 목적으로 실시하게 됐다. 우리나라에서는 현재의 주민등록증과 의료보험 등을 하나로 통합한 주민전자카드화를 추진하고 있다. 이 카드에는 이름, 사진, 등록번호, 주민이동내용, 호주본적, 병역 등이 포함되어 새로이 의료보험, 운전면허, 인감등록까지 추가될 것으로 보인다. 다만 이러한 다목적 전자카드를 위·변조할 때 그 피해가 클 것이 예상되므로 완벽한 장치가 기대된다.

지방공무원제도

1949년 8월에 국가공무원법이 제정되고 1년 뒤인 1950년 2월에 대통령령으로 지방공무원령이 제정되었다. 지방공무원령은 지방행정에 종사하는 공무원을 규율하는 것이지만 그것은 법률이 아니고 령으로서 10여 년간 지방의 인사제도를 뒷받침했다. 따라서 지방공무원은 국가공무원에 비하여 상대적으로 법적보장 정도가 미약했다. 이것을 시정하고 지방자치의 근간이 되는 지방공무원법을 1963년 11월에 제정 공표하였다.

지방공무원법 제정의 기본이념은 국가공무원과 다른 독자적인 법제도를 확립하고 국가공무원과 지방공무원의 차별을 없애는 것이다. 지방공무원에게도 실적주의 인사제도를 확립하고 공무원의 권익과 신분보장을 강화하여 특히 지방적 특수성을 인정하게 하는 데 있다. 각 자치단체의 특수성에 입각한 자율적인 인사행정이 운영될 수 있도록 하고 가급적 지방자치단체의 조례규칙에 의하여 별정직이었던 시의 동장·동직원을 일반직으로 할 수 있게 하였다. 지방공무원의 등급, 직위분류, 보수, 신분보장, 권익보호, 임용기준 등에 있어서는 국가공무원과 하등의 차이가 없으며 국가공무원과 지방공무원의 인사교류는 공무원의 적재적소 배치와 중앙과 지방 간 전문지식과 경험의 교환을 가능하게 한다. 또한 국가공무원과 지방공무원을 혼성배치하고 있는 현실에 비추어 지방공무원을 국가공무원으로 임용하고자 할 때에는 국가공무원법이 규정하는 특별시험을 거쳐 교류하도록 하였다. 지방공무원은 어디까지나 지방자치단체의 주도적 역할을 하여야 한다.

너무나 당연한 이치지만 지방자치단체의 실질적 주도권은 지방공무원이 아닌 국가공무원이 장악하고 있는 것이 현실이다. 당시 지방행정에 종사하고 있는 공무원 수는 약 4만 7천 명이었다. 그중 약 7천 명이 국가공무원이었다. 수적으로는 적은 것 같으나 서울특별시와 도의 과장급 이상은 대체로 국가공무원이기 때문에 자치단체행정의 주도권은 국가공무원이 잡고 있는 셈이다. 따라서 이와 같은 국가공무원은 당연히 지방공무원으로 그 신분이 전환되어야 한다. 그리하여 지방자치단체의 과장, 국장 등 간부에 이를수록 지방공무원이어야 한다. 그래야 승진의 희망을 가지게 되고 나아가서는 지방자치단체의 주체성을 확립하는 전제조건이 된다.

다음은 지방자치단체의 자율성을 확보해야 한다. 지방자치단체는 국가와는 달리 각 단체마다 지리적·경제적 성격을 달리하고 있으므로 각 단체의 특수성을 충분히 조장 발전시켜야 한다. 따라서 지방공무원법은 이상적으로 말하면 각 단체의 개성을 발휘할 수 있도록 개별화해야 한다. 그러나 많은 수의 자치단체를 일일이 개별화할 수 없으므로 획일화가 불가피하지만 조례나 규칙으로 최대한 그 개성을 발휘시켜야 한다. 만약에 그렇지 못하다면 국가공무원법과 구별할 하등의 실익이 없어진다. 여기에 지방공무원은 지방자치단체의 공무원으로서 자율성이 확보되어야 할 이유가 있다.

뿐만 아니라 무엇보다도 유능한 인재를 확보하는 데 주력해야 한다. 지방공무원도 국가공무원과 마찬가지로 엄격한 시험임용을 거치도록 되어 있다. 다만 국가공무원은 전국을 단위로 하고 지방공무원은 특별시·도 단위로 하여 임용되는 공무원 자체에 우열이 있을 수 있다. 그러나 지금까지 지방공무원령에 의한 시군단위 채용은 엄격한 시험임용이 아니었기 때문에 정식임용의 폐단이 발생하기도 했다. 지방공무원법 제정을 계기로 이러한 폐단은 없어져야 하며 젊고 유능한 인재를 지방공무원으로 받아들일 수 있어야만 지방자치의 장래가 보장될 것이다. 따라서 지방공무원으로 들어서는 길을 엄격히 관리하여 우수한 신진에게 기회를 주어야 할 것이다.

지방행정연수원과 민방위 및 소방업무

일반직 국가공무원을 위한 교육기관은 총무처 산하에 있는 중앙공무원교육원이 있을 뿐이었다. 지방행정에 종사하는 간부급 교육을 위해 교육기관이 아직 설립되지 않았던 1965년 9월에 수유리에 있던 경기도공무원교육원을 빌려 내무부 지방행정연수원을 개원하기에 이르렀다. 당시의 내무부 장관은 양찬우(楊燦宇) 장관이었고 경기도지사는 박태원(朴泰元) 지사였다. 그때까지 각 도는 대체로 지방공무원교육원을 설립해 도내 공무원교육을 실시하고 있었으나 중앙만이 연수기관을 갖지 못하고 있었다.

우선 경기도교육원에서 교육을 실시하였으나 1975년에 이르러 지방행정연수원을 위시하여 경기도지방공무원교육원, 산림청임원연수원, 내무부소방학교 등을 설립하기 위해 1976년에 신축부지를 수원시 파장동에 결정하고 부지 37,511평을 매입했으며, 1976년 5월에 착공, 1979년 4월에 준공을 하게 되었다. 그리하여 강당, 기숙사, 도서관, 체육관 등을 1984년까지 모두 완성해 오늘의 모습을 갖추게 되었다. 지방행정연수원의 교육과정은 기본교육, 간부양성교육, 기관장시책교육, 정신교육, 전문교육 및 수탁교육 등으로 나누어진다. 기본교육은 5년 주기로 이수하는 기본적인 직무교육과정이다. 초급관리자과정을 마친 후 5년이 경과된 중견간부를 대상으로 하는 중견관리자반, 부시장·부군수·일반시의 국장급·직할시 도의 과장급을 대상으로 하는 고급관리자반, 시장·군수·구청장·직할시 도의 국장급을 대상으로 하는 고급공무원반이 각각 있다.

초급관리자반 교육은 1967년에 처음으로 실시되었다. 교육기간은 4주로 교육목적은 처음으로 승진하여 관리자가 되는 공무원에게 공직자윤리를 비롯하여 기초적인 관리능력을 향상시키는 데 중점을 둔다. 주요 교과내용은 행정학, 행정통계, 행정관리, 도시행정, 지역사회개발론, 지방세론, 지방공기업, 재정관리, 타자, 영어회화 등이 있다. 1970년대에 들어와 경제의 비약적인 발전에 따라 대학을 졸업한 우수한 인력이 공직보다 보수조건이 보다 나은 사기업을 선호함에 따라 우수한 인력확보라는 측면에서 대학졸업자를 선발하여 지방행정의 기간요원화하기로 하였다. 1980년에는 교육기간을 2주에서 3주로 늘려 관리자로서 필요한 정신자세와 기초적인 관리기술과 직무수행능력의 향상에 중점을 두었다. 특히 지방행정연수원 교육의 특징 중 하나는 시장 군수반이라 할 수 있다. 초기에는 6개월 기간이었으나 1986년부터는 1년으로 하였다. 이 중 1개월은 합숙훈련이 포함된다. 이는 투철한 국가관과 공직자세 확립, 지역관리자로서 전인적인 인격도야, 행정환경에 부응한 정책관리능력을 제고시키는 데 있다. 과정수료 직전에는 유럽, 미국, 동남아 등으로 단기간 시찰여행을 간다.

한편 지방행정사무연구회는 1952년부터 실시되어 각 도마다 연구과제를 중심으로 연구결과를 발표하여 우열을 결정하는 연구사업이다. 이는 개최지를 바꾸어가며 실시하다가 1964년부터는 명칭을 지방행정연수대회로 하여 1966년부터는 개최장소를 지방행정연수원으로 고정시켰다. 이 연수대회는 지방행정의 당면시책을 중심으로 연구했는데 1978년부터는 지방행정연수원이 주관하게 되었다. 예컨대 1985년의 경우를 보면 주제가 2000년대를 향할 내무행정의 선진화 방안이며 제 1분과는 지방자치단체의 기반조성방안, 제 2분과는 국토공원화운동의 효율적인 추진방안, 제 3분과는 지방정주생활권조성을 위한 지역개발방향, 제 4분과는 일선공무원 자질향상을 위한 공무원

교육의 발전방향 등이었다. 이처럼 매년 지방행정이 당면하고 있는
과제 중에서 가장 중요하고 핵심적인 문제를 선정하여 도 단위로 연
구하고 그 결과를 상호 토론함으로써 여기에서 얻어지는 최선의 방안
을 지방행정시책에 반영시키려는 목적이 있었다. 따라서 일선과 중
앙과 학계가 공동 참여하는 데 의의가 있으며, 이론을 위한 이론이
아니고 행정실무자가 중심이 된 산연구라는 데 특징이 있다. 그러므
로 지방행정의 방향설정이 보다 현실적이고 합리적인 데 목표를 두게
된다. 대체로 이 연수대회에서는 주제에 관련된 전문가 또는 대학교
수의 특별강연이 있다.

지방행정연구원은 고도정보사회의 발전과 국민경제수준의 향상 등
지방행정환경의 급속한 변화에 효율적으로 대처하기 위한 장기적이
고 종합적인 연구개발 요청에 부응하며 지방행정의 당면 종합과제를
합리적이고 실제적으로 조사 연구하고자 각 시도지방자치단체에서
뜻을 모아 당초 지방행정연구소를 설립하게 되었다. 1984년 초에 지
방행정연수원에 부설하였다.

당시 많은 중앙부처들은 자체연구기관을 설립하여 시책개발에 힘
쓰고 있었으나 내무부와 지방자치단체에서는 연구용역을 대부분 민
간 또는 대학연구소 등에 의뢰하고 있는 실정이었다. 따라서 내무부
가 직접 감독하며 지방행정 중장기 정책과제를 연구 개발할 수 있는
종합적인 전문연구기관이 필요하게 된 것이 그 설립배경이었다.

1984년에서 1986년에 이르는 초기연구과제는 지방행정의 기능분
석, 지방재정제도, 2000년을 향한 지방행정좌표, 지방교부세제도, 지
방재정수요예칙, 지방예산실태분석, 외국의 지방자치제도비교, 한국
의 지방자치제실시방안, 대도시행정제도개편방안, 과거의 지방자치운
영실태, 지방공무원의 의식구조와 인사행정의 정책방향연구 등이다.

1985년부터는 연구소 위치를 수원의 지방행정연수원에서 서울 마

포구 공덕동에 있는 지방행정회관으로 옮기고 명칭을 한국지방행정연구원으로 바꿨다. 동시에 지방행정연구원 육성법을 제정하여 연구원의 시설과 운영에 소요되는 기금을 충당하기 위하여 필요한 출연금을 예산의 범위 내에서 교부하도록 하였다. 국가 또는 지방자치단체가 지방행정에 관련되는 연구조사를 위탁하고자 할 때에는 다른 법률의 규정에 의한 경우를 제외하고는 다른 연구기관에 우선하여 한국지방행정 연구원에 위탁하게 하였다. 아울러 연구원은 국가 또는 지방자치단체 국공립교육기관이나 연구기관에 대하여 지방행정에 관련된 간행물이나 자료요청을 받을 때에는 요청받은 기관은 특별한 사유가 없는 한 이를 제공하여야 한다.

연구원의 조직은 초기에는 연구부에 지방행정연구실, 지방재정연구실, 지역개발연구실과 행정실이 있었으나 1990년부터는 연구기획실, 정책제도연구실, 방제연구실, 자료실, 전산실 등이 추가되어 기구가 늘어났다. 그밖에 비상임 연구위원과 연구자문위원회가 설치되었다. 연구인원은 초기에는 약 30명이었으나 업무가 늘어남에 따라 1990년에는 50명, 1993년에 68명이 되었다.

한편 1992년 이후 연구원에서는 지방의회의원에 대하여 1992년에 8개 시도, 1993년에 4개 시도 의회의원의 연찬회를 가졌다. 발간사업으로는 연구보고서를 비롯하여 세미나보고서, 공청회보고서, 연찬회보고서, 계간지방행정연구지, 지방행정정보지, 정책건의서, 조사보고서 등을 출간하였다. 이 중 지방행정연구지는 지방행정에 관련된 과제를 이론적·실증적으로 심도 있게 연구한 결과를 수록한 논문집으로 집필자의 절반 정도는 원내에서 나머지는 외부전문가에게 위촉하였다. 지방행정정보지는 각종정보와 자료를 수집 분석하여 실무자 관련 연구자에게 제공하기 위해 수시로 발간하고 있다.

민방위와 소방업무

1975년에 우리나라에도 민방위훈련제도를 도입하기로 하여 같은 해 7월에 민방위기본법을 제정하였다. 동시에 정부조직법을 개정하여 내무부에 민방위본부를 설치했으며 치안본부소방관을 개편하여 민방위본부내에 소방국을 두게 되었다. 그리하여 내무부 민방위본부에 민방위국과 소방국을 두었으며 1977년 12월에 소방공무원법을 제정하였다. 민방위본부가 설치된 이래 소방관서의 증설과 소방공무원의 증원으로 교육수요가 늘어 교육기관설치가 요청되었다. 이에 따라 1978년 7월에 내무부 지방행정연수원 구내에 소방학교를 개설했다가 1986년 12월에 충남 천안시에 있는 중앙민방위학교를 옮기게 됐다.

민방위훈련은 훈련의 실제화를 기하고, 내실 있고 전 국민이 참여하는 분위기를 조성하며, 전시 국민행동요령으로서 각종 민방위사태에 대처할 수 있는 대응력과 안보의식을 확산시키며, 민방위를 후방방위와 사회안정의 구심체로 육성시키려는 데 그 기본목표를 둔다.

도시지역은 매월 1회 읍 이상의 도시와 인접도로 주변을 대상으로 실시하며 농어촌지역은 군수가 지정한 면지역의 주요직장, 교통요충지에 대하여 월 1회 실시하고 면소재지 학교는 반드시 훈련대상에 포함시킨다. 면지역 중 농어촌, 주요직장, 교통요충지, 훈련제외지역은 농번기가 아닌 시기에 군수가 지정해 연 1회 이상 실시하도록 했다. 해안, 도서, 집적지, 산간오지 등 간첩침투 예상지역에는 녹음기에 연 2회 실시한다. 풍수해, 가뭄피해, 해일, 눈피해 등의 재난상습지도 장마, 태풍, 폭설 시기 전에 연 1회 실시하고 위해직장과 인근주민과의 연계훈련은 연 1회 이상 실시하여야 한다.

민방위훈련은 30분으로 하며 사태수습훈련은 30~60분 이내로 조정하였으며 일별, 시차별 민방위의 날 훈련시에 국민불편해소를 위하여 훈련목적은 전국적으로 통일하였고 지방통제훈련은 내무부가 결정 통보하도록 하였다.

민방위의 날 훈련시의 훈련경보는 지역별, 시차별로 경보를 구분 발령하고 중앙통제 훈련시에는 경보발령이 전국적으로 통일되도록 오산민방위통제소에서 KBS, MBC, SBS, 지방방송으로 전파하였 다. 또한 지방통제 훈련시에는 경보발령을 지역별로 구분발령하며 수도권 인접지역은 오산민방위 경보통제소에서 기타지역은 시도지역 경보단말을 이용하였다. 경보단계도 수도권인접지역은 공습경보(20 분)에서 경계경보(5분)로, 기타지역은 경계경보(5분)에서 공습경보 (20분)로 하여 경보시차로 발생하는 주민불편을 덜기 위하여 경계경 보 시간을 5분으로 단축하였다.

훈련방법은 중앙통제훈련과 지방통제훈련을 병행하여 격월로 실시 한다. 중앙통제훈련은 내무부 통제 아래에 전국적으로 실시하고 훈 련방송은 KBS를 이용하며 경보방송은 오산민방경보통제소를 이용하 게 된다. 지방통제훈련에서는 국지적 사태발생 시 시도자체의 대응 능력을 제고하고 중앙방송 기능마비 시 지방방송을 이용할 경보전파 와 국민통제방안, 지역여건에 맞는 특수훈련의 주민참여도를 높일 수 있는 방안 등을 검토한다.

훈련방송은 훈령계도방송으로 구분된 훈련계도방송은 전국통제방 송을 이용하여 전반적인 사항은 내무부가 담당하고 지방통제훈련은 지방방송을 이용하여 시도민방위국이 실시한다. 훈련실황방송에는 훈련공습, 경계, 해제, 경계방송 등이 있는데, 2개 이상의 시도가 동일 훈련권역으로 된 시도는 훈련시도에서 다른 시도와 협의하여 방 송진행을 결정한다. 훈련평가 방송은 훈련의 전반적인 사항에 대하 여 중앙방송국을 이용하여 내무부가 실시하고 권역별 훈련상황을 훈 련주관 시도에서 지방방송국을 이용하여 실시한다.

민방위의 날 훈련은 1972년 1월 15일 이후부터 오늘에 이르기까지 적의 침공과 자연 및 인위적인 각종 재난으로부터 국민의 생명과 재산을 보호하기 위해 지속적으로 시행됨으로써 유사시 사태 대응능력을 높이고 훈련의 실제화를 통해 도출된 문제점의 개선방안을 보완 발전시켰다. 예컨대 민방위의 날 훈련 시 국민들의 자율적 훈련 참여로 실제성 있는 훈련지원이 이루어져 주민대피 등이 신속히 이루어진다.

　훈련시간 중 대피소 내 교육장과 직장교육은 주민의 안보의식을 고취하고 일상생활에서 안전사고를 예방하는 유익한 교육장이 되고 있다. 군(軍) 기동장비출동과 군병력의 직접적인 교통훈련은 훈련분위기 조성과 유사시 군작전상 예상되는 문제점을 검토할 수 있는 계기가 되었고 지역군부대의 참여로 지역방위에 대한 공동체 의식을 높이는 데 크게 기여하였다. 특히 민방위의 날 훈련시 실시되는 각종 재난방지훈련을 실감 있게 전개함으로써 사태별 대응능력을 향상시킨다. 대도시 아파트단지 화재대피훈련으로 화재시 초기진압요령, 화재확산에 대비한 대피요령, 소화기 조작요령을 숙달시키는 동시에 아파트주민에 대한 교육을 통하여 자위소방능력을 높인다. 또한 화재에 취약한 시장과 백화점 등 다중집합장소에 대한 전기·가스 등 화재위험시설을 점검하여 화재위험요소를 사전에 제거하게 한다.

　화생방무기는 과학의 발달에 따라 비단 전투요원뿐 아니라 일반주민에게까지 엄청난 피해를 주었다. 1975년에서 1981년에 걸쳐 구소련이 이를 사용하여 라오스, 캄보디아, 아프가니스탄 등에서 많은 피해자를 냈으며 1980~1985년 사이에 이란, 이라크 등에서도 많은 희생자를 내어 세계적인 관심과 비난의 대상이 되었다. 이와 같은 화생방훈련에 대하여 정부차원에서 관심을 갖게 된 것은 1971년이다. 그해 12월에 서울, 인천, 춘천에서 화생방 훈련을 실시한 것이

446

그 효시가 되었고 1975년 12월 민방위의 날 훈련부터 화생방훈련이 체계화되기 시작하였다. 훈련의 종류는 민방위의 날 중점훈련으로 실시하는 전국단위훈련, 훈련내용을 여러 사람이 참관 비교하는 시범훈련, 시군단위로 실시하는 자체시범훈련, 직장 자체 화생방훈련이 있다. 훈련내용은 화생방 경보전파, 주민대피 및 오염환자 응급조치, 대량구호, 오염지역조사, 제독요령 등이다. 훈련에는 군부대, 경찰, 소방, 예비군, 의료기관, 민방위사태 수습에 관련된 유관기관이 모두 참여해 종합적이고 체계적으로 사태를 처리할 수 있는 대응능력을 향상시킨다.

삼림행정

경제가 고도로 성장하면서 황폐된 산지를 녹화하는 사업이 긴급한 과제로 부각되었다. 따라서 강력한 산림행정의 추진을 위해 1973년 3월, 농림부소속으로 된 산림청을 치안과 지방행정을 맡고 있는 내무부로 이관하여 각 도의 산림과를 산림국으로, 시군의 산림계를 산림과로 확대하여 지방의 산림행정기구를 대폭 강화하였다. 동시에 제1차 치산녹화 10년계획을 세우고 1982년까지 전 국토의 녹화사업을 완료할 수 있는 목표를 세워 범국민적 식수운동과 강력한 산림보호정책을 전개하였다.

그 결과 당초에 계획한 기간보다 4년 앞당긴 1978년에 목표를 달성할 수 있었다. 1978년부터는 다시 제2차 치산녹화 10년계획을 수립하여 산지자원화를 통해 산지를 새로운 국민경제권으로 조성하려는 목표 아래 국민조림체제를 정착하는 한편 산지를 합리적으로 이용하기 위한 산지이용구분조사를 실시했다. 또한 임도시설 사유림협업경영, 임업기능인 양성사업 등의 임업 경영기반조성사업을 중점적으로 추진하였다.

그러나 이 기간 동안 녹화와 보호위주의 정책에 치우친 나머지 산림자원의 경제림과 임도시설확대, 전문임업노동력양성 등의 경영기반조성사업이 미흡하였으며 산주의 투자유인을 위한 임업경영확대, 임업세제개선, 자율적 영림계획작성 등 각종 공익기능을 확산하는데도 미흡하였다. 따라서 산지를 보다 합리적이고 효율적으로 활용하기 위해서는 임산자원 증식, 농산촌소득원 개발, 국민휴양공간 확충, 국토보전 등에 힘써 공익목적에 더욱 충실할 것이 요청되었다. 이에 따라 산지의 경제적 활용을 내용으로 한 농어촌 종합대책을 수립하고 산림청을 1987년에 다시 농림부로 환원시켜 산림행정의 일대 전환을 시도하였다.

따라서 산림청은 이제까지의 보전과 규제위주에서 경영과 조장위주로 정책기조를 바꾸어 2000년대를 내다보고 산림자원의 경제림화와 산지의 효율적 이용개발을 촉진했다. 산림을 계획적으로 자원화하여 국민경제의 공익기능 증진에 기여하면서 산지를 농산촌소득원으로 이용개발하게 하였다. 산림청은 농어촌종합대책과 연계하여 제2의 산지개발을 추진하고자 1988년부터 새로운 산지자원화 10개년 계획을 추진함으로써 1990년대를 임업경영의 선진화를 기하는 일대 도약기로 맞이할 계획이다.

특히 주목할 만한 것은 집단황폐지구의 사방사업이 성공한 사례이다. 그 대표적인 지구가 국제항공노선의 관문인 경북 영일지구인데 집단황폐지를 중앙과 지방사방사업의 피나는 노력으로 완전 녹화시킨 것은 대표적인 예일 것이다. 원래 영일지구는 테암과 이암층의 특수지질로 되어 있고 강우량의 부족, 강한 해풍 등으로 한번 황폐화되면 복구하기가 어려운 지역으로서 그동안 여러 차례 시도했으나 기술상의 문제로 복구되지 못하고 장기간 집단황폐로 방치되어 왔다. 당시 박 대통령의 특별지시로 1972년 영일지구 산림복구계획에 따라 임업시험장에서 새로운 사방공법의 개발로 1973년부터 총 38억 원을 투입하여 4,538헥타르의 집단황폐지를 1977년에 완전 복구하였다. 이로써 이 유역의 토사유출이 방지되어 국토환경보전에 크게 기여했고 포항공업지역의 수자원 함양에도 공헌할 수 있었다.

새마을운동의 전개

1970년대 내무부의 빛나는 업적 중 하나는 새마을운동의 추진이다. 이 운동은 거국적 운동이기는 하나 그 주관을 내무부가 맡았기 때문에 성공할 수 있었다고 믿는다. 새마을운동은 근면·자조·협동하는 새마을정신을 바탕으로 생활환경을 개선하고 주민소득을 증대하며 국민정신을 계발하여 잘 사는 마을, 건전한 사회, 부강한 나라를 건설하려는 민족의 일대약진운동이라 할 수 있다. 새마을운동은 우리 세대뿐 아니라 미래의 후손들도 잘 살 수 있는 터전을 구축한다는 의미에서 영속적인 운동의 성격을 가지고 있다. 즉 나도 잘 살고 우리 마을도 잘 살고 나라도 잘 살뿐 아니라 우리 후손도 잘 사는 부강한 나라, 살기 좋은 나라로 만들자는 범국민운동이다.

　이 운동은 1970년대 초 농한기에 농촌 유휴노동력을 마을의 생활환경을 개선하는 각종사업에 활용한 것이 시초의 발단이다. 이를 위해 정부는 전국의 부락(35,000)에 일정량의 자재(시멘트와 철근)를 지급했는데 농민의 자조적인 노력에 의한 성과가 정부의 기대 이상으로 컸으며 모든 농민이 이 사업에 적극적으로 참여함으로써 우리나라 전통적인 농촌의 모습이 근대적인 새로운 농촌으로 바뀌게 되었다. 새마을운동이 요원의 불길처럼 전 농촌에 확산할 수 있었던 배경에는 당시 다수확 쌀의 통일벼가 처음으로 농가에 보급되기 시작하여 쌀의 증산이 획기적으로 늘게 된 점이 있다. 또한 1960년대 이후 경제개발계획이 성공하여 오랫동안 정체한 경제가 활기를 띠게 되어 농가를 위한 고미가정책으로 전환할 수 있었다는 점을 들 수 있었다. 그 결과 농민들은 생산의욕이 어느 때보다 왕성했고 생활의 자세와 사회분위기가 크게 달라지고 있었다.

새마을운동의 추진체계는 중앙은 중앙협의회를 두어 중앙정부수준의 각종시책을 종합조정하고, 시도는 시도협의회를, 시군은 시군협의회를, 읍면은 읍면추진위원회를 두어서 이들 각급지방단위협의회로 하여금 지역단위의 조정과 종합추진의 기능을 갖도록 하였다. 한편 새마을운동이 실제로 이루어지는 이동개발위원회는 새마을지도자를 중심으로 새마을사업이 추진될 수 있도록 추진체계를 지방행정체계와 일치시켰다. 1971년에는 내무부 지방국에 새마을담당관, 시도에 새마을지도과, 시군에 새마을과를 신설하였다. 1975년에는 시군 새마을과 대신 새마을담당부군수를 두게 되었고 1978년에는 농촌주택개량과를 두었으며 1979년에 농촌주택개량과를 새마을주택과로 바꾸었다. 그리하여 새마을운동은 구체적으로 생활환경개선 사업부터 시작하였고 다음과 같은 양상으로 전개되었다.

첫째, 마을의 도로개발이다. 지방도에서 마을로 들어가는 길은 아주 좁고 개천을 건너는 것이 보통이다. 초기의 새마을사업은 마을의 진입로를 넓히고 다리를 가설하는 일이다. 1971년에서 1975년까지 새마을사업으로 가설한 다리가 6만 5천 km에 달했다. 도로의 길이도 2~4km에 이르렀고 폭은 3~4m가 대부분이었다. 그 결과 1970년대 후반에는 전국 3만 5천의 부락에 거의 자동차가 드나들 수 있게 되었다. 마을길을 넓히고 바로잡는 것은 우마차와 동력경운기의 사용을 편리하게 하여 영농기계화에 큰 도움이 되었다. 또 이 사업에는 토지 확보 또는 건물철거 등의 여러 가지 문제가 얽혀 있는데 이것은 마을 스스로가 해결해야 하므로 사업기간에는 작업 자체보다 매일같이 주민들의 모임이 계속되기도 하였다. 대개의 경우 소유주는 마을의 공동이익을 위하여 토지를 무상으로 기부하는 것이 보통이었다.

둘째, 마을의 주변에는 대부분 개천이 흐르는데 정부의 수리사업은 대단위에 한하므로 소하천은 거의 방치된 상태였다. 새마을운동은 마을주변의 개천을 개수하기 시작하였으며 마을주민, 남자, 여자 구분할 것 없이 협동적으로 힘을 모아 개천을 보기 좋게 정비하였다.

셋째, 1971년 당시까지만 해도 전국 248만 농가지붕의 80%는 초가지붕이었다. 그러므로 해마다 가을추수가 끝나면 짚으로 지붕을 새로 이는 것이 농가의 큰 일거리 중 하나였다. 그것이 짚 대신 기와나 슬레이트로 바뀌었다. 이 지붕개량 사업과 함께 보기흉한 담장도 깨끗하게 고쳐졌다. 또 재래식 부엌을 개량하여 허리를 굽히지 않고도 요리할 수 있게 했다. 농가에 따라서는 집 자체의 구조를 편리하게 고치는가 하면 새 집을 짓는 경우에는 낮은 지대에서 언덕 위의 높은 지대로 옮겨 마을의 경관을 보기 좋게 바꾸어 놓았다.

넷째, 시골에서는 마시는 물을 샘물에 의존하는 것이 보통이다. 따라서 농촌의 주부는 집에서 떨어져 있는 우물에서 물을 나르는 것이 여간 힘든 일이 아니었다. 상수도 시설은 농촌주부의 오랜 숙원이었다. 물론 마을의 위치에 따라 상황이 달라지지만 산간부락은 계곡의 물을 막아 파이프로 개별농가에 급수하는 간이 상수도시설을 새마을사업으로 시작했다. 최근에는 지하수시설이 늘어 농가의 급수사정은 놀라울 만큼 호전되었으며 위생 면에서도 크게 개선되었다.

다섯째, 1960년대까지만 해도 농가의 20% 정도만 전기를 켤 수 있었다. 그것이 새마을운동으로 1978년에는 전국농가의 98%까지 전화사업을 마칠 수 있게 되었다. 현재는 일부낙도를 제외하고는 완전히 전화사업을 마쳤다. 정부는 1970년대 초기에 농촌전화사업에 전력을 기울였다. 새마을운동이 활발한 마을부터 전기를 넣어 주기 때문에 마을은 경쟁적으로 새마을사업에 열을 올렸다. 농촌전화사업으로 TV나 냉장고와 같은 가전제품이 대량으로 보급되기 시작하여 도농 간의 문화격차를 좁히는 데도 크게 기여할 수 있었다.

여섯째, 1970년 초 쌀의 신품종인 통일벼의 보급은 농가의 쌀농사에 획기적인 변화를 가져왔다. 1970~1977년 사이에 헥타르 당 쌀 생산량은 350kg으로 늘어났다. 이 통일벼 보급 역시 새마을운동의 일환으로 이루어졌다. 이른바 수도재배단지 방식으로 용수와 토양이 비슷한 10~30호의 농가가 공동으로 육묘에서 모내기, 시비, 방제, 물 관리, 수확에 이르기까지 협동작업을 통하여 능률을 올릴 수 있었다. 이러한 협동이 새마을정신이요, 새마을운동은 신품종을 짧은 기간에 전국농가에 보급하는 데 큰 힘이 되었음은 말할 것도 없다.

일곱째, 새마을사업은 농한기를 활용하는 경우가 많기 때문에 주민이 한군데에 모이는 장소가 필요해 마을회관의 건립을 서두르게 되었다. 1970년대 후반에 이르러서는 거의 모든 부락이 마을회관을 가질 수 있게 되었다. 마을회관은 비단 회의장소 뿐 아니라 영농기술을 전달하고 생활정보를 교환하는 장소로도 이용되고 마을에 따라서는 농번기에는 공동취사장 또는 어린이 탁아소로 쓰이게 된다. 마을회관 벽에는 그 마을에 관한 각종 통계와 마을의 발전계획 등이 게시되어 있는 경우가 많다.

새마을사업은 추진과정에서 전국의 마을을 기초마을, 자조마을, 자립마을로 분류하여 단계적으로 육성하는 방안을 택했다. 예컨대 기초마을이 자조마을로 되기 위해서는 마을안길, 농로, 소교량, 소하천정비, 농업수리율, 공동이용시설, 지붕개량, 마을기금, 새마을저축, 농가소득수준 등이 정해진 기준에 달성될 때 비로소 가능하며 다시 자립마을이 되기 위해서는 보다 높은 수준의 목표를 각각 달성할 때 승급이 이루어지는 방식이다. 1972년에는 자립마을이 전체마을의 7%에 불과했으나 1977년에는 82%에 달했다. 그것이 1980년에는 모든 마을이 자립마을로 됨에 따라 그보다 높은 수준의 자영마을과 복지마을을 추가하였다.

1970년대 새마을운동의 확산과정을 보면 1973년까지는 농촌지역이 새마을사업의 중심무대였다. 그것이 1974년부터는 도시지역으로 확대되었고 직장새마을운동, 학교새마을운동, 공장새마을운동과 함께 범국민적인 운동으로 범위가 넓어졌다. 그러나 도시지역의 새마을운동은 농촌지역에서 거두었던 성과에 비해 크게 뒤지고 있었으며 1980년대에 들어와서는 그 명목만을 유지한다는 비판의 소리가 높았다. 한마디로 도시지역 새마을운동이 부진한 근본적인 원인은 새마을운동의 사업내용과 방법이 도시의 다양한 구조적 특성에 맞지 않은데 있었다. 1970년대 우리나라 농촌새마을운동이 활발하게 전개된 배경에는 농촌의 특성인 동질성에 근거해서 전국의 모든 부락에서 같은 성질의 사업을 같은 방법으로 추진할 수가 있었다. 그러나 도시지역은 그 크기와 형태가 모두 다를 뿐 아니라 지역주민의 정서도 판이하여 획일적 방법으로 운동을 전개하기에는 어려움이 많았다.

1976년부터는 새마을취락구조사업으로 발전했다. 주지하는 바와 같이 농촌마을은 처음부터 합리적인 계획 아래에서 만들어진 것이 아니다. 자연발생적으로 형성된 것이기 때문에 일정한 질서가 없고 멋대로 형성되어 집과 집, 집과 길의 연결이 불합리하고 들쭉날쭉하여 일상생활이나 영농작업에 편리하지 못하다.

이 사업은 주택개량사업과 함께 집·도로·취락의 재배치, 마을공동시설의 설치 등으로 농촌취락을 근대적으로 정비하는 사업을 새마을운동으로 추진하였다. 이는 1976년에 시작하여 1986년까지 취락수 3,435개, 사업비 1,740억 원, 그 중 정부지원 759억 원, 주민부담 981억 원의 매우 규모가 큰 사업이다. 이 사업은 개개 마을의 여건에 따라 수해 상습지나 집단이주가 불가피한 마을은 아예 언덕 위로 마을을 재건하는 A형사업, 기존마을의 도로나 공동시설을 재배치하면서 일부 불량주택을 개축하는 B형사업, 비교적 상태가 양호한 마을에 대하여는 5~6호 정도 주택만 개축하는 C형사업의 3가지 유형으로 진행되었다. 그간 A형이 전체의 24%, B형이 73%, C형이 3%였으며 대체로 고속도로, 철도, 국도 주변의 주요관광지역 같은 가시적인 지역과 수해와 재해지구가 우선이었다. 주민부담이 큰 만큼 농가의 경제력부족 등으로 부작용도 없지 않았다. 그러므로 점차 마을의 여건과 주민의 부담능력을 충분히 감안하여 결코 무리한 추진을 하지 않기로 하였다.

제5공화국의 출범과 함께 새마을운동은 큰 전환기를 맞게 되었다. 내무부 주관이었던 새마을운동이 관주도에서 민간주도로 바뀌고 1980년 12월에 새마을운동 중앙본부가 창립되었으며 이어서 새마을운동육성법을 제정함으로써 민간주도의 추진체계를 마련하였다. 1982년 9월에는 각 시도지부를 설립하였고 1984년 3월에는 각 시군구의 지회를 설치함으로써 종전의 관조직은 오직 민간조직의 지원에만 그치기로 하였다. 그러나 사실상 이때부터 새마을운동은 그 열기가 식기 시작했고 내무부의 관심이 줄어든 만큼 새마을운동은 활기를 잃었다. 끝으로 새마을운동의 원동력이라 할 수 있는 새마을교육은 당초에는 농림부소속의 독농가연수원에서 시작하였다. 교육내용이 일반적인 교육과는 달리 아침 5시의 구보운동부터 시작하여 사례중심의 분임토의, 성공사례소개 등을 중심으로 한 합숙훈련이었다. 교육을 마친 뒤 6개월 후에 다시 소집하여 교과과정을 스스로 점검하는 방식이었다.

새마을운동의 원동력이라 할 수 있는 새마을교육에 대하여 자세히 살펴 보고자한다. 당초에는 농림부소속 독농가연수원에서 시작했다. 독농가연수원 교육은 그 당시 경기도 광주군에 있는 김용기 씨의 가나안농군학교의 교육방식을 참고하였다. 아침 5시면 일어나서 30분

동안 구보를 하며 하루가 시작된다. 주로 분임토의, 성공사례발표 등을 교육내용으로 하였다. 원장은 농협대학의 교수였던 김준 씨를 임명하였다. 초기에는 주변의 질시와 시기 등으로 원장직을 그만두려 하였으나 농림부간부의 계속적인 권유로 붙들 수 있었다. 교육 중에 박정희 대통령이 한차례 교육현장을 시찰하여 남다른 관심을 보인 것에 감동하여 교육에 열성을 다하였다. 1972년 11월부터는 수원에 있는 농민회관으로 교육장소를 옮겼으며 특히 1974년부터는 중앙부처 장차관, 대학총장, 기업체간부, 정치인들도 새마을지도자와 함께 합숙하여 새마을교육을 받았다. 아울러 1983년 12월에는 경기도 성남시에 새마을교육원을 신축하였고 호남지역의 새마을지도자 교육을 위해 1985년 4월에 장성새마을교육원을 개설하여 이 지방의 새마을운동 활성화에 기여하였다.

새마을운동은 동남아, 아프리카 등 후진국에도 널리 알려져 말레이시아, 태국, 스리랑카, 인도네시아, 필리핀, 몽골 등에서도 성남 연수원에 와서 새마을교육을 받았다. 김준 원장은 새마을운동의 중심에 서서 농촌지도자의 리더십육성을 통하여 1970년대 새마을운동의 성공에 커다란 기여를 하였다. 새마을지도자 교육에서 그는 스스로 행동하는 실천적 리더십을 보여주었고 일선 새마을지도자에게 봉사와 실천을 보일 것을 강조하였다. 그는 새마을지도자에 대한 보수 제공을 반대하였고 주민들로부터 전폭적 지지를 받기 위해서는 자기희생이 있어야 한다고 강조하였다. 당시 박정희 대통령은 그를 전폭적으로 지원해 주었다. 말할 것도 없이 1970년대 새마을운동은 농촌사회에 엄청난 변화를 일으켰고 환경개선사업과 소득증대사업을 통해 농촌의 삶의 질을 개선하였으며 농민에게 "우리도 하면 된다"는 자신과 용기를 심어 주었다.

이와 같은 성과의 요인은 새마을운동이 관념과 이론이 아닌 행동과 실천이었기 때문이다. 김준 원장의 솔선수범과 열정은 농촌개발의 주역이었던 새마을지도자들뿐 아니라 1970년대 농촌사회의 변화를 목격한 우리 모두에게 깊은 감명을 주었다. 그렇기 때문에 새마을운동의 열기가 사라진 지금도 그를 새마을운동의 교주로 부르기도 하는 것이다.

최근 조사된 대한민국 50년 역사상 우리 국민이 성취한 가장 큰 업적에 새마을운동이 꼽혔다. 1970년대 초에 조국근대화라는 기치를 내걸어 범국민적으로 전개한 새마을운동을 국민들은 이를 주도한 박정희 전 대통령과 함께 높게 평가하는 것이다. 한 신문사와 여론조사기관이 실시한 국민여론조사에 대한민국 50년의 업적분야에서 새마을운동은 단연 1위였다. 2위는 서울올림픽 개최이고 3위는 경부고속도로 개통이었다. 3가지 중 2가지가 1970년대 초에 이루어졌다.

자연보호운동과 전국토공원화운동

지난 1977년부터 자연보호운동이 시작된 이래 전국 각계각층에서 자연보호회를 중심으로 자연정화활동에 참여하여 산, 강, 하천은 물론 생활주변에 버려진 휴지와 쓰레기를 청소했다. 이 운동은 단순히 버린 것을 줍는다는 것보다 그 과정에서 자연을 보전해야겠다는 새로운 인식과 국민참여 분위기를 조성함으로써 자연보호운동이 점차 국민들의 생활 속에 정착되었다는 데 의의가 있다. 그리하여 초기의 줍기운동, 안 버리기 운동에서 이제는 쓰레기를 되가져 가는 운동으로 발전하였다. 이렇듯 자연정화운동은 자연을 사랑하는 마음가짐을 갖게 하고 자연을 보호하기 위한 실천과 행동이란 점에서 그 의의를 찾을 수 있다. 특히 자연보호헌장은 자연보호운동을 제청한 지 1주년이 되는 날인 1978년 10월에 선포한 것으로 여기에 자연보호의 정신과 실천요령이 명시되어 있으므로 그 전문을 소개하고자 한다.

　인간은 자연에서 태어나 자연의 혜택 속에서 살고 자연으로 돌아간다. 하늘과 땅과 바다와 이 속의 온갖 것들이 우리 모두의 삶의 자원이다.
　자연은 인간을 비롯한 모든 생명체의 원천이며, 오묘한 법칙에 따라 끊임없이 변화하면서 질서와 조화를 이루고 있다. 예로부터 우리 조상들은 이 땅을 금수강산으로 가꾸며 자연과의 조화 속에서 향기 높은 민족문화를 창조하여 왔다. 그러나 산업문명의 발달과 인구의 팽창에 따른 공기의 오염, 물의 오탁, 녹지의 황폐와 인간의 무분별한 훼손 등으로 자연의 균형이 상실되어 생활환경이 악화됨으로써 인간과 모든 생물의 생존까지 위협을 받고 있다.

그러므로 국민 모두가 자연에 대한 인식을 새로이 하여 자연을 아끼고 사랑하며 모든 공해요인을 배제함으로써 자연의 질서와 조화를 회복 유지하는 데 정성을 다하여야 한다. 이에 우리는 이 땅을 보다 더 아름답고 쓸모 있는 낙원으로 만들어 길이 후손에게 물려주고자 온 국민의 뜻을 모아 자연보호 헌장을 제정하여 한 사람 한 사람의 성실한 실천을 다짐한다.

1. 자연을 사랑하고 환경을 보전하는 일은 국가나 공공단체를 비롯한 모든 국민의 의무이다.
2. 아름다운 자연경관과 문화적, 학술적 가치가 있는 자연자원은 인류를 위하여 보호되어야 한다.
3. 자연보호는 가정, 학교, 사회의 각 분야에서 교육을 통하여 체질화될 수 있도록 하여야 한다.
4. 개발은 자연과 조화를 이루도록 신중히 추진되어야 하며 자연의 보존이 우선되어야 한다.
5. 온갖 오물과 폐기물과 약물의 지나친 사용으로 인한 자연의 오염과 파괴는 방지되어야 한다.
6. 훼손되고 파괴된 자연은 즉시 복원하여야 한다.
7. 국민 각자가 생활주변부터 깨끗이 하고 전 국토를 푸르고 아름답게 가꾸어 나가야 한다. (1978. 10. 5)

자연보호운동의 초기인 1977~1978년에는 자연정화활동을 '줍기 운동'으로 시작하여 우리가 오염시킨 자연을 우리 손으로 정화하는 실천운동으로 전개했다. 2년여의 '줍기 운동' 성과를 바탕으로 자연보호운동을 보다 지속적이며 내실 있게 추진하기 위하여 줍기 운동에서 '안 버리기 운동'으로 자연정화를 발전적으로 전환하여 대대적인 범국민운동으로 전개하였다.

이에 따라 참된 자연사랑은 안 버리기 운동으로부터 이루어진다는 인식을 갖게 함으로써 깨끗하고 아름다운 자연환경을 보존하고 문화 국민으로서 의식을 함양하기 위하여 범국민적으로 안 버리기 운동을 전개하게 된 것이다. 1979년부터 관광유원지나 생활주변에서 안 버리기 운동을 매스컴이나 기타 홍보매체를 통하여 지속적으로 추진한 결과 점차 깨끗이 치우고 모여진 쓰레기는 부근의 휴지통이나 쓰레기장에 버리는 습관이 국민들의 의식 속에 정착하는 성과를 가져왔다.

한편 1978년부터는 자연보호운동의 일환으로 각 시도를 상징하는 꽃, 새, 나무를 지정하여 자체보호계획을 수립하여 범도민운동으로 보호 관리하도록 하여 주민들에게 자연보호의식과 애향심을 고취하였다. 이러한 운동은 자치행정과 함께 시군구에까지 확산되었다.

우리의 역사와 자연을 배우고 조국애를 기르며 국민들이 대자연 속에서 휴양과 심신단련을 함께하기 위하여 1982년 12월 조국순례 자연보도조성계획을 확정하여 1983년부터 1985년까지 11개 시도를 대상으로 조국순례 자연보도를 조성하였다. 조국순례 자연보도는 수도권, 동해안권, 전국권 순례보도로 구분하여 총 142개 노선에 2,811㎞를 조성하였다. 연도별 사업내용을 보면 1983년에 187㎞, 1984년에 1,320㎞, 1985년에 1,304㎞를 조성했으며 주요시설물 안내시설 표지판, 편의시설 등을 구비했다.

범국민운동으로 자연보호운동이 제청됨에 따라 민간추진조직을 필요로 하게 되었고 이에 따라 1977년 10월 자연보호중앙협의회가 창립되었다. 자연보호와 관련된 단체로는 한국자연보존협회, 한국국립공원협회, 한국야생물보호협회 등이 있으나 그중에서 한국자연보호협회는 1978년 7월에 산림청 소속이었다가 1988년 12월에 내무부 산하단체로 이관되었다. 자연보호중앙협의회는 자연보호운동의 주도단체이며 한국자연보존협회는 자연자원을 조사 연구하는 등 학술단체로서의 기능을 수행하고 있으며 양 단체는 자연보호운동 민간단체의 양대 지주역할을 하고 있다.

전국토공원화운동

1985년 3월부터 내무부는 중앙과 시도군에 국토미화계를 신설하여 전국적으로 공원화운동을 추진했다. 전국토공원화운동은 꽃길조성이나 도로조성과 같은 차원을 넘어선 국민정서함양 내지 전 국토의 공원화를 궁극적 목표를 두게 되었다. 도시의 공원화운동은 도시가 계획적으로 통합 발전되어야 하며 나무와 꽃과 조각물이 일체가 되어 조화를 이루어야 한다. 잘 정리된 농경지, 우거진 산림, 정비된 농촌 취락들이 공원화운동과 조화를 이루어야 함은 물론이다. 도로 역시 본질적 기능을 저해하지 않으면서 쉬어가는 휴식처가 있는가 하면 계절마다 알맞게 특성을 살려가는 국토공원화운동은 국토의 구석구석에 자연과 인공의 조화를 위해 손길이 가해지고 다듬어지도록 해야 한다. 국토공원화운동은 국민들이 깨끗하고 부지런하게 국토를 아끼도록 하며, 공동의 공간을 누구나 스스로의 공간으로 다듬는 생활습관을 기르도록 하는 운동이다. 이를 국민운동으로 의식화·조직화하는 전략이 필요하다.

공원화운동의 중점 대상은 주거 공간, 근린 공장, 도로 공간, 주변 공간, 업무 공간, 공중시설 공간, 역사적 공간, 산지 공간을 공원화하는 것이다.

88올림픽을 대비하기 위하여 1985년 3월부터 1차적으로 주요관광지, 주요도시, 주요도로 등 시범노선을 지정하여 이들 노선미화에 중점을 두어 노변꽃길조성, 가로화단조성, 소공원조성, 공한지미화,

마을유실수식제 등을 실시하였다. 1986년에는 아시아경기대회, 성화
봉송로를 중심으로 생활주변에서 아름다운 꽃과 나무로 메워지는 생
동감 넘치는 국토경관을 조성하였다. 운치 있는 노변꽃길과 화단조
성을 위하여 향토수목을 발굴하는 데 중점을 두고 노변꽃길조성, 가
로화단조성 등으로 전래의 민속마을을 재현하였다. 또한 붉은 땅이
보이는 항구나 포구의 모습을 정비하기 위하여 전국적으로 실태조사
를 하여 1986년부터 1994년까지 5개년계획으로 완전 정비하도록 하
였다. 한편 공한지, 직장주변, 하천변 등지를 정비하여 절개지 나지
등에는 넝쿨 올리기, 담쟁이 올리기 등으로 흙이 보이지 않는 국토미
관에 힘썼다. 아울러 전원시범마을을 각 시군별로 1개씩 지정하여 농
촌마을조성에 많은 노력을 기울였다. 범국민적 환경미화의식을 고취
하고 규모 있는 사업을 확대함으로써 전 국토의 공원화를 앞당겨 실
현하기 위하여 전국토공원화운동 시상제를 실시하였다. 이로써 국민
모두가 꽃과 나무를 사랑하고 심고 가꾸는 것을 일상화하는 성과를
올렸다.

지방자치를 위한 준비와 공청회

제4공화국 유신헌법은 그 부칙에서 남북이 통일될 때까지 지방의회의 구성을 미루었다. 제5공화국 헌법은 "지방의회는 지방자치단체의 재정자립도를 감안하여 순차적으로 구성하되 그 구성시기는 법률로 정한다"고 규정하여 지방의회의 구성요건과 방법을 구체적으로 명시함으로써 지방자치실시에 진일보의 의지를 밝혔다. 이 규정에 의하여 당시의 여당인 민정당과 야당인 민한당과 국민당은 1987년 상반기까지 일부지역에 지방의회를 일차적으로 구성하기로 합의하고 여건이 조성되는 대로 순차적으로 확대 실시할 것을 결정하였다. 1985년 1월 9일 당시 전두환 대통령은 국정연설에서 1987년에 지방자치제를 일부지역에 실시할 것임을 천명하였다. 당시까지만 해도 행정분야에서는 지방자치라는 용어를 쓰는 것마저 일종의 금기로 되었는데 2년 후에는 지방자치가 실현될 것이 분명해졌다. 마침내 지방자치시대가 다가오는 듯한 분위기였다. 이에 따라 정부는 1985년 3월 29일 국무총리 산하에 각계각층의 인사 30인으로 조직된 지방자치실시연구위원회를 설치하고 지방자치제 실시에 필요한 제반과제의 연구에 착수하였다.

연구를 추진함에 있어서 정부는 앞으로 실시될 지방자치제도는 과거와 같은 시행착오를 거듭하지 않는 우리의 민주정치발전의 기초가 되어야 하며 지방행정의 민주화와 능률화를 동시에 실현할 수 있어야 한다는 기본방침을 세웠다. 그 방침 아래에서 과거의 지방자치제 운영실태와 우리의 정치·경제·사회적인 현실여건과 외국의 지방자치제도 등을 심층적으로 분석 검토하면서 우리 여건에 맞는 지방자치제도가 실현될 수 있도록 하였다. 그리하여 1년 3개월간의 연구 끝에 1986년 6월부터 7월 31일까지 전국 13개 시도에서 지방자치제 공청회를 개최하여 국민 각계각층의 폭넓은 의견을 수렴하였다. 이어 8월에는 그때까지의 연구결과와 공청회 결과를 토대로 지방자치제 실시의 기본방향을 확정하고 1986년 10월 지방자치법 개정안을 비롯하여 지방의회의원선거법, 지방재정법, 지방세법, 지방교부세법 등 지방자치실시에 수반되는 기본 법률안을 마련하여 국회에 제출하기에 이르렀다.

말할 것도 없이 지방자치제 실시연구위원회는 지방자치제 실시에 필요한 제반사항을 연구 심의하는 기구다. 학계, 언론계, 법조계, 문화계, 경제계 등 각계인사 중에서 위촉된 민간인 23명과 경제기획원, 내무부, 농수산부, 문교부, 총무처, 법제처 등 관계부처의 차관급 공무원 7인으로 구성되며 민간인 중에서 위원장을 국무총리가 위촉하였다. 지방자치제 실시연구위원회의 효율적인 운영을 위해서 3개분과 위원회로 나누었다. 1분과는 지방의회와 행정구조, 2분과는 행정체제, 3분과는 지방재정을 담당하게 하여 실무작업단이 제출하는 연구안건을 검토 심의하여 의견을 제시하는 방법으로 운영하였다. 실무작업단은 내무부, 총무처, 경제기획원이 담당하였다.

한편 지방자치업무의 주무부인 내무부는 지방자치제도연구의 전문성을 보강하기 위하여 국무총리 소속하에 설치된 지방자치제 실시연구위원회와는 별도로 내무부에 설치되어 있는 지방행정연구위원회를 활용하기로 하였다. 지방행정연구위원회는 지방행정의 전문가로 구성된 내무부 장관의 자문기구이다. 내무부는 이 기구의 구성위원을 전면 재위촉하여 내무부 실무작업단에서 지방자치제 실시연구위원회에 상정하는 연구안건을 사전 심의함은 물론 그 밖의 중요과제도 연구 검토하도록 하였다. 그 구성멤버는 김광웅, 김남진, 김보현, 김안제, 나오연, 박동서, 박문옥, 서재근, 안청시, 유종해, 이상우, 정세욱, 최대권, 최상철, 최창호, 한인숙 등 대부분이 지방행정에 관련 있는 대학교수이고 내무부 지방행정국장이 간사직을 맡았다. 이들이 지방자치법 제정의 실질적인 임무를 맡았다고 해도 과언이 아니다.

1년 남짓한 자치제도연구가 어느 정도 마무리되어감에 따라 내무부는 지방자치제 준비업무를 지금까지의 연구단계에서 실시준비단계로 전환했다. 지방자치법을 비롯한 부수법령의 정비와 보완에 필요한 준비업무를 전담하기 위하여 1986년 7월 1일부터 종래의 실무작업단을 확대 개편하여 총인원 16명으로 된 지방자치기획단을 발족시켰다. 이 지방자치기획단은 공청회 결과를 분석 정리하고 지방자치실시방향의 수립, 지방자치제의 개정, 부수법령의 정비, 지방자치단체의 기능조정 등 지방자치제 실시를 위한 실무준비업무를 전담하게 된다.

일반적으로 지방자치제도는 민주주의의 기초이며 지방행정의 능률을 높이는 제도로 인식되고 있다. 그러나 이것이 잘못될 경우에 그 폐단이 적지 않음은 이미 경험한 바와 같다. 그러므로 지방자치제도는 그것이 비록 국가 헌정제도의 테두리 안에서 운영되는 제도이기는 하나 헌정제도와 함께 국가의 정치·행정발전을 좌우하는 중요한 제도라 할 수 있다. 따라서 지방자치제 실시연구의 기본방향은 무엇보다도 국가백년대계의 차원에서 국민의 기대와 의식수준에 부응하면서 우리의 실정과 여건에 적합한 발전적 제도를 모색하는 데 중점을 두어야 한다.

이와 같은 기본방향에 따라 자치제연구는 지방의회제도, 지방행정구조, 지방행정체제, 지방재정제도를 비롯하여 지방자치제의 실시방법과 지방자치제의 실효성을 보장하는 부수관련제도의 개선방법에 이르기까지 전반적인 사항이 추진되어야 한다. 아울러 과거의 지방자치제 운영실태와 현행제도 및 외국의 지방자치제도에 대한 비교 검토와 학계, 언론계, 법조계, 정당 등에서 제시하는 의견도 면밀히 분석해야 한다. 특히 지방행정구조와 지방자치단체의 기능배분 등 전문적인 연구가 필요한 사항에 대해서는 전문연구기관에 위촉하여 보완할 필요가 있다. 그리하여 자치권과 국가권력, 지방행정의 민주성과 능률성, 국민의 기대와 정치경험, 사회적인 현실여건을 감안하여 우리의 현실에 적합하고 국가발전에 기여할 수 있는 바람직한 자치제를 위한 다각적인 노력을 기울여야 한다.

1985년 3월 29일에 발족한 지방자치 실시연구위원회는 1년 남짓한 기간에 전체회의 1회, 분과위원회 13회를 열어 제의한 연구과제 25개의 심의를 마쳤다. 전체회의에서는 분과위원회를 구성하고 앞으로의 위원회운영방식을 결정했다. 이에 따라 연구는 분과위원회별로 추진하여 주무부의 실무작업단에서 관계부처의 의견을 종합한 연구안건을 소관분과위원회에서 심의하는 방식으로 연구를 진행하기로 했다.

그리하여 지방의회의제도와 지방행정구조를 맡은 1분과위원회(내무부)는 회의를 5회 개최하여 지방자치단체의 기관구성형태, 지방의회의 기능 등 10개 과제를 심의하였다. 지방행정체제의 기능분야를 담당한 2분과위원회(총무처) 역시 5회의 회의를 통하여 지방자치단체 간의 기능배분방식 등 10개 과제를 심의하였고 지방재정분과를 맡은 3분과위원회(경제기획원)는 3회의 회의를 통하여 지방재정조정제도 등 5개 과제를 심의하였다.

이와 같이 국내에서 연구활동을 진행하는 한편 2차에 걸친 해외시찰도 실시하여 영국, 미국, 일본 등 주요국가의 지방자치제의 실제 운영상태를 광범위하게 비교 검토하였다. 내무부는 1985년 11월부터 12월까지 교수 3인과 관계공무원 3인으로 3개의 해외시찰단을 구성했다. 유럽지역인 영국, 프랑스, 독일과 미주지역인 미국, 캐나다 그리고 아시아지역인 일본, 대만, 태국 등에 파견하여 각각 지방자치제도를 비교하였다. 지방자치 실시연구위원회에서도 1986년 6월 3일부터 6월 19일까지 위원 5인과 관계공무원 5인을 해외에 파견하여 미국, 독일, 일본의 지방자치제도를 검토하였다.

지방자치를 위한 공청회

약 1년 남짓 지방자치제도연구가 진척될 무렵 1986년 6월 7일 당시 노신영 국무총리는 국회에서 행한 국정보고를 통하여 "지방자치제실시연구는 이제 마무리단계에 있으며 7월 말까지 전국 13개 시도에서 공청회를 개최, 여기서 개진되는 의견을 종합하여 정부안을 확정하고 금년 9월 정기국회에 관련 법안을 제출할 예정"임을 밝혔다.

그리하여 정부는 그간 지방자치제 실시연구위원회를 중심으로 연구한 결과를 종합하여 공청회에 회부할 지방자치제 실시방안을 작성하고 당정협의회를 거친 후 7월 3일 대통령 재가를 받아 공청회안을 확정하였다. ① 지방의회의 구성범위를 광역단체를 우선하느냐 아니면 기초단체를 우선하느냐의 문제 ② 광역단체에 특별시, 직할시, 도를 두고 기초단체에 시군구를 두는 문제 ③ 자치구조에서 도를 시군의 2계층, 특별시 직할시에 구를 자치단체로 하여 현행의 단층구조에서 2계층으로 하는 문제 ④ 지방자치단체의 기관구성에는 기관통합형, 기관분리형, 절충형이 있으나 현행과 같이 기관분리형을 유지하는 문제 ⑤ 지방의회의 기능으로 의결권, 행정감시권, 기타자율권을 지방의회의 기능으로 하는 문제 ⑥ 지방의회의원을 전원 주민이 직선하는 문제 ⑦ 지방의회의원수가 지나치게 많을 경우 능률면에서 부적합, 미국과 같이 지나치게 적을 경우 현실적으로 부적합, 우리의 현실에 맞는 의원수의 책정, 구역을 기준으로 지역대표성을 원칙으로 하면서 인구가 많은 구역은 인구비례를 가미할 문제 ⑧ 선거구를 소선거구로 하느냐 중선거구로 하느냐 아니면 혼합형으로 하느냐, 선거권의 연령을 20세로 피선거권의 연령을 25세로 하느냐, 동시에 지방선거인 만큼 일정기간 거주자라야 인정하는 문제 ⑨ 선거운동에 있어서 공영제 채택의 폭 ⑩ 지방의원의 임기, 명예직 일비와 여비지급, 겸직금지의 대상 ⑪ 의장단의 구성, 위원회 설치, 사무국을 두는 문제 ⑫ 지방의회 회기, 정기회 연간회의 일수를 광역단체 70일, 기초단체 60일로 하는 문제 ⑬ 정당참여를 허용하거나 배제하는 문제 ⑭ 지방자치단체장 선출문제 ⑮ 지방자치단체장과 지방의회와의 관계, 지방의회칙에 조례제정, 예산의결, 결산승인, 행정조사, 장의출석답변요구권, 의안예산안의 발의권, 조례공포권, 주민부담에 대한 동의권, 장에 대해서는 임시회소집요구권, 의안예산안의 발의권, 월권 또는 위법의결 등에 대한 재의요구권, 비상재해 등의 경우 의결사항의 전결처분권, 장에 대한 불신임의결, 의회해산권 부여문제 ⑯ 지방자치단체의 기능배분을 광역단체와 기초단체가 수행할 사무로 포괄적으로 예시하는 문제 ⑰ 지방자치단체에 대한 국가의 지도감독, 원칙적으로 사전통제를 배제하고 사후보고로 함, 지방자치단체의 명령처분에 대한 지도감독, 자치사무는 위법사항에 대해서만 취소 정지할 수 있음. 국가사무는 위법부당사항에 대해서 취소 정지할 수 있게 함 ⑱ 지방자치단체 상호 간의 분쟁, 상호협의에 의하여 자율적으로 해결하도록 함을 원칙으로 하되 불가능할 경우에는 감독기관의 중재조정권을 인정하는 문제 ⑲ 지방자치단체에 두는 국가공무원을 모두 지방직으로 하되 예외적으로 일부직위에 대하여 국가공무원을 배치할 수 있게 함, 지방공무원의 인사제도는 국가공무원법과 지방공무원법의 현행 2원체제를 유지하되 지방공무원의 봉급수준은 국가공무원법과 대등한 수준으로 하고 수당에 의한 차등을 둘 수 있게 하는 문제 ⑳ 지방교부세법에서 교부금총액 결정은 현행법정율 13. 27%를 유지하되 교부금의 배분방식을 개선하고 객관화하여 지방의 자주재원을 제고하는 방안을 강구하고 보조금은 자치단체의 신청에 의하여 예산을 편성하는 보조금 신청주의제도를 도입, 사업의 성격과 지방의 부담능력을 고려하여 보조금의 차등, 지원별 실시방안을 강구, 보조사업은 가능한 한 포괄보조방식을 확대하는 문제 등이다.

공청회는 1986년 7월 7일 경기도 수원시를 시발로 하여 7월 31일 서울지역공청회를 마지막으로 전국 13개 시도에서 개최되었다. 전국팀만 지역토론자 133명과 방청인 4,287명이 참가하여 공청회는 그 지역의 학계, 법조계, 언론계, 종교계 등 각계각층의 인사가 고루 참가하였다. 지방자치에 대하여 관심이 있는 사회단체, 공공단체, 학생, 정당인 등 일반주민들도 도내의 각 지역에서 방청인으로 참가하여 토론내용에 대하여 질문을 하거나 의견을 개진할 기회를 주었다.

공청회에서 특히 관심을 보인 사항은 지방자치실시연구위원회의 심의과정에서도 의견의 일치를 보지 못하고 복수안을 제시했던 지방의회의 구성범위, 지방자치단체장의 선임방법, 정당참여여부, 지방재정확충, 지방자치단체장에 대한 불신임의결과 의회해산제, 선거구 지방의회의원의 신분, 지방자치단체의 기능, 지방의회의 구성시기, 구(區)의 자치단체화, 의원의 정수문제, 지방의회의 행정감시권, 지방행정계층구조와 행정구역개편문제도 거론되었다.

한편 공청회 내용의 분야별·과제별로 다양한 의견이 제시되었으나 대체적으로 의견의 흐름이 급격한 제도변화보다는 점진적인 발전을 추구하는 경향이었다. 특히 논란이 예상된 지방의회의 구성범위, 지방자치단체장의 선임방법, 정당의 참여문제 등의 사항에 대하여도 지나친 변화를 피해 온건한 방향으로 의견이 집약된 것이 특색이었다.

개정 법률안은 공청회의 의견과 각 부처에서 제시된 것을 최대한 반영하였다. 과거의 지방자치운영 경험에 비추어 현실여건에 맞지 않는 규정을 조정하고 행정여건의 변화와 앞으로의 지방행정수요에 부응하며 행정의 민주와 능률화를 기할 수 있는 내용으로 정비 보완하여 우리의 여건에 맞는 제도로 발전할 수 있는 데 주안을 두었다. 따라서 현행의 지방자치법과 지방자치에 관한 임시조치법 그리고 서울특별시행정에 관한 특별조치법은 모두 통합하여 단일화하고 전면 개정의 형식을 택하였다. 체제는 지방자치단체의 구성요소와 행정과정 등을 고려하여 대체로 구역, 주민, 자치권, 지방의회, 집행기관 지방자치단체 상호 간의 관계, 국가의 지도 감독 순으로 구성하였다. 다만 선거에 관한 사항은 여건변화에 대응하기 위하여 지방자치법에는 기본적 사항만 규정하고 별도법률로 제정했다. 주요내용을 소개하면 다음과 같다.

- 지방자치단체의 종류, 광역단체로서 특별시, 직할시, 도, 기초단체로서 시와 군구, 구는 특별시와 직할시의 구에 한한다.
- 지방자치단체의 기능과 사무, 자치단체의 사무범위를 포괄적으로 예시 6개부문 57개 항목 구역 조직, 행정관리에 관한 사무, 주민 복지증진, 농림, 상공업, 산업진흥, 지역개발, 주민생활환경시설의 설치, 교육체육문화 예술진흥에 관한 사무, 지역방위 소방에 관한 사무.
- 지방자치단체의 종류별 사무배분기준, 시도는 광역적·통일적 사무와 국가와의 연락조정사무, 시군 독자적 처리가 곤란한 사무, 시군구는 시도가 처리하는 이외의 사무.
- 선거권은 20세 이상 관내에 90일 이상 거주한 자, 지방의원은 25세 이상의 자, 시장군수는 30세 이상의 자, 시도지사는 40세 이상의

자, 지방의회의원선거법은 별도로 제정, 지방의회의원정수 책정.

- 지방의회의원의 신분, 명예직, 겸직금지 대상의 확립.

- 지방의회의 권한, 의결권으로서 조례의 제정, 개폐, 예산의 심의 확정, 결산의 승인, 법령에 규정된 것을 제외한 사용료, 수수료, 분담금, 지방세 또는 가입금의 부과와 징수, 기본재산 또는 적입금의 설치관리처분, 법령과 조례에 규정된 것을 제외한 예산의 의무부담이나 포기, 청원의 수리와 처리, 기타법령에 의하여 그 권한에 속하는 사항과 조례로 정하는 사항, 행정감시권으로서 특정사항에 대한 조사권 부여.

- 지방의회의 회기, 정기회 30일 이내 연간회의일수, 시도 70일 이내 시군구 60일 이내.

- 지방자치단체 장의 지방의회 견제 월권 위배의결사항의 재의요구권, 재의결과 재적의원 과반수의 출석과 출석의원 과반수의 찬성시에 의결확정 예산상 집행불능한 의결의 재의요구권 지방자치단체의 의무부담 경비 또는 비상재해로 인한 응급복구를 위한 경비의 삭감시에도 재의요구, 의회가 성립되지 않거나 의회를 소집할 여유가 없을 때, 의회에서 의결해야 할 안건이 지체되어 의결되지 아니할 때는 장이 선결처분, 선결처분 후 의회에 보고해 승인받음.

- 교육사무를 지방자치단체의 사무로 예시하고 교육 과학 및 체육에 관한 사무를 보장하기 위하여 따로 법률이 정하는 바에 따라 집행기관을 둘 수 있음.

- 지방재정의 건전화를 규정 예산의 편성 의결시한의 명시 위임기관에서 소요경비의 재원강구 지방재정법, 지방공기업법, 제정의 근거를 마련함.

- 지방자치단체의 사무에 대한 지도지원 국가사무의 지도감독 위법 부당한 명령처분의 시정, 시정방법은 1차로 시정명령 2차로 취소

정지 시정범위는 자치사무의 위법한 명령처분 국가사무는 위법부당한 명령처분 지방의회의 의결이 법령위반 또는 공익을 현저히 저해하는 의결, 요구권자 시도는 내무부 장관, 시군구는 시도지사, 불복일 때는 대법원에 제소한다.

- 서울특별시 등 대도시행정의 특례, 자치구의 재원조정 재원조정방법은 특별시의 조례로 규정한다.

지방의회의원의 선거

새 지방자치법에 의한 지방의회의원의 선거가 1991년 3월 26일에 실시되었다. 1961년 5월 16일 지방의회가 해산된 이래 30년 만의 일이다. 투표율은 전국평균 55%였으며 이는 지난 1988년 제13대 국회의원선거의 투표율인 75.8%나 과거 시읍면의회의원 선거의 투표율인 78.5%에 비하여 크게 뒤지는 것으로 대체로 도시지역이 낮고 농촌지역이 높은 경향을 보였다. 이와 같은 투표율은 정치적 쟁점이 없는 지방선거의 특징을 그대로 반영하였고 젊은 유권자들의 탈정치화 경향이 낮은 투표율로 나타났다. 무투표지역 614명과 투표를 실시한 선거구의 당선자 3천689명을 포함하여 4천303명이 당선되었다.

당선자의 직업별 분포는 농업과 상공업 등 자영업이 대중을 이루고 있으며 도시지역은 상업과 사업가들이 가장 많은 비중을 차지했고 농촌지역은 농업과 자영업이 과반수를 넘는 것으로 나타났다. 연령은 40~50대가 전체의 78.6%로 가장 많고 학력은 고졸이상이 80%이상으로 고학력화 현상을 보였다. 경력은 정당경력이 18.5%, 평통자문위원이 18.5%, 사회단체경력이 16.5%로 전체의 과반수를 차지하였고 공무원경력을 가진 당선자는 403명이었다. 여성은 후보자 122명중 40명이 당선되었으며 당선자의 과반수가 넘는 22명이 서울에서 당선되었다.

한편 시도의회의원선거는 투표실시 지역의 선거인 2,808만 3,024명 중 1,653만 3,934명이 투표하여 58.9%의 투표율을 보였다. 시도의회의원선거에는 무투표당선자 16명을 포함하여 866명이 당선되었다. 115명의 당선자를 낸 무소속후보의 진출이 두드러졌다. 직업별로는 농업과 상공업 등 자영업이 57%로 구시군의회의원선거와 비슷한 경향이었고 교육자, 공무원, 변호사 등 전문직 종사자도 상당수 있었다. 연령별로는 40~50대가 전체당선자의 79%로 구시군의회의원선거와 비슷한 경향을 보이고 있다. 학력은 고졸이하가 21%인 데 비하여 전문대이상이 78%로 구시군의회의원선거보다 고학력추세를 보였다. 경력은 정당경력 26%, 시군정자문의원 24%, 사회활동 12%로 전체의 과반수이상을 차지하여 구시군의회의원선거와 비슷한 추세를 보였다. 여성은 63명 후보자 중 8명이 당선되었다.

이번 지방선거의 특징은 투표율의 저조, 보수적 친여세력의 대거진출, 지나친 선거운동의 규제에 따른 위축된 선거분위기, 각종 시민단체들의 공명선거를 위한 활동전개이다. 그 결과 과거의 혼탁했던 선거에 비하면 비교적 조용하고 차분한 선거로서 공명선거의 가능성을 보였다. 무엇보다도 기초의회의원선거에서 정당을 배제시킨 것이 선거과열을 막은 큰 요인이 아닌가 싶다. 정당개입이 금지된 선거였지만 사실상 후보조정, 후보추천 등 정당의 영향력을 보인점도 있었기 때문에 정당개입이 허용된 광역의회의원선거와 분리해 실시한 것이 옳았다고도 할 수 있다. 만약에 동시선거였다면 기초의회선거에 대한 정당의 영향력을 사실상 배제하기 어렵지 않았을까 생각된다.

선거결과 지적된 보수인사의 대거진출은 주민의 대표성문제가 제기된다. 정당을 배제할 경우 여당화경향이 두드러질 것이라는 점은 예상되었던 문제점이기는 하지만 한 분석에 의하면 약 75%가 친여세력으로 분류될 때 지방의회활동에 있어서 선택적 대안의 제시가 불가능해진다. 더구나 지방의회 중에서 의원 7~10인의 의회가 92개, 15인 미만의 의회가 전체의 66%나 되는 실정에서는 집행기관에 대한 견제와 감시비판의 기능이 무력화됨을 우려하지 않을 수 없다. 가치관, 이해관계, 현실인식에 있어서 되도록 다양한 배경을 가진 의원들로 의회가 구성되는 것이 바람직한 의회일 것이다.

지방의회의 개원

1991년 4월 15일 시군구의회의 개원식이 결정되었다. 이날을 위해 그간 내무부는 얼마나 많은 우여곡절을 겪었던가. 내무부는 전국시도에 축제분위기 속에서도 검소하고 간소하게 주민의 기대와 축복 속에 개원하여 생산적이고 능률적인 지방의회를 출범시킬 것을 요청하였다. 4월 15일 하오 2시 30분에 전국 일제히 거행하는 개원식에는 당시 노태우 대통령이 다음과 같은 메시지를 보냈다.

오늘 시·군·구의회의 역사적인 개원을 축하합니다. 30년 만에 다시 지방자치의 시대를 열게 된 것은 온 국민의 기쁨이며 보람입니다. 우리나라 선거사상 가장 깨끗하고 공명한 선거에 의해 의원 여러분이 선출된 것은 여러분의 긍지일 뿐만 아니라 지방자치의 밝은 앞날을 기약하는 것입니다.

우리나라는 이제 시군구부터 주민이 선출한 의회를 구성함으로써 진정한 민주주의를 실현할 확고한 바탕을 마련했습니다. 저는 시군구가 주민의 여망에 부응하는 활동을 펼쳐나감으로써 민주주의를 굳건히 뿌리내려주기를 기대합니다. 우리국민은 새로 출범하는 시군구의회가 지역발전과 주민복지를 실현하는 진정한 대의기구가 되어주길 바라고 있습니다. 의원 여러분의 헌신적인 노력으로 주민으로부터 신뢰받는 자치행정을 구현하고 지역공동체의 화합을 다져 민주발전의 새로운 장을 열어 주시기 바랍니다. 지방자치는 주민의 참여 속에서 아름다운 꽃을 피울 수 있습니다. 국민 여러분께서도 여러분 고장의 의회와 그 일꾼들이 많은 일을 성실히 할 수 있도록 성원해 주시기 바랍니다. 의원 여러분과 시군구의회의 훌륭한 활동으로 오늘의 진정한 지방자치의 시대를 연 날로 기록될 것으로 확신하면서 의원 여러분의 건승을 기원합니다.

한편 당시의 안응모 내무부 장관은 다음과 같은 축하전문을 보냈다.

오늘 역사적인 지방의회 개원을 진심으로 축하하며 의원 여러분의 건승과 귀의회의 무궁한 발전을 기원합니다.

아울러 광역의회의 개원일자는 1991년 7월 8일로 잡아 전국 일제히 개원되었다. 시도의회가 개원했을 때 노태우 대통령이 보낸 메시지는 다음과 같다.

우리나라 민주발전의 획기적인 이정표가 될 시도의회의 개원을 온국민과 함께 축하합니다. 지난 4월 시군구의회 구성에 이어 오늘 시도의회가 출범함으로써 이제 본격적인 지방자치시대가 열렸습니다. 오랜 중앙집권의 시대가 가고 지방분권의 시대가 시작되었습니다. 우리의 민주주의는 이제 튼튼한 바탕 위에 섰습니다. 30년 만에 온 국민의 기쁨 속에 다시 실시되는 지방자치는 우리 사회의 밝은 앞날을 열어가는 원동력이 될 것입니다. 이제 우리는 민주주의를 지역공동체와 국민들의 일상적 삶의 현장으로부터 실현하여 이 사회를 움직이는 살아있는 규범으로 발전시켜 나가야 합니다. 저는 시도의회가 우리 사회의 다양한 의견과 발전의지를 통합하여 조화와 국민화합을 실현하는 '창조의 광장'이 될 것을 기대합니다. 저는 의원 여러분께서 봉사와 헌신으로 주민의 복지와 지방의 발전을 이루는 기수가 될 것을 믿습니다. 의원 여러분이 최선을 다해 주시고 우리 국민이 성숙한 민주의식으로 자율의 가치를 공동체 속에 구현

476

해 나간다면 우리의 지방자치는 우람한 꽃을 피워 민주주의의 풍성한 결실을 거두게 할 것입니다. 주민의 두터운 신임을 얻어 당선의 영광을 안은 의원 여러분께 축하의 말씀을 드리며 의원 여러분의 훌륭한 활동으로 시도의회가 주민을 위하여 크고 많은 일을 하여 국민의 신뢰 속에 무한한 발전하기를 기원합니다.

아울러 당시의 이상연 내무부 장관의 축전은 다음과 같다.

오늘 역사적인 시도의회 개원을 진심으로 축하드립니다. 새로이 구성된 지방의회가 주민화합과 지역발전의 구심체가 되어 주실 것을 기대하며 의원 여러분의 건승과 귀의회의 무궁한 발전을 기원합니다.

이리하여 지방의회는 의장, 부의장을 선출하고 상임위원회를 구성하여 정식으로 회기에 들어갔다. 의회에서 처리된 안건은 조례안처리, 특별위원회운영, 예산안심의, 청원심사, 의회의원윤리강령제정 등이었다.

1995년 4대 지방선거 동시실시

1995년 6월 27일 우리나라 선거사상 처음으로 시도지사, 시장군수구청장 및 시도의회의원, 시군구의회의원 등을 동시에 선출하는 제1회 전국동시지방선거가 전국에서 일제히 실시되었다. 이 선거를 통해서 시도지사 15명, 시장군수구청장 230명, 시도의회의원 970명, 시군구의회의원 4,541명 등 5,756명의 자치단체장과 지방의회의원이 선출되었다. 7월 1일부터 민선단체장과 기초의원 등의 임기가 시작되었고 시도의회 의원 임기는 7월 8일부터 시작되었다. 이리하여 마침내 본격적인 지방자치시대가 그 막을 올리게 되었다.

내무부에서는 선거관리위원회의 선거사무를 효율적으로 지원하고 능률적인 선거업무를 추진하기 위하여 내무부본부와 시도에 지방선거지원단을 구성하였으며 시군구마다 지방선거지원단을 가동하여 완벽한 준비를 갖추었다. 그러나 시도의원 선거구를 확정하는 데는 다소 어려움이 있었다. 확정결과 기존 866개 선거구보다 9개 선거구가 증가한 875개의 시도의원선거구가 확정되었다. 특히 이번에는 지난 91년과는 달리 정당득표비율에 따른 비례대표 시도의원 97명이 증가되어 지역구 시도의원 875명과 함께 총 972명의 시도의원을 선출하게 되었다. 시군구의회의원 정수는 시도조례의 개정을 거쳐 기존 4,304명보다 237명이 늘어난 4,541명으로 의원정수를 조정함으로써 지방선거를 위한 제도적 기반을 다졌다.

선거인명부 등재대상자는 명부작성기준일이 6월 5일 현재 주민등록이 되어 있는 20세 이상의 주민등록상 부적격사유가 없는 자를 대상으로 하고 있으며 전국적으로 일제히 전산시스템에 의해 작성하였다. 선거인명부는 6월 5일부터 9일까지 5일간에 걸쳐 작성되었고 6월 20일 확정되었으며 총 인구수 4,557만 명의 68%인 3,104만 명이 선거권자로 집계되었다. 한편 선거인 명부에 등재된 유권자현황은 20~30대가 전체유권자의 56.6%인 1,756만 명으로 집계되었으며 여성유권자가 남성유권자보다 약간 많게 나타났다.

지방선거에 입후보하고자하는 후보는 단체장 및 광역의원의 경우 정당추천을 할 수 있도록 했으며 기초의원에 한해서는 정당공천이 배제됐다. 총 5,758명을 선출하는데 15,596명이 등록해 전체 2.7 : 1의 경쟁률을 보였다. 광역단체장의 경우는 1960년 기초단체장 선거 경쟁률 4.2 : 1과 비슷한 4.1 : 1을 보였다. 또한 광역의원은 지난 91년 광역의원선거는 3.1 : 1보다 약간 떨어지는 2.7 : 1을, 기초의원은 91년

478

2.4 : 1보다 약간 높은 2.6 : 1의 경쟁률을 보였다. 한편 시도의원의 경우는 시도의원 875명 중 정당득표비율에 따라 10%를 비례대표시도 의회의원으로 선출되도록 하는 규정으로 97석의 비례대표의원이 추가 로 선출되어 여기에 178명의 후보자가 등록, 1.8 : 1의 경쟁률을 보였 다. 최고경합지역도 시도지사의 경우 서울시장이 9 : 1, 시군구에서는 원주시장이 11 : 1, 시도의원은 전남 함평군 제 1선거구 7 : 1, 시군구 의원은 전남 고흥군 남양면선거구가 9 : 1로 나타났다. 무경합 선거구 는 287개 선거구에 327명이었으며 선거별로는 광역단체장은 없고 기 초단체장이 4명, 광역의원이 41명, 기초의원은 242개 선거구에 282 명으로 나타났다. 시도별로 보면 기초단체의 경우 부산 동래구, 해운 대구, 인천 옹진군, 강원 양구군 등 네 곳으로 나타났으며 광역의원은 부산이 12명, 기초의원은 경남이 36명으로 가장 많았다. 한편 광역의 원과 기초의원의 경우 무경합선거구는 투표를 실시하지 않고 그 후보 자를 당선인으로 결정하며, 기초단체장의 무경합선거구는 투표는 실 시하되 총 유효투표수의 3분의 1이상을 얻으면 당선되도록 했다.

선거운동기간 중 후보자들은 유권자에게 자신을 알리기 위해 통일 선거법의 "돈은 묶고 입과 발은 최대한 푼다"는 원칙 아래 합동연설 회, 정당연설회, 개인연설회와 방송연설회 등을 다양하게 실시했다. 후보자의 정견발표를 한 장소에서 합동으로 개최하는 합동연설회는 광역단체의 경우 개최하지 않았고 기초단체장은 2회, 광역의원과 기 초의원은 각각 1회 개최했다. 16일간의 선거운동기간을 통해 기초단 체장의 경우 전국적으로 460회, 광역의원은 834회, 기초의원은 3,489회의 합동연설회를 실시했다.

6·27 투표 실시와 인천시 세금비리사건

마침내 6월 27일 오전 6시를 기해 전국에 있는 17,230개소의 투표소에서 일제히 투표가 시작되어 별다른 사고 없이 오후 6시에 투표를 마칠 수 있었다. 선거인 3,104만 명 중 2,121만 명이 투표에 참가해 68.3%의 투표율을 보여 지난 92년 대선 당시 투표율 81.9%, 총선시 투표율 71.9%보다는 저조했지만 91년 시도의원선거 투표율 58.9%, 시군구의원선거투표율 55%보다는 크게 웃도는 투표율을 보였다. 시도별로는 제주도가 80.5%로 투표율이 가장 높았고 인천광역시가 62%로 가장 낮게 나타났다. 서울을 비롯한 5개 광역시와 경기도 등 도시지역이 평균투표율을 밑돈 반면 강원도 등 8개도에서는 70%를 넘는 높은 투표율을 보였다.

광역단체장의 경우 최다 득표자는 서울특별시장 후보인 조순 씨로 230만여 표를 얻어 서울시장에 당선되었으며 득표비율로는 광주광역시의 송언종 후보가 47만 표를 얻어 88%의 최고 득표율을 나타냈다. 한편 충북의 주병덕 씨는 최소 득표율 35.4%인 25만 표를 얻어 광역단체장 가운데 가장 치열한 경합지역에서 당선됐으며, 4개 선거 중 가장 적은 투표율로 당선된 후보는 기초의원에 출마한 강원도 철원군 장대진 씨로 66표의 득표율로 당선되기도 했다. 또 광역의원 후보로 나온 부산광역시 김현남 씨가 75세로 최고령당선자가 되었으며, 기초의원에 입후보한 부산시 사상구 김근태 씨가 25세로 최연소당선자가 되었다. 한편 광역단체장의 경우는 조순 서울시장이 67세로 최고령당선자이며 경기도 이인제 지사가 46세로 최연소당선자가 되었다.

말할 것도 없이 선거사무는 헌법상 독립기관인 중앙 선거관리위원회와 각급 선거관리위원회에서 총괄하고 있다. 그러나 선거관리위원회의 조직체계 및 인력장비 등 여러 가지 측면에서 독자적으로 선거

480

를 관리하는 데는 한계가 있기 때문에 정부 특히 내무부의 협조 지원이 불가피할 뿐 아니라 정부조직법상 내무부도 선거관련 사무를 일정 정도 맡고 있다.

따라서 내무부에서는 선거간리위원회와 긴밀한 협조 아래 4개의 지방선거를 동시에 치르지 않으면 안 된다. 그리하여 공직선거 및 선거부정방지법인 "깨끗하고 돈 안 드는 선거" 풍토조성에 최대의 역점을 두었다. 그러나 4대 지방선거는 하루아침에 이루어진 것이 아니다. 수십 년에 걸친 국민 모두의 노력의 결과라고 할 수 있다.

지난날 지방자치단체가 걸어온 발자취를 더듬어 보면 지방선거의 출발은 1949년 지방자치법이 제정되면서부터이다. 이 법에 의거해 최초로 실시된 지방선거는 6·25 전쟁중인 1952년 시읍면의회의원 및 도의회의원을 선출하는 것이었으며 1956년에는 도시읍면의회와 초대 서울특별시의회가 구성되는 것을 비롯하여, 시읍면장이 주민들에 의하여 선출되었다. 이어 1960년에는 서울특별시 도시읍면 모든 자치단체의 의회가 구성되었고 자치단체장이 주민에 의거 직접 선출되는 등 제도상 최초의 완전한 지방자치제를 갖추게 되었다.

그러나 1961년 5·16 군사혁명으로 지방의회는 해산되었고 모든 자치단체장도 임명제로 바뀌어 사실상 지방자치제는 전면 중단됐다. 그 후 괄목할 만한 경제성장과 더불어 국민의식이 크게 성숙하면서 과거와는 다른 안정된 정치사회, 경제의 기초위에서 지방자치제를 만들기 위한 기반이 조성되었고 정부도 국민여망에 힘입어 30년이란 긴 세월이 흐른 1991년 3월 26일에 드디어 시도의회와 시군구의원 등 지방의회를 탄생시키게 되었으나 지방자치단체장 선거는 의견 차이와 국민들 간에 찬반양론이 엇갈려 미루어 왔다. 그것이 마침내 1955년 6월 27일 4대 지방선거의 동시실시로 오랜 숙원이던 민주화를 위한 지방자치시대를 열게 된 것이다.

인천시 세금비리사건

인천시 세금비리사건은 인천부평경찰서에서 북구청 세무과 직원을 긴급구속하는 사건으로 발전하였고 수사결과 총 2,498건 79억 9천 3백만 원의 유용비리를 적발하였다. 그중 90년 이후 공무원 34명과 법무사 46명 등 80명의 취득세 및 등록세 납부 허위영수증을 발급, 80억 원을 횡령한 사실이 밝혀짐에 따라 이른바 세도(稅盜)라 불리는 온 국민의 분노를 사게 되었다.

이에 따라 내무부에서는 부과징수 업무가 비교적 많은 경기 성남시 수정구와 대전 대덕구 등을 대상으로 94년 9월 12일부터 9월 16일까지 자체감사반을 투입하여 지방세특별감사를 실시하고 이에 따른 유형별 예방대책을 강구하는 한편, 시도에서 94년 9월 13일부터 68일간 전국 271개 시군구를 대상으로 감사부서와 세무부서 합동으로 연인원 102,657명을 투입해 자체감사를 실시했다.

그 결과 지방세비리 15,091건 40억 1,800만 원을 적발하고 그중 횡령유용 543건 6억 8,800만 원을 횡령·유용한 사실이 밝혀져, 즉시 법무사 민간인을 포함한 관련자 12명을 징계 고발했다. 한편 감사원에서도 9월 26일에서 11월까지 서울 서초, 영등포, 성북구, 경기 부천, 안양 동안구, 군포시, 용인군, 경남 진주시, 광주 북구 등 11개 시군구에 대한 표본감사를 실시한 결과 더 이상의 세금비리는 없다고 판단되었다. 이러한 다짐을 한 지 불과 며칠 안 되어 생각지도 못한 부천시 세금비리사건이 터졌다. 11월 24일 일간지에 부천시 세무비리와 관련해 내무부가 감사내용을 사전에 알고 축소 은폐한 것으로 왜곡보도되어 국민들이 크게 실망하고 공직사회의 기강이 실추됐다.

이어서 11월 24일 지방세비리척결 특별대책으로 중앙부처 실무국장회의 및 관계장관회의를 개최하여 세무비리척결특별대책을 강구하였다. 한편 11월 25일에는 관계부처 실무자회의와 시도지사회의를 개최해 세무기능직을 전원 교체하고, 비리가 재발할 때에는 기관장을 문책하는 등의 조치를 취하였다. 인천 북구청에 이어 부천 세무비리사건을 계기로 정부에서도 사건의 중대성을 고려하여 민간인 50명을 포함하여 건국 이래 최대 규모인 1,715명의 감사요원을 투입하여 이미 부분감사를 실시한 12개 기관을 제외한 259개의 모든 시군구를 대상으로 11월 28일부터 27일간 특별감사를 실시하였다. 이번 특별감사에서 드러난 지방세비리는 총 63,909건 424여 억 원에 달하며 그 중 횡령·유용 15,835건 134억 7,800만 원, 부족징수 및 부당감면 등 48,074건 289억 2,300만 원으로 전국적으로 광범위한 부정이 일어났음이 확인되었다. 이에 따라 세무비리를 저지른 공무원 803명을 적발하여 파면 89명, 직위해제 7명, 징계 212명, 주의 495명 등 해당자를 처벌했다. 재정상으로는 횡령, 부족징수 등 환수대상액 320억 원 중 293억 원은 환수조치하고 나머지 27억 원은 부동산에 대한 가압류 등 채권확보와 환수를 추진중이다.

이와 같은 조직적이며 구조적인 세금도둑은 일찍이 없었다. 법무사가 영수증을 변조한 것에서부터 메모지로 즉석 영수증을 만들어 세금을 착복한 경우도 있었다. 또한 고지서 금액을 한 단위 줄여 은행에 납부하고 나머지를 착복하는가 하면, 은행 수납인을 위조해 가짜 영수증을 만드는 수법, 수납대행 금융기관에서 수납된 세금을 지연불입 또는 공무원의 개인용도로 사용하다 지연불입 하는 등 국민의 혈세를 멋대로 사용했으며, 5년간 보관해야 할 영수증을 폐기처분하는 등 각종방법이 동원되었다. 이 중 공무원 수사와 관계없이 전원 파면조치하고 횡령금액을 환수조치하였으며 상급자까지 연대적으로 문책함과 동시에 엄중히 문책하게 하였다.

한편 지방세 수납업무 전산화, 부과 징수 업무의 분리, 세무공무원

현금취급금지, 동일업무 장기근무자 전원보직변경, 시군구세금기구 인력보강, 모든 지방세 고지서등기우송, 토지는 고시지가, 건물은 과세지가 표준액으로 단일화시키고 취득세, 등록세, 제도개선, 세무비리고발, 신고센터 운영 등 지방세 비리근절을 위한 제도개선도 병행했다. 한편 감사과정뿐 아니라 감사결과의 처리도 매우 중요하다. 왜냐하면 공직비리가 결코 처벌만으로는 해결되지 않는 구조적 문제점을 안고 있기 때문이다. 그렇지 않고 처벌만을 강화해서는 공직사회는 또다시 복지부동의 경향이나 일 많이 하면 감사에서 처벌받는다는 무소신·무사안일풍조가 공직사회에서 사라지지 않을 것이다.

도농통합론

정부수립 당시 행정구역이 9도 14시 133군이었던 것이 그 이후 직할시 및 시의 승격이 잇달아 1995년 1특별시 5직할시 9도 68시 136군이 되었다. 1948년 정부수립 이후 지난 40여 년간의 지방행정구역의 변화에서 볼 수 있는 특징의 하나는 도나 군은 거의 그대로 유지되고 있지만 직할시와 시의 수는 획기적으로 증가했다고 할 수 있다. 이것은 시를 도로부터 분리하여 직할시로 승격시키고 읍을 군으로부터 분리하여 시로 승격시키는 행정구역 조정의 관행에서 비롯된 것이다.

이와 같은 행정구역 조정방식은 기본적으로 중심도시와 배후농촌을 분리시킨다는 점에서 도농분리 행정구역 조정방식이라고 부를 수 있으며, 이러한 도농분리 행정구역 조정방식은 지난 70년대에 고도성장을 달성하기 위하여 도시중심의 공업화가 필요해지고 팽창되는 도시를 보다 효율적으로 관리하기 위해서는 동일생활권이라 하더라도 도시를 농촌에서 분리시켜 별도로 관리하는 것이 바람직하다는 인식에 근거했던 것이다. 이는 사실 도시개발의 촉진과 도시민들에 대한 편의시설 및 서비스의 확충 그리고 이를 수행할 지방자치단체의 기능강화라는 긍정적인 장점도 가지고 있었다. 그러나 많은 지역이 시로 승격되기를 바래왔고 또 어떤 지역에서는 시 승격 기준에 미달할 경우에는 농촌지역을 억지로 편입하여서라도 무리하게 읍을 시로 승격시키는 경우가 많아졌다. 이것이 도농분리적 행정구역을 더욱 고착화되게 만들었는데 이러한 도농분리적 행정구역개편은 다음과 같은 문제점도 아울러 수반하게 되었다.

첫째, 도농분리적 행정구역조정으로 잔여지역의 현 재정이 현저히 악화되었다. 하나의 군에서 핵심이 되는 주요부분이 빠져나감으로써 나머지 군부의 규모가 축소되는 것은 불가피한 것이며 특히 인구가 5만 명 이상 감소하는 큰 영향을 받게 된다. 중심부분이 분리되어 나감으로써 면적과 인구가 감소될 뿐 아니라 경제수준이 저하되고 그 구조가 약화됨으로써 지방세원의 기반이 약화되어 그 군의 재정 역시 취약해지고 유능한 행정인력이 분산됨으로써 행정력의 손실을 가져오는 결과가 된다.

현재 군 지역의 지방재정실태를 보면 지방세수입으로 공무원 인건비조차 해결하지 못하는 군이 전체 136군 중 85%인 115개 군이나 되고, 자체수입을 기준으로 하더라도 53%인 72개 군이 인건비를 해결하지 못하고 있다.

둘째, 동일생활권 내의 읍을 시로 승격시켜 인위적으로 분리함으로써 생활권과 행정권의 불일치 현상이 야기되어 주민생활의 불편을 초래하고 주민의 일체감과 연대의식을 약화시킬 뿐만 아니라 시군 간 갈등으로 지역의 종합개발이나 광역행정수요에서 대응이 어려워진다는 점이다. 읍이 시로 승격되면 시와 군의 행정권은 서로 달라지지만 실제로 시와 군의 주민들이 행하는 일상생활과 경제활동은 행정권과는 별개로 서로 겹쳐 이루어진다. 특히 군청사무소가 시에 그대로 존치되는 경우에는 군민들의 생활 및 활동중심지는 시의 승격에 불구하고 그 시가 되는 게 일반적인 현상인데 현재 68개 시 중 41개 시에 군청이 소재하고 있다. 또한 시와 군이 분리되지 않은 경우 도시 및 지역계획, 교통, 상하수도, 보건위생, 환경 등의 광역행정수요가 발생했을 때 한 자치단체가 종합적으로 계획하여 집행할 수 있으나, 분리된 경우에는 자치단체 간 상호협력의 문제가 생겨 추진하는 데 어려움이 있으며 투자의 규모경제성이 저하되고 소규모의 개발로 인해 예산이 낭비될 수 있다.

셋째, 도농분리로 일반행정비의 중복지출이 불가피하여 행정능률이 저하된다. 하나의 구역이 둘 혹은 둘 이상으로 나누어지면서 행정기관의 증설, 공무원직급의 조정 등으로 과잉인건비 지출 등 행정낭비의 요인을 초래한다.

넷째, 도농분리는 대부분 도시지역 위주로 개편되기 때문에 잔여지역의 공간적 구조에 많은 문제점을 야기하게 된다. 즉 군의 일부분이 서로 개편되어 빠져 나가는가 하면 시를 가운데 두고 두 쪽 또는 세 쪽으로 분리시켜 놓는 등 군의 지리공간적 구조를 불합리하게 만드는 것이다.

이번에 추진되는 행정구역개편은 지금까지 실시된 행정구역개편과 비교하여 여러 가지 다른 특성을 가지고 있다.

첫째, 무엇보다도 우선 개편방향이 분리방향에서 통합방향으로 전환되었다. 앞서 말했듯이 지금까지 우리나라 행정구역개편은 군에서 시를 분리하고 도에서 직할시를 분리하는 방식을 취해 왔다. 물론 읍과 읍을 통합하여 시로 만든 사례에서처럼 몇 가지 통합사례는 발견할 수 있지만 이는 모두 도시지역으로의 통합방식이며, 도농병존적 통합방식을 본격적으로 채택한 것은 이번이 처음이다. 그렇기 때문에 이번 시군통합은 시에 의한 군의 흡수가 아니라 시와 군의 합병으로 볼 수 있다.

둘째, 이번 시군통합은 국가경쟁력 강화라는 국가목표에 따라 추진되는 행정구역개편이라는 점이다. 사실 지난 분리주의적 행정구역개편은 순수한 행정적 논리보다 정치적 논리가 지역주민의 이기주의와 결합되어 추진된 것이다. 그러나 이번 시군통합은 UR 협상 이후 전개되는 무한경쟁시대에 효율적으로 대응하기 위한 국가적 필요성에 의해 추진되는 것이 그 특징이라 할 수 있다.

셋째, 이번 시군통합은 주민의 자발적 의사에 기초를 두고 있다. 즉 시군통합의 여부는 원칙적으로 주민의 자유로운 의사에 따라 결정되도록 하였다. 최근 개정된 지방자치법에서도 자치단체의 폐치분합 등에 대해서는 주민투표에 부칠 수 있게 했지만 아직 그 후속조치인 주민투표절차 등에 관한 법률이 마련되지 않았으며, 그 법률을 마련하고 또 주민투표를 실시하는 과정을 거칠 경우 자치단체장 선거 전까지 시군통합을 마무리하는 것이 현실적으로 어렵다는 점을 감안하여 불가피하게 주민의견조사로 대신하려는 것이다. 시군의 도농통합형 구역개편의 필요성에 따라 당초 정치권에서는 그 대상지역의 선정기준으로 인구규모, 생활경제권, 발전추세, 선거구 등을 고려사항으로 하였다.

이러한 기준에 따라 정부 여당에서는 3가지 대안을 제시하였다. 즉 제1안을 인구 10만 이하의 시 33개에 대한 통합방안, 제2안은 인구 15만 명 이하의 시중 생활권 등을 고려한 33개 시와 군을 통합하는 방안, 제3안은 인구 50만 명까지 확대하여 생활권 등을 고려한 통합안 등이다.

그동안 가장 활발하게 검토되어 온 것이 인구 10만 이하의 시를 대상으로 배후의 군과 통합하는 방안이다. 그러나 인구 10만 명이라는 기준을 기계적으로 적용할 경우 오히려 생활불편을 초래할 수 있다. 예컨대 동해시나 태백시 등은 통합대상 군인 삼척이나 영일군 등과 지역적으로 동떨어져 있어 통합이 오히려 불합리하다. 또 생활권이나 역사성을 고려할 때 통합이 필요한데도 인구 10만 명이라는 기계적인 기준을 적용할 경우 불합리한 곳도 많다. 즉 인구 10만 명이 넘는 충주, 제천, 안동, 경주, 김해 등이 여기에 해당된다. 따라서 인구 50만 명까지 기준을 확대하여 보다 많은 지역을 통합대상으로 하는 것도 검토해 볼 필요가 있다. 인구 26만 명의 고양시는 행정능률과 지역개발을 위해 전체를 통합해 시로 승격되었으며 그 후 기대한 대로 활기찬 발전을 거듭하고 있다는 점을 감안할 때 통합의 기준을 너무 인구규모에 한정할 필요가 없음을 알 수 있다.

이와 같이 정치권이 도농통합의 행정구역 개편으로 방향이 잡혀가자 내무부는 지방자치단체장 선거와 관련하여 지방까지 본격적으로 검토하는 작업에 착수하게 됐다. 여기서 통합대상지역의 선정기준으로 읍에서 시로 분리된 역사적 동질성, 시장이용 및 학군 교통편 등의 통일생활권, 시가 군 중앙에 위치하여 군이 분리되는 지역적 조건, 인구규모나 지역총생산의 증감추이 등 지역균형발전 가능성, 이외의 시군명칭이나 사무소 소재지가 동일지역 등을 통합조건으로 하고 있다.

이런 기준에 따라 전국 일반 시 68개 중에서 인접지역에 군이 없는 안양, 과천, 부천, 의왕, 시흥, 군포, 고양, 광명시 등을 우선 통합지역에서 제외하고 수원 화성군처럼 독자적 발전가능성이 큰 7개 시도를 제외할 필요가 있으며 따라서 내무부도 당초 60개 시 49개 군으로 정했던 시군통합 권유대상지역을 48개 시 42개 군으로 축소조정하였다. 내무부는 특히 남양주군, 평택군, 명주군, 삼척군, 창원군 등 1개 군이 2개 시 지역에 인접해 있는 경우에는 생활권역별로 군 지역을 분할해 인근 시와 통합하는 방안도 추진하였다.

- 경기(5시 3군) 동두천시 양주군, 구리시 남양주군, 미금시 남양주군, 송탄시 평택군, 평택시 평택군
- 강원(7시 5군) 춘천시 춘천군, 원주시 원주군, 강릉시 명주군, 동해시 명주군, 속초시 양양군, 삼척시 삼척군, 태백시 삼척군
- 충북(3시 3군) 청주시 청원군, 충주시 충원군, 제천시 제천군
- 충남(5시 5군) 천안시 천안군, 온양시 아산군, 공주시 공주군,

　　　　　　　서산시 서산군, 대천시 보령군
· 전북(5시 5군)　이리시 익산군, 군산시 옥구군, 정주시 정읍군,
　　　　　　　남원시 남원군, 김제시 김제군
· 전남(5시 4군)　여수시 여천군, 여천시 여천군, 순천시 승주구,
　　　　　　　동광양시 광양군, 나주시 나주군
· 경북(10시 10군)　포항시 영일군, 경주시 경주군, 안동시 안동군,
　　　　　　　영주시 영풍군, 김천시 금릉군, 경산시 경산군,
　　　　　　　상주시 상주군, 영천시 영천군, 점촌시 문경군,
　　　　　　　구미시 선산군
· 경남(8시 7군)　창원시 창원군, 마산시 창원군, 진주시 진양군,
　　　　　　　김해시 김해군, 충무시 통영군, 삼천포시 사천군,
　　　　　　　장승포시 거제군, 밀양시 밀양군

　이러한 시군통합 권유대상지역을 중심으로 지역주민들의 의견을 조사하였다. 개정된 지방자치법에서는 지방자치단체장은 지방자치단체의 폐치분합 등 지방자치단체의 주요결정사항에 대하여 주민투표에 부칠 수 있으나 아직 주민투표절차법의 미제정으로 해당 시군 전 지역의 세대주에 대한 의견조사로 대신하였다. 지금까지의 주민의견을 종합하면 통합대상지역 47시 43군 중 33개 지역이 일단 통합에 찬성한 것으로 나타났다. 이와 같은 결과는 당초 내무부가 기대했던 전망을 훨씬 웃도는 것이었다. 즉 내무부는 주민의견조사를 하기 전까지만 해도 권유대상지역 중 통합이 가능한 지역은 20여 곳에 그칠 것이라고 볼 만큼 시군통합의 결과에 그렇게 확신이 서지 않았던 것 같다. 이 때문에 내무부는 시군통합에 대한 주민들의 반발을 무마하기 위해 통합이 될 경우에도 군에 있던 읍면을 그대로 두고 군민들에게 세제혜택을 부여하는 등 기득권을 유지해 주고 시군통합에 따른 예산 절감액을 통합되는 시의 군 지역에 집중 투자하겠다는 주민설득작업

을 하였던 것이다.

이번 주민의견조사의 도별 특징을 보면 통합대상지역이 가장 많은 경북이 10개 지역 모두 통합에 찬성해 통합작업이 가장 순조롭게 추진된 반면, 경기도는 5개 지역 중 한 곳만 통합에 찬성하였을 뿐 나머지 4개 지역이 모두 통합에 반대해 난관에 부딪치게 되었다. 주민의견조사가 마무리되고 시군통합 대상지역이 확정됨에 따라 남은 문제는 해당 도가 시군별로 지방의회의 의결을 거쳐 통합여부를 결정하고 내무부에 건의한다. 내무부는 해당 도의 건의를 받아들여 이를 법제화하기 위한 시군통합법안과 기본계획을 만들어 국회에 상정하고 연말까지 준비과정을 거쳐 이듬해 1월 1일 통합시를 출범시킬 예정이다. 그러나 이와 같은 절차를 떠나 시군통합이 이루어지기까지는 아직 많은 문제점이 남아있다. 그동안 무엇보다도 새로운 시의 명칭에 대한 논란은 일단락되었지만 시군 간 주요쟁점으로 첫째, 혐오시설을 어디에 둘 것인가, 둘째, 공무원의 불이익은 없는가, 셋째, 각종 세금이나 규제는 늘지 않을까 하는 것들이 있었다.

이러한 우려를 감안하여 내무부는 통합대상지역에 대한 지원방안으로 주민세 등 각종 세금과 부담금에 대해 종전 군 지역에 인정했던 특례를 그대로 유지하기로 발표한 바 있다. 또한 건축허가, 도시계획 등 각종제한이나 규제완화 사항도 종전대로 시행하는 한편 농공단지, 농어촌휴양지 등 농외소득 확충사업과 농어촌 정주권 개발사업 등을 우선 지원키로 했으며 시군통합으로 매년 절약되는 예산전액을 통합되는 시의 군 지역에 집중투자하기로 발표하였다.

시군통합의 핵심적 관건의 하나는 해당지역 공무원들의 불이익을 어떻게 하면 최소화할 수 있느냐에 달려 있다고 보아도 과언이 아니다. 따라서 통합대상지역의 공무원의 동요를 진정시키기 위한 방안으로 필요한 행정체계를 정비할 필요가 있다. 앞서 언급되었듯이 시군을 통합하려는 이유는 도농의 균형 있는 발전을 위해 행정단위를 일원화하고 행정기능을 최대한 효율화하겠다는 데 있다. 그러나 도농통합시가 될 경우 대략 다음과 같은 점을 간과해서는 안 될 것이다. 우선 지방자치 측면에서 볼 때에 해당 지역의 평균적인 면적의 규모가 663㎢나 되고 인구규모는 70천 명이 되는데 이러한 규모의 자치단체가 기초자치단체로 있는 나라는 세계적으로도 그 예가 없다. 여기에 기존 시의 인구와 면적이 더 추가될 경우 풀뿌리 민주주의 배양에 필요한 국민에 가까운 정부로서의 역할을 제대로 수행하기가 어렵고, 주민의 일상생활 영역과 분리되어 행정의 대주민 대응성의 규모가 커지면 커질수록 주민과의 거리는 멀어진다.

한편 군이 시에 통합되어 광역시가 되는 경우 행정구역이 시가화된 구역보다 더 넓은 경우 행정의 이원화 문제가 더욱 심해질 것이다. 시라면 도시행정을 대상으로 도시행정서비스가 주가 되어야 행정의 전문화를 기할 수 있는데 통합시에서는 도시행정과 농촌행정을 함께 수행해야 하는 문제가 생긴다. 그러나 이러한 문제점이 국가경제력 강화와 행정비용의 절감이라는 명분과 요청에 역행할 수는 없다. UR에 대비한 시군의 국제경쟁력 강화와 도농 간 균형발전이라는 소기의 목적을 달성하기 위해서는 시군통합에 따른 후유증을 극복하고 지역주민의 단합을 얼마나 효과적으로 이루느냐가 앞으로 관건이 될 것이다.

지방재정의 확충과 지방교부세제도

정부수립 이후 지방자치단체가 출범한 후 1951년도의 재정규모는 1억 1천만 원 정도였다. 그것이 연평균 2.1배씩 성장을 거듭하여 제1공화국이 끝나는 1959년도에는 126억 원의 규모였다. 특히 1953년 휴전이후 3년 동안은 전쟁복구관계로 1953년에 8억 원, 1954년에 29억 원, 1955년에 79억 원으로 크게 증가하였으나 이러한 신장추세는 60년대를 고비로 다소 둔화되었다가 1961년까지 지속되었다. 1962년에는 전국적인 가뭄으로 전년도 재정규모보다 23억 원이 줄어들었으나 다음해에 다시 신장세를 회복하여 현재에 이르렀다. 1960~70년대에는 정부의 고도성장정책에 힘입어 1963년도에 193억 원의 재정규모가 1979년도에는 1조 7,291억 원이라는 엄청난 규모로 신장되었다. 다시 제5공화국을 거쳐 1981년의 2조 8,091억 원이 90년도에는 15조 3,206억 원으로, 1995년도에는 34조 585억 원으로 해를 거듭할수록 크게 신장하였다. 이러한 재정규모는 1951년도와 비교할 때 34만 배로 늘어난 것이다. 재원구조면에서도 1950년대에는 지방세 세외수입, 지방분여세 보조금으로 구분하던 것을 1960년대에는 지방세 세외수입, 지방교부세 보조금으로 바뀌어 1991년도에는 지방양여금제도가 도입되기까지 이러한 추세를 계속 유지해왔다.

1960년대에는 정부가 처음으로 경제개발5개년계획을 수립하였으며 이 기간 중 지방재정은 산업화에 필요한 식량증산기반의 확충, 조림과 사방, 가족계획사업과 기간도로확충에 중점적으로 투자하였다. 1970년대에는 새마을사업의 추진으로 새마을사업과 주민본위의 재정

운용에 중점을 두었다. 1980년대에는 복지국가 건설이라는 국가정책에 맞추어 지역주민의 복지를 증진하고 지역 간의 균형발전을 도모하기 위한 지역개발사업 등에 중점을 두었으며 구체적으로 88올림픽대비사업, 의료보험의 전국 확대, 수해복구사업 등이다. 1990년대에는 낙동강 페놀사건으로 수질이 악화되면서 행해진 맑은 물 공급사업 등 환경보전 사업, 지방자치의 본격실시에 따른 지역경제 활성화시책과 주민복지증진을 위한 사업에 역점을 두었다.

지방교부세제도

지방교부세는 경제력의 지역 간의 격차로 인한 편제된 세원을 국세로 징수하여 그 재원의 일부를 지방자치단체에 배분함으로써 지방재정을 조정하는 제도로서 형식적으로는 국가의 일반회계에서 지출되나 지방자치단체가 독자적으로 사용할 수 있는 일반재원임을 감안한다면 간접과징형태의 지방세라 할 수 있다. 지방교부세재원을 내국세 총액의 13.27%(1999년도 15% 예정)로 법령이 정한 기준과 방법에 의하여 산정한 기준재정수요액에서 기준재정수입액을 공제한 기준재정부족액을 기준으로 자치단체별로 배분하고 있다. 지방교부세제도는 임시지방분여세법에서 지방분여세법 지방재정교부금법 그리고 지방교부세법 등으로 변천하여 현재에 이르고 있다.

　지방재정의 결함보전을 위하여 지방분여세의 재원에 충당하였던 제1종 제2종 토지수득세와 유흥음식세 이외에 마땅히 지방세로 이양하여야 할 영업세, 입장세, 전기가스세 중 일부를 조정재원으로 하여 1958년 지방재정조정교부금법을 제정하였다. 재원을 제1호 유흥음식세, 영업세, 입장세, 전기가스세의 40%와 제2호 즉 제1종 토지수득세의 0.88%, 제2종 토지수득세의 50%, 제3호 즉 제1, 2호

재원으로도 기준재정수요액을 충당하지 못할 경우 보충재원으로 구분하였다. 조정교부금의 종류는 기준재정수입액이 기준재정수요액에 미달하는 자치단체에 대하여 교부하는 보통교부금과 재해 등 특별한 사유가 있을 때 교부하는 특별교부금으로 구분하여 특별교부금의 총액은 보통교부금 총액의 30%를 넘지 못하도록 하였다.

지방재정교부금법은 우리나라 지방자치사의 변혁기라 할 수 있는 1960년도의 지방자치관련법 지방세법의 개정에 의해 개선이 불가피하게 됨에 따라 이를 폐지하고 지방교부세법을 새로이 개정하여 1962년 1월 1일부터 시행하였으며, 현재까지 거듭 개선해 이른 주요 내용은 다음과 같다.

보통교부세의 재원은 제1호 영업세, 입장세, 전기가스세의 40%와 제2호 주세 중 탁약주세 85%로 하였으며 특별교부세는 제1호 재원이 10% 해당액으로 하였다. 보통교부세는 지방자치단체가 적정한 행정수준을 유지할 경우 필요로 하는 표준적인 재정수요인 기준재정수요액이 지방세 표준세율의 70% 해당액으로 산정한 기준재정수입액을 초과한 경우 그 초과분을 기초로 산정하여 교부하였다. 특별교부세는 기준재정수요액의 산정방법으로 포착할 수 없는 특별한 재정수요가 있을 때(재해발생, 청사신축 등) 교부율은 법령으로써 도는 20%, 시는 15%, 군은 65%로 정하였다.

보통교부세의 재원은 당해 연도 영업세, 전기가스세, 주세의 각각 50%로 하고 특별교부세의 재원은 보통교부세의 백분의 10로 하는 등 재원을 확충하였으며 기준재정수입액 산정 시 지방세표준세율의 80%로 하였다. 1982년 4월 3일 제4차 개정 시에 1973년 8월 3일 경제의 안정과 성장에 관한 긴급명령에 의하여 1973년부터 지방교부세의 법정교부율을 일시 정지하고 1982년까지는 정부예산이 정하는 바에 따라 편성하였다. 1982년 4월 3일 제14차로 지방교부세를 개

정하여 1983년부터 지방교부세재원을 내국세총액의 13. 27%로 법정
화하였으며 보통교부세는 교부세총액의 11분지 10로 특별교부세는
11분지 1로 하였다.

아울러 지방양여금제도는 자치단체의 자주재원기반을 확충하고 지
방의 특정 사업수요도 충족시킬 수 있는 새로운 형태의 재정운영제도
로서 국가가 징수하는 특정한 국세수입의 전부 또는 일부를 지방자치
단체에 양여하여 특정 목적수요에 충당할 수 있도록 1991년에 도입된
제도이다. 지방양여금은 국고보조금과 달리 지방비 의무부담과 정산
후 국고반납제도 없으며 대상사업별로 포괄적 용도만 지정함으로써
자치단체의 자율성과 재량성을 인정했다. 현재 지방양여금의 재원은
토지초과이득세의 50% 주세의 80% 전화세의 100% 그리고 농특세
전입액이며 법령이 정한 대상 사업별 양여기준에 따라 양여하고 있다.
지방양여금제도는 1990년 12월 31일 제정하여 현재에 이르고 있다.

재원은 국세와 지방세의 조정에 관한 법률에 의하여 자치단체에 양
여하는 금액으로 하였다. 대상사업은 지방도로정비사업, 하수도정비
사업, 일반폐기물처리시설사업으로 하였다. 다만 하수도관정비 일반
폐기물처리시설사업은 양여금배분과 배분과 관련한 사항이 법률에서
정하여 시행될 때까지 운영을 보류했다. 양여기간은 지방도로정비사
업은 직할시도 20%, 지방도 27%, 군도 46%, 농어촌도로 7% 비율
로 각각 양여하며 하수도관정비사업은 미설치 하수도관의 연장배율
로, 일반폐기물 처리시설사업은 자치단체의 인구비율로 양여하였다.

지방재정지원의 변화와 중립내각의 구성

지방자치단체에 대하여 그 행정을 수행하는 데 필요한 경비에 충당하
기 위하여 지출하는 지출금 중에는 그 비중을 지정하여 교부하는 국고

보조금과 비도의 제약이 없는 지방교부세로 나누어진다. 국고보조금은 지방의 특정사업을 장려하기 위한 특정재원으로 지원되며 지방재정의 지출을 확대시켜 자치단체의 재정을 보강하고 국가와 지방사업을 연계시키는 수단으로 사용된다.

보조금의 관리에 관해 처음 제정된 법은 1963년 11월 1일 공포된 보조금관리법이다. 이 법은 보조금의 신청, 교부결정과 사용 등에 관한 기본적인 사항을 규정함으로써 보조금 등의 관리에 기여코자 하였으나 이 법이 제정된 후 1986년에 폐지될 때까지 한 번도 개정되지 않았다. 따라서 1986년 12월 31일 보조금의 예산 및 관리에 관한 법을 제정하여 보조금의 예산편성 시 지방자치단체의 의견을 반영하고 보조금대상사업과 보조금을 명시하였으며 차등보조율제를 도입하고 영세보조금을 통합하도록 했다.

보조금의 운영실태를 보면 1951년도에는 3천만 원이었던 보조금이 10년이 지난 1961년에는 77억 원으로 증가되고 국가재정이 85배, 지방재정이 132배 증가한 데 비해 1960년대 지방자치단체에 교부하는 국고보조금의 규모는 1962년에 29억 원이었던 것이 1970년에 213억 원으로 7배가 증가되었으며 국가재정의 4.5% 수준에 이르렀다. 1970년 이후에는 국고보조금이 국가재정이나 지방재정의 일반회계상 차지하는 비중이 차츰 낮아지고 있다. 대체로 지방재정은 국가재정에 비해 그 규모가 영세하고 세입 면에서 국가재정에 대한 의존도가 높아 재정운영의 경직성을 탈피하지 못하고 있는 실정이다.

그간 지방재정규모가 외형적으로는 크게 신장되었으나 신장의 주요인은 지방교부세, 보조금과 국비지원 사업을 지방사업으로 전가하면서 대체된 양여금등 의존재원의 증가에 기인하며 자체수입 증가에 의한 실질적인 지방재정 신장요인은 적어 결국 지방재정의 외형적 신장세에 비하여 실질적으로는 지방재정 상황이 좋아진 것은 아니다.

지방자치제 실시 이후에는 지방재정운용에 있어 많은 변화가 예상되었는데 특히 지방재정수요가 증가되었다. 선거과정이나 민선단체장 의원의 활동과정에서 지역개발을 기대하는 주민의 욕구가 분출되고 공약사업의 이행을 위한 민선단체장의 의욕적인 사업추진이 예상되며 특히 지하철, 도로, 항만 등의 사업투자 비용의 증대가 예상된다. 늘어난 지방재정수요를 충족시킬 수 있는 지방재정 확충은 현행제도와 장치로는 기대하기 어렵다.

그 이유로는 조세기반이 영세하고 조세마찰로 지방수입의 대종인 지방세 확충이 어려우며 각종수수료, 사용료의 현실화 및 유료화가 미흡하며 납세자인 주민의 입장에서는 지역발전과 주민복지 향상은 요구하면서도 자치비용을 더 부담하는 데에는 소극적이다. 그리고 투자우선순위 결정에 있어서도 한정된 지방재정으로 효율적인 운용을 기대하기 어렵다. 지역발전을 선도할 규모 있는 사업의 계획적 투자보다는 유권자 이해집단과 관련된 소규모사업의 지역안배적 배분이 예상되며 특히 의정활동비 등 파행적인 예산운용의 우려가 있다.

지방자치시대에 추진해야 할 지방재정 운영대책으로는 지방자주재원의 확충, 국가재원의 지방이양, 단체 간의 재정적자 해소를 위한 지방재정조정기능 강화, 지방재정 건전운용을 위한 지도감독의 강화 등을 들 수 있다.

지방재정확보의 근본은 자주재원의 확충이며 이를 위해서는 지방세를 안정적으로 확충하고 각종 사용료 및 수수료를 현실화하는 한편 민관공동출자와 민자유치사업을 확대하고 지방공기업의 확대 및 경영합리화를 도모해야 한다.

또한 자주재원 확충 못지않게 중요한 것이 국가재원 중 일부를 지방에 이양하는 것이다. 이를 위해서는 국가이전재원인 지방교부세의 법정률을 상향조정하고 양여금의 양여율을 상향조정하는 방안을 추진하여야 할 것이다.

한편 지방자치단체에 대한 지도감독은 지금까지의 통제 · 규제차원에서 지원차원으로 전환하여야 하며 이를 위해서는 지방예산의 계획적 운영지도, 지방중기재정계획 운영, 지방재정 투융자심사제도, 지방채의 건전화 운동, 지방재정진단 제도의 도입운영 그리고 지방재정 운용상황의 주민공개 등을 추진해나가야 할 것이다.

중립내각의 구성

우리나라에 민주주의가 실시된 후 각급선거를 치러오는 동안에 숱한 부정선거 수법이 등장했다. 그중에도 가장 질이 나쁜 것은 선거에 관권이 개입하는 일일 것이다. 사실 관이 선거에 개입하면 그 선거는 하나 마나이다. 그러나 선거 때마다 관권개입 시비가 끊이지 않았다. 참으로 한심한 일이 아닐 수 없다.

공무원 스스로가 선거에 개입했다고 한 첫 케이스는 이미 언급한 것처럼 박모 순경의 경우이다. 1956년 8월 13일에 실시한 지방선거 때 전북 정읍군 소성면의 투표함을 수송도중 공무원들이 여당인 자유당후보를 당선시키기 위해 투표함을 뜯고 표를 바꿔치기 했다고 폭로한 것이다. 당시 치안국장은 허위사실유포 죄로 박 순경을 구속했으나 뒤에 대법원판결로 그 주장이 사실로 드러났다. 또 1963년 11월 6대 국회의원 선거 때는 목포경찰서 정보반장인 나모 경사, 윤모 파주군청 직원, 평택경찰서 순경들이 여당후보를 당선시키기 위하여 비밀지령을 받았다는 사실을 잇달아 폭로하였던 것이다.

1992년 3월 24일 총선 당시 충남 연기군수였던 한모 씨가 같은 달 31일 국회 민주당 원내 총무실에서 양심선언을 하고 14대 총선이 조직적 관권선거로 치러졌다고 주장했다. 한모 씨는 선거자금배포 시도지사명의 공무원들의 각 지역별 선거자금할당표, 각 읍면별 대통령선거대책 등 15종의 물건을 증거로 제시했다. 한 모 씨는 이날 회견에서 총선자금배포용으로 3월 15일 충남도지사로부터 1천만 원 등 3차례에 걸쳐 총 2천만 원을 받아 현금으로 배포했으며, 그중 9백만 원은 10만 원권 수표 90장을 증거로 제시했다. 한 모 씨는 민자당 후보로부터 2천 5백만 원, 군자체조달자금 4천만 원 등 총 8천 5백만 원을 현금을 배포했다고 주장했다. 한 모 씨는 이 자금을 총선 직전인 3월 19일과 22일 두 차례에 걸쳐 연기군 내 7개 읍면 1백 96개 마을에 각 10만원씩 그리고 7개 읍면에 여당성 부동표로 분류되는 특별관리세대 2천 1백 74세대에 각각 3만원씩 살포했다고 진술했다. 한 모 씨는 이밖에도 내무부로부터 특별교부금 12억 원을 받아 마을사업에 썼다고 밝혔다. 한 모 씨는 총선실패 후 대선을 치를 능력이 없으니 군수직에서 물러나라는 압력을 받았으나 흠을 잡히지 않았으며 때로는 퇴직 후 직장알선을 해 주고 해외여행을 보내주겠다는 유혹도 받았지만 모6두 거절했다고 밝혔다(이하 생략). 대전 고검에서 한

　모 씨는 징역 1년 6개월을, 이 모 씨와 임 모 씨는 징역 1년을 선고받았다.

　한편 당시 노태우 대통령은 중립내각 구성을 결심하여 현승종 신임 총리서리를 지명하였다. 지명받은 현 총리서리는 이번 개각에서 새로 기용될 장관들은 노 대통령의 의지에 따라 엄정중립의 위치에서 공정선거를 실시할 수 있는 신념과 실천력을 지닌 분이 되어야 할 것이라고 언명했다. 사실 우리나라 역사상 대통령이 당직을 떠난 것은 처음 있는 일이며 무엇보다도 행정부가 중립성을 띠어야 하는 만큼 선거만이 아니라 치안, 경제 등 평상업무에도 남다른 소신과 신념을 가지고 일할 수 있는 분을 장관으로 위촉할 예정이다.

　현 총리서리는 중립내각이라면 오는 대통령선거에서 어느 당에 치

우치지 않고 모든 당과 협조하고 균형을 이루어 선거를 치루는 것이 중요하다고 언명했다. 또 노 대통령도 차기대선에서 선거법을 위반하는 당에 대해서는 단호히 대처하겠다고 강조했다. 현 총리서리는 중립내각 운영을 위한 제도적 장치와 관련 현행 선거법을 법대로 철저히 실행해야 하며 부적절한 것이 있으면 선관위 등의 의견을 들어 보완하고 개정할 생각이라고 밝혔다. 현 총리서리는 한 모 씨의 관권선거 폭로파문에 대해 현 상황에서 내각이 민자당을 편애한다면 중립내각 자체가 존립할 수 없으며 따라서 관건선거와 같은 일은 되풀이되지 않을 것이라고 확신했다. 만일 이러한 사태가 생긴다면 여론이 가만있지 않을 것이며 내각수반으로서 단호한 조치를 취할 것이라고 강조했다.

경찰청의 발족과 민선자치단체장의 등장

1991년 8월 1일을 기해 내무부 소속 내국이었던 치안국이 경찰청으로 개편되었다. 따라서 내무부의 내국이 아닌 외청으로 위상이 변경된 것이다. 당시의 내무부 장관은 이상연 장관이었고 초대 경찰청장은 김원한 청장이었다. 경찰은 우리나라의 안보상황과 특수한 치안여건 등을 고려하여 국가경찰체제를 유지하면서 내무부의 외청인 경찰청을 독립시키기로 했다. 아울러 각계의 덕망 있는 비정치적 인사로 구성되는 경찰위원회를 두어 주요정책을 의결토록 함으로써 경찰운영의 공정성과 중립성을 기하도록 하였다.

경찰청의 발족을 계기로 국민들로부터 두터운 신뢰를 받는 경찰로 다시 태어나기 위하여 경찰쇄신운동을 전개하고 우수한 인력을 확보하여 전문교육을 강화하는 등 새로운 각오와 자세로 출발토록 했다.

경찰개혁위원회가 머지않은 장래에 자치경찰제도를 도입하는 것을 주요내용으로 하는 시안을 발표했다. 이는 시도지사에게 지방경찰청장의 추천권과 지방경찰위원회 위원 임명권을 주는 지방자치시대에 걸맞게 중앙집권적 경찰구조를 자치화라는 측면에서 개편하려는 것이다. 아울러 오랜 숙원으로 남아 있는 경찰의 수사독립권도 어느 쪽으로든 가닥이 잡힐 것으로 보인다.

말할 것도 없이 자치경찰이란 지방분권의 정신에 따라 지방경찰이 자치단체의 권한과 책임 아래 지역주민의 의사에 따라 치안업무를 자주적으로 수행하는 제도를 말한다. 따라서 국가경찰과 달리 경찰권의 행사 역시 주민의 자유와 권리를 보호하는 선에서 경찰권의 남용

502

을 방지하는 방법으로 행사된다.

자치경찰제의 이념은 분권화, 민주화, 중립화이며 특히 집권화된 경찰권을 지방으로 이양, 지역치안은 그 지역 경찰 스스로가 책임을 지고 자율적으로 수행하도록 하게 함으로써 경찰운영체제의 효율성을 높이고 지역주민 위주의 봉사행정을 도모케 한다. 아울러 지역주민참여로 주민의사가 치안행정에 적극적으로 반영되도록 함으로써 주민에 의한 경찰행정이 되게 함과 동시에 중앙정치권의 영향에 좌우되지 않고 오로지 지역주민의 의사에 의한 법 집행과 불편부당한 치안행정이 구현되도록 한다.

자치단체행정이 일반행정뿐 아니라 치안에 대하여도 선거를 통하여 심판을 받게 되므로 경찰행정에 대하여 많은 인적·물적 지원을 하게 되고 자치단체가 자치경찰을 관리함으로써 주민의 의사와 욕구를 반영할 수 있다. 또한 경찰행정의 중점이 지역주민의 일상생활의 안전으로 옮겨감으로써 지역특성에 적합한 경찰행정이 이루어지게 된다. 아울러 경찰관도 주민편익위주로 의식과 행태가 변화되어 주민의 민원을 적극적으로 받아들이고 이를 수용하고 개선하는 방향으로 업무를 수행하게 될 것이다.

행정자치부의 발족

1993년 2월 25일은 제14대 김영삼 대통령 취임식이 있는 날이었다. 국회의사당 앞에서 국내외 많은 귀빈이 운집한 가운데 엄숙히 진행되었다. 약간 쌀쌀한 날씨였지만 봄기운이 약동하는 그런 날이었다. 문민정부로서는 실로 30년 만의 일이다. 김 대통령은 모두가 신바람 나게 일할 수 있는 신한국창조를 강조하고 첫째는 부정부패의 척결, 둘째는 경제건설, 셋째는 국가기강을 바로 세운 것을 역설했다.

그는 오늘부터 정부가 달라질 것이라 했다. 정치 역시 달라져야 하며 정치를 위한 정치가 아니라 국민에게 희망과 행복을 안겨주는 생활정치여야 하고 국민의 불편을 덜어주는 정치, 국민의 작은 소리에 귀를 기울이는 정치가 되어야 하며 이렇게 정부가 달라질 때 변화와 개혁을 통한 안정이 이 땅에 자리 잡게 될 것이라고 역설했다.

지난날 우리는 계층으로 찢기고 지역으로 대립하고 세대로 갈라지고 이념으로 분열되었기에 안에 있는 벽도 허물어야 한다. 우리 사회는 그늘 속에 살아온 사람이 너무 많다. 그들은 위로받아야 하며 많이 가진 사람은 더 많이 양보해야 하고 힘 있는 사람은 더 큰 것을 양보해야 한다. 신한국창조는 누가 해 주는 것이 아니다. 우리 모두가 함께해야 한다. 땀 흘려 일하는 근로자, 새로운 작물로 소득을 올리는 농민, 열심히 공부하는 학생, 연구에 몰두하는 과학도, 시장개척에 동분서주하는 회사원, 신제품을 개발하는 중소기업인, 그리고 밤새워 나라를 지키는 군인들이 바로 그들이다. 이 자리에는 묵묵히 국민에게 봉사하는 공직자도 있다. 자기 분야에 최선을 다하는 이들

504

이야말로 신한국창조의 주역이요 주인이다. 방관에서 참여로, 비난에서 창조의 길로 나가자, 미래는 여러분의 것이요, 신한국은 바로 여러분의 세상이라고 하였다.

그리하여 과거에는 감히 손대지 못했던 군부 내 사조직인 하나회의 숙청, 12·12 사태, 율곡사업, 평화의 댐 조사 착수, 금융실명제 실시, 총독부건물 철거 등을 연달아 단행해 한때는 국민으로부터 높은 지지율을 보였다. 특히 역사 바로 세우기를 위해 노태우 전 대통령과 전두환 전 대통령을 구속하고 비자금문제로 사법처리했다.

한편 꾸준한 경제성장으로 OECD 가입이 이루어졌으나 잘못된 외환관리로 결국은 IMF의 구제금융을 요청하는 수모를 겪었다. 마침내 온 국민에게 개혁과 구조조정을 강요하지 않을 수 없게 되었고 빅딜이니 정리해고니 하는 낱말이 난무하고 늘어가는 실업자대책이 정부의 긴급한 과제가 되었다. 시중금리와 환율이 날로 치솟고 한때는 주가가 바닥을 헤맨 일도 있었다. 1만 달러의 국민소득이 삽시에 6천 달러 수준으로 떨어지고 국민경제가 5, 6년 뒷걸음치고 말았다. 아시아의 4마리 용이라 불리던 한국경제는 날로 국제적 신용등급이 떨어졌다.

그러나 긍정적 업적 중 하나는 1995년의 6·27 지방선거를 통해 우리나라에 전면적이면서도 본격적인 자치시대를 열었다는 것이다. 그 중에도 주민에 의해 선출된 자치단체장의 등장은 우리 지역사회에 서 큰 변화를 예고하고 있다. 1993년 2월 26일에는 제57대 내무부 장관으로서 이해구 의원이 취임했다. 이 장관은 경찰출신으로 안성 국회의원이었다. 그는 신한국창조를 위해 첫째 한국병 치유를 위한 의식개혁에 적극참여하고, 둘째 부정부패를 척결하여 공직풍토를 과감하게 쇄신하고, 셋째 각종행정규제를 완화하여 국민편의위주의 행정을 수행하며, 넷째 법질서를 확립하여 사회기강을 바로잡을 것을 강조했다. 다음에는 국가와 지방이 조화롭게 발전하는 지방자치의 정착문제이다. 지방자치시대의 본격적인 전개와 함께 내무부는 자치단체에 대한 조정자로서 또는 권익의 보호자로서 지방에 대한 행정적, 재정적 지원을 확대하고 중앙정부와 지방정부 간의 종합적인 조정·대변 역할을 강화하는 동시에 지나친 지역주의가 국가발전에 저해요인이 되지 않도록 지방과 중앙정부가 서로 협력하여 발전하는 바람직한 자치행정을 정착시키자고 강조했다.

다음에는 58대 최형우 장관이 취임했다. 최형우 장관은 오랫동안 김영삼 대통령의 측근으로서 정치생활을 같이해왔다. 1993년 12월 22일 취임사를 통해 무엇보다도 대통령의 통치이념인 국제화, 개방화, 미래화를 위해 민주개혁을 확산시키고 착근시키는 데 혼신의 노력을 기울이겠다고 말했다. 둘째로는 개혁의 지방화와 내무행정의 민주화를 통해 풀뿌리 민주주의를 실천하는 데 앞장서야 하며, 셋째는 내무행정에 경영개념을 도입할 것을 강조했다. 공무원은 국민에게 행정서비스를 제공하기 위해 존재하는 만큼 국민들의 요구에 부응하는 자세가 필요하며 세일즈맨처럼 일을 찾아나서는 자세를 갖추라고 하였다. 열심히 일하고 능력을 발휘하는 공무원이 인정받고 무사안일에 빠진 공무원은 응분의 대가를 치를 수 있도록 신상필벌의 원칙을 세우겠다고 하였다. 그리하여 모든 공무원들이 개혁의 변방이 아니라 개혁의 기수가 되어 신바람 나게 일할 수 있는 분위기를 만드는 데 최선을 다하겠다고 하였다. 뿐만 아니라 공무원이 소신껏 일할 수 있도록 작은 일에 간섭하지 않을 것이며 다만 일하는 데 있어서 최종적인 책임을 지겠다고 하였다.

특히 경영개념을 역설하여 내무부공무원의 교육훈련을 민간기업 예컨대 삼성이나 대우와 같은 민간연수원에서 교육받게 하여 교육에 새바람을 일으키게 하였다.

앞으로 장관실은 항상 문을 열어놓고 여러분의 진취적이고 발전적인 좋은 건의를 귀담아 듣겠으며 아주 작은 소리일지라도 진솔한 국민의 소리를 귀 기울여 듣는 장관이 되겠다고 하였다.

59대 김용태 내무부 장관은 의원신분으로서 내무부 장관에 취임했다. 1994년 12월 24일 취임식에서 행한 내무부 장관 취임사에 세계화는 국제사회에서 살아남고 인류발전에 기여하는 전략으로서 모든 부문에 세계 최선봉에 서자는 것이며 문민정부 출범이후 추진해온 변화와 개혁의 성과를 바탕으로 다시 한 번 국민역량을 집결하여 모든 국민이 능동적으로 세계화에 참여함으로써 세계 속의 한국으로 우뚝 설 수 있도록 중지를 모아야 할 때라고 하였다. 그러나 세계화는 열린 마음과 열린 체제일 때에만 성공할 수 있다고 강조하였다.

이러한 시대에 부응하여 내무행정이 나가야 할 방향은 다음과 같다.

첫째, 앞으로 국정운영의 방향인 세계화를 위해 개혁을 지속적으로 전개하고 국가경쟁력을 강화하는 데 혼신의 노력을 기울이고 둘째, 우리 지방행정사의 최대과제인 지방자치가 성공적으로 실시될 수 있도록 모든 행정역량을 집주하고 특히 1995년 6월에 실시되는 4대 지방선거가 공명정대하게 치러지게 하여 선거사에 한 획을 그을 수 있도록 준비하며 셋째, 사회안정을 확보하고 사건사고를 예방하는 데 최선을 다해 지난 몇 달 동안 일어난 각종 대형사고와 반인륜적인 사건 등을 교훈삼아 민생치안 확보와 예방행정체제를 더욱 강화하고 우리 사회에 팽배해 있는 적당주의와 이기주의를 불식하는 데 앞장서도록 한다. 넷째, 공직기강을 확립하여 국민신뢰를 회복해야 한다. 그간 각종 사고와 공무원 부정사건으로 인하여 공무원을 보는 국민의 눈은 따갑기만 하고 조직개편이나 단체장선거 등으로 공직기강이 해이해지고 있는 현실에서 내무부는 국가의 중추조직으로서 기강과 규율을 생명으로 여겨야 한다고 강조했다. 그리고 모든 정책의 수립과 집행, 운영방향을 결정하는 데 그 중점을 반드시 국민에게 두어야 한다고 강조했다. 돌이키기도 싫은 세금비리사건도 국민을 무서워하고 국민을 존중했다면 일어나지 않았을 일인데도 이와 같은 비리사건이 발생한 것은 결국 국민을 경시하는 데서 연유한 범죄행위라 했다. 김용태 내무부 장관은 그 뒤 대통령비서실장으로 영진하고 후임에는 건설부에서 김우석 장관이 60대 내무부 장관이 되었다. 1년 2개월 동안 재임했으나 건설부 당시의 부정사건으로 현직인 채 사법처리되어 내무부 장관으로서 전례 없는 일이었다. 그 뒤 서정화 장관이 약 20일간 재임하다가 물러가고, 62대로 강운태 장관과 63대로 조해녕 장관이 내무부 마지막 장관을 맡았다. 두 장관 모두 내무부출신 행정관료로서 강운태 장관은 농림부 장관을 거쳤고 조해녕 장관은 총무처장관을 거쳐 새마을운동중앙협의회를 맡고 있다가 내무부 장관이 된 것이다.

대체로 선진국의 내무행정은 시대적 환경의 추이에 따라 조금씩 변모하고 있다. 프랑스나 독일은 내무부기능에 큰 변화 없이 유지되고 있다. 프랑스의 경우 지방자치, 경찰, 소방, 민방위, 선거, 해외영토 관리 등을, 독일의 경우 지방자치, 경찰, 민방위, 환경보호, 위생, 원자력, 문화, 난민 등을 그 기능으로 한다. 그에 비해 영국은 환경부가 지방자치, 지역개발, 지역계획, 환경보전 부문의 업무를 담당한다. 미국은 내무부의 성격이 특이해 토지관리, 지적조사, 자원개발, 산림, 국립공원 등 연방국가로서의 특이성에 입각한다. 일본은 전후 우여곡절 끝에 지방자치 선거업무 등을 관장하는 자치성이 있고 최근에 이르러 작은 정부를 지향해 중앙부처의 수를 크게 줄이는 행정개혁을 검토 중이다. 우리나라의 경우 내무부는 지방자치단체 감독, 선거, 경찰, 민방위, 재난방지, 소방 등의 업무를 관장한다. 그것이 1998년 김대중 대통령의 국민정부 출범과 함께 작은 정부를 지향하며 기구를 줄이고 부총리제를 없앴다. 내무부는 그 기능을 그대로 유지하고 관방업무를 담당하는 총무처와 합하여 행정자치부를 발족시켰다.

부 록

농경연(KREI) 시절

1978년 4월 1일에 발족한 재단법인 한국농촌경제연구원의 초대원장으로 취임하여 1984년까지 6년을 지냈다. 원래 이 연구원은 1967년 농촌진흥청에서 농업경영연구소로 출발하여 1970년에는 농림부소속으로 개편되었다가 1973년에 국립농업경제연구소로 확대된 후, 1978년에 설립자가 대통령인 재단법인이 되고 그해 12월에 한국농촌경제연구원육성법이 제정되어 선발연구기관인 한국개발연구원과 비슷한 체제를 갖추었다.

재단법인이 된 이유는 정부기관일 때에는 외부로부터 연구용역을 받거나 공무원 보수규정의 제약을 받아 우수한 연구두뇌를 유치하는 데 어려움이 따르기 때문이었다. 설립목적은 말할 것도 없이 국민경제의 고도성장과 국제화에 따른 농업여건의 변화에 대처하고 전환기에 처한 농어촌경제 사회의 발전을 위한 농정시책을 종합적으로 조사연구하는 것이었다. 이를 위해 농정부문을 비롯하여 농산물유통, 농업금융, 축산개발, 수산개발, 식량수급, 생산경제, 자원경제, 농촌개발, 농촌사회개발, 농업구조개선, 농지제도, 농업기계화, 산림정책, 농작물재해보험제도, 영농후계자육성방안, 농외소득증대방안, 농촌정주생활권개발 등을 주요 대상으로 하였다. 이밖에 해외농업과 농수산물무역, 농어촌여론조사와 농정시책의 모니터를 위해 약 2천 명의 농어촌통신원을 두었다.

그리고 매달 한 번 국내의 저명인사를 초청하여 특강과 세미나와 국제세미나 등을 가졌다. 특히 국제세미나에서 기억에 남는 것은 개원기념으로 열린 "전환기의 농정과제와 정책대안"이라는 국제 세미나였다. 이는 주로 전환기농촌경제를 중심으로 하여 미국, 일본, 독일, 대만, 호주 등의 저명한 학자들이 참가했다. 산업을 1·2·3차로 분류한 콜린 클라크 교수의 참여는 세미나의 무게를 더해 주었다. 또 국제농업경제학회 회장인 독일 프라이부르크대학 테오도르 담스 교수도 있었다. 세미나는 1978년 11월 7일부터 5일간 계속되었다. 해외 석학을 초청하는 일이 얼마나 힘든 일인가를 절실하게 느꼈으나 그 반응으로 신문, TV 등에 농촌문제를 연일 장식할 수 있었다. 개원 초적은 인원으로 이를 성공적으로 해낸 데 모두들 자부심을 가질 수 있었던 학술행사였다.

1981년에 있었던 농경연과 ESCAP 공동으로 개최한 농촌중심권 개발세미나는 우리나라 농촌정주권개발의 이론을 구성하는 데 많은 것을 시사해 주었다. 그때 제시된 나라는 독일과 네덜란드였는데 이러한 나라는 도시가 전 국토에 골고루 분포한 전형적인 나라였다.

바로 그해 5월 17일 나는 미국 캔자스대학과 자매결연과 연구협력을 위해 서울을 떠났다. 나의 해외여행 중 드문 일이지만 기내부터 어지러운 증세가 나타나고 몸이 몹시 무거웠다. 캔자스에 내리자마자 호텔에 들어 이내 쓰러졌다. 동행한 이수영 실장이 당황해 호텔을 통해 구급차를 불렀다. 급히 온 의사는 주사와 약을 주고 푹 쉬라고 했다. 여행 중에 이런 일은 처음이다. 그 이튿날 하루를 그곳에서 쉬었다.

캔자스대학은 맨해튼에 있었는데 경비행기를 타고 30분 거리였다. 그 대학에는 미국 시민권을 가진 이 교수가 재직하고 있어서 많은 도움을 받았다. 학교당국과 의정서에 서명하고 학교시설들을 돌아보았다. 실험도구의 완비는 부러울 뿐이다. 이를 계기로 연구요원의 연수 등에 힘이 되어 주었다.

바로 그날이 80년 광주사태가 일어난 날이다. 이 교수 댁의 TV를 통해 처참한 비극의 현장을 생생하게 볼 수 있었다. 함께 보던 한 학생은 울분을 참지 못해 눈물짓기도 했다. 너무나 충격적인 장면들이었다. 광주는 내가 잠시 살던 곳이었기 때문에 도청 앞 분수대나 금남로 일대의 화면은 눈에 선한 곳이 아닌가. 미국시민들이 이 보도를 어떻게 받아들였을까. 참으로 부끄럽고 수치스러운 일이다.

미국서 용무를 마치고 독일의 프랑크푸르트 인근에 있는 농업연구소를 두어 군데 보았다. 독일의 연구소는 규모가 크지 않고 연구원 수도 적었다. 전문분야별로 세워진 연구소라는 점을 특색으로 한다. 우리나라 연구소와 같은 종합적 연구기관이 아니다. 그때 귀로에 일본에 들러 농림수산부산하 농업종합연구소, 아시아연구소 그리고 NIRA라는 종합연구개발기구등을 방문했다.

농업종합연구소는 우리와 유사한 연구기관이지만 그 성격이 다소 차이가 있다. 그러나 역사가 오래되었으며 비단 동경뿐 아니라 두 군데 지방에 지소를 두고 있었다. 도서실에는 뜻밖에 만철(滿鐵) 조사부의 도서가 빽빽이 꽂혀 있었다. 만철조사부는 만주국경영의 두뇌역할을 한 이름 떨친 연구소였다. 보통 아지켄이라 불리는 아시아연구소는 지역연구기관으로 통산성(通産省)에 속해 있다. 규모가 클 뿐 아니라 연구요원을 연구대상국에 파견하여 현지교육부터 시킨다고 한다. 우리나라를 대상으로 하는 부서를 찾았더니 나에 관한 파일을 꺼내 보이는데 놀라지 않을 수 없었다. 최근 나온 잡지 가운데는 새마을운동에 관한 논문이 게재되어 있었다.

NIRA는 신주쿠의 고층건물 안에 있었다. 종합연구기관이지만 연구요원을 적게 유지하는 것이 특색이다. 그것은 과제별로 연구팀을 구성하여 연구가 끝나면 해산하는 방식을 갖고 있다. 그렇게 하지 않으면 각 분야의 연구요원을 계속 유지하기 위해서 막대한 경비가 소요되기 때문이라고 했다. 그해 연구주제는 가정(家庭)이고 내년 초에 발표한다는 설명이다. 그때 연구소장은 국토청의 차관을 지낸 32년간 중앙관청에서 국토정책을 다룬 전형적인 관료였다. 매우 논리적이고 명쾌한 이론을 전개하는데 두 시간 남짓한 대화에서 큰 감명을 받았다. 일본 관료의 실력과 일본 국토의 미래를 꿰뚫고 있는 것 같은 느낌을 받았다. 그는 국토청에서 물러나고 바로 이곳 이사장으로 취임했다. 이름이 시모고베 아쓰시(下河邊 淳)라 했다. 그가 특히 다음 2가지 사항을 강조했던 것을 기억한다.

하나는 일본의 자치단체구역이 100년 전에 책정된 것이어서 오늘날의 상황에 맞지 않다는 것, 즉 기초자치단체는 너무 협소하고 광역단체 역시 구역을 확대해야 한다는 주장이다. 또 하나는 그 당시 NIRA가 주동이 되어 국민경제연구협회에서 제의하여 큰 반응을 일으킨 농업자립전략의 연구가 있다. 나는 소장으로부터 두툼한 연구보고서를 받으면서 그의 견해를 들을 수 있었다.

농업은 원래 선진국형 산업이란 것을 전제로 하고 있다. 농업은 어느 시대 어느 나라에서나 어떤 형태로든지 존재한다. 생산성이 낮은 관습적 농업이 있는가 하면 고생산의 근대농업도 있다. 요컨대 그 나라의 기술수준에 따른 농업이 존재하게 되는 것이다. 공업발전 이전에는 원시적 농업이었다가 유전공학, 동식물학, 토양학, 화학, 기계공학, 전자공학, 토목공학, 경제학, 경영학 등의 발달에 따라 농업의 생산성은 비약적으로 향상된다. 따라서 농업은 종합과학의 성과를 전제로 성립된다. 이는 농업이야말로 지식집약적 산업임을 강조하고 있다. 따라서 농업은 연구개발과 인적자본이 가장 중요하며 선진국에서는 비교우위산업으로 성장할 수 있고 어디까지나 선진형 산업임을 특징으로 한다.

또 농업은 종합과학인 만큼 공업이나 서비스업이 발전한 뒤에 새로운 농업혁명이 일어나게 마련이라고 하였다. 4가지 혁명이란 시장혁명, 토지혁명, 기술혁명, 인재혁명을 말한다. 시장혁명은 시장원리를 존중함을 말하고 토지혁명은 농지의 임대차에 의한 규모 확대를 말한다. 차지농업은 자작농업보다 성과가 오르지 않으면 지대를 지불할 수 없는 만큼 기술력과 경영력을 갖추지 않으면 안 된다. 이 4가지 혁명을 통하여 생산가격을 국제자격에 접근시킬 수 있다면 수출산업으로도 가능하다고 본 것이다. 예컨대 쌀농사 역시 10정보 규모이면 국제경쟁력 있는 농업이 될 수 있다고 하였다.

이 이론에 대하여 연구소장은 농업이야말로 자연조건에 크게 영향을 받고 불확실성이 많은 산업인 만큼 농업자립전략은 마치 공업이론을 그대로 농업에 적용한 흠이 없지 않다고 지적하였다. 즉 농업에는 기술만으로는 해결할 수 없는 문제가 너무나 많다.

그때 받은 농업자립전략 연구보고서를 귀국 후 연구원에서 번역해 소개한 일이 있다. 그 무렵 장덕진 회장 초청으로 내한한 미국 시카고대학 테오도르 슐츠 박사의 강연을 잊을 수가 없다. 그것은 인간자본 활용에 관한 것으로 강연제목은 "사회발전과 경제발전에 미치는 인간자본의 역할"이었다. 그는 개발도상국 경제문제연구로 노벨경제학상을 수상한 석학이었다. 경제가 성장함에 따라 인간자본의 축적이 실물자본보다 더 커지며 한국의 경우 인간자본을 형성하는 데 높은 교육열로 인해 매우 유리한 입장에 있다.

따라서 한국은 풍부한 인간자본을 잘 활용만 하면 경제발전에 크게 기여할 수 있는 조건을 갖추고 있다고 슐츠 박사는 강조하였다. 예컨대 국내 쌀값이 국제시세보다 훨씬 상회하는 것은 교역 면에서 한국의 비교우위를 해치고 쌀 소비자와 납세자에게 부담을 안겨준다. 이러한 고미가정책보다는 차라리 농가를 위한 인간자본투자가 더 유리하다. 많은 부담을 무릅쓰고 고미가를 지지하는 것보다는 그 재원을 인간자본을 개발하는 데 투자하는 것이 효과적이라고 주장하였다.

왜냐하면 인류문명은 인간의 끊임없는 지적개발에 의해 이루어졌기 때문이다. 이 세상에서 가장 중요한 경제자원은 인간이 습득한 능력 즉 교육, 경험, 기술 등의 인간자본인 까닭이다. 우리의 농업정책을 결정하는 하나의 중요한 과제를 지적해 준 셈이다.

1980년 4월에 오랫동안 박 대통령 특별보좌관으로 청와대에 근무했던 박진환 박사가 연구원의 상임고문으로 오게 되어 연구의 질을 높이는 데 큰 힘이 되었다. 그간에도 "우리나라의 식량과 국가안보"라는 특강과 세미나를 주관해 주었고 서울대 농과대학 교수로 재직했던 까닭에 연구원에도 제자들이 더러 있었다. 특히 농업경제를 전공한 제자가 농림부에도 많았다. 그는 성품이 소탈하고 구수한 화술로 사람을 이끄는 매력도 갖춘 분이다. 특히 새마을운동에 관한 강의는 지루해하지 않고 들을 수 있게 하는 특기를 가지고 있었다. 사실 새마을운동의 이론적 배경을 세우는 데 박 박사의 공이 컸다. 그 뒤 "북구의 농협과 한국 농협의 비교" 등의 연구원 세미나를 지도하다가 농협대학장으로 임명되어 연구원을 떠나게 되어 연구원으로서는 매우 애석한 일이었다. 한참 뒤에 "경제발전과 농촌경제"라는 회갑기념 논문집의 출판기념회가 강남의 한 호텔에서 열렸다. 많은 축하인파로 붐볐는데, 역시 관료출신보다는 교수출신이기에 제자들이 모든 것을 맡아 성황을 이루었다. 나는 괜히 고적함을 느낀 모임이었다. 관료란 재직기간만은 화려해 보일지 모르지만 자리를 물러날 때 모든 것이 함께 끝난다는 생각이 들었다.

연구원에는 전국의 독농가들이 찾아올 때가 많다. 그중에도 김동혁 씨라는 독농가라기보다 농민운동가라 할 수 있는 분이 있다. 차림새부터 농민의 체취가 물씬 풍긴다. 연구원에는 그를 따르는 젊은 연구원들이 몇 있었다. 나와는 고향이 같았다. 자유당시절에 고향 백운산에 농장을 개척하여 우리나라에서 산악농업을 부르짖던 장본인이다.

700고지의 산등성이를 계단식으로 개간하고 바람을 막기 위해 방풍림을 조성했다. 그래서 전직 농림부 장관이 현장을 시찰했고 방송 등을 통해 농장이 전국적으로 널리 소개되기도 했다. 또 월간잡지에 그와의 인터뷰기사가 실리기도 했다. 그 뒤 장성, 보성 등지에서 개척농장을 지도하고 있었다. 상당한 나이에도 불구하고 농촌운동에 대한 열정만은 젊은 사람에 지지 않았다. 그는 이론가라기보다 직접 농사를 짓는 실천가라는 점에서 많은 농민으로부터 지지를 받고 있었다.

또 김중갑 씨라는 독농가 한 분이 있다. 남한산성 밑에서 유기농업을 전문으로 하는 분이다. 연구원에서 "유기농법의 이론과 실제"라는 제목의 강연도 했다. 유기농법은 화학비료를 전혀 쓰지 않고 농사를 짓는 농법이다. 따라서 작물의 수량은 기존 재배량에 미달할지 모르지만 농약 등에 오염되지 않기 때문에 청정재배가 특징이다. 그만큼 값을 비싸게 받는다고 하였다. 다시 말하면 유기농업이란 화학비료, 농약, 제초제, 가축사료첨가제등 일체의 화학물질을 사용하지 않고 유기물과 자연광석, 미생물 등 자연적인 자제만을 사용하는 농법이다. 환경친화적 유기농업은 흙속에 살고 있는 생물과 농작물, 가축, 인간 사이에 존재하는 자연생태계 순환체계를 유지시키는 지구촌 생물이 공존·공생하는 자연농법이라 할 수 있다. 즉 무경운, 무비료, 무제초, 무농약 등 4대 원칙에 입각해 자연환경을 파괴하지 않고 안전한 식량을 생산하는 농법이다. 그러므로 유기농업은 유기물을 토양에 환원하여 토양의 비옥도를 높이고 농작물 자체를 건전하게 자라게 한다.

사실 나는 유기농업에 관해서 아는 바가 없었다. 또 식량증산에만 열중한 나머지 생명과학적인 유기농업은 농림부의 정책과제로 등장하지도 않았다. 나는 이 강연을 계기로 유기농업에 관심을 기울이게 되었고 이에 관한 연구보고서를 만들게 하였다. 알고 보니 유기농업의 역사는 길다. 영국의 유기농업의 아버지라 불리는 하워드(A. G. Howard), 그의 영향을 받은 미국의 로데일(J. I. Rodale) 등이 있음을 알게 되었다. 특히 일본의 후쿠오카 마사노부(福岡正信)의 《자연으로 돌아가라》라는 유기농업에 관한 저서는 나의 애독서 중 하나가 되었다. 거기에는 저자 자신이 고령임에도 불구하고 미국을 비롯하여 유럽, 아프리카, 인도 등의 많은 나라를 방문한 기록이 나와 있다. 백문이 불여일견이라고 무엇보다도 그의 유기농법으로 일구어진 자연농장을 꼭 한 번 보자고 마음먹었다. 나에게 유기농업에 눈뜨게 해 준 김중갑 씨는 그 후 얼마 되지 않아 세상을 떠났다. 그의 농장마저 보지 못한 것이 애석하다.

국민소득의 향상에 따라 농산물의 소비패턴이 변하여 과거와는 달리 맛과 안정성 등이 보다 중요시되는 추세이다. 소비패턴의 변화에 따라 유기농산물의 생산은 중요한 의미를 가진다. 뿐만 아니라 환경보전이라는 측면에서도 자연생태에 가깝기 때문에 유리한 조건이 된다. 따라서 언젠가는 일본이나 미국처럼 우리나라에서도 정책과제로 등장할 것이라고 본다. 1991년에 이르러 농림부 내에 유기농업발전기획단을 설치하였다. 그밖에 조순 교수, 김준보 교수, 조동필 교수 등의 특강도 우리의 연구생활에 큰 자극제가 되었다. 또한 국제학술회의에도 가능한 한 많은 요원을 참여시켜 그들의 해외식견과 안목을 넓혔다. 전국 방방곡곡에서 일어나는 새로운 정보를 수집하고 그 동향을 알기 위해 진행되었던 약 2천 명에 달하는 통신원의 활동은 생생한 농촌실정을 기록하고 파악하는 데 큰 힘이 되었다.

또한 연구원에서는 한국사회의 산업화과정에서 나타나고 있는 농촌사회의 변화과정을 장기적으로 추적하기 위하여 한국농촌경제의 장기변화와 발전에 관한 조사사업을 착수했다. 이 연구는 충청남도 도시근교와 평야, 중간 및 산간의 4개 마을을 대상으로 가구와 인구,

경제활동, 사회조직의 변화, 생활환경과 공간구조, 의식, 가치관에 이르기까지 미시적인 차원에서 장기적으로 계속해서 추적 조사하는 연구사업이다. 이는 산업화과정에서 한국농촌이 걸어온 변화와 그 전망에 대한 함축적 의미를 내포한다는 점에서 이 분야의 연구에 관심을 갖는 분들에게 소중한 자료가 될 것을 믿으며 출발한 장기 연구과제의 하나였다.

연구원에서 내는 각종 간행물은 연구원의 머리와 땀에 의해 산출되는 결과물로, 연구보고서를 비롯하여 연구총서, 계간 농촌경제, 그리고 영문저널, 농경연 뉴스 등이 있으며 지금까지 꾸준히 계속되고 있다. 다만 대외적으로 발표되는 내용이 정부시책에 거슬릴 때에는 적지 않은 질책과 비판을 각오해야 한다. 여기에 이른바 연구원의 자율성과 자주성이 지켜져야 함을 뼈저리게 느끼게 된다. 그러나 본질적으로 정부출연연구기관이란 점에서 한계를 갖지 않을 수 없다. 이 한계를 극복하는데 원장의 고민이 있게 된다. 그러나 옳다고 믿는 견해는 끝까지 관철시킬 용기가 필요하다.

한 가지 더 생각나는 것은 연구원청사의 신축이다. 연구원은 홍릉 연구단지 내에서도 뒤편이 나지막한 산이고 우거진 소나무 숲속으로 꿩들의 나들이를 자주 볼 수 있는 등 환경은 비교적 양호했으나 본관건물이 너무 헐고 좁아서 본관 옆의 터에 신축키로 했다. 나는 평소 가까이 지내던 공간사 고(故) 김수근 교수에게 설계를 의뢰했고 1980년 12월에 완성되었다. 보는 이의 시각에 따라 다르겠지만 연구기관으로서 품위 있는 건물로 우뚝 서게 되어 나는 남다른 애착을 느꼈다. 그해 우리나라 건축계에서 우수건축물로 입상까지 하였다. 그 앞에 넓게 펼쳐진 잔디는 푸른 미래를 상징한다.

지금은 연구원 개원 당시와는 모든 상황이 크게 변했다. 국민의 식품소비패턴과 농업생산패턴도 바뀌고 있다. 특히 WTO 체제하의 농업은 다른 산업과 마찬가지로 무한경쟁시대에 들어섰다. 경쟁력을 가진 농업만이 살아남을 수 있다. 이는 전문농업인이 되어야 하는 이유이다. 보다 과학적이고 치밀한 연구 없이 다가오는 21세기의 치열한 경쟁시대를 헤쳐 나갈 수 없다. 연구원의 사명이 한층 더 무거워질 수밖에 없다.

동우회와 나

나는 1년에 한두 차례 수원에 있는 지방행정연수원에서 후진들에게 지난날의 지방행정 경험을 얘기한 일이 있었다. 그것은 곧 나 자신이 걸어온 길을 되돌아보는 시간이기도 했다. 그럴 때마다 회한이 교차했다. 연수생들도 언젠가는 직장을 떠나게 될 것이다. 운이 좋아 정년 때까지 직장을 지킬 수도 있지만 뜻하지 않은 일로 중도하차하는 수도 있다. 그러나 결코 불명예제대는 할일이 아니다. 그것은 좀체치유되기 어려운 상처로 남게 된다. 나는 연수생들에게 해마다 내 호주머니 수첩에 적어두는 다음의 글귀를 소개해 준다.

인생이란 무거운 짐을 지고 먼 길을 가는 나그네와 같다. 결코 서둘지 말라. 가는 길이 언제나 순탄할 수만은 없다는 것을 안다면 불평불만이 있을 수 있겠는가. 마음에 욕심이 생기면 더 어려웠을 때를 상기하라. 인생이란 결국 자기 자신과의 대결이다. 오직 인내가 자기를 이겨내는 기본. 조급하거나 화를 내면 몸과 마음에 이롭지 못하다. 승리와 영광만을 알고 실패와 좌절을 모르게 된다면 결과적으로 자기 자신을 망치게 된다. 다소 미치지 못함이 크게 넘치는 것보다 낫다고 생각하라. 남보다 다소 밑지고 살아도 좋다는 생각만 선다면 마음은 훨씬 여유롭게 될 것이다. 사실 산다는 것은 시련과 싸우는 것이고 그날을 이기는 것이며 역경에 도전하는 것이다. 무쇠가 강철이 되기 위해서는 뜨거운 용광로에 들어가야 하듯이 무엇인가 보람을 이루기 위해서는 남이 하기 어려운 각고의 노력이 절대 요건이다.

그리고 나는 후배에게 항상 겸손하고 분수를 지킬 것을 말해왔다. 나는 또 사무엘 울만(Samuel Ullman)의 〈청춘〉(靑春)이라는 시를 자주 인용하기도 했다. 그 시는 이렇게 시작된다.

청춘이란 인생의 어느 기간을 말하는 것이 아니라 마음의 상태를 말한다. 그것은 장밋빛 뺨, 앵두 같은 입술, 하늘거리는 자태가 아니라 강인한 의지, 뛰어난 상상력, 불타는 정열을 말한다. 청춘이란 인생의 깊은 샘물에서 오는 신선한 정신, 연약함을 물리친 용기, 안이를 뿌리치는 모험심을 의미한다. 때로는 20의 청년보다 60이 된 사람에게 청춘이 있다. 나이를 먹는다고 해서 우리가 늙는 것이 아니고 이상을 잃을 때 비로소 늙는 것이다(이하 생략).

1950년대부터 내무부 지방국에서 공직생활을 하던 동료들이 1978년에 모임을 창설해 지금까지 계속하고 있다. 홀수 달에만 모이며, 회원은 현재 54명이지만 대체로 절반 정도의 회원이 출석한다. 초대회장을 내가 맡았고 그 후 신세범(愼世範) 변호사가 얼마 동안 맡다가 다시 내가 회장직을 맡아 아직껏 있다. 몇 차례 사양했지만 뜻을 이루지 못하고 있다.

회원 중에는 각료를 지낸 분이 꽤 있다. 고건(高建) 회원은 장관을 거쳐 국무총리가 되었다. 그는 역대정권에서 중용되었지만 아무 거부감 없이 중책에 등용될 수 있었던 것은 뛰어난 능력과 철저한 자기관리의 결과라고 생각한다. 특히 김영삼 정부 말기, 정치적으로나 경제적으로 어려운 시기에 우리는 그에게 거는 기대가 컸다.

손수익(孫守益, 교통), 김성배(金聖培, 건설), 김용동(金庸東, 총무), 김종호(金宗鎬, 내무), 김호(金鎬, 보훈), 이규효(李圭孝, 건설), 정종택(鄭宗澤, 농수산·환경), 최찬호(崔鑽鎬, 보훈) 등이 회원이다.

동지회에 가입은 하지 않았지만 서정화(徐廷和, 내무), 손재식(孫在植, 통일), 송언찬(宋彦鑽, 정보통신) 등 전직 장관도 지방행정출신이다. 그 뒤에도 최인기(崔仁基, 농수산), 강운태(姜雲太, 농수산, 내무), 김기재(金杞載, 총무), 조해녕(曹海寧, 총무) 등으로 이어진다.

국회의장과 민정당 대표를 지낸 채문식(蔡汶植) 회원도 우리 모임의 자랑스러운 회원 중 한 사람이다. 해방정국의 혼란 속에 이철승, 이동원(李東元) 씨와 함께 좌우익이 대립하던 시기에 우익진영의 학생들을 이끌던 선봉자이기도 했다. 그래서 일찍부터 정치에 꿈을 두고 23세 때 고향 문경군수, 경북도청을 거쳐 지방국 재정과장을 지냈다. 특히 문경군수 때는 독단으로 군청을 문경에서 지금의 점촌으로 옮긴 용기와 결단을 보였다. 그 일로 인해 행정처분을 받았다고 하지만 경험 있는 정통관료로서는 감히 할 수 없는 용단이었다. 그는 고향에서 입후보해 몇 차례 낙선의 고배를 마셨지만 꾸준히 야당에 몸을 담아 전국구로 금배지를 달고 유유히 지역구에서도 당선되었다. 그러다가 제5, 6공화국 때 이르러 여당의원이 되었으며, 당대표와 국회의장을 지내고 우리나라 정계의 원로가 되었다. 가끔 우리 모임에서 구수하게 정치와 인생얘기를 들려주곤 한다.

또 이색적인 경력의 소진철(蘇鎭轍) 박사도 우리 회원이다. 그는 나의 오랜 친구로 고시공부를 할 때부터 함께 부산의 광안리 바닷가에서 청운의 꿈을 키운 사이이다. 그는 시험에 합격한 후 지방국에서 수습을 하다가 미국으로 유학길에 올랐다. 그가 일리노이주립대학에 유학중이었을 때 나는 미국일주 여행길에 그가 있는 카본데일(Carbondale)이라는 소도시를 그레이하운드 버스 편으로 찾아간 일이 있다. 그때 그곳에 유학중이던 한국학생들과 함께 피크닉 갔던 기억이 새롭다. 이미 40년도 더 되는 옛날 일이다. 그 뒤 그는 외무부 외교관이 되어 중동지방 대사로 활약하다가 대학교수로 변신하였다.

틈틈이 우리나라 고대사(古代史)에 취미를 두고 백제사에 관한 책을 펴내기도 하고 이따금 신문에 연구결과를 발표한다. 그 공로가 인정되어 민간학술단체에서 수상한 일도 있었다. 결코 서두르지 않는 느긋한 그의 성품은 항상 내가 본받고 싶은 장점이다. 조용한 가운데 너그럽다.

회원 중에는 국회에 진출해 두각을 나타낸 김종호(金宗鎬) 의원을 비롯해 임종기(林鍾基) 의원, 정종택(鄭宗澤) 의원, 임사빈(任仕彬) 의원, 신철균(申喆均) 의원 등이 있다. 다만 임 의원과 신 의원은 지병으로 고생하다가 일찍 세상을 떴다. 국회뿐 아니라 변호사로 입신한 회원도 있다. 신세범(愼世範), 박두순(朴斗洵), 김춘봉(金春鳳), 이상혁(李相赫), 김태경(金泰卿) 회원 등이다.

특히 김태경 회원은 독서가로서도 존경을 받는다. 한번은 교보문고 외서판매 코너에서 외서를 한두 권도 아니고 10여 권을 골라놓은 것을 목격한 일이 있다. 점원도 고객 중에 가장 많이 사는 손님이라고 대접해 주고 있었다. 독서를 많이 하기 때문에 아는 것이 많다. 우리 모임의 고정강사로 회원들의 존경을 받고 있다.

이상혁 회원은 변호사이면서 사형폐지론자이다. 우리 회원에게 사형폐지에 관한 이야기를 들려줄 때 그는 그 일로 일본도 자주 왕래하고 있다. 세계의 많은 나라들도 사형을 없앤 경우도 있다.

김수학(金壽鶴) 회원은 지방국 출신이 드물게 국세청장이 되신 분으로, 경상북도 지사에서 국세청장이 되었다. 청장 다음에는 국토개발공사 사장, 그 후에는 새마을운동중앙회장을 맡아 남다른 생활철학과 끈기를 보여주었다. 언젠가 그의 회갑 출판기념 모임에서 내가 축사를 한 일이 있다. 그때 흘러간 노래를 멋지게 부르는 노신사가 있었다. 그는 김수학 경북도지사 시절의 산림국장이라 했다. 그는 김지사 지방출장 시에 지사 뒷자리에 앉아 시골길을 달리면서 흘러간 노래를 불렀다. 사실 그의 노래솜씨는 김 지사의 스트레스를 해소하기에 충분했다. 최근 그는 《나라 걱정에 잠 못 이루는 공직자는 아직도 많다》라는 회고록을 세상에 내놓았다. 그는 16살 나이에 고향 군청에 첫발을 들여 놓은 때부터 50년의 세월에 걸친 공직생활을 아무런 과장이나 가식 없이 진솔하게 기록하고 있다. 그간 우리 사회가 겪는 험난한 굴절과 함께 군에서 도(道), 도시에서 중앙으로 충남 경북도백 등을 차례로 역임했다. 한때 나와는 같은 길을 함께 걸었기 때문에 그 회고록에는 내 이름도 등장한다.

다양한 공직의 길을 걸었지만 나는 특히 그가 펼친 새마을운동 중앙회장으로서 활동을 높이 평가하고 싶다. 그 자신이 새마을지도자로서 근면과 협동의 새마을정신에 투철한 인품을 갖춘 분이라고 믿는다. 1980년대 말에서 1990년대 초반에 이르는 동안에 새마을기가 도처에서 내려지기 시작했다. 이를 보고 대부분의 사람들은 이제는 새마을운동이 끝장났다고 생각했다. 정부에서도 사회정화운동, 바르게살기운동, 새질서 새생활운동 등으로 새마을운동에는 부정적인 분위기가 완연했다. 그래서 그는 항상 간소한 복장으로 보수도 받지 않고 온몸으로 새마을기를 지키는 데 헌신했다. 그의 인고와 정렬로 이 운동은 오늘날까지도 생명력을 이어온 것으로 본다. 여기서 누구보다도 '나라 걱정에 잠 못 이룬 공직자'가 다름 아닌 그 자신이었음을 알 수 있다.

동우회중앙회는 서울지역과 함께 내가 회장직을 맡고 부회장에 한만수(韓慢洙), 남봉진(南鳳振), 권순복(權純福), 김수학(金壽鶴), 전영춘(田英春) 회원 등이며 이사가 9명, 지헌정(池憲晶) 회원이 상임이사이며 감사를 이상혁(李相赫) 변호사가 맡고 있다. 2년마다 서울에서 전체회의를 가질 뿐 대부분의 일정은 각 지방의 자율에 맡기고 있다. 그러나 임의단체가 아니고 사단법인이기 때문에 내무부로부터 다소의 규제를 받는다.

나는 그간 몇 차례 각 지방을 방문했으며 그때는 전영춘 부회장과 동행했다. 전 부회장은 내무부뿐 아니라 강원, 부산, 광주, 인천시장과 간부직을 거쳤기 때문에 지방에 안면이 넓다. 근년에는 지방행정연수원장, 공제회장, 지방행정연구원장 등을 끝으로 공직생활에서 떠났다.

전 부회장과 나와의 인연은 6·25 전 법대 재학시절로 거슬러 올라간다. 나는 법대에 늦게 들어갔는데 전 부회장은 학생회장으로서 우리들의 왕초였다. 그때는 교사(校舍) 문제로 문리대와 시비가 잦았던 때이다. 문리대 강의실에다 법대 문패를 달기도 했다. 문리대에 비해 법대 건물은 초라했기 때문이다. 또 국대안 반대운동의 소용돌이 속에서 법대의 깃발을 지키는 데도 열중했다.

그 무렵은 좌우익의 이데올로기 갈등으로 혼란스러운 사회분위기였다. 따라서 대학 캠퍼스 역시 예외일 수는 없었다. 그러던 가운데 6·25가 터져 학교가 풍비박산이 되고 학생, 교수할 것 없이 뿔뿔이 흩어지고 말았다. 붉은 물이 든 젊은 교수들은 일찌감치 월북한 사실도 알게 되었다. 참으로 우리 세대가 겪은 참담한 상황이었다.

그간에 전 부회장은 군문에 들어가 전선을 지키는 용사가 되었다. 후일 들은 얘기이지만 법대교수들의 뒷바라지에도 공이 컸었다. 나는 은사들로부터 직접 그에 관한 미담을 들었다. 내가 1960년 4·19 후 강원도 내무국장이 되었을 때 양양군에 재직하고 있는 전 부회장을 만나게 되었다. 뜻밖의 해우였다. 나는 즉시 강원도청으로 발령을 냈다. 그는 대수롭지 않은 이 일을 두고두고 고맙게 생각해 내가 도리어 쑥스러웠다. 그는 내무부 등의 요직을 거치면서 점차 두각을 나타냈다. 거기에는 법대 은사가 장관으로 오기도 하고 여기저기 법대 출신이 포진하고 있었기 때문에 그의 관료가도는 비교적 순탄했다.

도에 따라서는 일선시군에까지 조직을 정비한 동우회도 있지만 대체로 비슷비슷한 상태이다. 그러나 모두 독자적인 사무실을 갖추고 봄가을 한두 차례씩 총회를 갖는 정도에서 벗어나지 못하고 있다. 사실 동우회는 회원 상호간의 친목이 주안이므로 이 범위와 한계를 넘기도 어려운 일이다. 부처에 따라서는 상당한 자산을 조성해 민간이 경영하는 사업에까지 손을 대는 경우도 있지만 여론의 질타를 받기가 쉽고 바람직스러운 것이 못된다. 각자의 회비로 꾸려가는 것이 옳다고 본다. 내가 회원들에게 자주 하는 얘기는 이렇다.

첫째, 모이기로 한 날에는 제백사하고 참여하자. 모이지 않는 모임은 아무런 의미가 없다.

둘째, 지나간 일은 될 수 있는 대로 생각하지 말자. 흔히 말하기를 과거는 회상하기 위해 있고 현재는 일하기 위해 있으며 미래는 즐거움을 위해 있다고 한다. 지나온 쪽의 창문은 늘 닫아두고 미래를 향한 창문만 열어놓은 인생이고 싶다.

셋째, 모든 것을 될 수 있는 대로 긍정적으로 그리고 낙관적으로 보기로 하자. 말할 것도 없이 모든 것에는 명암이 있기 마련이다. 산이 높으면 골이 깊고 빛이 강하면 그늘이 짙을 수밖에 없다.

넷째, 나이를 의식하지 않는다. 나이를 의식하면 자연히 소극적으로 변하기 쉽다. 인생의 종착역까지 쉬지 않고 현역으로 뛰는 사람이 가장 보람된 인생을 사는 것이라고 생각한다.

다섯째, 건강을 위해 자기 자신에게 맞는 건강유지법을 개발해 꾸준히 실천하자. 그러기 위해서는 식생활을 올바르게 하고 규칙적인 운동을 계속한다. 나이가 들수록 걷는 운동이 효과적이다.

여섯째, 항상 겸손한 생활태도를 가지도록 하자. 교만하게 되면 친구를 잃게 된다. 고독하게 여생을 보내는 것처럼 쓸쓸한 인생이 또 어디 있겠는가.

일곱째, 뭔가 한 가지 마음을 쏟을 수 있는 취미를 갖자. 이것이 단조로운 생활에서 벗어날 수 있는 방법이 될 것이다. 최근에 우리나라 고명한 학자 한 분이 취미로 그린 문인화에 깊은 감동을 받았다. 내가 보기에는 취미의 수준을 넘어 매우 격조 높은 작품들이 전시장을 가득 메우고 있었다. 바위를 그린 그림 옆에는 이런 구절이 쓰여 있었다. "돌과 같이 세상을 살아가니 다른 생각이 어찌 생겨나겠느냐"고. 학문과 예술과 인생에 대한 그분의 끝없는 추구에 오직 머리가 수그러질 뿐이다.

끝으로 나는 회원들에게 형편이 닿는 대로 여행길에 나설 것을 권해왔다. 사실 동우회 모임에서는 여행한 경험을 소개하는 경우가 많았다. 같은 데를 보고도 느낌이 저마다 다른 데 여행의 묘미가 있다. 여행은 우리 생활에 많은 자극을 준다. 또 그것을 기록으로 남기고 싶다. 그래서 이곳에 여기저기 다닌 여행기를 실었다. 그것을 다시 읽는 것도 즐거움의 하나이다. 20년, 30년이 된 일도 어제 일처럼 박진감 넘치게 눈앞에 전개된다. 나만 해도 북미대륙, 남미 여러 나라, 대양주, 동남아, 아프리카, 유럽의 여러 나라들 할 것 없이 여행일기가 여러 권이 되었다. 최근에는 중국의 북경(北京), 상해(上海), 항주(杭州), 계림(桂林), 서안(西安), 홍콩 등을 여행하려던 오랜 꿈을 실현했다.

그러나 아직도 가보지 못한 곳이 수두룩하다. 백두산과 북한, 이제는 국교가 열린 러시아, 동구권의 나라들은 계획만 세워놓고 미지의 영역으로 남아 있다. 나의 서재에는 가보지 못한 곳에 관한 책들이 가득 쌓여 있다. 나는 틈틈이 그것을 읽는 것이 낙(樂)이기도 하다. 모스크바의 성 바실리사원이라든지 상트페테르부르크의 에르미타주미술관 그리고 프라하의 카를교(Karluv Most) 등이 아직도 나의 상상의 세계에서 가물거리고 있다.

오지호 화백을 추모함

오지호(吳之湖) 화백이 작고하신 지 어느덧 10년의 세월이 흘렀다. 그간에 고향 동복에 잠들고 계시는 묘소를 찾아가려던 나의 뜻은 아직 이루지 못하고 있다. 참으로 부끄럽게 생각한다.

그러나 여행으로 집을 비울 때를 제외하고는 언제나 오 화백의 예술세계 속에서 살고 있는 셈이다. 나의 서재 입구 벽에는 오 화백의 만년작인 함부르크 항구 풍경이 걸렸다. 항구의 정취를 물씬 풍기는 그림이다. 오 화백은 항구와 배를 즐겨 소재로 하시지만 그때는 오슬로 항, 로테르담 항, 스톡홀름 항 등의 일련의 항구연작 중에서도 함부르크 항이 유독 마음에 드신다고 하시며 나에게 주셨다. 우리 집 2층 계단 위로는 열대어 그림이 있다. 또 2층 벽에는 30호가 넘는 부산 항의 풍경이 있다. 이 그림들은 오 화백 선생이 돌아가신 뒤에도 자리를 바꾸지 않고 그대로이다. 실은 거는 위치까지 오 화백 선생이 직접 정해 주신 것이다.

오 화백을 처음 뵙게 된 것은 1966년 초 전남도지사로 부임한 때이다. 물론 그 이전에도 한국 화단(畵壇)의 대가로서의 명성은 동창 최용갑 화백을 통해 자주 듣고 있었다. 광주에서 최 화백의 소개로 직접 뵈니 인자하시면서도 어딘지 지사(志士)와 같은 풍모가 매우 인상적이었다. 소탈하시고 솔직한 성품이면서도 확고한 자기신념으로 여간해서는 흔들리지 않은 투철한 신념을 가지신 분임을 이내 알 수 있었다.

행정 관료가 뜻밖에 그림을 이해하는 듯한 나에게 호감을 가진 것이 아닌가 싶었다. 사실 나는 그림에는 문외한이다. 그러나 그림이 좋아 해외여행 때는 으레 미술관을 찾아 명화들을 더러 접해오던 터라 오 화백과 회화에 관한 대화는 별로 궁색하지 않았다.

오 화백은 광주 시가지 변두리에 위치한 거산동의 초가집에 살고 계셨고, 화실은 초가집 안채 앞에 조그맣게 지은 별채였다. 안채마루에 걸터앉으면 딸기밭과 과수원 그리고 붉은 산등성이가 내다보인다. 오 화백은 한국 초가지붕의 아름다움을 자랑하였고, 그때 새마을운동으로 농촌에 함석이나 슬레이트의 요란한 빛깔로 초가지붕이 자꾸 바뀌어져 한국의 전통미가 사라져 가는 것을 못내 아쉬워하시며 이런 일에 앞장서고 있는 나를 문화의 파괴자라고 웃으시며 꾸짖기도 하셨다. 너무나 인간적인 초가집에 애착을 버리지 못하는 것이 분명하셨다.

화실에는 많은 작품들이 걸려 있고 이젤에도 미완성의 캔버스와 화구들이 어지러이 널려 있다. 벽 한가운데에 〈남향집〉은 1930년대 개성시대의 작품으로서 누구에게도 이 그림만은 줄 수 없다고 하셨다.

오 화백은 나에게 자기세계를 가지기 위해서는 확고한 자기철학의 자아(自我)가 있어야 한다는 것을 일깨워 주셨다. 외곬스러운 고집이 있으셨지만 한편으로는 끝없이 너그럽고 따스한 인간미를 간직하신 분이었다.

그것이 오 화백이 추구하시는 작품세계의 구석구석에 맥박치고 있다. 오 화백의 남다른 점은 승우·승윤, 아드님 둘을 한국 화단의 중진으로 대성시킨 점이다. 나는 전남도청에서 체신부로 옮긴 뒤에는 승우 화백과 그림 인연이 잦았다. 당시 체신부 청사 뒤에 있는 성공회 건물이 장관실 창 밖으로 내려다보인다.

이 건물은 비잔틴 양식으로서 풍부한 건축언어를 지닌 건축답게 볼수록 뭣인가 느낌을 준다. 승우 화백의 성공회 그림이 그때부터 내 사무실에 걸리게 되어 그 뒤 몇 차례 사무실을 전전하면서도 지금도

내 사무실에 걸려 있다.

또 농수산부로 옮긴 뒤에는 장관실에 승우 화백의 1백호 농촌풍경을 걸게 되었다. 그것은 광산 평동에 있는 평동목장의 풍경이다. 젖소가 한가로이 풀을 뜯고 광활한 들과 무등산이 멀리 보이는 전형적인 농촌풍경이다.

언제인가 기억은 없지만 박 대통령을 모시고 모심기 행사를 마친 뒤 청와대로 돌아가시던 길에 종합청사 앞을 지나시다가 갑자기 나의 어깨를 치시며 김 장관 방에 들르고 싶다고 하여 사무실로 안내한 일이 있다. 장관실에 들어서면 맨 처음에 눈에 띄는 것이 승우 화백의 농촌풍경이다. 그때 장관실에는 보리밭 관리하는 모습과 우거진 산림의 대형 사진판의 장치가 있었는데 대통령께서는 똑같은 장치를 청와대에도 해달라고 분부하셔서 집무실 들어가는 벽에다 장치해 드린 일이 있다.

나는 대통령에게 작가와 작가 부친 오 화백에 관한 얘기를 자연스럽게 말씀드릴 수 있는 기회가 찾아왔다. 그때 오 화백은 한자(漢字) 교육 운동에 몰두하고 있었으므로 말씀은 거기까지 미치게 되었다. 그 뒤 오 화백을 만났을 때 그 얘기를 했더니 한자문제에 대한 대통령의 관심이 어떻더냐고 꼬치꼬치 캐물으셨다. "나이가 든 층에서는 한자가 편리하겠지" 하시는 정도라고 했더니 오 화백은 다소 실망스런 표정이었다.

그때는 서울에 오시면 으레 화제는 한자문제였다. 심지어 자비로 《국어에 대한 중대한 오해》라는 책자를 내셨고, 그 책이 되기까지 광주시내 몇 학교 학생들을 대상으로 현지조사한 자료까지 보여주었다. 학생들을 바보로 만드는 어문정책은 반드시 고쳐져야 한다고 역설하였다. 오 화백은 나를 통해 대통령께 건의해 달라는 뜻이었으나 내가 나설 입장이 아니어서 그 심부름은 해드리지 못했다.

나는 뵐 때마다 한자(漢字) 일에서 손을 떼시고 작품활동에만 전념하실 것을 여러 차례 말씀드렸으나 막무가내 끝내 굽히지 않았다. 타협을 모르시는 소신 때문에 한때는 옥고(獄苦)도 치르셨고, 또 한 때는 병고(病苦)도 겪은 일이 있어서 세상을 결코 순탄하게 사신 것은 아닌 것 같았다. 허다한 풍상을 겪으셨기에 원숙한 인간미를 느끼게 하는 것이 아닌가 싶다.

승우 화백의 아우이신 승윤 화백과는 가까이할 기회가 없었다. 어느 해의 국전인가 기억이 나지 않지만 그의 대작 〈해녀의 상〉은 거친 바다와 싸우는 해녀의 억센 기상이 굵고 힘찬 필치로 박진감 있게 표현된 것에 깊은 감동을 받은 일이 있다. 그도 형과 마찬가지로 국전 초대작가이기도 하다. 우리 어머님 그리고 아버님의 장례식에 시골 중에서도 시골인 우리 집까지 원로(遠路)를 무릅쓰고 와준 성의를 잊을 수가 없다. 몸매나 얼굴모습이 어쩌면 그렇게 오 화백을 빼닮으셨는지 지금은 오 화백이 쓰시던 그 화실에서 꾸준히 작품활동을 하고 있는 것으로 안다.

지금 나의 서가에는 오 화백의 또 하나의 저서 《알파벳 문명의 종언》이 있다. 모후산인이라는 자필의 서명을 하시고 주셨다.

또 오 화백의 미술논집인 《현대회화의 근본문제》에서도 많은 지면을 한자폐지론 비판에 할애하고 있지만 한자사용에 대한 정열과 굳은 의지가 담긴 논저라 할 수 있다. 또한 오 화백의 학문에 대한 탐구심과 정열이 이론정연하게 논술된 대표적인 저서라고 믿는다.

하나의 목표를 세우면 현실적 이해에 구애됨이 없이 오직 돌진하는 화백의 기백과 성품, 이 점이 선생이 우리에게 주는 값진 교훈인지 모르겠다. 세속적인 영예나 재화에도 관심이 없어 뜻하신 대로 한평생을 사시고 가신 분이다. 이와 같은 선생의 정신이기에 대표작 34점을 국립현대미술관에 흔쾌히 기증한 것이 아닌가 싶다. 예사로운 일은 결코 아니며 또 아무나 할 수 있는 일도 아니다.

오 화백은 70이 넘은 고령이심에도 불구하고 유럽과 아프리카 여행 길에 오르시기도 했다. 가시는 곳마다 나에게 그림엽서를 보내주셨다. 지칠 줄 모르는 탐구욕에는 오직 머리가 수그러질 뿐이다. 오 화백은 광주에 계실 때도 가끔 서한을 주셨다. 문체가 간결하고 글씨가 달필이어서 항상 나는 그 서한들을 버릴 수가 없었다. 겉봉투의 내 이름 밑에는 언제나 대계(台啓)라는 글자를 쓰신다. 그러나 이와 같은 서한을 다시는 받아볼 수 없는 시점에 이르고 말았다.

교통사고로 누워 계신다고 하더니 서울의 아들집에 오셨다는 연락을 받고 우리 부부는 홍은동 댁으로 찾아갔다. 몹시 수척하신 모습으로 외롭게 누워 계셨다. 나를 보시더니 덥석 나의 손목을 잡아당기지만 근력이 쇠퇴하셨음에 가슴이 아팠다. 이것이 선생과의 마지막 대면이었다. 무어라고 애써 말을 하시지만 말이 안 되었다. 병석에 누워계실 때 마침 머리맡에 두었던 카탈로그를 펴놓고 설명을 하셨지만 도무지 말이 되지 않았다.

때마침 강남의 한 화랑에서 오지호, 김기백, 변종섭 3인전이 열리고 있었다. 그로부터 며칠 안 되어 부음이 전해왔다. 빈소는 승우 화백의 널따란 화실이었다. 우리 부부는 엎드려 마음으로부터 명복(冥福)을 빌었다. 사진 속 선생의 눈길은 아직도 살아계신 듯이 빛나 있었다.

이 글을 쓰면서 나는 서재에 화백의 설경을 찾아 걸었다. 돌아가시기 3년 전의 작품이다. 〈설경〉을 바라보고 있으면 부드러운 선생의 음성이 들리는 것 같은 착각이 든다. 세상을 떠나신 지 10년이라고 하지만 언젠가 또 광주에서 우리 집을 찾아오실 것만 같다.

나에게 있어서 오 화백은 아버님 같기도 하고 때로는 형님과도 같으나 무엇보다도 스승으로서 내 마음에 영원할 것이다.

약수터 사시*

남산 중턱에 있는 약수터 가까이에 집을 정한 것은 벌써 여러 해가
되었지만 약수터에 다니기 시작한 것은 작년 정월 초하루부터다. 부
끄러운 일이지만 그때까지 나는 심한 늦잠꾸러기였다. 당시 KBS 방
송은 아침 7시 45분부터 삼국지를 낭독하는 프로그램이 있었다. 나
는 그 이야기 소리를 들으며 일어나 15분 동안 아침의 모든 절차를
마치고 부랴부랴 출근시간을 댔던 것이다.

그러니까 작년 초하룻날은 나로서는 획기적인 날이었다. 나의 이
러한 결심에 대해 집사람은 반신반의했다. 기껏해야 한 열흘 갈 것이
라고⋯. 아닌 게 아니라 처음 한 달 동안 적어도 나에게는 마나슬루
산(히말라야 고봉)을 정복하는 것 같은 의지와 인내와 용맹이 절실했
다. 왕복해서 40분 정도의 거리지만 약수터에 이르기까지는 가파른
산길을 한참 후후거리며 올라가야 한다. 그 길은 남산으로 치면 응달
이 되므로 한번 쌓인 눈은 좀체 녹을 줄을 몰랐고 거기에 비나 겹치
게 되면 문자 그대로 벼랑을 이루어 이런 날에는 하는 수 없이 길을
버리고 비탈진 산등을 헤쳐야 하느니만큼 잡목과 시든 넝쿨의 앙칼진
가지에 적지 않은 부상을 각오해야 했다.

그러나 형극의 길을 뚫고 산중턱을 넘어서면 욱일승천의 장관과 고
난극복의 희열을 맛볼 수 있다. 약수는 바위틈에서 흘러내리는 한줄

---

* 이 글은 1958년 1월호 〈지방행정지〉에 발표했던 것을 이곳에 옮겨 놓는
다. 그때 나는 남산 북쪽 기슭, 행정구역으로는 중구 필동 3가에 살고
있었는데 이곳은 서울이면서도 서울답지 않은 산골짜기 동네였다.

기 물인데 컵을 놓고 잠시 기다리면 이내 가득 찬다. 얼마 동안은 한 컵을 마시기에 힘이 들었지만 지금은 단숨에 들이킬 수 있다. 물맛이 보통 물맛과 다른 것 같지 않지만 중앙화학연구소라는 어마어마한 목판에 이런 분석표가 붙게 되었다.

약수분석표
액성(PH) 69ppm, 균성이온 60ppm, 아초산질소 0.002ppm,
초산성질소 0.12ppm, 탄소소비량 0.66ppm

이 분석표의 진위 여부는 알 수 없지만 사람의 마음이란 단순한 것이어서 이 표가 붙여진 뒤에는 정말 그렇게 믿게 되는 것이다. 마치 토정비결을 믿듯이 … .

같은 시간대에 가기 때문에 만나는 사람들도 으레 같은 분들이다. 사람들 중에는 5년에서 10년이 넘는 연공을 쌓은 분들이 수두룩해서 초년생은 감히 연조를 따질 처지도 못 된다. 부회장이라고 불리는 영감이 있다. 약수터의 물꾼을 회원으로 하는 감투인 양 싶었다. 부회장은 남보다 먼저 와서 청소도 하고 나뭇가지를 손상하는 사람을 꾸짖기도 한다.

봄소식은 얼음장 밑을 졸졸 흐르는 계곡의 물소리로부터 전해져 온다. 그 물은 산에 덮인 추위를 씻어 내리고 흙속에 잠든 많은 생명을 불러일으킨다. 성근 숲속에 봄기운이 훈훈해지면 맨 먼저 진달래가 핀다. 그런 날부터는 진달래와 치마를 두른 색시들이 물꾼에 참여한다.

계절이 화창해지고 수목이 무성해질수록 약수터는 붐비기 시작한다. 그런 때는 한 컵의 물을 받기 위해 줄에 붙어서 반시간 남짓 기다려야 한다. 사람들만 법석이는 것이 아니라 개들까지 한몫한다. 그러나 우리 부회장 영감은 개가 약수터에 오는 것은 딱 질색이었다. 우선 개똥이 지저분할 뿐 아니라 개를 몰고 다니는 풍습이 왜놈들한테서 배운 못된 버릇이라는 게 그의 주장이었다. 이러한 부회장의 의향에도 불구하고 각종 개들은 여전히 위세를 부리고 있었다.

어느 날 아침 약수터에 일대소동이 전개되었는데 원인은 다름 아닌 개였다. 원래 약수가 솟는 주변에는 개를 데리고 들어설 수가 없는데 한 중년부인이 이를 무시한 것이다. 노기를 띤 부회장은 소리쳤다.

"아니 개가 제 아비보다 소중하단 말이오? 페니실린을 먹이고 또 무슨 주사를 놓고…. 제 부모를 개 위하듯 했더라면 효자비 섰을 거야. 시어미가 앓을 때는 쌍화탕 한 첩 못 질 주제가…."

남이야 개를 두고 무슨 짓을 하든지 왜 참견이냐고 대들다가 문화인이 못 돼서 개를 위할 줄 모른다고 독기에 찬 대꾸를 하는 그 부인에게 그는 맞받아쳤다.

"참 개소리만 작작하네."

이렇게 산록이 울리도록 호통을 치는 바람에 그 부인은 어이가 없는지 개를 몰고 어디론가 사라졌다. 그러자 이내 영감은 저 여자는 암만해도 과부일 것이라고 한마디 더해 주위사람들이 폭소를 터뜨렸다.

개에 대한 인식으로 말하면 나도 소위 문화인에는 낄 수 없었다. 그런데 미국에 잠시 갔을 때 나는 이에 대해 다시 생각하게 되었다. 뉴욕의 공원이나 길에 다니는 행인은 으레 개를 몰고 다녔다. 식료품상에 들어서면 개의 식품을 따로 팔고 있었다. 뿐만 아니라 개컵이며 개옷과 개목걸이 등 액세서리가 수없이 많았다.

미국에서 체류중에 뉴욕의 어느 극장에서 일본영화 〈지옥문〉을 본 일이 있다. 총천연색으로 국제무대에 손색이 없는 영화였다. 영화가 끝난 후 나는 어느 미국인에게 영화를 본 소감을 물었더니 개를 발길로 들입다 걷어차는 장면을 못마땅하게 얘기했다. 그 장면은 적어도

536

서구인에게는 눈에 거슬리는 장면일 것이다. 약삭빠른 일본의 상혼도 거기까지는 생각이 미치지 못했구나 싶었다.

그 후 영국 런던의 웨스트민스터사원을 찾았다가 그 안에 안치되어 있는 왕과 위인의 무덤 옆에는 반드시 개의 조각을 앉혀 놓은 것을 보았다. 죽은 뒤에도 개와 함께하기를 원하는 서구인들의 소망을 엿볼 수 있었다. 또한 요즈음 〈한국일보〉에 연재되는 칙 영의 〈블론디〉라는 만화를 보더라도 서구 가정에서 개는 가족과 같은 존재임을 알 수 있다.

약수터에 개소동이 나던 그때로 말하자면 나도 개를 데리고 다니던 때다. 시골에 사는 친구가 수놈 개 한 마리를 보내주었다. 나는 출산지의 이름을 따서 진(珍)이라고 불렀다. 주위사람들은 진이가 순종이 아니라고 트집을 잡았다. 가짜가 발호하는 세상인 만큼 긴가민가했다. 그러던 어느 날 약수터에서 개 박사 한 분을 만났다. 개 박사는 육중하고 기름기 자르르 흐르는 시가 50만 환의 독일산 개를 몰고 다녔는데 그런 개를 7마리나 기른다고 했다. 그는 진이를 보고 꼬리 감긴 것이나 귀를 비롯한 얼굴 모양새, 두 앞다리, 체구 등을 세세히 감정한 끝에 어김없는 순종이라고 판정을 내렸다.

과연 순종인지 집안에 쥐를 잡는 데 여지없이 재간을 보였다. 심지어 날아가는 참새도 덮쳤다. 진이는 하루도 빠짐없이 내 뒤를 따라나섰다. 개란 영리한 동물이어서 이내 나의 길동무가 되었다. 진이와 더불어 약수터 가는 길에는 적지 않은 즐거움이 있었다.

그러나 그 기쁨은 길지 못했다. 진이는 식욕과 근력을 잃은 뒤부터는 대문 밖을 나서기 싫어했다. 집사람은 진이가 심상치 않으니 동물병원에 데려가 진찰을 받아보는 것이 어떠냐고 했지만, 나는 개마저 의사신세를 질 것이 무엇이냐 싶어 내버려두었다. 그랬더니 점점 피골이 상접해지고 검은 눈곱이 끼고 거무스름한 설사를 했다. 그리고 나중에는 달걀밖에 먹지 않았다. 할 수 없이 어느 일요일 날 우리 부부는 진이를 데리고 퇴계로에 있는 동물병원을 찾았다. 수의사는 진이를 자세히 보더니 무슨 유행병이라고 하면서 예방주사를 맞히지 않은 우리의 무지를 탓했다. 때가 늦어 힘들 것이라며 입원을 권했지만 하루 3천 환이라는 수의사의 말에 아내도 찬성하지 않았다. 우리는 입원 치료중인 많은 개들을 보았지만 진이는 주사만 맞히고 약을 받아서 집으로 돌아왔다.

끝내 진이는 가고 말았다.

출근중이어서 진이가 숨을 거두는 순간을 보지 못했지만 아내가 울음을 참으며 겨우 전한 이야기에 의하면 내가 손수 만든 그의 집에서 가까스로 나와 비명을 지른 끝에 쓰러졌다고 한다. 그는 지금 약수터 가는 길녘의 양지바른 산비탈에 묻혀 있다. 조락의 가을은 약수터 가는 길에 구르는 낙엽을 보니 한층 절실하게 느껴졌다. 애틋한 삶의 잎잎이 소리도 없이 지고 있었다. 길과 바위와 산을 뒤덮은 왕성한 생명력도 자연의 섭리에는 여지없이 위축되고 만다. 늦가을 새벽 바닥에 돌이 드러난 가풀막진 길 위의 낙엽을 밟고 지나가면 마른 덤불속을 다람쥐가 부스스 소리를 내며 달아난다. 그도 가을의 적막을 느끼는 것은 나와 다름이 없으리라.

봄철에서 가을에 걸쳐 자주 보이던 얼굴들이 하나둘씩 사라져 갔다. 지물포 주인, 숯가게 벽에 헝겊을 내걸고 앉아 있는 복덕방 영감, 그리고 돌다리 이층집의 상고머리, 이들만 꼭꼭 같은 자리에서 마주칠 뿐이다. 아침마다 흔하게 보는 길 위에서 다시 새로운 것을 볼 수 있다. 보는 것보다 생각하는 것이 더 많다. '어제 그 친구에게 너무 심한 소리를 했구나. 서랍 속에 아직 남아 있는 고향친구에게 보낼 회신에 약수터 소식을 적으리라….' 이렇게 가끔 생각이 넘치면 나도 모르게 혼잣말을 중얼거린다.

달력을 보지 않더라도 음력 초하루는 알 수 있다. 소복을 입은 여인이 큰 나무 아래에 정수를 떠놓고 정성을 드린다. 무엇인가 애달픈 사정이 있는가 보다. 그러다 깨끗한 물잔 셋이 눈에 띄었다. 물꾼의 입에서 입으로 전해온 말에 의하면 50이 넘어 아들 셋을 둔 이의 적선이라 하였다. 그 잔에는 삼형제의 이름이 새겨져 있었다. 그러나 얼마가지 않아 없어지고 말았다. 비가 오면 안 가기로 했던 약수터 길도 가는 이가 있다는 말을 듣고 우산을 받치고 그 길을 갔다. 우산을 쓴 물꾼은 나만이 아니었다. 작년처럼 진저리가 나던 장마철에도 우산을 받치고 간 날은 헤아릴 수 있을 정도이다.

초겨울 비는 잔인하기 짝이 없다. 가지에 매달린 고엽을 여지없이 날려 버리고 앙상한 알몸뚱이를 찬 하늘에 내놓게 한다. 계절의 바뀌는 것도 잠시 동안이다. 산록에 여광을 장식했던 단풍잎도 몇 차례 안 되는 비에 자취를 감추고 겨울은 짙어만 갈 뿐이다. 나는 나의 약수터 길에서 첫눈을 밟는 흐뭇한 기쁨도, 새해의 오묘한 광채도, 검은 가지에 핀 설화의 아름다움도 볼 수 있었다.

오늘 아침 현관에 달아둔 온도계의 수은주는 영하 18도를 가리켰다. 약수터행 1년에 장비도 무던히 마련하여 털이 투실투실한 잠바에 낡은 미제바지 그리고 남대문시장 제일가는 신발가게에서 2천 환을 주고 산 등산화, 사냥꾼이 낀다는 목이 긴 장갑도 갖췄다. 다만 귀가 폭신하게 덮이는 털모자가 없어 아쉽다. 그러나 오늘 같은 모진 새벽에는 머플러를 동여맨들 흥이 될 것도 없을 거다.

아직 아무도 지나가지 않은 새 길, 어제 아침에 눈 위에 눌러둔 발자국이 고스란히 남아있다. 동쪽하늘이 부옇게 채색되어 가고 두부장수 종소리가 찬 공기를 흔들고 들려온다. 밤 귀신이 쉬어간 것 같은 호젓한 모퉁이 길을 돌아서려면 고함을 한번 질러 본다. "건방진 자식!", 사장댁 개가 "컹컹"하고 대꾸한다. '저 녀석은 죽지 않았으니

저렇게 짖는구나.'

눈이 발목까지 넘친다. 남극대륙을 횡단한 힐러리 경의 용기를 생각하면 전신에 젊은 힘이 기운차게 용솟음친다. 콧속이 훗훗해지는 것을 보니 얼어붙나 보다. 아침 해가 솟기 전에 저 중턱을 넘어서야지. 두 발부리에 힘을 불끈 주고 서리를 헤치며 동작을 크게 옮겼다. 옷에 땀이 배면 약수는 한맛 더 날 것이 아닌가.

542

544

백형께서 작고하신 지도 벌써 6년이 지나갔습니다.

형님께서는 오랫동안 관직생활에 몸담아 오시면서 겪고 생각하신 것들을 꼼꼼히 글로 남기시는 일을 일상처럼 하셨습니다. 형님의 어렸을 때부터의 습관이 아니었나 생각합니다.

형님께서 돌아가신 후 남기신 원고 분량이 꽤 많았고 이를 아깝게 생각한 몇 지인께서 이를 모아 유고집을 만들기를 권하셨습니다. 이에 평소에 형님과 가깝게 지내시던 김수학(金壽鶴) 선생께서 유고집 만들기에 적극 나서셨으나 아깝게도 책이 나오기도 전에 작고하셨습니다.

형님의 원고와 강연내용 및 몇 기관지에 발표된 내용을 모아 이렇게 유고집을 발간할 수 있게 된 데는 고인의 미망인인 형수님(李禎珠)의 굳은 뜻과 항상 물심양면으로 도움을 주신 손수익 님의 따뜻한 지원이 큰 힘이 되었습니다.

이 책이 나오기까지 글로써 빛이 나게 해주신 고건(高建) 님과 손수익(孫守益) 님께 깊이 감사드리며 어려운 여건임에도 흔쾌히 출판을 허락하신 나남출판사의 조상호 대표님, 방순영 편집장님, 실무를 지원해 주신 이자영 과장님께 심심한 감사를 드립니다.

2012년 11월
아우 김남현